西藏民族地区
近(现)代化发展历程

主编:许广智

西藏人民出版社

图书在版编目(CIP)数据

西藏民族地区近(现)代化发展历程/许广智著.—拉萨:西藏人民出版社,2008.1
ISBN 978-7-223-02214-9

Ⅰ.西… Ⅱ.许… Ⅲ.①西藏—地方史—研究—近代②民族地区—现代化—研究—西藏 Ⅳ.K297.5 D677.5

中国版本图书馆 CIP 数据核字(2008)第 002167 号

西藏民族地区近(现)代化发展历程

主　　编	许广智
责任编辑	晋美旺扎
封面设计	格　次
出版发行	西藏人民出版社(拉萨市林廓北路20号)
印　　刷	西藏山水印务技术有限公司
开　　本	850×1168　1/32
印　　张	15.25
字　　数	400 千
版　　次	2008 年 1 月第 1 版
印　　次	2008 年 1 月第 1 次印刷
印　　数	01—2,000
书　　号	ISBN978-7-223-02214-9
定　　价	22.00 元

版权所有　翻印必究

目 录

前言……………………………………………………………（1）
绪论……………………………………………………………（1）
第一章 西藏近代化的历史起点……………………………（15）
  第一节 西藏近代化的历史基础…………………………（15）
    一、西藏近代化的政治基础……………………………（15）
    二、西藏近代化的经济基础……………………………（23）
    三、西藏近代化的文化基础……………………………（29）
  第二节 西藏近代化的历史起点——20世纪初清政府在
         西藏推行的近代化改革…………………………（31）
    一、赵尔丰在川西藏区的"改土归流"…………………（32）
    二、张荫棠在西藏"查办藏事"…………………………（45）
    三、联豫在西藏的近代化改革…………………………（55）
  第三节 西藏民族的觉醒——西藏地方政府和"西藏革命党"
         的近代化改革……………………………………（64）
    一、十三世达赖喇嘛的"新政"改革……………………（64）
    二、龙厦的近代化改革…………………………………（71）
    三、"西藏革命党"的改革尝试…………………………（77）
第二章 和平解放开启了西藏迈向现代化的大门…………（85）
  第一节 和平解放是西藏的历史必然……………………（86）
    一、西藏和平解放的历史前提…………………………（86）
    二、西藏和平解放的精神动力…………………………（96）
    三、西藏和平解放的现实条件…………………………（104）

1

四、党的民族政策是西藏和平解放的必然 …………… (111)
第二节 《十七条协议》是西藏地区开启现代化的纲领性
　　　　文件 ……………………………………………… (120)
一、《十七条协议》的主要内容 ………………………… (121)
二、《十七条协议》的主要精神和原则 ………………… (125)
三、《十七条协议》的历史意义 ………………………… (129)
四、《十七条协议》的历史经验 ………………………… (131)
第三节 西藏民族地区初步的现代化建设成就………… (133)
一、实践《十七条协议》，建设新西藏的方针 ………… (134)
二、民主政权和民主政治建设的初步成就 …………… (148)
三、现代化经济基础的建立 …………………………… (154)
四、现代教育、文化和卫生事业的建设 ………………… (166)

第三章 "民主改革"为西藏的社会主义现代化发展
　　　　扫清了道路 ………………………………………… (171)
第一节 西藏"民主改革"的必然性与合理性………… (171)
一、"民主改革"是西藏社会发展的必然要求 ………… (172)
二、西藏上层的叛乱，使民主改革提前进行 …………… (174)
三、国家的意志、人民的意志——"平叛改革" ………… (184)
第二节 "民主改革"的途径——两步走战略 ………… (188)
一、为建设民主的新西藏，实施了一系列特殊措施……… (191)
二、在农牧区实施"民主改革"政策，逐步消灭封建农奴制度
　　 ……………………………………………………… (196)
三、整顿货币市场，稳定金融和市场物价……………… (200)
四、废除寺庙的封建特权和剥削制度，实现政教分离、信仰
　　自由 ………………………………………………… (203)
五、西藏"民主改革"取得的成就 ……………………… (208)
第三节 "民主改革"后，西藏社会经济稳定发展的轨迹
　　 ……………………………………………………… (212)

一、西藏自治区成立，标志着在西藏确立了现代政治制度
　　………………………………………………………（213）
二、西藏社会经济发展——农牧民走向富裕 …………（218）
三、西藏民族文化转型——面向现代化、面向世界的发展
　　态势 …………………………………………………（228）
第四节　西藏"民主改革"开启了走向现代化的道路
　　………………………………………………………（232）
一、走向现代化的制度创新——政策的独创性 ………（232）
二、走向现代化的原则取向——经验和启示 …………（238）
三、变革传统社会的艰巨性 ……………………………（247）

第四章　"改革开放"为西藏的现代化发展注入了强大动力
　　………………………………………………………（251）
第一节　党的十一届三中全会的召开，使我国社会主义建设
　　进入了历史新时期 …………………………………（251）
一、十一届三中全会的召开，把党和国家的工作重点转移到
　　经济建设上来 ………………………………………（252）
二、西藏自治区拨乱反正，全面纠正极"左"路线 ………（262）
三、认真贯彻十一届三中全会精神，把工作重心转移到经济
　　建设上来 ……………………………………………（275）
第二节　"改革开放"使西藏社会主义现代化建设进入了
　　历史新时期 …………………………………………（288）
一、1984年中央西藏工作座谈会，极大地促进了西藏社会
　　经济的发展 …………………………………………（288）
二、西藏社会主义现代化建设全面展开 ………………（294）
三、"拉萨骚乱"及西藏人民的反分裂斗争 ……………（326）

第五章　中央关心、全国支援，使西藏社会主义现代化建设
　　跨入快速发展的新阶段 ……………………………（334）

3

第一节 新时期西藏社会主义现代化建设的历史性转折
……………………………………………………………………(334)
一、20世纪末,西藏社会主义现代化建设面临严峻考验
……………………………………………………………………(335)
二、中央制定新时期西藏社会主义现代化建设的指导方针
……………………………………………………………………(341)
三、全面贯彻落实《会议纪要》精神,实现西藏现代化建设的
历史性转折………………………………………………(351)

第二节 中央第三次西藏工作座谈会,西藏社会主义现代
化建设进入快速发展的第一个里程碑………………(377)
一、加快西藏发展的重大部署和一系列举措…………(377)
二、深化改革开放,促进西藏经济社会全面发展………(388)
三、1994年中央第三次西藏工作座谈会,给西藏现代化建设
开辟了一个新时代………………………………………(399)
四、西藏社会主义现代化建设进入快速发展的历史新时期
……………………………………………………………………(408)

第三节 中央第四次西藏工作座谈会,西藏社会主义现代化
建设进入跨越式发展的第二个里程碑………………(420)
一、西部大开发与西藏工作面临的新情况………………(420)
二、建设小康社会,全面推进社会主义现代化建设………(452)

后 记………………………………………………………(478)

前 言

"西藏民族地区近(现)代化发展历程"研究,是 2004 年国家社科基金专项资助西部地区研究项目。之所以要立这个项目,因为西藏社会主义现代化建设所取得的伟大成绩,有其重大的现实意义和深远的历史意义。主要表现在:

第一,西藏是一个极具特殊性的民族地区,它不仅处在世界第三极——青藏高原这个特殊的地理位置,而且是一个基本上处于单一民族和全民信教地区。同时,在和平解放前长期处于及其落后的政教合一的封建农奴制统治之下,生产力发展水平极其低下。由于高山缺氧,交通闭塞,长期处于与世隔绝状态,是世界最神秘的地区。在这样一个社会条件下,搞近(现)代化建设,可想而知将会碰到多大的困难和阻力。在社会主义现代化建设过程中,中国共产党人,以其超人的魄力和勇气,以其务实和进取的精神,在短短的 50 年就将一个极其落后的民族地区,通过社会主义"四个"现代化建设,变成一个极具发展潜力的民族乐园,这不能不说是创造了一个人间奇迹。研究这一历史发展历程和总结其成功经验,具有重大的现实意义和深远的历史意义。

第二,中国共产党在领导西藏社会主义现代化建设过程中,密切结合西藏的实际,努力探讨符合西藏自身发展的社会主义现代化建设的道路,在全国各族人民的大力支持和援助下,形成了西藏跨越式发展的态势,取得了非常巨大的成就。不仅使西藏民族地区由黑暗走向光明、由落后走向进步,而且也由封闭走向开放,由愚昧走向文明、由贫穷走向富裕。不仅实现了西藏由黑暗、反动的封建农奴制度,一步跨越到光明、进步和快速发展的社会主义制度,实现了政治制度第一次历史性的大跨越,而且也实现了社会生产力由落后的自给自足的自然经济一步跨越到先进的现代社会主义市场经济的行列,实现了经济体制的第二次历史性大跨越。总结这一历史性的发展历程,向世人介绍这一伟大的历史性变迁,对于扭转西方世界的舆论,正本清源,彻底批驳达赖分裂集团散布的反动谬论,树立良好的社会主义国家形象,都具有重大的现实意义和深远的历史意义。

另外,国务院新闻办公室在2001年11月,发表了题为《西藏的现代化发展》白皮书,对西藏一百多年来的现代化发展进行了全面的总结和科学的阐述。从三个方面,不仅全面地阐述了西藏社会发展的跨越式进程,介绍了西藏现代化的发展成果,而且深刻地论述了西藏现代化发展的历史必然性。向全世界昭示,西藏民族地区在中国共产党的领导下,由于坚持社会主义道路,社会主义现代化取得了长足的发展和进步。实践证明,西藏是中国领土的一部分举世公认,西藏社会的发展进步有目共睹,中国推进西藏的现代化发展、反对达赖集团的分裂活动,顺乎潮流、合乎人心、天经地义。

西藏和平解放五十多年的历史表明,时代潮流不可阻挡,历史车轮不可逆转。西藏的现代化发展和社会进步是大事所趋、人心所向。任何谎言终将被西藏发展的客观事实所戳穿,任何逆历史潮流而动,企图阻挠西藏现代化发展、将西藏从中国分裂出去的倒行逆施,都注定要遭到可耻的失败。

我作为一名学者有责任和义务,把西藏现代化发展的历史事实和客观规律,公正客观地介绍给公众,让世人了解西藏现代化发展的历史过程,了解社会主义制度的优越性。现在中国正以快速的发展态势被世界所瞩目,我们可以断言,西藏有五十年发展奠定的坚实基础,有中央政府和全国人民的大力支援和帮助,经过艰苦努力,一定能够乘势而上,在现代化建设的进程中实现跨越式发展,迎来更加灿烂辉煌的未来。

课题立项后,全体课题组成员多方调研和查找资料,拟定研究大纲,经过反复讨论确定编写框架和主要论点。在编写的过程中得到了西南交通大学人文学院领导鲜于浩教授的大力支持,也是两校科研合作的项目。同时也得到了西藏自治区社会科学规划办公室张百忍处长的大力关照,也得到了我的硕士研究生平措达杰的鼎力襄助,才得以完成此稿,在此表示衷心感谢。

虽然目前已经拿出了初步成果,但是由于我们的能力和水平有限,肯定存在这样或那样的不足,敬请读者赐教。

许广智

2005年6月8日

绪　论

　　现代化是人类社会自近代以来,全世界各国、各地区都面临的一个重大课题。自从近代资本主义诞生以来,就有一个由古代文明向近代文明转变的历史过程。这个过程,有的学者把它称为近代化或现代化。所谓的近代化或现代化,按英语的解释都叫modernization,是同一个单词,没有本质区别。从这个意义上讲,称"近代化"或是"现代化"都是可以的。但我们认为将近代史时期的工业化或工业文明称为近代化,将现代史时期的工业化和民主化称为现代化,更为贴切和符合历史实际。

　　所谓的近代化或现代化是指人类社会在近(现)代历史上所发生的一切巨大的社会变革过程,这种变革过程是从传统的农业社会向现代的工业社会的历史转变,其转变过程是以资产阶级革命和工业革命为推动力,使整个人类社会在经济、政治和思想文化等各个领域发生根本性的变革。中国西藏地区的近代化是从1888年隆吐山之战以后开始的。按照《中国大百科全书》解释,认为"传统社会和现代社会是具有相互排斥特征的社会,由传统向现代演进的过程就是现代化"。[①]

　　但是,由于近代化或现代化有一个很长的历史过程,也由于近代化或现代化在不同历史时期所包含的具体内容不尽相同,为区别两者的关系和所表示的时代,把发生在近代社会的工业化,叫做资本主义近代化;把发生在现代社会的工业化,叫做现代化,符合中国乃至中国西藏地方的实际。在现代社会,由于各国的社会制

[①]《中国大百科全书社会卷》,引自《新华文摘》,2003年,第4期,第24页。

度不同,在资本主义国家的现代化叫资本主义现代化,在社会主义国家的现代化叫社会主义现代化。因为,两种现代化所追求的目标有着本质的区别,一个是追求资本主义,一个是追求社会主义。

由于各国在由传统向现代演进的过程中,所处的社会地位不同,所处的历史阶段不同,所面临的形势和任务也完全不同。资本主义诞生在欧洲,欧洲是资本主义的发源地。在西方资本主义产生和发展的过程中,为实现资本的原始积累和促进本国资本主义的发展,依靠强大的政治、经济和军事实力,疯狂地对外侵略,掠夺财富和开拓世界市场,把全世界古老而落后的国家和民族,都卷入到资本主义的殖民地漩涡之中。正如《西藏的现代化发展》白皮书中所指出的:"现代化最初是与西方资本主义国家的崛起和扩张相伴而产生的,现代化的成果在相当时间内也被西方列强所垄断并用于对第三世界国家的侵略和殖民统治"。

由于资本主义的迅速发展和对外扩张,使世界各国各民族的历史,从不同的起点,开始向世界近代历史转变。在这一历史转变过程中,"资产阶级,由于一切生产工具的迅速改进,由于交通的极其便利,把一切民族甚至最野蛮的民族都卷到文明中来了。它的商品的低廉价格,是它用来摧毁一切万里长城,征服野蛮人最顽强的仇外心理的重炮。它迫使一切民族——如果它们不想灭亡的话——采用资产阶级的生产方式;它迫使他们在自己那里推行所谓的文明制度,即变成资产者。一句话,它按照自己的面貌为自己创造出一个世界。"[①]

资产阶级把世界各国各民族卷入到世界资本主义的过程,就是各国各民族由传统向现代演进的过程。但是,这个演进过程伴随着外国的侵略掠夺和压迫,是一个十分痛苦的历史过程。所以,在世界各国当中,由于所处的历史地位不同,有的国家是在对外侵

[①]《马克思恩格斯选集》,第1卷,第255页。

略掠夺的过程中完成由传统向现代演进的,如:西方发达的资本主义国家;有的国家是在被侵略被掠夺的过程中开始由传统向现代演进和转变的,如:被侵略被掠夺的殖民地或半殖民地国家。被侵略被掠夺的殖民地或半殖民地国家或民族为摆脱资本主义的侵略,适应世界资本主义近代化历史发展的潮流,面对外国资本主义的侵略采取了两种方式:

一种是被动转变。这就是由于外国资本主义的入侵,破坏了原有的经济基础和政治体制,被侵略的国家变成了外国的原料产地和商品市场,逐步成为殖民地或半殖民地。在这种情况下,外国资本主义为适应侵略掠夺的需要,在被侵略国家实行资本投资,开设各种近代工商企业,利用当地廉价的原材料和劳动力,就地加工生产就地销售,加强经济剥削和掠夺。由于外国资本主义开办近代工商企业,引进先进的近代生产技术和近代管理制度,使被侵略的殖民地或半殖民地国家被动地开始了痛苦的由传统向现代演进和转变的历史过程,这就是所谓的被动转变。

另一种是主动转变。主动转变又可分为自发地转变和自觉地转变两个方面。所谓自发地转变,就是发生于这个国家或民族内部的资本主义萌芽,经工场手工业向机器工业的转变,形成独立的资本主义国家;而自觉地转变,则是指在外国资本主义侵略和世界资本主义近代化潮流的冲击下,沉睡的民族迅速觉醒,并自觉地采用资本主义生产方式,逐步走向资本主义或社会主义社会的历史过程。在近代中国,各族人民的仁人志士所从事的近代化改革,就是一种主动转变的突出表现。

近代是人类社会历史发展链条上的一个重要时代。将人类社会过去的历史分为古代、近代、现代,除了表示人类社会的过去离现在的远近,也用于区别人类社会文明程度的高低。也就是说资本主义近代文明比古代社会的人类文明,封建主义文明发达,但又不如现代社会的人类文明,不如社会主义现代文明。那么近代化,就是表示由古代社会农业文明向近代社会工业文明的历史转化。这种转化不能简单地理解为就是工业化，它是一个综合的社会变化过程。所以，近代化的重要标志，主要表现在三个方面：一是在生产力发展方面，即由手工操作向机器化生产的转化；二是在生产方式方面，即由封建主义生产方式向资本主义生产方式的转化；三是在政治方面，由封建地主阶级专制向资产阶级民主共和的转化，以及资产阶级自由、平等、博爱等观念的产生。近代化标志着人类社会文明程度进入到一个崭新的历史高度，它的核心和本质就是资本主义化。所以，近代化在资本主义社会阶段也可以叫资本主义近代化。

中国近代社会，因为没有一个独立的资本主义社会发展阶段，只有一个半殖民地半封建社会发展阶段，所以，中国的近代社会是指半殖民地半封建社会发展时期。因此，中国的近代化发展过程，伴随着外国的侵略掠夺和压迫的痛苦过程，也伴随着中国人民反抗帝国主义侵略和压迫，争取民族独立和解放的过程。中国社会走向资本主义近代化的外部因素，是世界资本主义近代化历史潮流的裹挟，西方帝国主义的侵略和掠夺。在整个世界，凡是被近代化潮流裹挟到的国家或民族，不论处于历史发展的何种阶段，都必须按照当时历史条件所允许的起步线，开始向资本主义近代化的历史发展进程迈进。资本主义近代化已经成为一种不可抗拒的世界历史潮流，世界上许多落后国家或民族，被资本主义的侵略战争和廉价商品强迫纳入了世界资本主义漩涡之中。外国资本主义的入侵，破坏了这些国家原有的经济基础和政治体制，使他们从属于外国资本主义，变为外国资本主义的原料产地、商品市场和加工场所。为了实现这个目的，外国资本主义侵略者不得不将资本主义近代化的生产工具、交换方式和管理手段移入这些落后国家或民族地区，这样就迫使这些落后国家或民族地区，开始了被动适应外国侵略要求的资本主义近代化的历史发展过程。

另外,还有一个重要因素,这就是外国资本主义侵略和世界资本主义近代化潮流的冲击,激起了被压迫被侵略国家和民族的觉醒及社会内部因素的近代化要求。这种主动适应资本主义近代化要求的历史潮流,是维护国家独立和民族解放而抗拒殖民地半殖民地化的核心所在,是世界近代历史发展的主流,也是殖民地半殖民地国家和民族与外国资本主义侵略者矛盾的焦点,更是世界近代历史发展的基本线索和根本内容。只有把独立的资本主义近代化作为近代史的基本线索,才能把近代化的社会进步性充分体现出来。近代中国,在外国资本主义侵略掠夺的历史条件下,贫穷落后的中华民族,逐步觉醒,主动适应近代化发展的历史潮流,只有向自己的敌人——外国资本主义学习,极力推进近代化历史发展进程,才能完成国家独立和民族解放的历史任务,才能推动历史的进步。

中国西藏地区的近代化历史进程,是在西藏地区近代社会所进行的近代化改革的历史基础上,在进行国家独立和民族解放斗争的过程中而全面展开的。当人类社会进入 20 世纪以后,随着非殖民化运动的兴起,摆脱帝国主义侵略和压迫,摆脱贫穷落后,走近代化发展道路,已成为第三世界国家实现国家独立和民族振兴的必由之路。历史的发展证明,现代化潮流浩浩荡荡,不可阻挡,要想摆脱帝国主义政治控制和经济剥削,改革落后的社会制度和生产方式,提高人民的生活水平,推动人类社会的全面进步,必须走近代化的发展道路,这是摆在人类社会面前的一项最紧迫的历史重任。

西藏地区的近代化改革,是在帝国主义疯狂侵略的历史条件下展开的。20 世纪初,随着英、俄帝国主义对西藏的争夺,特别是英国发动的第二次武装侵藏战争,使西藏局势岌岌可危。一方面英国在第二次武装侵略西藏后,在侵藏政策上采取了拉拢西藏上层,培植亲英势力和民族分裂分子,妄图利用民族分裂主义分子从内部把西藏从祖国的大家庭中分裂出去;另一方面沙皇俄国也利用英军侵略西藏之机,派遣大量的蒙古族间谍入藏,诱使达赖采取亲俄政策,妄图从政治上控制西藏。与此同时,英、俄帝国主义为瓜分西藏,进行了秘密磋商并签定了旨在分裂中国西藏的《西藏协定》。在"协定"中用"宗主权"代替中国对西藏的国家主权,妄想以此来否定中国对西藏地方的国家主权。这一系列侵略活动,严重威胁到了西藏的安全,使西藏有可能从祖国的大家庭中被分割出去的危险。面对这一严重形势,在清朝中央政府中一些有识之士,纷纷出谋划策,上疏朝廷,认为:"西藏为川滇之外藩,欲固滇,则必固西藏",[①]"窃思藏地东西七千余里,南北五千余里,为川、滇、秦、陇四省屏蔽。设有疏虞,不独四省防无虚日,其关系大局,实有不堪设想者"。[②]

这时正值清朝中央政府推行"新政",走资本主义近代化改革的历史阶段。清政府为了抵制帝国主义对西藏的侵略,挽救危局,巩固边防,清政府决定整顿藏政,推行资本主义近代化改革。因此,于1905年派赵尔丰在川边藏区推行"改土归流",实施一系列近代化建设;同时于1906年先后派张荫棠、联豫进藏,查办藏事和推行一系列新政措施,进行资本主义近代化改革。随后,中国西藏地方政府最高统治者十三世达赖喇嘛,接受两次流亡的历史教训,从1912年开始推行新政,进行近代化改革;接着西藏地方政府的有识之士和"西藏革命党"组织也主张实行一系列近代化改革。从此,开始了西藏近代化改革的历史进程。但是,西藏的近代化改革都以失败而告终,没有取得任何进展。

1951年西藏和平解放,从此西藏社会在中国共产党的领导下,通过社会主义制度的建立,开始了具有崭新意义的社会主义现

[①] 吴丰培:《清季筹藏奏疏》,卷1。
[②] 吴丰培:《清季筹藏奏疏》,第3册,《张荫棠奏牍》。

代化建设进程。这个时期的现代化包括两个内容：一是经济的工业化和信息化；另一个是政治的民主化和法制化。经过五十多年的发展，中国西藏地方在中国共产党领导下，在全国各族人民的大力支持和援助下，形成了跨越式发展的良好态势，取得了巨大的成就。西藏民族地区由黑暗走向了光明，由落后走向了进步，由封闭走向了开放，由愚昧走向了文明，由贫穷走向了富裕。西藏实现了由黑暗、反动的封建农奴制度，一步跨越到光明、进步和快速发展的社会主义社会，实现了政治制度第一次历史性的大跨越；同时也实现了社会生产力由落后的自给自足的自然经济跨越到先进的现代社会主义市场经济的行列，实现了经济体制的第二次历史性大跨越。

因此，西藏近(现)代化改革的历史进程，根据不同社会发展阶段和社会性质，可以分为两大阶段和若干个时期。两大阶段主要是指西藏地方近代社会历史发展时期的近代化改革阶段和西藏和平解放后在中国共产党领导下进行的社会主义现代化建设阶段。西藏地方近代社会历史发展阶段的近代化改革，又可分为清朝中央政府在西藏地区推行的近代化改革和西藏地方政府及龙厦、"西藏革命党"的近代化改革两个不同阶段。清朝中央政府在西藏地区推行的近代化改革，从1905年开始到1910年结束，前后进行了近6年。在清朝中央政府推行一系列近代化改革的"新政"这6年期间，正处在辛亥革命的前夜。以孙中山为首的资产阶级革命派，领导全国各族人民正在掀起一场旨在推翻清王朝封建统治的资产阶级革命运动。在革命运动的打击下，清王朝封建统治政权面临着土崩瓦解的政治局面。在这种历史条件下，清朝中央政府为对付资产阶级革命运动而无多大精力来支持赵尔丰、张荫棠、联豫在藏区的近代化改革，这不仅使赵尔丰、张荫棠、联豫在藏区的近代化改革缺乏坚强有力的靠山，而且使他们代表中央政府在西藏行使国家主权的权力和威望也受到严峻的挑战。

随着清王朝封建统治政权在辛亥革命中的被推翻,赵尔丰、张荫棠、联豫在藏区推行的近代化改革也随之失败。另外由于近代化改革的旨意是改变西藏政教合一的封建农奴制度,这就触动了封建农奴主阶级利益,不仅使他们采取各种手段对抗和破坏近代化改革,而且也加深了中央政府与西藏地方政府之间的矛盾。这就给了帝国主义挑拨离间,制造民族纠纷,从事民族分裂活动提供了机会。帝国主义积极唆使民族分裂主义分子借内地动乱之机,煽动从事民族分裂活动,使西藏的政治形势出现了岌岌可危的局面。

原来一直坚持反对帝国主义侵略立场的十三世达赖喇嘛,在帝国主义的诱惑下,为维护封建农奴制度和自身利益,由原来的抗英转向亲英,利用帝国主义的侵略势力来对抗清朝中央政府在西藏地区推行的近代化改革,使英国侵略势力对西藏的控制更加深入。1912年,达赖喇嘛经过两次流亡重新执掌西藏地方政府大权后,因受内地近代化建设的影响,特别是他流亡到印度,看到印度的许多近代化设施,就萌发了推行近代化改革的意向。尤其是他目睹了西藏人民在两次抗英斗争中惨遭失败,而寄希望依靠清朝中央政府和沙皇俄国势力进行抗英斗争的愿望破灭后,深深地感到西藏地方的愚昧和落后,为促进民族的发展和自强,从1912年开始他以民族领袖的身份,主动适应历史发展的客观要求,在西藏推行了一系列近代化改革措施,史称"新政"。

十三世达赖喇嘛推行的一系列近代化改革措施,虽然是一种自觉适应人类社会文明进步发展的行为,但是由于他是封建农奴主阶级的总代表,他的近代化改革不可能触动封建农奴制度的社会根基。因此,他推行的近代化改革随着他的去世而半路夭折。在十三世达赖喇嘛去世后,原来支持达赖推行近代化改革的龙厦,一个具有资产阶级改革思想的改革家,想用资产阶级的民主选举和四年一任的任期制来取代西藏落后的封建农奴主阶级的噶伦终身制。这在西藏历史上是一个破天荒的改革举措,因此遭到了封建农奴主阶级极大的憎恨和激烈的反对。在封建农奴主阶级顽固派的反击下,不仅龙厦的近代化改革昙花一现,而且参加"求幸福者同盟"的一百多名僧俗官员也受到了严厉惩罚,龙厦本人也被投入监狱并被残酷地挖去了双眼。

一批被迫害的先进分子流亡到印度后,在中国国民政府蒙藏委员会委员、国民党党员邦达·饶嘎的组织下,与江洛金、土登贡培、更堆群培和罗凝札等人,于1939年在印度噶伦堡筹建"西藏革命党"。其宗旨是:尊奉三民主义,从事西藏革命之运动。所谓的"三民主义"即民族主义、民权主义和民生主义。其核心内容就是赶走帝国主义势力,实现民族解放;推翻封建君主专制制度,建立资产阶级民主政治;平均地权,也就是土地归国家所有,发展资本主义。这与他们"为西藏农民叫苦,主张平均地权","把西藏从现有的专制政权中解放出来"的政治主张是一致的。[①] 所以,在邦达·饶嘎、土登贡培、江洛金三人签署的《噶伦堡西藏革命党简明协定》中,规定西藏革命党必须遵守以下原则:1.必须把三民主义和蒋主席的命令化为行动。必须在思想和行动上同中央政府的主义和政策一致。2.必须为把西藏从现存的专制政府中解放出来尽最大的努力,实行地方自治。3.必须与同情本党的人进行合作并给予援助,必须结成统一战线以反对本党的敌人。4.为了我们的共同利益,居住在西藏境内外的西藏革命党党员必须牢固地团结起来。

"西藏革命党"从1939年筹建到1946年被取缔,只有七年的时间。他们在中国国民党印度支部的直接领导下从事革命活动。他们的活动虽然受到英印政府和西藏地方政府的严密监视和破坏,但是他们在国民党驻印度支部和中国驻印度加尔各答总领事

[①] 转引自陈谦平:《西藏革命党与中国国民党关系考》,《历史研究》,2002年,第3期。

陈质平的保护下,还是冲破层层阻力进行了一系列革命活动。概括起来主要有三点:1.他们为了在旅印藏人和在全藏区中宣传"三民主义"思想,抨击西藏地方政府,传播革命火种,壮大"西藏革命党"的队伍,创办了藏文报纸《民新周报》,这是"西藏革命党"唯一的舆论阵地。他们创办的藏文报纸《民新周报》得到了国民政府蒙藏委员会的大力支持,专门解决了17.7万元的开办经费。2.经过他们几年的宣传和发展组织,在旅印藏胞和藏区中发展党员近百名。国民政府蒙藏委员会每月还拨近千元的活动费支持"西藏革命党"的革命活动。3.他们利用在印度的优势,秘密派遣才华出众又有天文地理知识的更堆群培深入到中印边境地区进行考察,试图通过实地考察揭穿英帝国主义如何与西藏地方政府勾结起来擅自划定麦克马洪线的阴谋,揭露西藏地方政府为了实现"西藏独立"又如何利用出卖国家主权来换取英帝国主义支持的背后交易,以此来唤醒人们同卖国的西藏地方政府进行斗争。同时,也想给中央国民政府提供可靠的边境资料,全面摸清英帝国主义下一步的侵略企图,为巩固边疆,反对帝国主义侵略尽职尽责。这是迄今发现的"西藏革命党"最重要的一项活动,也是他们后来遭遇英印政府驱逐的重要原因。

自十三世达赖喇嘛圆寂之后,西藏一时失去表面上维持稳定局面的纽带,各派政治力量、各路有识之士纷纷登上政治舞台,其中既有西藏地方政府官员,也有上中层贵族、高级僧侣;既有改良派,也有革命党,他们思想活跃,主张变革,宣传自己的政治观点,争取西藏未来的走向,力图改革西藏的政教合一制度,推动西藏社会的发展,使西藏跟上时代的步伐。但是,无论是龙厦的近代化改革,还是"西藏革命党"的革命活动,虽然产生了一定的积极的社会影响。但在黑暗、反动、落后、保守的封建农奴制社会制度下,在帝国主义势力和民族分裂势力的极力破坏和阻挠下不可能取得最后胜利。要想推动西藏社会的进步与发展,就必须赶走帝国主义势力,推翻黑暗、反动、落后、保守的封建农奴制社会制度,这是西藏社会历史发展的必然要求。这一历史任务也就必然地落在中国无产阶级及其中国共产党的身上。

1949年中国人民解放战争取得了决定性胜利,中华人民共和国成立。原在国民党统治下的北平、湖南以及与西藏相邻的云南、新疆、西康等省,都相继以和平方式获得了解放,中央人民政府根据西藏的历史和现实情况,决定也采取和平解放的方针。1951年西藏自和平解放以后,在中国共产党的领导下,认真贯彻《十七条协议》,在保留封建农奴制社会制度的情况下,开始了西藏社会主义现代化建设。

西藏的社会主义现代化建设是从1951年西藏和平解放开始的。而从1951年至1959年,是西藏社会主义现代化建设的起始时期。在这一时期,西藏社会由于保留封建农奴制社会制度,存在着三个政权共立、三种势力并存、两种社会制度兼容的历史现象。在这种复杂的历史条件下,中国共产党在西藏民族地区力所能及地开展了一系列现代化建设。如:大规模地进行现代交通建设,川藏、青藏、滇藏和新藏公路全面开工建设。建立了一批现代企业和事业单位,如电厂、汽修厂、毛纺厂等现代企业以及邮电、气象、中小学校、医疗卫生机构等现代社会事业。西藏上层爱国进步人士也为推动社会发展进步,促使噶厦地方政府成立了"改革局",下发了《关于根据'协议'改革西藏社会制度的布告》,其中也有一些好的内容,但没有得到很好贯彻。

这一时期最重要的现代化建设,主要体现在政治上。按照党中央的指示,进藏解放军和一切工作人员,都模范地执行了党的民族、宗教政策,以现代的民主作风和平等观念以及革命行动,积极地为广大农牧民服务,在广大农牧民中产生了广泛影响,使他们增强了现代民主意识和平等观念。广大农牧民群众经过8年的比较、鉴别,进一步提高了阶级觉悟,明辩了是非,强烈要求进行民主改革,实现政治上的人身解放。但是,西藏地方政府上层反动势力,为继续保持黑暗反动的封建农奴制度,于1959年发动了武装叛乱,这也给在西藏大规模推进现代化建设和改革提供了一个历史契机。

第二个时期是从1959年平叛改革到1978年十一届三中全会结束。这一时期中国共产党在西藏广大农牧民和上层爱国人士的大力支持下,迅速地进行了平叛改革,彻底废除了反动、黑暗、落后的封建农奴制度。1965年9月,不仅建立了人民民主政权——西藏自治区人民政府,实行民族区域自治,使西藏百万农奴获得了政治上的翻身解放当家做主成为社会的主人。而且在经济、文化等各方面大规模推进了社会主义现代化建设,并取得了可喜的成绩,基本形成了具有西藏特色的现代工业体系,现代的文化、教育、卫生等各项社会事业也得到了长足的发展。但由于受"左"的思想和路线的影响,特别是十年文化大革命的摧残,西藏在社会主义现代化建设上也走了一段弯路。

第三个时期是从1978年十一届三中全会到1989年全国的动乱。这一阶段中国共产党针对"文化大革命"带来的创伤,在拨乱反正的过程中,积极探索结合西藏实际的社会主义现代化建设道路。党中央先后召开两次西藏工作座谈会,对西藏的社会主义现代化建设和发展提出了一系列方针和政策,使西藏的社会主义现代化建设步入了良性循环的轨道,西藏各项现代化建设事业取得了可喜的成绩。但是,由于帝国主义推行"和平演变"战略,特别是随着苏联的垮台和东欧的剧变,对我国产生了巨大的影响。以达赖为首的分裂集团,在帝国主义的支持下,疯狂地制造骚乱活动,给西藏政局的稳定带来严重影响,西藏各族人民在全力进行经济建设的同时,不得不担负起反对民族分裂、维护祖国统一的历史重任,社会主义经济建设受到了严重影响。

第四个时期是从1989年至2001年第四次西藏工作座谈会结

束。这一阶段中国共产党在认真总结前几十年西藏社会主义建设经验的基础上,以江泽民为首的第三代中央领导集体,认真听取了西藏自治区党委和政府的工作汇报后作出十条重要批示,使西藏工作出现了"一个转变"和"两个里程碑"的伟大成就。为此,党中央先后召开第三和第四次西藏工作座谈会,给西藏社会主义近代化建设发展,制定了"一个中心、两件大事、三个确保"的工作方针和"一加强、两促进"的三大任务以及全国支援西藏的战略部署。自治区党委政府为贯彻"工作方针"和实现"三大任务",确定了"跨越式发展"目标和三步走发展战略。

在这十三年中,西藏出现了国民经济快速发展的良好态势,人民的物质文化生活水平也有了一个质的跨越,西藏社会主义现代化建设事业取得了举世瞩目的伟大成就。正如原自治区党委常务副书记热地同志所总结的那样,这十三年是西藏发展的最好时期,西藏在短短五十年就实现了从黑暗走向光明,从落后走向进步,从封闭走向开放,从贫穷走向富裕的历史性跨越,这是中国共产党领导西藏人民,在全国人民大力支援的情况下,所取得的社会主义现代化建设的人间奇迹。

西藏社会主义现代化建设所取得的伟大成绩,其历史意义主要表现在:第一,西藏是一个极具特殊性的民族地区,它不仅处在世界第三极——青藏高原这个特殊的地理位置,而且是一个基本上处于单一民族和全民信教地区。同时,在和平解放前长期处于极其落后的政教合一的封建农奴制统治之下,生产力发展水平极其低下。由于高山缺氧,交通闭塞,长期处于与世隔绝状态,是世界最神秘的地区。在这样一个社会条件下,搞近(现)代化建设,可想而知将会碰到多大的困难和阻力。在社会主义现代化建设过程中,中国共产党人,以其超人的魄力和勇气,以其务实和进取的精神,在短短的50年就将一个极其落后的民族地区,通过社会主义"四个现代化"建设,变成了一个极具发展潜力的民族乐园,这不能不说是创造了一个人间奇迹。研究这一历史发展历程和总结其成功经验，具有重大的现实意义和深远的历史意义；第二，中国共产党在领导西藏社会主义现代化建设过程中，密切结合西藏的实际，努力探讨符合西藏自身发展的社会主义现代化建设的道路，在全国各族人民的大力支持和援助下，形成了西藏跨越式发展的态势，取得了非常巨大的成就。不仅使西藏民族地区由黑暗走向光明、由落后走向进步，而且也由封闭走向开放，由专制走向民主、由贫穷走向富裕。实现了西藏由黑暗、反动的封建农奴制度，一步跨越到光明、进步的社会主义制度；由落后的自给自足的自然经济，一步跨越到先进的现代社会主义市场经济；这两次历史性大跨越。总结这一历史性的发展历程，向世人介绍这一伟大的历史性变迁，对于扭转西方世界的舆论，正本清源，彻底批驳达赖分裂集团散布的反动谬论，树立良好的社会主义国家形象，都具有重大的现实意义和深远的历史意义。

　　随着人类社会进入21世纪和中国社会主义现代化建设的深入发展，西藏在50年发展的基础上，有中央政府和全国人民的大力支持和帮助下，再经过50年的艰苦奋斗和快速发展，一定能够在社会主义"四个现代化"建设的过程中，实现邓小平同志提出的"在中国四个现代化建设中走进前列"的宏伟目标。

第一章 西藏近代化的历史起点

中国的早期现代化或者近代化历程是在鸦片战争后,以洋务运动为嚆矢而展开的。西藏的近代化改革则比内地晚40余年,到20世纪初年,以赵尔丰、张荫棠等的改革为开端,徐徐拉开了序幕。

第一节 西藏近代化的历史基础

在西藏的近代化历程中,西藏的前近代社会的各种因素,西藏的政治、经济和文化诸方面的发展状况,不仅是西藏近代化的历史基础,也对西藏的近代化历程产生了重要影响。

一、西藏近代化的政治基础

前近代西藏社会、政治发展的一个很重要的特点,就是其政教合一的政治制度的形成和完善。

所谓政教合一,就西藏实际情形而言,最突出的特点即是任何政权或地方政治力量均直接依托于宗教教派组织而存在。如13世纪以来,萨迦政权直接依存于萨迦教派,帕竹政权依存于帕竹教派,藏巴汗政权依存于噶玛噶举派,1642年以后的西藏统一政权则依存于格鲁派。在此情形下,宗教教派组织成为一切政权和政治力量的基本载体,而政权和政治力量也往往直接为其所依附的宗教教派组织谋取利益,二者构成了西藏特殊和有机的政教相结合的政体。

西藏的政教合一的政治制度,形成于 13 世纪。其时,蒙古族以其强弓骏马征服了亚洲,西藏与内地的关系也更加密切。西藏各教派为了发展自己的势力纷纷依附元朝中央政府,而元朝中央政府为了加强对西藏的统治,也要依靠西藏地方的宗教势力。在利益一致的基础上,元朝选择了萨迦派主持西藏的政教事务。1260 年,忽必烈即帝位后,就封萨迦派的领袖八思巴为国师,并接受了八思巴的三次密宗灌顶。1264 年,元朝设立了总制院,八思巴兼管总制院的院务。总制院的权力和事务主要有两方面:一是管理全国佛教事务,不仅是西藏的僧侣、寺院、寺产、教政等,中原的也包括在内;二是总管西藏的军政、民政、财政等各项行政事务,即代替蒙古王室治理西藏。

1265 年到 1267 年,在元朝中央支持下,八思巴以国师兼萨迦首领的双重身份,同其弟白兰王恰那多吉奉旨返回西藏,将西藏地方划分为十三个万户,组建统一的萨迦地方政权,规划建立各级行政机构,建立了从萨迦政权到各万户、千户的西藏行政管理体系,将西藏地方长达四百年的分散割据的状态推进到在中央政府管辖下的相对稳定统一的新局面。而八思巴就是当时西藏地方的总代表。在他之下设有行政大总管、万户长、千户长、宗本和庄园主;同时还为佛教上层人物设置了苏本、森本、却本、仲译等十三类高级奴仆,和一套从政治上进行统治的制度。但萨迦赤巴和大总管只有管理西藏地方一般日常行政事务的权力,如遇重大问题,或者是大总管的任免都要呈报元朝中央政府批准,方可实行。同时,元朝中央政府还在西藏设立了驿站系统。忽必烈下令:"可根据地方贫富、道路险易、人口多寡,仿照汉地设置驿站之例,拣择适于建立大小驿站之地,设立驿站。"①

意大利藏学家毕达克认为:"1267～1268 年间,蒙古在乌斯藏

---

① 陈庆英译:《汉藏史集》,西藏人民出版社,1986 年版,第 167 页。

地区正式建立了行政统治,即建立了驿站并进行了一次括户。这二项措施都是在从中原派往西藏的帝国官员和萨迦派主持的行政班子强力合作下进行的。萨迦派主持是蒙古忽必烈可汗选中的合作者和西藏新组织的工具。"①

明朝时,萨迦派衰落,格鲁派势力逐渐强大。16世纪中叶,蒙古势力南下进入青海,和西藏开始接触。1559年,蒙古土默特部首领俺答汗率部进入青海,明朝为稳定局势,转而采取安抚政策。土默特部进入青海后,开始传令西藏各教派,希望能归顺。而此时格鲁派在西藏也因帕竹政权的衰落而面临着很大的危机,需要新的力量的支持,所以两者一拍即合。俺答汗赠与格鲁派领袖索南嘉措"圣识一切瓦齐尔达喇达赖喇嘛"的尊号。索南嘉措获此尊号后,格鲁派迅即将它作为格鲁派领袖转世传承的固定尊号而确定下来。索南嘉措为三世达赖,自此,格鲁派领袖的称号和转世制度都固定了下来。

16至17世纪初叶,由于帕竹政权的衰落,藏巴汗政权的迅速向前藏扩张,于1618年占领了西藏的大部分地区,建立了藏巴汗政权。格鲁派的处境更为艰难。为了扭转不利局面,格鲁派寻求外援,其后与蒙古固始汗结盟。1637年,固始汗率部南下,到1641年攻入西藏,消灭了藏巴汗政权。固始汗征服西藏后,就借助达赖喇嘛的宗教威望和格鲁派集团的势力来确保自己对西藏的统治,建立了一个以达赖喇嘛为首的西藏地方政府。这个由格鲁派上层掌握的政教合一的政权,其最高领袖达赖喇嘛,既是宗教领袖,也拥有相当的管理西藏的行政权力。这不仅结束了西藏自元朝以来的政治多元的局面,也在西藏最终确立了由教派执掌政、教两方面权力的政教合一的政权模式。这一政权模式的确立,使得格鲁派

---

① [意]毕达克:《蒙古在西藏的括户》,沈卫荣译,载《国外藏学研究译文集》,第1辑,西藏人民出版社,1985年版,第207页。

集团由宗教团体和以寺院经济为基础的实力集团正式上升为在西藏社会中占主导地位的政治力量,同时作为格鲁派领袖的达赖喇嘛也正式成为西藏社会政、教两方面的领袖。这种因格鲁派集团同时执掌政教大权而最终趋于完善的政教合一制度和政体结构,大体奠定了后来三百年中西藏地方政权的基本模式。

固始汗介入西藏,还导致了西藏格鲁派中另一大活佛系统,即班禅活佛系统的建立。1642年,固始汗在控制西藏以后,尊奉班禅罗桑却吉坚赞为师。1616年,四世达赖去世后,格鲁派情势危急,罗桑却吉坚赞辞去扎什伦布寺座主,就任哲蚌、色拉二寺座主,主持了当时格鲁派对内对外的许多重大事宜。固始汗在尊奉罗桑却吉坚赞以后,1645年,又赠给他以"班禅博克多"的尊号,简称班禅。自此,"班禅"开始成为扎什伦布寺寺主固定的专有尊号。与此同时,固始汗和五世达赖又请罗桑却吉坚赞主持扎什伦布寺,并将后藏的部分地区划归他管辖。于是,在罗桑却吉坚赞死后,遂开始了班禅活佛系统的转世。

以达赖喇嘛为首的西藏统一地方政权的形成、政教合一制度的最终确立以及班禅活佛系统的建立,三者构成了后来西藏地方政治的基本面貌。此后,西藏地方政治的这三个主要方面得到了进一步的延续和发展。因此,这三者的确立,显然标志着西藏地方政治的发展已进入了一个新阶段。

西藏的政教合一制度到清朝的时候逐步完善,并且根据其统治的需要,作了些许的调整。清朝中央政府治理西藏政策的指导思想,依然是充分利用宗教的力量。清政府看到要巩固自己的政权和其在蒙古族等少数民族地区的统治,就需要利用宗教声誉和力量强大的教派,也看到利用达赖和班禅的重要性。所以,不但与达赖和班禅建立关系,而且位极尊隆。公元1652年,顺治帝敦请五世达赖进京。五世达赖在北京受到顺治帝特殊礼仪的接待,并以金册金印封达赖为"西天大善自在佛所领天下释教普通瓦赤喇怛喇达赖喇嘛",从而加强了以达赖为首的西藏地方政权。这个政权,是一个以格鲁派宗教人物掌政教两权的政教合一制度,是一个行政制度和法律制度比较完善的政教合一的封建农奴制度。1713年,鉴于六世达赖尚没有得到西藏僧俗各界的一致公认,为了稳定西藏局势,清朝中央政府正式册封五世班禅罗桑意希为"额尔德尼",班禅的宗教领袖地位也得到确认。自此,达赖和班禅就成为西藏的两大宗教领袖。

1705年,在西藏执政达26年之久的第司桑结嘉措,在与蒙古和硕特部汗王拉藏汗争夺权力的过程中被杀,西藏地方政府被拉藏汗接管。此后,西藏开始进入政治动乱时期。1717年,北疆的蒙古准噶尔部趁西藏局势动乱之机,派兵南下入侵西藏。准噶尔军队攻入拉萨后,大肆抢掠,西藏局势陷入严重混乱之中。鉴于此,清朝遂派大军分南、北两路平定西藏,在击溃并成功地驱逐了准噶尔军队之后,清军于1720年从青海带着受西藏僧俗民众一致拥戴的七世达赖格桑嘉措进入拉萨,并于翌年在布达拉宫为七世达赖举行了坐床典礼。在平定准格尔之乱后,清廷中央政府为了加强对西藏的统治,不仅派人查看达赖的转世灵童,而且于1709年以达赖喇嘛年幼及"青海众台吉等与拉藏不睦,西藏事务不便令拉藏独理"为由,派侍郎郝寿以"管理西藏事务"头衔,"前往西藏协同拉藏汗办理事务"。[①] 这是清朝中央政府派大臣进藏直接管理西藏事务的重要开端,同时也成为清朝向西藏派遣驻藏大臣的先声。

1751年,清政府再次对其管理西藏的措施和西藏地方的政治体制,进行了比较重大的调整和改革,颁布了《西藏善后章程十三条》。这些调整和改革大致包括以下内容:

1. 取消郡王掌政制度,授七世达赖喇嘛掌握西藏地方政权。

[①]《清实录》,圣祖卷236,康熙四十八年正月,己亥条。

2. 在西藏正式建立噶厦政府,噶厦设噶伦 4 人,由 3 名俗官和 1 名僧官充任,地位平等,秉承驻藏大臣和达赖喇嘛的指示共同处理藏政。

3. 在达赖喇嘛之下设立译仓(秘书处),内设僧官 4 人,噶厦的一切公文政令须经译仓审核钤印后才能生效。

4. 将藏北三十九族和达木蒙古八旗地方划归驻藏大臣直接管辖。同时,为加强驻藏大臣对西藏的实力控制,"增兵千有五百戍藏"。

5. 规定噶伦等官员不得私自任免地方官员和补放调换寺院堪布,必须遵照驻藏大臣和达赖喇嘛的印信而行。

6. 规定噶伦、代本等从事买卖交易差遣,不得擅行私出乌拉牌票苦累人民,严禁官员私自滥行赏赐或加派差税,噶伦等官员对达赖喇嘛仓库存贮物件不得任意私行取用。[①] 此次调整和改革,一是增加了达赖喇嘛管理西藏地方的行政权力;二是扩大了驻藏大臣的管理权限。这一调整和改革最终在西藏确立了政教合一制度。

1792 年,在击退尼泊尔廓尔喀入侵后,清政府会同西藏地方政府,再次议定了处理藏事各项章程,即 1793 年颁布的《钦定藏内善后章程》二十九条。章程包括政治、经济、军事、外交、宗教等各方面的内容,是清朝中央政府治理西藏地方的纲领性文件。该章程不但正式确定驻藏大臣同达赖喇嘛和班禅的平等地位,而且将西藏僧俗文武官员及喇嘛的任免与指挥监督权,达赖、班禅等活佛转世的监定权、西藏的外交权及财政监督审核权等均正式赋予了驻藏大臣,并以制度和法定条文的形式加以固定。这表明,清朝对西藏的管理在政治、宗教、转世、外交、经济上均趋于系统化和具体化。该章程的颁布实行,巩固了驻藏大臣的政治地位,标志着清政

---

① 《清实录》,高宗卷,乾隆十六年三月,乙丑条。

府在西藏的施政方案,由初期依靠归顺的蒙古汗王,扶植格鲁派安抚西藏人,发展到设置驻藏大臣,完善具体措施的最高阶段。章程加强了中央对西藏地方的管辖,增强了中央与地方的联系,密切了各族人民的往来,稳定了地方社会秩序,发展了地方经济文化。

然而,到清后期,外国的侵略势力却开始觊觎西藏。18世纪中叶,印度成为英国的殖民地后,英国开始对其附近的地区感兴趣,"他们的兴趣甚至扩展到了西藏"。[①] 鸦片战争后,英国加紧了对西藏的侵略,1876年,利用马嘉理案件,提出了开放西藏的要求。腐朽的清王朝,并没有意识到问题的严重性,于是在《烟台条约》的"另议专条"中答应了英国提出的入藏探访路程的要求,"第一次把西藏置于中国与现代诸国的条约之中"。[②] 1888年,英国发动了第一次侵藏战争,藏族人民进行了顽强的抵抗,但由于清政府的腐败,抗英斗争失败,被迫于1890年和1893年签订了《中英藏印条约》和《藏印续约》,开放亚东为商埠。西藏是中国西部的屏障,英国欲占领西藏,南窥云南,东视四川,下达长江沿岸,以使其在西藏和在长江流域的势力联成一片。20世纪初,英国对西藏的侵略加剧。"新时代"杂志在1903年称:"英人为在将来占领长江流域,就要预先保障自己在西藏的权利,因为西藏乃是这条中国的尼罗河的发源地"。[③] 1904年,英国又发动了第二次侵藏战争,占领了拉萨,与西藏地方政府签订了《拉萨条约》,规定开放江孜、噶大克、亚东为商埠,英藏皆可派员驻扎,赔款750万卢比(后改为250万),此外还规定了许多侵犯中国主权的条款。后来1905年

[①] 兰姆:《1766—1910年的英国、印度和西藏》,第5页;吴丰培编:《清季筹藏奏牍》,第1册,文硕奏牍,卷四,第17页。

[②] Grover Clark: Tibet, China and Great Britain, 1924年版,第6页。

[③]《新时代》,1903.7.2(新历15日),第9514期,转自《史学译丛》,1956年,第6期。

清政府派唐绍仪去印度和英国谈判,签订了《中英新订藏印条约》,挽回了部分主权,规定英国不占领藏境,并且不干涉西藏政治。

英国之外,俄国也对西藏虎视眈眈。1861年后,俄国派出了若干支队伍到西藏考察。不过,俄国觊觎西藏的目的在于和英国争夺印度。俄国人巴德马耶夫曾反复对沙皇鼓吹:"西藏是亚洲最高的高原,它高耸于亚洲大陆,自应掌握在俄国手中。俄国控制了这个地方,肯定可以迫使英国容易达成谅解。""西藏是从印度方面打开亚洲的钥匙;谁统治西藏,他就将统治青海和四川;谁统治青海,他就将统治整个佛教世界,甚至包括俄国佛教徒在内;而谁统治四川,他就将统治全中国"。① 沙皇听从了他的建议,不断向西藏派遣商业队和探险队。对此,清朝官吏也有所认识,1896年(光绪22年)清政府驻藏大臣鹿传霖在奏疏中,曾特别着重指出:"英俄交窥藏地,实皆注意印度。……俄之垂涎印度已久,以西藏据印度之巅顶,故思得藏以图印,以建瓴之势。"②

外国势力的觊觎,使清政府开始意识到问题的严重性。"溯查英(吉)利自占印度地方,即已垂涎藏境,以便东窥四川、云南,北窃西宁、青海……"要维护自己的统治,要保证川蜀滇陇的安全,就必须巩固西藏地区的国防。因此,清政府力图在西藏实行改革,稳定权力。正如英国人所说:"1904年远征军返回印度之后,力图使中国恪守已订立的条约。但这次远征彻底震醒了中国政府,他们决心致力于中国在西藏权力的恢复"。③ 西藏也由此拉开了近代化的序幕。

纵观西藏的政治制度的发展概况,可见西藏政治制度的发展

---

①谢缅尼科夫编:《沙皇制度内幕》,1925年,列宁格勒版,第110页。
②《鹿传霖奏牍》,卷3,第3页。
③贝尔:《西藏的过去与现在》,第38页,引自张世明:《英国侵略对清代西藏经济的影响》,《西藏民族学院学报》(社会科学版),1991年,第1期。

完善是长期以来历史进步和各民族交融的必然结果,也为西藏近代化启动奠定了政治基础。

二、西藏近代化的经济基础

西藏的近代化改革前,西藏的经济制度是封建农奴制经济。西藏的封建农奴制经济制度形成于元朝时期,以封建土地所有制和农奴主对农奴的人身占有为主要特征。庄园经济是西藏封建农奴制社会最基本的经济形式,农奴被束缚在庄园的土地上,没有任何人身自由。庄园的土地全部归农奴主所有,农奴也是农奴主的私有财产。占有农奴的多少,也成了农奴主财富多寡的重要标志之一。封建庄园则是西藏农奴制社会的主要经营管理方式,遍及西藏境内的大大小小的庄园构成了西藏的庄园经济,庄园主通过其代理人,向农奴索取沉重的劳役地租。

同时,随着宗教在政治生活中地位的提高,其势力逐步向经济领域发展。按照当时的习惯,贵族对于寺院的施舍往往是把整个庄园或其中一部分土地连同土地上的居民一并供为寺产。由于贵族争先将子弟送入寺院学经,相应,他们也向寺院施舍大量的土地和属民,从而使寺院的经济实力迅速增长。到16世纪中叶,以拉萨三大寺为中心包括其各自下属的众多支系的格鲁派寺院已遍布于卫藏各地,这些寺院既是宗教组织,同时也成为经济上的实体。大多数寺院都拥有自己的寺属庄园、牧场和属民,寺院中也专门设有管理经济的机构,寺院经济也就成为西藏封建农奴制经济的一个重要组成部分,僧侣贵族也就成为西藏社会农奴主阶级"三大领主"之一。

班禅和达赖都是西藏的宗教领袖,其在宗教上的地位是平等的。不过就宗教活动的范围而言,班禅系统没有达赖系统广阔,也因此造成了各自拥有的寺院、喇嘛、田庄和农奴多少的差别。班禅系统拥有的寺院和喇嘛仅占总数的十分之一,达赖系统拥有的寺院和喇嘛却占总数的十分之九左右。① 1733年,达赖喇嘛所属的寺院有3150所,僧人数为34260人,属民数为121440人;班禅·额尔德尼所属寺院为327所,僧人数13670人,属民数6750人。②到清代,随着政教合一的政治制度的定型,西藏形成了三大领主经济,分别为噶厦政府、寺院集团和贵族集团。三大集团的经济实力基本平衡,全西藏的土地占有情况分别为地方政府占30.9%,寺院集团占39.5%,贵族阶层占29.6%。而三大领主只占西藏总人口的2%,领主的代理人占农村总人口的3%,三大领主各庄园的属民即农牧民则占西藏农村总人口的90%以上,他们由差巴、堆穷和牧民三个等级组成。由于占人口绝大多数的农奴不占有任何的生产资料,处在社会的最底层,没有任何的劳动积极性,使得农业一直停滞不前。

西藏的商品经济也在缓慢地发展。西藏地方和祖国内地间的经济文化交往,在很早以前就存在。但大规模的商品交换兴起于唐、盛于宋,在元明清时期更为发展。如明朝时期,确定了朝贡制度,分为例贡(一般三年一次)、袭职朝贡、谢恩、庆贺朝贡三种。每年有大量的西藏朝贡团体往来于内地和西藏间。朝贡的目的不仅在于通过赏赐从明朝手中获得巨额财富,而且还往往在内地直接从事商业贸易活动。所以,这些朝贡使团事实上也是物资采购团,他们的每一次朝贡,不但能从明朝政府那里获得丰厚的赏赐财物,而且也直接从内地购得大量物资带回。此外,明朝还在河州、秦州、洮州、雅州等地设立茶马司,以茶、布、丝绸向藏族市马,西藏和内地的茶马贸易十分畅旺。如1380年,兵部奏:河州茶马司市马,

---

① 牙含章:《班禅额尔德尼传》,序言,第3页。
② 东噶·洛桑赤列:《论西藏政教合一制度(二)》,《青海民族学院学报》,1982年,第2期。

用茶58890斤,牛98头,得马3050匹。①到清代,西藏和内地通市贸易更为扩大,形成了物资交流三大商路:北通过西宁、中通过打箭炉(康定)、南通过云南大理。"卫藏地方为外番往来贸易人等荟萃之所,南通布鲁克,东南通云南番子,东通打箭炉以外各土司,北通青海蒙古,直接西宁,惟西通巴勒布及克什米尔。缠头番民常川在藏民居住设廛举贩者最多。"②随着西藏和内地贸易的兴盛,在清代,一些贸易要道上还因之商业繁盛。如《中甸县志稿》记载:"凡由云南运出康藏之茶、糖、布、线、粉丝、辣椒并由康藏输入云南的山货药材皮毛及氆氇栽绒等类,均以中甸为交易场所。……商贾辐辏,商品云集,……形成一巨商堡垒,每年货财出入,最少亦在七百万元以上。"③四川境内和西藏贸易要道上的打箭炉,还因之成为商业巨镇。"茶商聚于打箭炉,藏民往来交易,遂为通衢也。自康熙五十八年安设塘站,以炉为始,而里塘、巴塘、乍雅、昌都……以抵前藏。"④连英国人也认为中国之所以能"安定"西藏,丝和茶是两种主要的工具。⑤

除了和内地的经济交往日益密切外,还因地域关系,西藏和周边的尼泊尔、印度等国也有商品往来,而且这种商品往来因西方侵略者对西藏的觊觎、侵略而加强。西藏和尼泊尔的商贸关系较为密切,尼泊尔侨民在西藏经商的也不少。"巴勒布(即尼泊尔)在前藏贸易之人……自康熙年间即在前藏居住,皆有眷属,人户众多,不下数千口,……而藏内'番'民与之婚姻已久。"⑥巴勒布即尼泊

---

①《明太祖实录》,卷87,第1页。
②光绪《卫藏通志》,卷11,《贸易》。
③引自李培林:《近代西藏茶业市场之争于云南茶业的地位》。
④许公武:《边疆述闻》,见《新亚细亚月刊》,卷5,第3期。
⑤凯曼:《越过喜马拉雅山的贸易》,第59页。
⑥《东华录》,乾隆朝,卷116。

尔。而印度和西藏也有经济往来,"印藏贸易以羊毛牛皮为大宗,前藏商人贩货由江孜运至帕克里而止,将货售与上下卓木土人,再由卓木脚夫转运忘噶伦绷、大吉岭等处。"①

总之,在西藏被迫开放前,西藏的商品经济虽然有所发展,但其程度较低,自然经济仍占据绝对优势,商品经济不发达,手工业和商业所占比重极小。种植业方面,生产工具、耕作技术都非常落后,除了极少数地区用铁铧犁耕地外,大部分地区仍停留在木犁、木锄头耕地时代,有的地方普遍沿用极为原始的刀耕火种的耕作方式。畜牧业生产仍然采用原始的自然游牧方式,逐水草而居。几百年来对草场的建设和利用,畜牧的改良、疫病的防治以及畜产品的加工等生产技术一直未得到改进。西藏的手工业生产基本上还是沿用家庭副业式的生产方式,生产的目的主要是满足领主和家庭消费,只有极少部分用于交换。商业在社会经济生活中所占比例微乎其微,领主和农奴所需的生活用品主要是通过以物易物的方式交换的,城镇的商业活动主要是供应宗教事务的需要,作为西藏经济主要成分的农牧业生产也同样处于落后状态。尤其是16世纪中叶以后,西藏政教合一制度日趋完备,僧侣集团在西藏社会空前膨胀,构成了社会生产力发展的重大阻碍,经济出现了长达300年的衰退与停滞。

西藏经济之所以出现长时期的停滞,其一是人口数量的增长率极低。从13世纪后期到18世纪初叶的450余年中,西藏地区人口从56万增长到94万,增长了38万人。而从18世纪后期到1951年西藏和平解放时的210余年中,西藏地区人口从94万增长到105万,仅增长11万人,基本上处于停滞状态。后来,张荫棠在西藏进行改革时,也看到了西藏人口增长过慢的问题,从而不顾西藏的习俗,想要强迫部分僧人娶妻生子。其二是大量人口涌向

---

① 何藻翔:《藏语》,第32页。

寺庙,形成了大量的"寄生"阶级。据统计,1951年西藏和平解放时,寺庙人口占总人口的10%左右。其三是大量的财富流向寺院。以1733年为例,平均260多人就要修建和供养一座寺庙,每2.6人就要供养1名僧人,这早已超出了西藏的社会经济、人口的承受能力。西藏寺庙大批地占有和消耗生产、生活资料,这是抑制经济发展的重要因素。西藏民主改革前,寺庙占有土地约达118.5万克(一克土地约合一市亩),占西藏实有耕地的39%;另外寺庙还占有约30%的牧场和牧畜。而其产品的绝大部分被消费或变成寺庙的装饰品,只有一小部分被用来维持简单的再生产,很少用于或根本没有用于扩大再生产。

西藏被迫开放商埠后,西藏的经济开始了细微的变化。

首先,外国商品通过亚东等口岸陆续进入西藏市场,西藏对外贸易的规模进一步扩大。据英国驻成都领事霍集估计,19世纪末,由我国内地运往西藏的货物总值每年约为白银1053491两。但是,据史料记载,西藏与内地的商品贸易总额比通过中印边界西藏地区的全部交易额高出4倍以上。但英国商品大量涌入西藏后,西藏与内地的贸易有所减弱。据霍集估计,1883年西藏从内地输入的茶叶总值为15~20万英镑,而到1913年降为7.21英镑。[1]

《中英会议藏印条约》及《续约》签订后使中国在西藏地方的主权遭到破坏。特别是亚东的开放,使英国商品源源不断地流进西藏。据英国官方统计,英属印度向西藏输入商品的价值总额见下表:[2]

---

[1] 引自张世明:《英国侵略对清代西藏经济的影响》,《西藏民族学院学报》(社会科学版),1991年,第1期。

[2] 引自张世明:《英国侵略对清代西藏经济的影响》,《中国少数民族》,1997年,第4期。

年　　代	商品总额（卢比）	年　　代	商品总额（卢比）
1889—1890	131458	1890—1891	199788
1891—1892	203131	1892—1893	229117
1893—1894	331613	1894—1895	447802

从上表可知，1889年到1895年，英属印度向西藏输入的商品不断增长，年均增长率为22.7%，尤以1893年后的增幅最为剧烈。藏印贸易的总值，也在不断增加。1896～1897年度为2098520卢比，1897～1898年度为2252460卢比，1898～1899年度增为3359960卢比。①

西藏的亚东口岸，是西藏进出口贸易的重要商埠，其贸易额的增长也比较大。据统计，从1893年到1894年，仅亚东一地的贸易额，就由69万多卢比增加到114.9万多卢比，增加了近1倍。其中从国外经亚东输入西藏的商品额由35.8万卢比增加到70.1万卢比，也增加约1倍。输入的商品大部分是英国的商品。② 1896年亚东的进出口总值为1342664卢比，其中出口总值为781269卢比，进口总值为561395卢比；1897年进出口总值为1494439卢比，出口总值820300卢比，进口为674139卢比；1898年进出口总值1536326卢比，出口为817851卢比，进口为714475卢比；1899年进出口总值为1335397卢比，其中出口为822760卢比，进口为962637卢比。③

其次，随着西藏对外贸易的增大，西藏的农奴制经济开始受到

---

①黄万伦：《英俄对西藏经济侵略的历史考察》，《西藏研究》，1982年，第3期。

②黄万伦：《西藏经济概论》，第143页。

③黄万伦：《英俄对西藏经济侵略的历史考察》，《西藏研究》，1982年，第3期。

轻微的冲击。据史料记载，亚东开放后，该地区附近1/3的人口抛弃了农业生产而从事运输、旅馆、堆栈各业，有资金者自行开业，无资金者充当这些行业的雇工或佣仆，每年用于商业驮运的骡马大约有二、三千匹之多，致使亚东出现了草比粮贵的现象，所需要的粮食必须从国外进口。这表明，英国的侵略已经触及到西藏的农奴制经济结构。

再次，西藏和内地的贸易也因西藏的对外开放而受到影响。陶思曾在其《藏輶随记》中曾说："窃闻藏印未通商以前，番商之贸易川省者，多愿预缴息金，向粮台划兑官款，今日时势则大相反矣。"[①]

总之，在20世纪前夕，西藏的商品经济虽然有所发展，西藏的对外贸易的数值也逐步扩大，西藏某些区域农奴制经济已经有所松动。但总的说来，西藏还是一个农奴制经济占绝对统治地位的地区。农牧业、手工业及商业的发展水平都比较低，农奴被紧紧地束缚在土地上。这表明，西藏近代化的经济起点很低。

三、西藏近代化的文化基础

前近代西藏的文化发展也很有特色。西藏人民几千年来用自己的勤劳和智慧，创造了非常丰富的文化。在西藏文化发展过程中，不仅吸收了来自域外的印度、尼泊尔、波斯和阿拉伯的文化，而且与我国中原地区和西北地区乃至整个北方地区的多种文明形成交流和交融关系。

西藏的雅鲁藏布江和拉萨河流域是文化发展比较早的地区。公元7到8世纪，许多著名的建筑，如布达拉宫、大昭寺、小昭寺就已经建立起来了。这些精美的建筑，表现了西藏人民的坚韧、勤劳和智慧，也是西藏文化的璀璨明珠。从7世纪开始，西藏就创造出

[①] 陶思曾：《藏輶随记》，清宣统三年刻本，第33页。

了自己的文字。五世达赖还专门撰写了有关藏文的修辞方法的"妙音观歌"。在其推动下,藏文成为了藏族通用的文字,极大地促进了藏族文化的发展。1742年,西藏的纳当印经院开始用木板刻字印刷经文。许多动人的小说、诗歌、剧本以及民间故事、谚语等,一直在西藏流传着。这些著作和传说,用充满丰富想象力的神奇情节和意义深刻的寓言,描述了抵抗侵略和除暴安民的民族英雄。如记载西藏历史的长篇史诗《格萨尔》,就是流传于民间的口头说唱艺术。这些都是西藏文化的珍品。从公元3世纪初西藏产生第一名藏医起,藏医药集中了中医药和印度的一些临床知识,成为中国医药中的瑰宝,也是藏文化的重要组成部分。

而西藏文化最具特色的是西藏的宗教文化。

佛教从公元7世纪开始传入西藏,得到西藏吐蕃王朝的扶持,开始在西藏发展。西藏原有的传统文化,自从佛教传入后,与之水乳交融,互相渗透,形成了具有西藏特色的文化系统。

吐蕃王朝后期,达玛赞普禁教,佛教灭绝。到10世纪,佛教再次传入西藏,并逐渐得到西藏封建政权的扶植,与封建政权相结合。到13世纪元朝统一全国后,西藏在元朝管理下形成了政教合一的制度。15世纪初,宗喀巴创立格鲁派。格鲁派的创立,对西藏产生了重大影响。格鲁派乃是一个具有高度自我约束能力、严密组织性和强大宗教凝聚力的新兴教派,它的创立无疑给当时已十分涣散并处于困境中的西藏宗教带来了新的气象,使西藏宗教的面貌为之一新。同时,格鲁派所具有的这种为其它教派所无法比拟的宗教优势,也注定了它必将获得迅速的发展并在西藏各教派中占据主导的地位。

佛教在西藏社会的地位十分稳固,对西藏的文化影响极为深远。一方面使西藏文化渗透了藏传佛教的深刻影响;另一方面使藏族文化成为体现统治阶级政治意愿的工具。在这种条件下,文化所体现的政治要求和宗教观念,代表了僧俗统治阶级的根本利益,藏族劳动人民创造文化和表现文化的权利在事实上被剥夺。历史上西藏社会的政教合一的政治制度是一种专制制度,这种制度造成了西藏社会长期处于封建农奴制的黑暗统治下,再加上西藏地方恶劣的自然地理条件,使西藏文化内在的发展活力受到极大的制约,以至于长期处于封闭保守的状态。而这种保守现象,在19世纪西方宗教势力、殖民势力大举入侵西藏的年代中,由于西方的政治理念和宗教观念的威胁变得更加顽固。正如20世纪初英国的印度总督所说:"西藏政府在上一世纪里,日甚一日地沉溺于一种排外的政策中。"[1]这种排外一方面表现了不同宗教和不同文化之间的矛盾与冲突;另一方面则是西方政治理念对西藏政教合一的封建农奴制度造成的冲击,即西藏的宗教上层认为"外来的英国文化对佛教继续在西藏一统天下的局面构成了直接的威胁。"[2]前近代西藏的政治、经济、文化发展概况如上所述,其发展之状况,既是西藏近代化的基础,同时又制约和影响着西藏近代化的发展历程。

第二节　西藏近代化的历史起点
——20世纪初清政府在西藏推行的近代化改革

西藏的近代化历程产生于20世纪初。19世纪末、20世纪初,随着英、俄帝国主义对西藏的争夺,特别是英国发动的第二次武装侵略,使西藏局势岌岌可危。一方面英国在第二次武装侵略西藏后,在侵藏政策上采取了拉拢西藏上层、培植亲英势力和民族分裂

---

[1]〔英〕彼得·费莱明著,向红茄、胡岩译:《刺刀指向拉萨》,第38页。
[2]戈尔斯坦著,杜永彬译:《喇嘛王国的覆灭》,时事出版社,1994年版,第847页。

主义分子,妄图利用民族分裂主义分子从内部,把西藏从祖国的大家庭中分裂出去;另一方面沙俄也利用英军侵略西藏之机,派遣大量的蒙古族间谍入藏,诱使达赖采取亲俄政策,妄图从政治上控制西藏。与此同时,英俄为瓜分西藏进行秘密磋商并签订"西藏协定",在"协定"中用"宗主权"代替中国对西藏的国家主权,以此来否定中国对西藏的国家主权。这一系列活动,严重危协到了西藏的安全,使西藏有可能从祖国的大家庭中被分割出去的危险。所以,面对这一严重形势,清朝中央政府为抵制帝国主义对西藏的侵略,挽救危局,巩固边防,决定整顿藏政,推行一系列近代化改革,这就成为西藏近代化发展的历史起点。

自此,西藏的近代化改革,是以20世纪初年清政府在西藏实行新政而开始的。1905年清朝中央政府派赵尔丰在川边藏区推行"改土归流",同时于1906年先后又派张荫棠、联豫进藏,查办藏事和推行新政改革,从此西藏近代化改革全面展开。

一、赵尔丰在川西藏区的"改土归流"

赵尔丰(?——1911),字季和,汉军正蓝旗人,先后在广东、山西等省任职,后因见赏于山西巡抚锡良,遂较长时间随其调迁而擢升。1903年锡良任四川总督后,赵尔丰先后就任四川永宁道、建昌道等要职。此后,赵尔丰便与四川、同时也与西藏结下不解之缘。至1911年,他在四川、川边、西藏等地任职9年,其中7年经略川边、西藏事务。

众所周知,英、俄等列强侵略我国西藏地区由来已久,它们通过一系列不平等条约染指西藏事务。1904年,英军还攻入拉萨,强迫西藏上层签订了《英藏拉萨条约》。面对如此严峻形势,清朝政府内部关于整治川边、西藏的呼声日高。时任建昌道的赵尔丰提出"平康三策",建议以改土归流、开发实业、西康建省等措施整治川边,威慑西藏,"以杜英人之觊觎,兼制达赖之外附",避免英人把打箭炉(今四川康定)以西视为西藏辖地,使四川、西藏两地"界线牵混",连及四川"堂奥洞开"。① 该建议得到锡良和朝廷的首肯。

1905年4月,四川总督锡良、成都将军绰哈布奏派建昌道赵尔丰调募营勇,会同四川提督马维骐在巴塘平定变乱。8月,马维骐回川,由赵尔丰统兵留守,处理善后事宜,并由建昌道任炉(即打箭炉)边善后督办,后在巴塘、乡城等地改土归流,设官分治,颇有成效,得到四川总督及中央政府的称许。1906年5月,赵尔丰因病回到成都。8月,四川总督锡良、成都将军绰哈布以川边幅员辽阔,"事理极繁,断非设一道员能所统治"及"藏危边乱,牵制全局"为由,请"照宁夏、青海之例,先置川滇边务大臣,驻扎巴塘练兵,以为西藏声援,整理地方为后盾,川滇边藏,声气相通,联为一致,一劳永逸"。② 该建议得到军机处同意,随即廷命赵尔丰为川滇边务大臣。

按照四川总督锡良、成都将军绰哈布奏折所述,从"打箭炉西至巴塘、贡噶岭,北至霍耳、五家,纵横各数千里"的区域"如隶属于川"③等语可知,川滇边务大臣所管辖的区域,含今四川省甘孜藏族自治州全部及西藏自治区昌都地区的一部分。事实上,直至宣统三年(1911年)春,才划乍丫(今西藏自治区察雅县)、察木多(今西藏自治区昌都县)、类伍齐(今西藏自治区类乌齐县)、八宿(今西藏自治区八宿县)、边坝(今西藏自治区边坝县)、江卡(今西藏自治区芒康县)、贡觉(今西藏自治区贡觉县)、桑昂曲宗(今西藏自治区察隅县)、硕般多(今西藏自治区洛隆县境内)等地属新设立的四川

---

① 《川督锡良等奏请设川滇边务大臣驻巴练兵电》,吴丰培编:《赵尔丰川边奏牍》,第1～2页,四川民族出版社,1984年版。
② 《川督锡良等奏请设川滇边务大臣驻巴练兵电》,吴丰培编:《赵尔丰川边奏牍》,第44～45页,四川民族出版社,1984年版。
③ 《川督锡良等奏请设川滇边务大臣驻巴练兵电》,吴丰培编:《赵尔丰川边奏牍》,第44页,四川民族出版社,1984年版。

省登科府(相当于今四川省甘孜藏族自治州,治所在今四川省石渠县境内)。① 此外,赵尔丰从1905年任炉边善后督办起,便在巴塘、乡城等川边地区着手进行改土归流。因此可以说,现西藏自治区近代化发端是赵尔丰首倡和率先实施的。

当时的川边地区,地广人稀,经济水准低下,民众生计艰难。若干土司各自为政,而寺院势力又往往强于土司,它们之间既有矛盾斗争,又共同压迫剥削民众。驻藏帮办大臣凤全以理塘为例,奏称:"理塘地方土司积弱,日以朘剥番民为事。十室九空,僧多民少。大寺喇嘛多者四五千人,藉以压制土司,刻削番民,积习多年。驻防营汛单薄,文武相顾,莫敢谁何,抢劫频仍,半以喇嘛为逋逃薮,致往来商旅,竞向喇嘛寺纳贿保险"。他希望朝廷重申旧制,"凡土司地方,大寺喇嘛不得逾三百名,以二十年为期,暂停剃度"。"其年在十三岁以内喇嘛,一併饬家属领回还俗。"果真如此,则20年后,"喇嘛日少,百姓日增,何至比户流离,淄徒坐食。"②因此,川边地区的近代化改革,须以解决民众的日常生计、安定社会秩序为当务之急。

赵尔丰的思路和举措与凤全大体一致。就任川滇边务大臣前后,在军事打击巴塘等地动乱的基础上,着手进行了较大规模的改土归流。1906年7月,便在巴安、盐井、三坝、理化、定乡、稻城、贡噶岭、河口等8县,"先设流官管理分治","隶属于川。如川边将来建省,以为改土归流之基。"③9月,赵尔丰命巴塘粮员"代理地方一

---

① 上述涉及的政区变动,请参见牛平汉主编:《清代政区沿革综表》,第347～349页,中国地图出版社,1990年版。
② 《光绪朝东华录》,第5册,总第5307页,中华书局,1958年版。
③ 《锡良、绰哈布奏设川滇边务大臣折》,四川省民族研究所《清末川滇边务档案史料》编写组编:《清末川滇边务档案史料》,上册,第90页,中华书局,1989年版。按该折与本书前引吴丰培编:《赵尔丰川边奏牍》一书中之《川督锡良等奏请设川滇边务大臣驻巴练兵电》,内容略有出入。

切事宜,清查户口,规定粮税,疏通大道,以便转输。"①12月,规定"所有夷民田产,不准施送喇嘛,私相授受;及嗣后执业田产,均须请发印契,永为世业。"②

1906年12月,正式出台颁布《巴塘善后章程》,规定了一系列涉及改土归流的重大举措。该章程主要内容有:永远革除土司之职,改土归流;设立汉官;地方官衙门由汉保正与藏保正合管所有钱粮、词讼等事;每村公举头人,管理村事;田地均按上、中、下三等分别纳粮四成、三成、二成;改革乌拉差役;喇嘛自种与佃种之地,均须纳粮;官招民垦荒;废除原交与土司和喇嘛的所有杂派;规定一庙喇嘛不得逾三百人;学龄儿童必须入学;人人皆须剃发梳辫;废除奴隶制,原有家奴视为佣工;戒吸鸦片;讲究卫生;各类刑事、民事案件的处置等等。③

《巴塘善后章程》的主旨是改土归流,力图废除旧有的政教合一的封建农奴制度,减轻民众的经济负担,削弱过度膨胀的寺庙势力,提倡良好的风俗习惯,应当予以肯定。但是,赵尔丰以封建官僚的身份,从维护清王朝的长治久安立场出发,规定人人皆须剃发梳辫,并以"蛮"、"夷"称呼藏族同胞,却是不合时宜的,其根深蒂固的蔑视少数民族的心态亦暴露无遗。

赵尔丰的举措得到四川总督锡良的大力支持。1906年12月,锡良以"经画边疆之要,在于洞悉番情;而欲洞悉其情,必自通

---

① 《川滇边务大臣赵尔丰申报锡良巴、里塘改设流官情形》,四川省民族研究所《清末川滇边务档案史料》编写组编:《清末川滇边务档案史料》,上册,第92页,中华书局,1989年版。

② 《札巴塘粮员等分发告示民间田产不准施送喇嘛并须请领印契》,四川省民族研究所《清末川滇边务档案史料》,编写组编:《清末川滇边务档案史料》,上册,第92页,中华书局,1989年版。

③ 以上参见四川省民族研究所《清末川滇边务档案史料》编写组编:《清末川滇边务档案史料》,上册,第95~103页,中华书局,1989年版。

其语文始"为由,在成都开办了藏文学堂,招收"文理通顺,身体健壮之学生百二十名入学"。所开课程,以藏文为主,兼习国文、修身、伦理、英文、地理、历史、算学、体操等。① 1907年2月,锡良与赵尔丰商定,在四川官盐局盐厘项内,每月解给川滇边务大臣公费银2000两。

1907年4月,赵尔丰与锡良"悉心商酌",并由锡良主稿,请求朝廷拨款三百万元并奏陈川滇边务应办事宜六事:兴学、通商、开矿、屯垦、练兵、设官。度支部对于该折的批复是,屯垦、练兵、设官三事可尽快着手办理,"俟垦辟日广,户口繁盛,然后兴学、通商、开矿等事"。对于所要求拨款之事,同意凑集一百万两,作为开办经费。对屯垦、练兵、设官的具体实施办法,度支部亦提出了有别于赵尔丰和锡良的意见。6月,因锡良调任云贵总督,便由护理四川总督赵尔丰"就原奏引申其义",单衔具奏《川滇边务事宜均关紧要据实缕陈拟具章程折》,内容"与锡良意见仍复相同"。不过,赵尔丰在六事的顺序上做了调整,改为:屯垦、练兵、设官、兴学、通商、开矿。

值得注意的是,赵尔丰就兴学、通商、开矿三事的重要性与紧迫性再次向朝廷申述,据理力争。他认为,藏民"性质浑浑噩噩,尚具天真。""若置而不教,设为异端邪说所诱,则将来挽救甚难"。在外国传教士纷纷深入内地之时,兴学尤为"收拾边地人心第一要务。此兴学之似可缓而实不可缓者也。"如不及时使边地与内地通商,"则于役边地之人,咸将苦其不便。即开垦成熟之后,农民所获粮谷,自食之外,必赖变价充用,若非商贾日多,粮谷销路,亦不能畅。"而且,商务繁盛之后,就能"征厘榷税,尚可为补助常年经费之资,是通商实与设官、练兵、屯垦相为表里,此通商之似可缓而实不

---

① 中国科学院历史研究所第三所主编:《锡良遗稿·奏稿》,第1册,第651~652页,中华书局,1959年版。

可缓者也。"开矿一事,"若不由官创办,易起竞争之端。"筹办边务,"原期日臻富庶,以固藩篱。若不自筹利益,岁岁仰给他省,朝廷亦何得此乐田?兴利之方,则屯垦之外,惟有开矿,早开一日,即可早收一日之用,此开矿似可缓而实不可缓者也。"

面对度支部提出的屯垦、练兵、设官的具体实施办法,赵尔丰仍坚持己见。"肯于应招赴边者,大都极贫佃户,自无寸土之人,农具庐舍,令其自备,断难集事。"此外,"关外向无店铺,无处购食,垦夫初到,皆须广为筹备杂粮,以资果腹,否则有饥饿之虞,恐成涣散之势。""部议选练新军三营,分布巡防。"但赵尔丰认为,边地地域广袤,"山川险要,驿路綦长,皆须派兵驻防。""原有巡防新军五营,尚苦不敷分布,安能以三营而兼顾川、滇。"因此,"练兵尚须筹议。"就设官而言,"边地应办之事既繁,自不能不随事分派委员,以专则成,此又与部臣原议宜略事变通者也。"

《川滇边务事宜均关紧要据实缕陈拟具章程折》显示出赵尔丰的性格与决心,"凡此六事,臣晨夜深思悉心筹画,实皆缓无可缓。"在指出度支部的错讹之后,他再次提出了关于屯垦、练兵、设官、兴学、通商、开矿六事的基本思路和实施办法。

屯垦。主要实施移民屯垦,规定:"凡有愿赴边地开垦之人,各视其力之所及,自行认垦,成熟之后,所垦之地,即作为该垦户业产。但令照额完粮,不收地价。"官方垫以口粮、御寒衣服、农具籽种耕牛以及建房之资,并在打箭炉设招待所,各开垦地设监垦所。三年之后,可分年收回所垫之费用。

练兵。"川、滇边地辽阔,险隘甚多,处处需兵,须练新军,以资镇慑,巡防之方,足以备不虞而固民志。"拟在现有巡防营之外,先编练新军步、炮、马共四营,待社会秩序安定后,次第裁撤巡防各营以再增练步队、工程辎重各队,"以符混成协之制"。

设官。"按地方大小轻重,分设官制,优给公费,使为官者安心充任,不养冗散之员。"拟将巴塘升格为巴安直隶厅,下设顺化(理

37

塘）、定乡县（乡城）两县，各给公银 1000 两、800 两。其余新设之官职，亦有定银。"公费之外，无论何项名目，不准私取分毫财物，违者立予撤参，计赃科罪。"

兴学。"边地兴学，培植人材在后，开通风化为先"。拟设小学一所、蒙学数所。凡 7 岁以上儿童，均令入蒙学，授以浅显汉藏文、各种礼仪，三年毕业，择其优者升入小学。"十年之后，果有成材，再次第推广，建立中学、高等学堂。"

通商。边地出产丰饶，但日用所需，"皆须购自内地，必赖商贾畅行，方能贸迁有无，使民称便。"拟先"建设旅店，平治道路"，为来往商家提供便利。考虑到边地牛羊甚多，可招内地工匠传习器具或皮革制造之法，建厂之资，由官垫付。待有成效之后，任商家出资承办。

开矿。鉴于边地金矿甚多，而边民采金之法落后，拟"延聘本国在外洋矿学专门毕业之人，周历察看，择其矿苗最旺者，由官设厂，仍用本处土法，雇夫开采，但将淘炼熔冶之法，力求改良。"日后若需机器，当陆续添置。

六事之外，赵尔丰还写道，虽然他暂不评论川边"宜分设行省"的舆论，但"权限疆界，亦有不能不预为筹定者"。因边务涉及川、滇两省，兼之路途遥远，治理太难，"拟请川边、滇边由两省督臣，划定地界"，"地方各事，及差缺各官升迁更调，均归边务大臣主政"。实际上，赵尔丰已经非常明显地提出了类似在川边建行省的主张。①

1907 年 9 月，赵尔丰再上《会筹边务开办章程折》，强调"藏疆区部之繁，以川省为根本，而川、藏经营之略，以边务为关键"。"自巴理两塘及乡城、稻坝、盐井、中渡等处改土归流后，所有兴革诸

---

① 以上参见《川滇边务事宜均关紧要据实缕陈拟具章程折》，吴丰培编：《赵尔丰川边奏牍》，第 46～54 页，四川民族出版社，1984 年版。

务,几与内治同一般繁"。因此,"事必权其所宜,策必先其所急"。在他看来,"划清界限"、"增设官属"、"宽筹经费"、"协济兵食"四项为急需解决的要务。

所谓"划清界限",即"拟请将打箭炉以外属地,悉归边务大臣管辖,俾无制肘"。其它如明正、霍尔、五家、道坞等尚未归流之处,亦"由边务大臣渐次行之,庶几权界明而指挥定矣"。所谓"增设官属",即新设二府(巴安府、康定府)、二厅(理化厅、三坝厅)、三县(盐井县、河口县、定乡县)以及一批相关的官职和俸银、公银。所谓"宽筹经费",即要求朝廷在允诺拨给的一百万两之外,再"添筹的款,以资接济"。他希望四川省的油捐、糖捐,"俱作为关外常款"。所谓"协济兵食",即在边务开办之初,"巴塘各营,尚须川省照常协拨米食,方能有济"。待当地种植稻谷成功后,"再行停止"。

此外,赵尔丰还提及,"至于采矿劝工,练兵兴学,皆为边藏政要,容臣尔丰出关试办"。字里行间,自信心跃然纸上。

赵尔丰此折,得到政务处的基本首肯。对划清界限的要求,政务处以为"自可从宜办理"。而增设官属一事,政务处认为"应请准如所奏,分设各缺"。协济兵食一项,政务处议复"关外虽不产米,而年来种植改良青稞之外,他种粮食,可望丰收。但得川省接济,一二年后,无虞不继,乘此经营,既无耗中边事之嫌,且收固圉殖民之效"。就宽筹经费之求,政务处提出,边地改流后"地方岁收粮税银七万余两,尚可按年酌增;川省所筹油糖捐款,约可收银四十余万两,供支边用,足为基础"。其所需总经费,除去上述粮税油糖捐献外,"应由该大臣通盘筹画,编制预算,专案咨送度支部,汇核办理。"①

综上所述,赵尔丰据理力争得到了回报,他争得了办理边务的基本条件,在政治、财政等方方面面的事权亦得到确认,这是他了

---

① 以上参见《会筹边务开办章程折》及《政务处议复折》,吴丰培编:《赵尔丰川边奏牍》,第54~58页,四川民族出版社,1984年版。

解边务、熟悉边务、愿意办好边务的结果。而且,从政务处关于已经改土归流地方的粮税收入达七万两的议论观之,赵尔丰治理川边,实则在藏族地区的近代化发端进程中,确已取得难能可贵的成效。通过前述赵尔丰的奏折,我们也能强烈地感受到,他针对藏区的社会政治经济的实际情况,已将制定出一套较为切实可行的措施。而且,在某些方面,如向赴边开垦之人提供庐舍、口粮,严禁贪污腐化,强调通商、兴学、开矿之不可缓等,他比清朝中央政府的很多官员更务实、更人性化。

在基本条件得到满足、思路比较明析,因而胸有成竹之时,赵尔丰下一步所要做的,就是将纸面写的付诸实施,从而进一步推进藏区(含川边和现西藏部分地区)的近代化改革。

兴学一事是赵尔丰极为重视的。他针对藏族地区实际,采取了一系列有效措施,也颇有成效。

其一,建立兴学的管理机构。1907年9月,赵尔丰奏请设立关外学务局。委度支部主事吴嘉谟为关外学务局总办。"凡筹拨学费,考查规制,采购图书仪器,延聘教习,派学劝学一应事宜皆隶之。"[①]1909年初,从成都藏文学堂调派毕业生70余名,出关派充教员。为鼓励到边地任教,赵尔丰还请求对关外办学人员三年择优保奖一次。

其二,多方筹集兴学所需经费。关外学务局开办之初,赵尔丰即从边务经费内借拨银30000两。为了解决建校费用,也为了"补助关外学生衣履之费",又变卖巴塘、理塘等处所缴获的物品,筹集到约44200两。因巴塘建学堂,募集捐款2000两。所筹经费一部分用于兴学,暂不动用的银两,存入成都、华阳生息。[②]后又两次

[①]《筹设关外学务局折》,吴丰培编:《赵尔丰川边奏牍》,第97页,四川民族出版社,1984年版。

[②]《将缴获匪物变价作为学堂经费片》,吴丰培编:《赵尔丰川边奏牍》,第98页,四川民族出版社,1984年版。

向中央政府奏请增加拨款,添补30000两。在巴塘设立巡警学堂,又增年经费5000两。至1911年上期,教育经费已核定为八万两。

其三,多方劝导民众子女入学。办学之初,不少民众以为入学即是当差,不愿送子女进校学习。赵尔丰、吴嘉谟先在巴塘、理塘开办数所学校,"令塘民及商民与蛮头人等子弟入学堂,给以衣服,优以礼貌,联以情谊。蛮民观感,皆有欣羡之心。始行推广校地"。当最初入学的学生能讲浅近汉话后,吴嘉谟"乘机演说入学之益,而蛮民闻风兴起,又见其子弟可与汉官直接言读,不假翻译,于是纷纷求其设学。"①

其四,因地制宜,广办学校。边地人少地广,学校的分布亦势必分散,数量较多。1908年,已设学堂30余所,男女学生1000有余。1909年,共建学堂60余所。据不完全统计,至西康建省,赵尔丰、吴嘉谟先后建小学170余所,在巴塘建巡警学堂,在巴安(按由巴塘改名)、康定设师范学堂,在雅江县设蚕桑学校,在邓科县设游牧改良所。② 学校教师以内地招聘为主,亦请当地识汉语的人士充任。

其五,兴建图书馆,广求各类书籍。有新思想的赵尔丰知道图书馆是学校不可或缺的,曾在巴塘兴建图书馆,呼吁全国支援,向社会各界广求各类书籍。"先后得到捐赠各类书籍达三万七千余函,其中有唐宋画普殿版画图书集成及其它稀世珍本。"③

其六,设立印刷局,编印教材。赵尔丰在巴塘设立了官印刷

---

① 《关外办学人员三年届满择优请奖折》,吴丰培编:《赵尔丰川边奏牍》,第100页,四川民族出版社,1984年版。

② 关于所设学堂数,请参见《筹设关外学务局折》,吴丰培编:《赵尔丰川边奏牍》,第97页,四川民族出版社,1984年版。

③ 曾国庆著:《清代藏史研究》,第28页,西藏人民出版社、齐鲁书社,1999年版。

局,从内地购进两部印刷机,招募内地工匠,翻印了大批教科书。又在成都聘来专门人才,编辑官话课本,全用乡土教材,分官话、修身、历史、地理、算术、格致、唱歌等科。同时,又招内地雕匠教授年龄较长藏生精制梨板,雕刻大字书本及习红字帖,附刊藏文,写读两用。

兴学之外,屯垦也是赵尔丰着力较多,也有一定成效的改革事务。

其一,创办垦务。巴塘、乡城、理塘、稻城、康定、三坝、河口等县气候温和、地广人稀,适于发展农业。赵尔丰便先后招募垦夫2000余人,携妻带子到上述县承垦。在两年时间内,已初见成效。后因辛亥事起,变乱陡生,垦夫多被杀害,所垦之地又成荒土。

其二,设置农事试验场。赵尔丰下令各县均设置农事试验场,并调内地场丁在农事试验场就地试种。以前边地没有蔬菜,农事试验场试种成功蔬菜后,各地争相试种,得以推广。

通商是赵尔丰倡导的六事之一,也有一定成效。

其一,普设驿站。川边地广人稀,住宿不便,饮食难觅,商旅视为畏途。为鼓励内地商人进入川边从事商贸业务,在原有的部分台站的基础上,赵尔丰下令每六十里至一百里建台站一个,修筑土石墙壁板屋,由附近村民轮值供应官差茶水草料。一般商旅,也可住宿,咸称方便。赵尔丰在任之时,从打箭炉(康定)至察木多(昌都),南北两路均设立了驿站。每站设台书一人,管理台站和驿递事务。每站还发台底银藏币百元,以为台书贩卖食物的本钱。据统计,南路建有台站32个,北路建有台站8个。此外,又改设或专设了一些土著台站。

其二,修建道路。川藏交通极为不便,多系商旅牛马沿山踏出。赵尔丰调集民工,指拨专项费用,修建了由康定至德格以及由康定至昌都的南北大道。又耗银30万两,特聘比利时工程师修建了河口钢桥。道路和桥梁的修筑,极大地方便了来往商旅。

其三，抵制印茶，提倡国货。针对印度茶叶行销藏区的情况，赵尔丰倡议成立股份公司，联合雅安、名山、荥经、天全、邛崃五县茶商，于1909年2月在雅安成立了"边茶公司筹办处"。一年后，集股银335000两，正式成立"商办边茶股份有限公司"，并先后在巴塘、理塘、昌都、结古（现属青海）、汉源、宜宾、嘉定等地设立分号、转运处或采配处。该公司在抵制印茶，提倡国货，扶持民族资本，鼓励边藏通商方面曾起到显著作用。①

在试办工矿企业方面，赵尔丰也有所作为。

其一，创办制革厂。赵尔丰拨银14700余两，从内地招募技师，购置机器设备，在巴塘修建制革厂。制革厂于1909年开工，其所产皮货与内地相近，而藏靴皮鞋虽不及川厂，但就地取材，成本较低，边民喜用。因在创办制革厂的同时，下令巴塘、乡城、理塘、稻城等地挑选年龄在十七八岁的藏民子弟到成都学习制革，所以后来巴塘地方之外亦有效仿办皮革厂的，质量亦渐有改进。②

其二，设立官药局。边地药材种类多、药质好，以前边民不知就地取材用药治病。赵尔丰特令各县设官药局，以通晓医药者为司事，经理药局事务。还曾每年放种牛痘，药以成本出售，受到边民喜爱。

其三，开办邮政局。据重庆海关的报告："1910年新辟川省西境部落地区邮务，通到了峨边县、理番厅和懋功厅各城市与汉族语言相异的各地。1911年建立了经由巴塘到察木多和拉萨的联系。

---

① 四川省志民族志编辑组：《清代四川藏区的边茶贸易》，《四川文史资料》，第11辑，政协四川省委员会、四川省志编委会编。

② 以上关于赵尔丰在兴学、垦务、通商、工矿企业等方面作为的资料来源，除注明外，均参见李静轩：《赵尔丰经边始末》、格桑群觉〔藏族〕：《赵尔丰对川边的统治及措施》，政协四川省委员会、四川省志编委会编：《四川文史资料》，第2辑。

每天发出的日夜快邮也建立于汉口与成都之间和成都至打箭炉之间,其结果,相距 4000 里的汉口和半藏族城市打箭炉被一条日夜邮务的链子联络上了。"①

赵尔丰在任期间,他所一再提及的开矿之事,虽经努力,由于他的调任以及辛亥革命风潮等因,终未成功。

赵尔丰在藏族地区的近代化改革,有的举措得到了藏族人民的支持拥护,但是,赵尔丰"屠户"的恶名却伴其一生。究其原因,除了在叙永厅古蔺的铁血手腕外,他还在川边实施改土归流的过程中,亦曾滥杀无辜和不尊重藏族同胞的宗教习俗。正因为如此,赵尔丰于 1908 年 3 月被朝廷赏尚书衔,委任为驻藏大臣兼川滇边务大臣后,受到部分藏区官员、僧侣的强烈反对。赵尔丰此前也曾请辞去驻藏大臣一职,但未获准。为使赵尔丰全力经营川边和西藏事务,朝廷调任其胞兄赵尔巽为四川总督。1908 年 9 月 1 日,赵尔丰启程赴藏。1909 年 2 月,朝廷解除其驻藏大臣职务,专任边务大臣。6 月,朝廷下令将察木多拨归川滇边务大臣管辖。10 月,赵尔丰抵达察木多,照料川军进藏事宜。1910 年 6 月,赵尔丰在现西藏部分地区实行改土归流,奏准将察木多改为昌都府,乍丫改为察雅县,恩达塘改为恩达县(辖八宿、类乌齐)。

综上所述,我们可以看到,赵尔丰在川边、现西藏部分地区改革的基本思路和具体做法是:打击封建农奴制和地方独立势力,统一管辖,统一政令,以改土归流为改革的出发点和基础;为避免英国殖民者将康定以西的广大区域视为西藏属地,力主并部分实施了将改土归流后的府、县划归四川省;以四川省为扶持西藏近代化改革的主要基地,从四川引进各类人才,调拨财政款项,派出藏族

---

① [英]施特劳奇著,李孝同译:《重庆海关 1902—1912 年十年报告》,《四川文史资料》,第 11 辑,政协四川省委员会、四川省志编委会编。

青年至成都学习;在改革的进程中,先择地试行后逐步推广,呈现出由东向西即由川边至现西藏部分地区的态势;重视教育,广办各类学校,注重培养当地人才;将清末新政时期其它地区已经行之有效的举措,如兴学堂、练兵、办实业等引进在他的改革之中;比较注意减轻当地民众在改革过程中和改革后的负担。

赵尔丰的举措能够在藏族地区的近代化发端进程中初见成效,除了个人的才干之外,晚清时期起步的新政、宪政等较好的社会政治环境,四川省及锡良等四川官员对他的大力支持,亦是重要原因。由于赵尔丰早年在四川、川边任职时曾实施过一些铁腕手段,以及人们对他后来在保路运动时期言行的误解,多年来赵尔丰基本被视为反面人物。但综观其一生,赵尔丰确不失为晚清有爱国热情的新派官员。他在效忠大清王朝的前提下,做了不少有利于社会进步发展的事,也为西藏民族地区的近代化改革的发端起到较为明显的作用。

二、张荫棠在西藏"查办藏事"

与赵尔丰在川边藏区进行改革的同时,张荫棠在西藏也进行了一系列改革。

张荫棠,字憩伯,汉族,广东新会人。他早年远涉重洋,曾任清朝驻美国参赞和总领事职。在美期间,开阔了视野,也受到西方资产阶级学说和自然科学知识的熏陶,且对西方侵略的本质有了很感性的认识。因此,他是晚清比较清醒的的官员之一。

1905年,张荫棠以参赞的身份随同唐绍仪至印度就西藏问题和英印政府会谈,办理1904年的军事赔款和议定新约。在此期间,备感英国侵略者的骄横和西藏局势的岌岌可危。1905年1月,他就向清廷提出了《请速整饬藏政收回政权》的建议,主张整顿藏事,抵制英国吞并中国西藏的阴谋。"英人经营西藏,已非一日,耗费不下千万,阴谋百出,令人有不可思议者。"①他说:"我国整顿藏事,迟早皆应举办。今事机迫切,尤为刻不容缓。"②并提出现在必须遴派知兵大员,统精兵两万,由川入藏,分驻要塞。所有一切内政、外交,均由我派员经理,并次第举办新政,加强治权,以抵制英印政府的阴谋。1906年2月,张荫棠又致电外交部:"藏地东西七千余里,南北五千余里,为川滇秦陇四省屏蔽,设有疏虞,不独四省防无虚日,其关系大局实有不堪设想者"。同时,他提出了其治藏的方针就是在西藏实行"政教分离":"一面将达赖班禅优加封号,尊为藏中教主。所有内政外交以及一切新政,由国家简员经理,恩威并用,使藏人实信国家权力,深有可恃,则依仗之心益坚,又何敢再萌异志?"他认为,治理西藏"非收政权不可;欲收政权,非用兵力不可",如此方可抵御外侵。"况英人亦视我在藏兵力之强弱,能否治藏以为因应。我能自治,外人无隙可乘,自泯觊觎之心。"③

张荫棠提出的治藏思想,正好反映了清政府欲加强对西藏控制的意图。清政府亦备感藏事的急迫,"西藏为我二百余年番属,该处地大物博,久为外人垂涎……亟应思患预防,补救筹维……期挽利权而资抵御。"④遂于1906年4月破格提升张荫棠为五品京堂候补,随后又赏其副都统衔,令其前往西藏查办藏事。

1906年9月,张荫棠直接从印度去拉萨,一路目睹英国侵略

---

① 吴丰培:《清季筹藏奏牍》,《张荫棠奏牍》,卷5,第14页,西藏人民出版社,1979年版。
② 吴丰培:《清季筹藏奏牍》,《张荫棠奏牍》,卷2,第2页,西藏人民出版社,1979年版。
③ 吴丰培:《清季筹藏奏牍》,《张荫棠奏牍》,卷1,第14页,西藏人民出版社,1979年版。
④ 吴丰培:《清季筹藏奏牍》,《有泰奏牍》,卷2,第222页,西藏人民出版社,1979年版。

者在西藏为所欲为,以及西藏地方官吏的贪污腐化。因此,张荫棠到西藏后的第一件事就是整饬吏治。"窃维安边之要,首在察吏……今藏中吏治之污,弊孔百出,无怪为藏众轻视,而敌国生心。"到拉萨后不久,他就上书请求查办以驻藏办事大臣有泰为首的十余名劣迹斑斑的汉、藏官员。"查驻藏大臣历任所带员牟,率皆被议降革之员。钻营开复,幸得差委,身名既不足惜,益肆无忌惮,鱼肉藏民,侵蚀库款……藏中文武大小官员,无不以边防报销为唯一目的,此藏中员牟积弊也。又驻藏大臣,照章会同达赖奏补噶布伦缺,陋规1万2千两,额外需索,犹不止此,挑补戴琫甲各官,陋规二三千至数百不等,藏官皆摊派于民间,民之何辜,罹此荼毒?至达赖掣签之年,则尤视为利薮。故达赖丑诋为熬茶大臣,日形骄蹇,一切政权,得贿而甘自废弃。15年查抄藏王第穆家产一案,商民至今冤之。又靖西前藏粮台节寿酬应,岁需3千两,此(亦)驻藏大臣积弊也。"①同时揭露了驻藏大臣有泰三大罪状:其一颟顸误国:"庸懦无能,辱国已甚……有泰到任半年,毫无经画,坐误事机。"②对于西藏人民的抗英斗争,实行"任其战、任其败"的荒谬政策。其二贪污国银;其三是买官鬻官,任用亲信,奢侈腐化。"有泰信任门丁刘文通,自称系外委功牌,以之署理前藏游击,领带两院卫队,又总办全藏营务处,凭权纳贿,卖缺锡差,其门若市,各台汛员牟,纷纷借端更调,下命挑补兵丁台粮,需索藏银四五百不等。……有泰置若罔闻。"③1907年1月13日,清政府批准了张荫棠的

---

① 吴丰培:《清季筹藏奏牍》,《张荫棠奏牍》,卷2,第17~18页,西藏人民出版社,1979年版。

② 吴丰培:《清季筹藏奏牍》,《张荫棠奏牍》,卷2,第17~18页,西藏人民出版社,1979年版。

③ 吴丰培:《清季筹藏奏牍》,《张荫棠奏牍》,卷2,第18页,西藏人民出版社,1979年版。

奏请,下令将有泰"革职查办",其余 10 余名满汉官员"归案查办,分别监追。"①张荫棠刚到西藏,就以如此大的力度整饬吏治,为清朝所少有,也得到了西藏僧俗民众的交口称赞,在西藏获得了较高的声望,为其在西藏的改革打下了良好的基础。

在惩治了以有泰为首的一批腐败分子之后,1907 年初,张荫棠提出了新的治藏大纲,即"西藏地方善后问题二十四款。"②在二十四条中,他进一步阐述了他的改革思想。指出:"本大臣奉命来藏查办事件,首以启发民智,日进富强为唯一之目的"。现在"世界上无论何国,贫者弱而富者强、智者兴而愚者亡"。张荫棠得到了清朝中央政府的批准,成为新的治藏政策的基础。1907 年 11 月,张荫棠又上奏了《奏复西藏情形并善后事宜折》,再次补充了其治藏主张。张荫棠治藏政策的主要内容可以归纳六个方面的内容:

第一,政教分离,收回政权。西藏实行的是政教合一的政治制度,达赖、班禅既是宗教领袖,也是世俗政权的首脑。张荫棠则主张政教分离,要求对达赖、班禅优加封号,厚给岁俸,"专理黄、红教事务"。同时他建议,裁撤驻藏大臣和帮办大臣两缺,改设行部大臣,统治全藏,"所有达赖、班禅等均归节制,以重事权而定主国名义"。③"西藏政权向在四噶布伦掌握,番兵向归戴琫统带,均宜由我优给月薪",规定噶布伦和戴琫每日要到行部大臣署内"禀承办公",归行部大臣节制,从而逐步收归具体管理西藏的权力。

第二,改革机构,整顿吏治。设立财政、督练、交涉、学务、巡警、裁判、农工商、路矿、盐茶九局;恢复藏王体制,专管商上事务;

---

①《清德宗实录》卷 5。

②吴丰培:《清季筹藏奏牍》,《张荫棠奏牍》卷 2,第 39～49 页,西藏人民出版社,1979 年版。

③吴丰培:《清季筹藏奏牍》,《张荫棠奏牍》卷 5,第 2 页,西藏人民出版社,1979 年版。

下设参赞、副参赞、参议、左右副参议五缺,分理各种事务;要求在亚东、江孜、札什伦布、阿里、噶大克、察木多、三瞻、三十九族、工布、巴塘等处,酌设道府、同知,均用陆军学堂毕业生,督率番官治理地方;每有番官之地,应设一汉官;前后藏台站改设巡警。

第三,改革兵制,加强军备。早在1906年2月张荫棠就认为"驻藏汉兵除护粮台官兵外,只有留白二十一员名,半供塘递巡卡之役。番兵不过三千名,又星散百里外,非调遣新练劲卒,不足示威。盖兵威不壮,则兴革各事,既有多方掣肘之虑,尤有变生意外之险"。[①] 张荫棠认为富强以练兵为要,"练兵为御侮根本"。虽然因签订了合约可以稳定一时,但"勿谓今日和约可长恃,当常思念敌人猝来挑衅,长驱直进,尔等有何策以御之?知旧兵不可用,不能不改练洋操也;知旧枪不可用,不可不改制快炮也;粮饷不厚,不能得士卒之死力也……"西藏"向用民兵之制,按亩征兵,散布各处,未经训练,乌合之众,殆同儿戏",而"驻藏汉兵窳败不堪用,宜一律淘汰"。他提出改用募勇,成立督练局,具体负责训练新军。由汉官充任教习管带,要求选派年富力强的南、北洋武备生进藏,用近代的军事方法进行统带训练。"拟照陆军部练军新章,改练洋操队六千名,在打箭炉、雅州府等处招四千名,其余二千名在藏地招募训练,以壮声威。"[②]督练局下设粮饷局、军械局、司法局和参谋局,具体负责新军的粮饷、军械、作站指挥及弁兵犯罪事宜。兵制为伍、队、团、营、镇,每镇五千人,以练常备军四万人为额。内设陆军学堂,培养军事人才。同时提出在拉萨设立枪炮厂,调内地机器和工匠入藏制造先进武器。侦探敌情,勤于守备。

[①] 吴丰培:《清季筹藏奏牍》,《张荫棠奏牍》,卷1,第14页,西藏人民出版社,1979年版。

[②] 吴丰培:《清季筹藏奏牍》,《张荫棠奏牍》,卷5,第5～6页,西藏人民出版社,1979年版。

第四,发展经济,增强实力。张荫棠认为"农工商矿为致富根本",①他认为,练兵为御侮根本,而练兵必须筹饷,而"欲筹饷,必先振兴工商业,藏地未闻掣者甚多"。②他提出成立农务局、工商局、路矿局等,作为具体负责发展西藏经济的执行机构。工商局主要负责采买机器、开办工厂事宜,要求利用西藏自然经济优势,重点发展民族手工业。如织毛毯、氆氇,制作各种皮革,采集各种药材等,以利出口。提出要讲求工艺制造,提出在江孜成立工艺局,派留学生出国,学习工艺制造,"以免外人夺我利权"。从速架设巴塘至拉萨电话线;赶修打箭炉、江孜、亚东牛车道路,以便商运。在黑河、鹿马岭等处各盐井设局征税,开展边境贸易,三埠设关,制定畜产品进出口税则;引种川茶教民自种,以抵制英茶;准许藏汉军民开矿,"西藏五金煤矿,冠绝全球,英俄久已垂涎,欲起而攘夺之,苟不自行开采,适启贼心";③清查全藏户口和租赋,革除繁重差役及酷刑,以苏民困,限制寺庙喇嘛人数;收回西藏铸币之权,设置银行;中央每年给西藏拨款二百万两,办理一切新政。

第五,启发民智,发展文化教育卫生事业。"欲求救亡之法,只有兴学练兵两事"。设立学务局,具体负责"兴办教育"事业。广设汉文小学堂,对七岁以上儿童实行免费教育,使通祖国语言文学,以达到"人人能读书识字,开发民智"之目的。此外还要求设立各种专门学堂,以培养各种专门人才;他认为士农工商各有学问,件件都要讲求,"凡天文、地理、机械、工艺、商业、农业、算学、兵刑、钱

---

①吴丰培:《清季筹藏奏牍》,《张荫棠奏牍》,卷3,第45页,西藏人民出版社,1979年版。

②吴丰培:《清季筹藏奏牍》,《张荫棠奏牍》,卷3,第41页,西藏人民出版社,1979年版。

③吴丰培:《清季筹藏奏牍》,《张荫棠奏牍》,卷3,第45页,西藏人民出版社,1979年版。

谷、水利、矿务,一切经典文书,皆要学习。至于声、光、电、化、医诸学,皆有益于民生日用,并宜设学堂,分门肆学"。创办汉藏文白话旬报,定时派送,以激发爱国心,增进新知识;成立卫生局,建立医院;宽僧尼嫁娶之禁,听民自便,以促进西藏人口的增长;改革落后的生活习惯,移风易俗。

第六,联盟邻邦,共同御敌。修好不丹、尼伯尔等邻国,共御英人侵略。他指出,"西藏内力未充,不可轻开边衅,与人战争,自取灭亡,宜忍小忿以图自强。凡事禀明大皇帝然后行,尔藏官平日亦要讲究万国交涉公法"。张荫棠认为,要与邻国修好,"布鲁克巴(不丹)、廓尔喀(尼伯尔)为藏门户","宜派专使……谕以唇齿之义,密结廓藏攻守同盟之约。"

根据新的治藏方略,张荫棠还专门指示噶厦地方政府成立了交涉、督练、财政、盐茶、路矿、工商、学务、农务、巡警等9个局,"并颁发章程,分派职事,以冀共相讲求,力图振作,俾尔西藏蒸蒸日上,蔚成富强。"[①]为了启迪民智,促进新政,张荫棠还亲自编撰了《训俗浅言》、《藏俗改革》等小册子,并翻译成藏文,在西藏民众中广泛宣读。他还亲自到大昭寺向西藏官员宣讲《天演论》和强种强国、富国强兵之道,鼓吹维新爱国思想,使西藏人民耳目一新。

在张荫棠的督促下,新政开始逐步推行。至1907年7月,文化教育方面,开办了藏文传习所和汉文传习所各一所;初级小学堂两所;白话报馆一所;施医馆一所;商品陈列所一处。农业方向,派人往内地购买茶种、菜种、粮种、农具;在拉萨创设植物园,划分为五谷区、蔬菜区、果实区、树木区、花草区,以资示范,教民以较先进的耕作种植技术。矿业方面,派人分道勘测。商务外交方面,以维护主权反对侵略为宗旨,采取了若干具体措施。如制订进出口税

[①] 吴丰培:《清季筹藏奏牍》,《张荫棠奏牍》,卷3,第42页,西藏人民出版社,1979年版。

则;派得力爱国官员管理江孜、亚东等商埠;切断英人与西藏地方官的直接交往等。英国当时驻江孜的商务代表鄂康诺1907年3月7日致驻印外交大臣的信中说:"如今这里已全然陷入僵局,西藏地方当局直截了当地拒绝在任何事务中直接同我交涉,他们根据1893年《通商章程》第六款的规定,叫我把高洪思(高是张的部下,受命主管江孜中国商务和外交公署)作为专门的联系人。"①

由于张荫棠治藏大纲的出发点是巩固清朝中央政府对西藏的主权,加强国防建设,发展西藏的政治、经济和文化,防止和反对帝国主义乘隙继续侵犯西藏,因此,其治藏方针的大部分是顺应了历史发展的潮流。其在西藏的实施,开启了西藏近代化之门,也得到了西藏人民的好感和拥护。其资产阶级爱国维新思潮对野蛮、落后的封建农奴制社会产生了极大的冲击,他的言行举止,给西藏人民留下了深刻的印象,"直到西藏解放前,他的政绩仍在僧俗人民中间继续流传着"。另一方面,张荫棠和当时许多资产阶级维新派一样,不可能摆脱其阶级和历史的局限性。他在对外方面虽然坚决反对英帝国主义侵略西藏,而在对内方面仍然是从大民族主义立场出发,推行歧视、压迫少数民族的政策。他一再强调"收回政权",实际是强制推行以汉官代替藏官统治西藏人民。他的两本小册子,就是要用汉人的生活方式和思想"同化藏人",强迫藏人改变他们固有的语言文字、风俗习惯、伦理道德。他干涉西藏的宗教生活,强行规定喇嘛分为可以娶妻和不娶妻两种,甚至规定喇嘛念经的时间等。这些,既脱离了当时的客观实际,又超越了当时西藏各阶层人民的认识水平,必然遭到藏族人民的反对和西藏僧俗贵族阶层的抵触,因此,其政策的有效性也就大打折扣。

从1906年7月入藏至1907年7月离藏,张荫棠在西藏从政

---

①引自赵富良:《试论张荫棠"查办藏事"及其治藏方针》,《西藏研究》,1992年,第2期。

恰好1年。从时间上来讲,他所提出的治藏纲领根本没有机会全部实施。张荫棠虽然于1907年3月就责令西藏地方政府成立了九局,"所订交涉、督练、财政、盐茶、路矿、工商、学务、农务、巡警九局,章程虽具,任职者才识短浅,又未能切实举办。刊发藏俗改良、训俗浅言两书,民间虽颇踊跃传抄,未审真能实力举行。"① 因此,张荫棠的治藏政策的实际效果非常有限。究其原因,② 主要是张荫棠的这些带有资产阶级色彩的改革措施,在西藏农奴制社会里,还缺乏其实施的社会基础和社会条件。

首先,西藏由于长期的封建农奴制统治,对外实行闭关主义,生产力水平极其低下,社会经济不发达,在整个经济结构中,还没有出现资本主义经济,这就使改革缺乏经济基础,缺乏实施的物质条件。所以张荫棠的改革在一定程度上,脱离了西藏的实际。

其二,由于缺乏经济基础,在大农奴主统治阶级内部还没有形成要求改革的意识,缺乏改革的热情。许多大农奴主由于改革侵犯到了自身的利益,尤其是其宗教方面的改革,所受到的阻力更大。因此,对改革往往表现为"面诺心违"或"百般推诿",不切实举办。

其三,由于张荫棠改革的重要目的之一,就是抵制外敌,而他的改革,也确实在一定程度上收到抵制侵略的效果,"西藏人大都视彼为抵抗英国侵略之干城"。③ 因此,遭到了英国侵略分子的无理干涉和破坏。正如英国侵略分子鄂康诺所说:"张荫棠的这一行动终将葬送我们远征队在西藏取得的成果,除非我们决意与之作

---

① 吴丰培:《清季筹藏奏牍》,《张荫棠奏牍》,卷3,第44页,西藏人民出版社,1979年版。
② 见许广智:《张荫棠"查办藏事"始末》,中国人民大学报刊复印资料,《中国近代史》,1988年,第6期。
③ 柏尔:《西藏的过去与现在》。

对,坚持我们的正当权利。否则,我们在该国的声望一定会降低到从前那种使我们有必经远征拉萨的无足轻重的程度"。"我们实际上已重新回到1904年迫使我们派远征队去拉萨的那种形势"。①为此,他们一方面向清政府抗议,施加外交压力。1907年6月英国公使朱尔典向清政府提出严重抗议,说:"英藏直接交往情形,在张氏未干涉之前……并未发生过任何冲突。"②另一方面,极力拉拢亲英分子,挑拨民族关系,煽动民族独立,为改革没下层层障碍。

其四,由于改革打击了一部分满州贵族的贪污受贿行为,引起了朝廷中一部分满州贵族的忌恨和排斥,其中最显著的就是张荫棠和驻藏大臣联豫的矛盾。有泰革职以后,联豫由驻藏帮办大臣补授驻藏大臣,而同时任命张荫棠为驻藏帮办大臣,联豫权在张荫棠之上。而且,在西藏确立驻藏大臣制度以后,办事大臣、帮办大臣绝大多数是满州贵族和少数的蒙古族人。张荫棠以汉族出任驻藏帮办大臣,是第一人。这一事实,已足以使民族偏见根深蒂固的朝中部分满族亲贵的嫉恨难忍。于是,联豫发难于拉萨,鼓吹于朝中。在张荫棠推行改革期间,联豫就向朝廷密奏:"张大臣抵藏后,专谕番官所办之事,并末咨商,风闻共二十四条,中有令喇嘛尽数还俗,改换洋服及裁撤夫马等策。在张大臣固欲急图富强,然番人则谓:为洋人所使,欲灭黄教,纷纷议论,骇人听闻。"③据《辛壬春秋·西藏篇》云:"联豫为军机大臣,那桐之戚,为人小有才,不知大体。荫棠娴于外交,处藏事得宜,联豫恐夺其位,构于政府,那桐助之,竟挤荫棠去。"④"后闻之藏人,对之颇多怨咨,而于张荫棠则尚

---

① 转引自赵富良:《试论张荫棠"查办藏事"及其治藏方针》,《西藏研究》,1992年,第2期。
② 荣赫朋:《英国侵略西藏史》,第265页。
③ 《光绪三十年正月初五日驻藏大臣致外务部电》。
④ 吴丰培:《民元藏事电稿》,西藏人民出版社,1983年版,第137页。

怀念不已,是联张两之优劣,于此可见矣。"①在联豫等人的排挤下,1907年5月,清廷以外务部的名义调张荫棠去印度西拉姆,和英方代表会商江孜开埠事宜。在张荫棠离开西藏时,仍然念念不忘西藏的改革。在其对西藏官员的"临别赠言"中,他还说:"今日西藏,教宜保旧,而政必维新。"②

张荫棠离开西藏后,他在西藏开创的近代化事业遭受重大挫折。其后,驻藏大臣联豫部分延续了其新政措施。

三、联豫在西藏的近代化改革

联豫,字建侯,满州正黄旗人,早年曾跟随薛福成出使过英、法、意、比等欧洲国家达4年之久,受西方近代文明之熏陶。此后以"通晓洋务",在清朝官吏中颇有一定影响。1906年12月,有泰被革职后,联豫由驻藏帮办大臣升任驻藏办事大臣,是清朝最后一位驻藏满族大臣。到民国元年4月离任,联豫在藏达6年之久。在藏期间,联豫继续推行西藏的近代化改革。

联豫继张荫棠后在西藏实行近代化改革,其目的和张荫棠相同,就是要杜绝外国侵略者对西藏的觊觎,维护在西藏的国家主权。"窃维西藏近日危险情形,早在圣明洞鉴之中。俄人觊觎于北,暗中诱之以利,英人窥伺于西,近且胁之以兵。……时至今日,急起直追,已嫌太晚,若再复因循,后患何堪设想。且西藏之地,南通云南,北连甘肃,东接四川,万一西藏不守,则甘肃云南四川俱属可危,而内蒙古长江一带,亦俱可虑。"③他对西藏危急之势的认识

---

① 吴丰培主编:《联豫驻藏奏稿》,《联豫小传》,西藏人民出版社,1979年版。

② 吴丰培:《清季筹藏奏牍》,《张荫棠奏牍》,卷5,第1页,西藏人民出版社,1979年版。

③ 吴丰培主编:《联豫驻藏奏稿》,第14页,西藏人民出版社,1979年版。

比较清楚，"英人经营西藏百计维劳，不遗余力，处处欲与藏番直接，以遂其笼络引诱之计，作为入手办法"，①而西藏上层中的某些人也"罔知其厉害，亦且心怀疑贰"。② 对于在西藏改革的指导思想，联豫认为要根据西藏的具体情况，有策略地进行，以防激变。他认为，西藏的改革要"宽猛相济，张弛得宜"。③ 对于藏事而言，"不用压力，则一事均不能办，过用压力，又恐启其外向之心"。④ 他反对清政府欲在西藏设立行省的主张，认为"政贵实行以收效，不尚虚声，事以积夕而日非，难其骤革。藏中之事，惟有徐徐布置，设官驻兵，藉防英防俄为名，而渐收其权力。若果值藏民'疑贰'之际，忽然下令改设行省，则不惟坚其外向之心，且恐祸起萧墙，又不知烦几许兵力，而得失尚难逆料"。因此应"不必徒移改制之名，而当先尽振兴之实，不必大耗度支之力，而当先谋生值之图"。⑤ 可见，联豫是期望能首先在稳定西藏局势的基础上，渐收大权，其见解比清中央政府略高一筹。

在这种思想的指导下，联豫开始了他在西藏的近代化改革。

其改革之首要，就是改革西藏的兵备及举办近代警政。这既是出于抵抗侵略的需要，也是收西藏大权之必须。他认为当今之际，"惟有先行练兵，以树声威，而资震慑"。⑥ 根据乾隆五十八年（1793年）所订的《藏内善后章程二十九条》的规定，西藏常备军分绿营及藏兵两种，绿营兵646名，驻前后藏定日、江孜各处，驻打箭炉至前藏一带粮台兵782名；藏兵3000名，分驻前后藏。但绿营

---

① 吴丰培主编：《联豫驻藏奏稿》，第86页，西藏人民出版社，1979年版。
② 吴丰培主编：《联豫驻藏奏稿》，第14页，西藏人民出版社，1979年版。
③ 吴丰培主编：《联豫驻藏奏稿》，第11页，西藏人民出版社，1979年版。
④ 吴丰培主编：《联豫驻藏奏稿》，第19页，西藏人民出版社，1979年版。
⑤ 吴丰培主编：《联豫驻藏奏稿》，第48页，西藏人民出版社，1979年版。
⑥ 吴丰培主编：《联豫驻藏奏稿》，第14页，西藏人民出版社，1979年版。

制兵早已腐败而不堪用。联豫升任驻藏大臣不久,就奏报清政府,强调"练兵尤为急务",目的是为了"震慑"西藏地方,重树清王朝的"声威"。

根据联豫的方案,一方面裁撤绿营,另一方面先练兵6000名,再将藏兵归其训练,由其节制调度。新军来源,"拟用汉人六成,用达木及二十九族之人四成;凡排长均以汉人充当"。①

为了培养编练新军的人才,联豫主张在拉萨设立武备速成学堂。1908年5月从四川武备、将弁两学堂调拨优秀毕业生14人进藏,在扎什城的宣武厅,办起了西藏第一所武备学堂。"从制营及卫队中,选其年少识字而聪敏者"约20余人入堂学习,又从达木三十九族招10人,藏民10人,廓尔喀亦求送4人一同入堂肄业。学制定为一年,使其个人略明战术,为编练新军准备人才。

不过,联豫的编练新军的计划进行得并不顺利,至1909年初,仅练"士兵"一营。因此,联豫不得不请调川军入藏。联豫在藏的作为,引起西藏僧俗的强烈不满,他与噶伦夏札·边觉多吉等亲英分子的矛盾也日趋公开化。练兵一时远水解不了近渴,希望调兵入藏。此时十三世达赖从内地返回西藏,看到清政权在风雨中飘摇,遂走上了和英国靠拢的道路。联豫看到了这一点,多次上奏请求清政府速派川军入藏"弹压"。清政府决定选调川军2000名,编为三个营,由知府钟颖统领入藏。达赖密令各地藏官、喇嘛上控联豫、赵尔丰,并令藏民"罢差"、"罢粮",停止对联豫的一切供应,断绝驿站交通,并委派夏札·边觉多吉等人,准备采取武力阻止川军入藏。后来清军击退了藏军,向拉萨迈进。回到拉萨不久的达赖见情势危急,即邀约驻藏帮办大臣温宗尧到布达拉宫商谈,以求缓和。商谈结果,达赖答应下令撤回各处藏兵,恢复驻藏大臣一切供应和奏谢朝廷封赏等三事。温宗尧亦面允川军到藏不骚扰地方,

---

① 吴丰培主编:《联豫驻藏奏稿》,西藏人民出版社,1979年版,第14~21页。

不杀害喇嘛,不侵害达赖喇嘛固有的教权,以及诸事均相平处理等四项。①商谈第二日,即1910年2月12日,川军进入拉萨,造成骚乱。达赖请求英国保护,随后出走印度,最终与清王朝决裂。

1910年2月12日,川军入藏以后,联豫以川军为基础,统编成新军一协,下辖步队三营,马队一营、炮兵二营,军乐一营。合之原练士兵一营,使西藏地方的近代化军队初具规模。这支近代化的军队对于加强国防,防止英国的侵略起了比较积极的作用。

此外,联豫还在西藏举办了近代警政。1908年,《中英修订藏印通商章程》第十二条即规定:"中国允在各商埠及往各商埠道中,筹办巡警善法。一俟此种办法办妥,英国允即将商务委员之卫队撤退,并允不在西藏驻兵,以免居民疑忌生事。"②联豫认为商埠既开,江孜、亚东地当要冲,巡警之职自宜亟办。到时若英国卫队如约撤退,则可"免贻口实,固我主权"。③因此,于1910年在拉萨设立巡警教练所和巡警总局,其后又推广至江孜、亚东。为了培养警务人才,1908年,联豫还在拉萨创办了西藏第一所警务学堂,招募当地藏民"教以应守之警章,晓以当尽之义务"。④1910年,在警务学堂学生的基础上,联豫在拉萨创建了一支正规的警察队伍,该队伍由修业步警兵140名、马警兵24名组成,在拉萨正式站岗巡逻。这些修业警一边执勤一边学习,待学业完成,将择优异者派往亚东、江孜等地,有效地维护国家主权。

联豫在西藏近代化改革的第二项重大举措,且成效比较显著的是在文化教育方面。其一,是创办学堂。在西藏创办学堂起于

---

①朱绣:《西藏六十年大事记》。
②《西藏地方是中国不可分割的一部分》,西藏人民出版社,1986年版,第430页。
③吴丰培主编:《联豫驻藏奏稿》,西藏人民出版社,1979年版,卷2,第75页。
④吴丰培主编:《联豫驻藏奏稿》,西藏人民出版社,1979年版,卷2,第74页。

张荫棠,但张荫棠在任期间极短,因此,办学成效并不显著。联豫认为:"今拟逐事振兴,非先通文字,明其义理,去其捍格不可。而欲先通文字,非设立学堂以诱化之不可。"①1906年7月,联豫到达拉萨,即行筹办新式学堂。

1907年,西藏开办了西藏藏文传习所、西藏汉文传习所和西藏初等小学堂,均设立在拉萨。设立藏文、汉文传习所的目的,据联豫称,实为培养"新政"人才,从事藏事改革之需。"在藏中汉番人数虽属不少,然汉人之能解藏文者,奴才衙门中,不过一、二人。藏人之能识汉字者,则尤未一见。每遇翻译事件,实不敷用,且办事亦觉隔膜,奴才因由设立藏文传习所、汉文传习所各一区,选派汉藏人子弟十余名,专学汉藏文。"②与藏文、汉文传习所创办的同时,西藏初等小学堂也在拉萨创办。这些小学堂是在旧有义学的基础上合并、改办而成。"藏中汉人约有三、四千,当不乏聪颖子弟,从前设有义学四堂,学生七、八十人,……各学生以无出露,故略识字义,即须谋生,虽有聪颖者,亦无所表现,未免可惜。……现拟并为初级小学堂两所,分学生为两班,以三年为学期。"③联豫将此建议上奏清政府,得到了批准,学制定为五年,后改为六年。学生毕业后,由驻藏大臣亲自考核,成绩优异者保送入高等小学堂。

1907年联豫将相国祠改设为初级小学堂,此乃西藏新式小学堂之始。联豫之《西藏初级小学堂记》详细叙述了其筹办过程:"今年春,予以相国祠改设初级小学堂,迁箫鄂国、曹高密之位于堂后,

---

① 吴丰培主编:《联豫驻藏奏稿》,西藏人民出版社,1979年版,卷1,第16页。

② 吴丰培主编:《联豫驻藏奏稿》,西藏人民出版社,1979年版,卷1,第36页。

③ 吴丰培主编:《联豫驻藏奏稿》,西藏人民出版社,1979年版,卷1,第16页。

与文昌并祀,而以其堂祀我皇上与孔子。凡讲堂休息自习之室,陈列图书仪器之所,靡不具备。又辟东偏余地为体操场。"①改建完毕,择日开学。不过,学堂的筹办遇到两大难题:其一,是师资缺乏。西藏并没有自己的师资,需要从川省延请。"前请川吏选派师范,迄今未至,因以委笔帖式元安承其乏,盖以其曾习师范而考列优等也。"②其二,是藏族子弟不愿意入学。"遍诏藏中人士,而语之曰,如有愿送子弟入堂肄业者,予并收之,不以藏民而歧视也,然来者卒无一人。"③

联豫以及此前张荫棠在西藏的办学,成效显著,启动了西藏教育近代化的步伐:其一,西藏建立起了第一批近代化的学堂。1909年,联豫与帮办大臣温宗尧会衔上奏清廷《详陈筹办西藏事宜摺》中说:"自到藏后即行筹办,计前后设立共一十六所,程度固有蒙小之别,经费亦有多寡之分。前系奴才捐廉,并就各项捐款先行试办。"④1911年,西藏学务局向清政府报告,西藏地方陆续开办的蒙养院共有9所,分布于拉萨、山南、达木、江孜等地,学生总数为274人。此外在昌都、拉里、靖西等处设有汉文蒙学堂各一处;初等小学堂计有西藏第一初等小学堂,学生23人,西藏第二初等小学堂,学生23人,达木第一初等小学堂,达木第二初等小学堂,后藏汉文小学堂,学生12人,江孜汉文小学堂,学生13人,工布汉文小学堂,学生12人;西藏藏文传习所,学生12人,西藏汉文传习

---

①吴丰培主编:《联豫驻藏奏稿》,西藏人民出版社,1979年版,卷1,第196页。

②吴丰培主编:《联豫驻藏奏稿》,西藏人民出版社,1979年版,卷1,第196页。

③吴丰培主编:《联豫驻藏奏稿》,西藏人民出版社,1979年版,卷1,第197页。

④吴丰培主编:《联豫驻藏奏稿》,西藏人民出版社,1979年版,卷1,第80页。

所,学生22人;1908年4月又设立西藏汉文半日学堂,学生82人。① 据学者考证,西藏学务局在报送数据时有浮夸之嫌,但在联豫任内,西藏的新式学堂开始建立并已经为西藏培养新式人才是毋庸置疑的,西藏教育近代化迈开了第一步。

其二,清末兴学给西藏教育事业的发展注入了新的内容。西藏的传统文化历史悠久,但西藏的教育向来为宗教所垄断,其教育内容也是以传经、讲经为主,大多数农奴子弟没有机会上学,因此,西藏的传统教育实际上是宗教教育。清末新学堂的设立,无论是教学内容、教学师资、还是学堂的管理诸方面,传统的宗教教育均不能与之相提并论。而且清末的学堂还规定免除学费,藏汉民子弟入学一律平等,就为农奴子弟就学提供了机会,这对于提高西藏人民的素质起了积极的促进作用。

其三,西藏新式学堂的建立,还加强了汉藏交流,促进藏族人民和内地的感情联系。赵尔丰、张荫棠和联豫在提出发展西藏教育时都看到了汉藏语言不同对于西藏发展的桎梏,"语言、文字为祖国与属地联系枢纽。西藏内属三百年(按指西藏归清政权管辖),语言不通,相识如秦越",②"办事亦觉隔膜"。③ 他们都将办学看作是加强西藏和内地的联系,巩固清朝统治的重要手段。赵尔丰说:"所谓兴学……,实为收拾边地人心第一要务。"④因此,在办学过程中,首先着手创办藏文传习所、汉文传习所,"将来渐推渐广,则汉人识藏文者既多,无虞杆格,而藏人能识汉文,理义自可通晓,尤为有益。"⑤汉藏文的教授,必将沟通汉藏,加强西藏和内地

---

① 吴丰培主编:《联豫驻藏奏稿》,西藏人民出版社,1979年版,卷1,第80页。
② 何藻翔:《藏语》,《张荫棠电外务部》,第131页。
③ 牙含章:《达赖喇嘛传》,人民出版社,第193页。
④ 《清末川滇边务档案史料》(上)第119页。
⑤ 吴丰培主编:《联豫驻藏奏稿》,西藏人民出版社,1979年版,卷1,第37页。

的联系。

联豫在文化教育方面的第二大近代化举措是创办近代报刊,启发民智。1907年,联豫在拉萨创办了西藏第一所白话报馆,用张荫棠带来的石印机印刷了第一期报纸。此为西藏近代报纸之始。为方便不懂汉文的群众阅览,出版的报纸合用藏文印刷,深受僧俗群众的欢迎。据历史资料记载第一期报纸预购的就达三百余份,自来购阅者尚不在内。对此,联豫感慨地认为"以期用笔代舌,开化迷信,将来文明渐进,……庶咸知外国情形。"①

在经济方面,联豫也颇多开创。其一,建立商品陈列所。联豫主张在拉萨设立商品陈列所,展览内地出产的新工业品,促进藏人对新工艺新技术的兴趣及创办近代企业的热情,"以推动工业之发达"。② 其二,培养经济技术人才。西藏没有近代工业,发展近代工商业的经济技术人才更加缺乏。联豫选派藏民明白之子弟二十名,头目一名,送到四川劝工局学习工艺制造,为他日艺成回藏发展经济培养人才。其三,选择地区开矿。西藏矿藏丰富,但藏民迷信,怕开矿破坏风水。因此,联豫在开矿时决定选择相对开化的三十九族地区开矿,以减小阻力。在具体组织上,联豫主张采取"招商承办",集股成立公司采矿。其四,整顿币制。西藏的货币向来比较混乱,联豫到西藏后就屡次向清廷奏明西藏的货币流通情况,认为西藏"圆法参差混乱,流弊滋多"。当时西藏流通的既有乾隆宝藏,又有川铸藏元,尤其是印度卢比的大量涌入,更是扰乱了西藏的货币金融市场。联豫一面关闭了西藏地方私自设立的铸币厂;一面又于1910年7月,仿照乾隆宝藏银币,试制出宣统宝藏银

---

① 吴丰培主编:《联豫驻藏奏稿》,西藏人民出版社,1979年版,卷1,第36页。

② 吴丰培主编:《联豫驻藏奏稿》,西藏人民出版社,1979年版,卷2,第106页。

元一种、铜元两种。新币造出后,"商民领用,极形踊跃"。① 联豫对西藏货币的整治,既达到了"固我主权"的目的,"且于筹饷一节,不无小补"。②

对于联豫,史家向来评价甚低。如有人说联豫"不过是办理新政为名,向清廷多所请饷,求饱私囊而已"。③ 丁实存先生在《驻藏大臣考》云:"其人(联豫)实无开济之才,其所办理事项,如练兵、通商、兴学、设警、创办电线诸项,多为张荫棠赵尔丰之主张而创设。联豫踵成其事,而其才力又不足以于济之,故多无成就"。但笔者以为,该评价有失公允。联豫其人作为晚清的统治集团之一员,其身上确有不少封建官吏之痼疾,排挤张荫棠是为一例。在处理藏事过程中,有失策之处,以至于导致藏事变乱。但这些事情之罪责并非联豫一人之过,清政府大厦将倾,联豫自难挽颓势,他不过是起了推波助澜的作用而已。而且,综观联豫在西藏的近代化改革,不难看出,其改革是顺应了历史的潮流,促进了西藏的近代化发展的。虽然很多事项开端在于赵尔丰和张荫棠,但联豫其后总其成,使一些近代化举措延续下来,并取得实际的效果,其功劳显然是不能抹煞的。当然,联豫的近代化改革和赵尔丰、张荫棠一样,有其阶级的局限性,有民族歧视和压迫的色彩,应该予以批判。但总的说来,联豫在任驻藏大臣期间,于西藏的近代化是有促进作用的。

20世纪初,以赵尔丰、张荫棠、联豫的近代化改革为契机,西藏迈开了其近代化的缓慢步伐。纵观西藏的近代化的启动,可以看出以下特点:

---

① 吴丰培主编:《联豫驻藏奏稿》,西藏人民出版社,1979年版,卷3,第135页。
② 吴丰培主编:《联豫驻藏奏稿》,西藏人民出版社,1979年版,卷2,第112页。
③ 丁实存:《驻藏大臣考》,国民政府蒙藏委员会出版,1943年版。

其一,西藏的近代化启动的时间晚。西藏的近代化启动20世纪初才开始,而内地的近代化则从19世纪60年代末洋务运动开始的,因此,西藏的近代化启动与内地相比约晚半个世纪。

其二,西藏的近代化的起点低。在近代化启动前,西藏是一个农奴制的社会,经济发展水平低,农牧业和手工业中基本没有资本主义萌芽,文化教育也比较落后,因此,西藏的近代化的基础和内地相比,要差得多。

其三,西藏近代化的启动,也和内地一样,受外国侵略的刺激。鸦片战争后,中国沦入半殖民地的深渊,地主阶级发动了洋务运动,求富强,以巩固封建政权,从而启动了近代中国的近代化步伐,而西藏也是在面临西方日益频繁和深入侵略的情况下,由清朝的一些驻藏官吏发动了以期抵制外国的侵略的近代化改革。因此,在近代化启动的诱因方面,西藏和内地有相似之处。在面对被侵略、被奴役的危机下,通过内部自上而下的改革,开始近代化,这和内地也是一致的。

第三节 西藏民族的觉醒——西藏地方政府和"西藏革命党"的近代化改革

清朝覆灭后,由中央官吏在西藏推行的近代化改革遭到挫折,而西藏的地方政府和先进人士继起,继续推进着西藏近代化历程。

一、十三世达赖喇嘛的"新政"改革

十三世达赖喇嘛土登嘉措是一位在藏族历史上占有特殊地位的重要人物。他生于1876年5月5日,于1877年被认定为十二世达赖的转世灵童,1879年被迎入布达拉宫坐床,从1895年开始亲政,1933年10月13日圆寂,享年五十八岁,前后执政达三十八

年,是一位执政时间较长的达赖喇嘛。

十三世达赖喇嘛所处的时代是个多事之秋。1904年,英军入侵西藏,西藏人民进行了顽强的抵抗,但由于双方力量的悬殊和清政府的腐败,抵抗以失败而告终。十三世达赖喇嘛不得不出走祖国内地和蒙古,幻想依靠清王朝的力量和俄国势力继续抗英。但由于清王朝的衰弱及俄国在我国东北与日本的矛盾,使十三世达赖喇嘛的愿望未能实现。回藏后,由于清军入藏和在英国的挑拨下,达赖又逃亡到印度。在出走的过程中,达赖接触到了内地的改革思潮及印度的资产阶级思想,萌发了改革西藏的愿望。辛亥革命爆发后,西藏一片混乱,达赖乘机驱逐了在藏川军,重新统治了西藏。其后,达赖在西藏推行了一系列的政治、经济、文化措施,此即学者所谓的十三世达赖的"新政"。

从1912年到1933年十三世达赖喇嘛去世的20多年中,十三世达赖发布了许多文告和命令,在西藏推行改革,这些新政措施归纳起来有以下几个方面:

政治方面 首先,改革原有的选拔官员的世袭制度。十三世达赖喇嘛破除了噶厦地方政府的噶伦等重要官职由少数大贵族世袭的制度,规定只要对地方政府做出过特殊贡献而又有才能的中小贵族甚至贫民,也可以晋升噶伦等重要官职。此外,十三世达赖还亲自选拔一些年轻而有才干的低级官员,授以重任。

其次,改革官制。十三世达赖恢复了七世达赖时噶厦地方政府中有一名僧官噶伦的制度,又在地方政府中设置了司伦,主持西藏地方政府工作。噶厦和各地官员的报告由司伦转呈达赖喇嘛,司伦还可在报告上附上自己的处理意见。

再次,整顿吏治。达赖下令不准僧俗官员曲解噶厦地方政府的命令,独断专行,对私设公堂拷打犯人造成死亡的,要上报地方政府处理。不准地方官员以小事为借口派人下乡接收差税,加重农民的负担。同时,针对许多地方官员不按要求到岗的情况,规定所有被任命到各宗豁任职者,必须亲自到任主持工作,不许派代理人。① 他根据实际改变了噶厦办事没有固定时间的传统,规定政府工作人员的上下班时间。1923年十三世达赖还下令成立了拉萨警察局,②加强了噶厦对拉萨的社会治安管理。十三世达赖这些政治方面的措施无疑极大地扩大了西藏政权的社会基础,使其获得了西藏僧俗官员的广泛支持,也加强了自己对西藏地方政权的控制。

军事方面 十三世达赖喇嘛有过反侵略战争的经历,痛感西藏军事的落后和"筹饷练洋操"的重要性。同时达赖喇嘛深受张荫棠"采用西法,改用洋操,则庶敌人不敢觊觎侵侮"思想的影响,当然更重要的也是为了巩固自己的统治地位。因此,十三世达赖十分重视加强军备,他拨款更新藏军的武器装备,改进藏军的训练,培训藏军军官。1914年派遣仲巴和多仁及部分军官到江孜英军驻地去学习培训。1916年在编练藏军精锐部队的同时,分别聘请日、英、俄三个国家的人,各按本国的军事操练法训练一个营,其后举行军技比赛,以判定优劣。同时,还按藏文字母的顺序排列代本(团)番号,制定军旗等,建立了一套新的军事体制。③ 1916年又派遣索郎旺杰到印度去学习使用机枪和大炮。通过这些措施,达赖在西藏培养了一支新式军队,这对于达赖确保其统治起了很重要的作用。

经济方面 西藏本身的经济比较落后,自然条件的恶劣,以及生产资料的分配极为不公,寺院经济过度发达,导致西藏的经济长期处于停滞状态。同时,开埠后,英印商品大量涌入西藏,西藏市场充斥着印度货币卢比,西藏的手工业受到英印商品的冲击开

---

①《十三世达赖喇嘛全集》,第31~34页。
②牙含章:《达赖喇嘛传》,第260页。
③《西藏文史资料选辑》,第11辑,民族出版社,1989年,第138页。

始衰落。到十三世达赖执政之时,西藏的经济危机和由此导致的社会矛盾日趋激烈,因此,达赖不得不在经济方面采取了一系列措施来发展西藏的经济。

达赖在经济方面的措施主要有:

其一,是鼓励农民开荒,发展农业。达赖发布布告称:"今后,凡在共有荒山野川开荒造地、种植杨柳叶刺、谋求福利的勤劳门户,政府、贵族、寺庙三方不得阻拦,并免征三年差税。三年过后按土地面积和收获多寡,或征税,或租贷。在固定土地主人时,须官民双方共同认可。"①规定开垦的荒地头三年免收差税,以后每年向地方政府交纳收成的十分之一的税,向土地主人交五分之一的地租。同时改良农业种植,派人到内地学习内地种植茶树的经验,并于1923年派人到甲玉(今山南地区隆子县甲玉区)试种茶树。经过三年多的努力,终于试种成功,取名为"强巴甲茶",这是西藏历史上的一次创举,为日后西藏的种茶业提供了宝贵的经验。

其二,创建新产业。1924年十三世达赖批准刚从英国留学归来的强俄巴·仁增多吉关于修建夺底电站的建议,并于当年年底正式动工,十三世达赖把它命名为"无限美妙智慧宝库札西机电厂",简称札西电厂。使用了一台从英国购进的125马力的发电机,这是西藏第一个具有现代机器的工厂。工厂发电供达赖在罗布林卡的夏宫照明及造币厂使用;1925年又下令成立拉萨电报局,同年举办西藏地方邮政,任命留英归来的基普主持。他首先架设了从拉萨到江孜间的电线。这些产业虽然规模都很小,效果也很有限,但已经不同于旧有的官营手工业,而是现代技术在西藏的采用,为古老的西藏吹进了现代化之风,其影响是深远的。

其三,整顿税收。为了增加噶厦地方政府的财政收入,减轻民众负担,缓和日趋激烈的阶级和社会矛盾,达赖还对税收作了大规

---

① 《西藏文史资料选辑》,第11辑,民族出版社,1989年,第160页。

模的整顿。限制地方官员巧立名目,额外征收;达赖多次派人到各地统计税收,规定每年必须上交的六月报表中不能多报或少报,欠交或拖欠实物税的要如实上报;同时,他又触动了西藏数百年来形成的贵族庄园免税的旧制,规定所有贵族庄园必须向政府缴纳赋税。

其四,抵制外币,整顿西藏金融市场。为了改变印度卢比在西藏充斥的情况,1912年达赖下令成立了地方银行即欧康,并重新启用1909年成立的扎什造币厂。为了进一步更新技术设备,达赖派了两名官员到印度等地考察纸币印刷。1913年9月,十三世达赖喇嘛召见克什米尔额斯乌拉技师,任以列参巴之职,令其在扎什塘原机器铸币厂旧址改建一座机器工厂,制造枪械弹药。后因故改为造币厂和印刷厂,铸造银币、铜币和印刷纸币、邮票等等。1917年又成立了梅吉造币厂,1918年成立了罗堆金币厂,1922年成立了多底硬币厂。从1926年起,该厂开始使用从英国购进的机器印刷套色的纸币,标志着西藏地方的货币印刷进入了新的阶段。同时,统一西藏的利率,不准债主私自提高利率。在旧西藏,各级寺庙和上层僧侣及政府贵族普遍乐于放债,以谋取高额利息,贪污腐化现象十分严重。十三世达赖喇嘛为了扩大西藏噶厦地方政府的收入,下令整顿西藏地方政府的税收和借贷制度。于1913年颁布了《关于西藏全体僧俗民众今后取舍条例》,指出:"各级官吏征税执法,主持公道,顾及官民双方均有所利",减轻藏民的负担。

教育方面 其一,派西藏子弟出国留学。1912年十三世达赖派遣侍从堪布和藏族学者擦珠·洛桑到日本学习。[①] 1913年,为了发展西藏的科技事业,达赖又派平旺多杰带四名贵族子弟到英国留学,学习军事、机电工程、电讯、采矿工程等,这在西藏是开

[①]《西藏地方历史资料选辑》(藏文),第34页,转引自次央:《浅谈十三世达赖的新政措施》,《西藏研究》,1986年,第3期。

天辟地的事情,在西藏引起了强烈的反响。1914年12月,达赖又派桑颇·班丹曲旺等人和部分普通藏兵到印度学习火炮和机枪的使用知识。此外,还派人到印度学习英语等。这些人员学成归来均学有所用,不仅使藏人开始走向世界、了解世界,而且为西藏这个传统社会吹进西方先进文明之风打开了窗口。其二,建立藏文小学。1918年前后,达赖下令西藏各宗建立藏文小学,只要愿意学习的孩子不分贵贱都可以免费入学,学校及教师费用由地方政府支付。经过多方努力,虽然有的宗创办了学堂,但终因经费问题不久就停办。1923年,西藏地方政府在江孜办起了一所面向贵族子弟的西藏英文学校,特聘印度教育局职员到该校任教并担任校长。该校创办三年,最终因三大寺的反对和经费问题而停办。

医药卫生方面 1916年达赖下令在拉萨建立了藏医院,委派著名藏医钦热罗布负责藏医院的日常工作,下令藏区各宗派学员到藏医院学习藏医藏历知识。当时还规定全藏各小寺庙派出僧人到藏医院学习医疗常识,学成后再回到乡村寺庙行医。这个措施对边远地区的农牧民求医治病起了一定的方便作用。同年,十三世达赖还专门发布了一份保护婴儿健康的布告,布告中称由于藏区婴儿的成活率低,因此派其御医专门撰写了《简明婴儿保健之珍宝》的小册子,而且还根据医典制作了婴儿期常用药丸八种,这些药丸根据孕妇家庭的经济状况收取药费,贫困家庭要免费施药。十三世达赖下令将此书散发各地,对于促进西藏婴幼儿健康成长起了一定的作用。

此外,达赖还颁发了戒烟令。1840年鸦片战争以后,鸦片的种植、吸食和贩卖得到不平等条约的保护。英帝国主义侵入西藏地方后,西藏也有了产烟之地(今察隅地区)。因西藏地方烟价极贱,吸食之人较多,在西藏各阶层中都开始蔓延。驻藏大臣联豫于1907年在西藏设立禁烟局所,但收效甚微。清政府灭亡后,十三世达赖喇嘛于1918年发布了戒烟令,并要求从1918年到1923年内完成戒烟。他组织了一批著名高僧撰文宣传烟的危害。为彻底根除烟害,达赖再次向全藏发布禁令,禁止任何人吸食鸦片及其他烟草,并严饬邮电总管今后不得通过邮路寄递烟草等物,还规定不得在拉萨及布达拉宫山前公开或暗中买卖烟草,抽吸卷烟等。颁布此令后,藏民吸食鸦片及卷烟者大为减少。

同时,达赖喇嘛也十分重视保护藏文化,先后多次组织修缮藏医典版本,刻版西藏一些著名人物的文集,多次修葺西藏的古建筑,为保护藏文化作出了突出的贡献。此外,值得一提的是达赖晚年,逐渐对侵略者的本质有所认识,因此在改革西藏社会的同时,还致力于恢复和改善与中央政府的关系。1928年,达赖派代表到南京面见蒋介石,表示了内向祖国、愿意和国民党政府建立联系的愿望。其后,达赖又向国民党入藏代表表达了拥护国民政府的意愿,而且表示要在南京设立西藏办事处,以便联络。1931年,西藏办事处在南京设立,至此,西藏地方与中央政府的关系得到了恢复。

综上所述,面对西藏被侵凌的局面,十三世达赖作为西藏的政教合一的领袖,力图在政治、经济、军事、文化、医疗等方面进行改革。他在西藏成立了近代化的各项事业,培养了一批具有现代知识的人才,这些措施对发展西藏的政治、经济、文化事业是有促进作用的,其结果最终促进了西藏的近代化步伐。不过,达赖喇嘛的改革,归根结底,是为了维护以他为首的格鲁派统治集团的利益,维护三大领主的利益,并没有从西藏广大民众的角度考虑问题。作为封建农奴制的总代理人,他也根本不可能想到如何组织民众促进"新政"的开展,这是其阶级局限性。因此,"新政"自然不可能得到藏族民众的理解,更谈不上支持。达赖在其"新政"的实施中,也曾为百姓解决过一些具体问题。但这种"短期行为"对广大苦难深重的农奴只是杯水车薪,不可能从根本上解决矛盾。整个制度的腐朽,仅进行小修小补是无济于事的。

二、龙厦的近代化改革

20世纪30年代,西藏地方还进行了一次近代化改革的尝试,这就是龙厦的改革。

龙厦,名多吉次杰(1881~1940),是西藏古代三大活佛之一的苏穷·西绕札巴的后裔。其才智十分出众,年轻有为,三十多岁就做到了仔本。

1913年,十三世达赖决定派遣子弟去英国留学。几经斟酌,决定派龙厦担任领队。龙厦一直希望西藏能与诸多西方国家平等交往,因此龙厦在英国期间,多方突破英国对其束缚,力争独立行动,要求访问美、德等西方国家。对此,英国极为头疼,曾以龙厦在英开支颇大为由,要求达赖召回龙厦,不过这一要求遭到达赖的拒绝。此后他还到过法国、意大利、德国、荷兰和比利时,接触到了资本主义世界,成为西藏少有的几个对西方国家有广泛了解的官员。回藏后,龙厦再度受到重用,被达赖任命主管军粮局。1925年,首席噶伦擦绒·达桑占堆叛乱被达赖觉察,被免去了藏军总司令的职务,旋即任命龙厦接替,龙厦大权在握,成为达赖身边的宠臣。1933年,达赖圆寂,龙厦失去了强大的支持,西藏也一时陷入群龙无首的局面。龙厦利用自己的势力力保热振呼图克图登上摄政之位,稳定了西藏,此后,龙厦开始在西藏实现其近代化改革的梦想。

龙厦在国外期间,"熟悉了在英国资产阶级'革命时代'所建立的世袭君主制'民主的'政治制度",[1]并深受资产阶级思想影响,对国外先进的政治制度甚是羡慕。他深信,西藏要在现代世界求得生存,就必须进行改革,否则西藏就会像法兰西那样爆发暴力革命,后果将不堪设想。因此,回藏后,龙厦就在西藏组织了"求幸福

---

[1] 戈尔斯坦著,见杜永彬译:《喇嘛王国的覆灭》,时事出版社,1994年版,第162页。

者同盟",以求进行改革事业。达赖圆寂后,同盟加紧了活动,力图在西藏进行近代化改革。其改革宗旨,就是要改革噶厦政府机构,变革西藏的行政体制。

他们提出的重要一点,就是要废除西藏地方噶伦事实上的终身制,要求每四年改选一次,而且必须从西藏民众大会提出的候选人中产生,即主张政府之一切应由全体官吏用会议方式进行之,不得由少数人任意支配,又主张贤者在位,能者在职,赏罚分明,不得再行卖官鬻爵之事。

为了这次改革,龙厦做了比较精心的准备。他们经过多次策划,决定把此类建议以请愿书的形式上报噶厦地方政府及其摄政。此文书主要内容为三条,言词颇为婉转:1.请准予修建十三世达赖喇嘛灵塔;2.尽快寻访十三世达赖喇嘛转世灵童;3.为保全政教宏业万古长青,指责赤门噶伦所做诸多不公道的事实,要求改善政府的职能和工作效率。① 不过,这种请愿活动,因为直接涉及到了对噶厦地方政府的批评,在当时也意味着是与政府对立的冒险举动。

为了争取更多的人在请愿书签名,龙厦等人作了积极的宣传组织工作。龙厦反复宣扬说,由于达赖喇嘛空位(摄政掌权)时期政府的无能、贪污腐败和软弱无力,不可能维护西藏现有的地位。因而,也就不可能使人们相信20年后,当十四世达赖喇嘛执政时,交到他手里的是一个强大的西藏。因此,一切热爱西藏的官员和寺院领导者都有责任采取行动,在达赖喇嘛的转世灵童尚未找到之前拯救西藏。龙厦的这种呼吁得到所有支持者的赞同,激起了他们拯救西藏的热情。既然要拯救西藏,那么就必须对当前政府的作为进行仔细的监督和审视。

在争取僧官的支持后,龙厦又在俗官中争取支持者。这一私下的签名活动,在拉萨造成了紧张的气氛。很多僧俗官员都在考

---

① 《西藏文史资料选辑》,第3辑,第33页。

虑,是否参加签名加入改革派,以及可能带来的后果。大约在两月后,龙厦统计了签名的人数,认为改革的时机已经成熟了。于是改革进入第二步,准备于1933年5月10将请愿书送交噶厦地方政府。龙厦踌躇满志地认为,噶厦和摄政收到请愿书后,必定不愿意单独议定,而会召开"民众大会"来解决。如果"民众大会"可以顺利召开,他及其支持者就可以比较顺利地将大部分权力转移到"民众大会","民众大会"就会将自己置于统治地位,这样他就可以控制西藏的守旧势力,从而徐徐地实现西藏近代化的宏伟蓝图。

但是,事实却证明了龙厦过于乐观。5月9日晚,龙厦等人的行动被一个年轻俗官告了密。告密者甚至告诉赤门噶伦,说刺杀他是龙厦的改革目标之一。这样,事态被严重夸大。次日晨,赤门噶伦带领大队人马去向摄政和噶厦地方政府,通报龙厦及其党羽的"阴谋"。然后,赤门噶伦争取到了哲蚌寺的支持,决定逮捕龙厦。10日下午,噶厦地方政府通知龙厦去布达拉宫开会。龙厦完全没有意识到这是一个陷阱,因此,当他应约前往时,侍卫官在布达拉宫向龙厦宣读了一道逮捕令:"迄今为止,你龙厦身居高位,并享受着噶厦地方政府的恩惠,而你却干出了这些令人不愉快的事情,你辜负了已故的十三世达赖喇嘛以及噶厦地方政府对你的仁慈之心。有人指控你犯下了严重的罪行,以后将通过法庭审理,看他们的指控是否属实,到那时将会撤销你作为政府官员的资格"。[①] 随后,龙厦的支持者全部被捕。

后来,噶厦地方政府对龙厦的指控是:龙厦领导了一个大约有100名僧俗官员的组织,他们企图杀害一位噶伦并阴谋推翻噶厦地方政府,用布尔什维克制度来取代它。所以,噶厦地方政府没收了龙厦的所有财产,挖去了龙厦的双目。"求幸福者同盟"中的人

[①] 戈尔斯坦著,杜永彬译:《喇嘛王国的覆灭》,时事出版社,1994年版,第205页。

员,除了寺院参与者外的所有人员均被驱逐出了政府部门,有的被罚款,有的被没收了财产和庄园,有的被流放。龙厦的改革也随之付诸东流。

龙厦的改革之所以失败,有以下几方面的原因。

首先,龙厦企图在西藏地方进行资产阶级的改革,与西藏的社会现实差距过大。龙厦要进行的是资产阶级的改革,而当时西藏是农奴制的社会,与龙厦所要求的差距甚远。龙厦的主张,并没有得到众多的拥护。即便是在龙厦的"求幸福者同盟"中,对龙厦的主张也不是一致赞同,人心不齐。最后,龙厦的行动被告密,甚至被告密者添加事实。龙厦自以为是水到渠成的事情,其结果却因为没有得到西藏社会的普遍赞同而功败垂成。

其次,龙厦的敌对势力过大。早在达赖在世时,龙厦作为军粮局的负责人,忠实地执行了达赖的命令,开始向西藏各贵族征收军粮,并没收非法占有的庄园和强行增加大贵族和寺院领主的税收。虽然这一举措让西藏军粮局粮米满仓而得到了达赖的赏识,但却引起了西藏僧俗上层的不满,得罪了西藏的各地贵族。因此,他们自然站到了龙厦的对立面。

当然,龙厦遭到反对的最主要原因,还在于改革直接触及的旧势力过于强大,龙厦改革冲击的首要对象是噶厦地方政府。外国学者评论,龙厦的改革,"将会改变企图使噶厦凌驾于龙厦的政权基地'民众大会'之上的僧俗大领主的权益"。[1] 噶厦地方政府作为西藏的政教合一的政权组织,其势力早已在西藏社会盘根错节,因此,龙厦的改革势必遭遇到相当大的阻力,进而触犯西藏的僧俗大领主的权力。"龙厦还因十三世达赖喇嘛生前的松散的道德标准回复的征兆出现而烦恼。在达赖喇嘛圆寂之后的最初一个月,

---

[1]戈尔斯坦著,杜永彬译:《喇嘛王国的覆灭》,时事出版社,1994年版,第193页。

噶厦(和司伦)承认和答应了一系列的税收让步特许、无息借贷以及公然向上层贵族家族和寺院集团送礼行贿等行为。尽管龙厦确实是对个人的权力怀有野心,但是,达赖喇嘛在世时,他为增强西藏中央政府的权威和增加政府的收入而干得十分卖力。他使达赖喇嘛确信,只有一位强有力的统治者才能够使衰弱的政府强大起来的愿望得到实现,他自认为是满足这一要求、实现这个愿望的能人"。① 因此,他的要使西藏政府强大的愿望,必然要削弱西藏的各领主及贵族的权力,势必激起他们的强烈反对。在龙厦被捕后,贵族们的反应也可以看出他们对龙厦的敌视。热振活佛曾经说:"逮捕龙厦这件事,我本想劝阻,可是噶伦赤门等人不听召唤",②"真正坚持要对龙厦·多吉次杰用刑的是地方政府的贵族"。③

其三,改革派的力量太弱。十三世达赖在世时龙厦颇受重用,十三世达赖去世后,龙厦失去了靠山,龙厦的"求幸福者同盟"的力量相当有限。在改革的过程中,依靠僧俗官员的签名表示对其主张的赞同,但其人数也不过百余人,与反对派比起来,势单力薄。力量对比过于悬殊,也注定了龙厦的改革必然遭到失败。

长期以来,学者对龙厦及其改革运动认识有误,认为龙厦"准备在中央派去的官员未到达之前,先下手杀害热振,剪除'亲汉'官员,然后按照英国人的旨意,'改革'西藏旧制,创立'国会',建立一个仿照印度,受英国人'保护'的所谓'独立政权'"。④ 之所以如此评价,大约与龙厦在英国的经历和其欲仿照西方国家的政治制度改革西藏旧制有关。

---

① 戈尔斯坦著,杜永彬译:《喇嘛王国的覆灭》,时事出版社,1994年版,第192页。
② 《西藏文史资料》,第2辑,第48页。
③ 《西藏文史资料》,第2辑,第59页。
④ 王辅仁等:《藏族史要》,四川民族出版社,1982年版,第194～195页。

其实,该评价是没有根据和不公允的。

其一,热振是被龙厦利用自己的影响推上摄政之位的,龙厦被捕后热振曾出面要求减轻处罚。同时,他还想法挽救了龙厦的儿子拉鲁·次旺多吉免受其害。因此,他们不是敌对关系,龙厦也从未承认自己要杀害热振。

其二,龙厦不是亲英分子。龙厦在英国期间,见识了英国的政治制度,却没有变成亲英分子,反而如前所述,处处突破英国的掣制。而其提倡以"民众大会"取代噶伦政府,虽然是仿效西方的议会制,但对于当时的西藏来说,无疑是历史的进步。而龙厦及其追随者,就是推动西藏历史进步的势力,是应该予以肯定的。至于说他要建立受英国人保护的政权,至今并没有很确实的材料证明,而当时的英印政府并不赞赏龙厦的作为。所以说龙厦的改革是"亲英运动"是不能立论的。

其三,龙厦与中央政府的关系。龙厦和国民党中央政府并不是敌对的,相反,他和中央政府的代表刘曼卿的关系十分融洽。刘曼卿离藏时,龙厦请其转告中央政府:"藏政府非不欲奉行三民主义,然以人之顽固,幸勿操急,徒致纷扰。以云外交,藏人决以中原行动为行动,断不致单独有所表示"。① 如果说,龙厦是要建立一个独立于中央政府之外的亲英政府,就不会说出这样的话。

龙厦的改革虽然失败了,但其欲对西藏进行现代化民主改革的思想和精神值得肯定。其改革运动,也向政治上比较落后的西藏吹进了现代的民主之风,其影响比较深远。正如1939年国民党入藏大员吴忠信之随行官员朱少逸,在看望龙厦时所说的那样:"先生虽在西藏政治上失败,然在吾人视之,此种失败正极光荣,数十年后,藏人终将了解先生为改进藏政而牺牲之精神,此乃先生流芳百世之大事业也。"②外国学者也曾高度评价了龙厦的改革,认

---

①刘曼卿:《康藏轺征》,第112~113页。
②朱少逸:《拉萨见闻记》,第94页。

为龙厦的政治主张比较先进,"尽管龙厦本人也有这样那样的过失,但他仍然是西藏现代史上的杰出人物之一。反思龙厦的改革运动,我们必然会把他的垮台看出是动摇喇嘛王国基础的一个重要因素。"①

三、"西藏革命党"的改革尝试

20世纪40年代中,西藏的先进人士又进行了一次近代化的努力,即"西藏革命党"的活动。"西藏革命党"的政治纲领,是要推翻西藏的封建农奴专制制度,并对西藏的政治制度和社会进行革命性改造和重建,建立进步和民主的西藏。其筹建从1939年就已经开始,是年,邦达饶嘎到噶伦堡,和土登贡培、江洛金、根顿群培等共同建立了"西藏革命党"。其主要成员都是受噶厦地方政府迫害的"政治犯"。饶嘎出生于邦达家族一个经济实力很强的支系,在康区度过了自己的少年和青年时代。1934年,饶嘎的弟弟邦达多杰在康区领导了一场反抗噶厦地方政府的运动,饶嘎参与了这一事件。运动失败后,饶嘎逃亡到印度,随即到重庆,在国民党的"蒙藏委员会"任职。邦达饶嘎"深感前此失败,纯系无主义、无组织、盲目冈动所致,遂悉心研究革命政策及主义。六载以还,将英文三民主义读竣,并译成藏文,以资宣传;一面暗中宣扬中央威德,一面广布革命种子。"②邦达饶嘎是孙中山政治理想和三民主义虔诚的信仰者,他认为,西藏现有的制度根本不能适应现代世界的发展形势,应该对西藏的社会制度进行一个根本性的变革,以便使西藏能够跟上中华民国的脚步。因此,他希望能够借助国民党的力量,在西藏进行改革,

---

① 戈尔斯坦著,见杜永彬译:《喇嘛王国的覆灭》,时事出版社,1994年版,第217页。
② 陈谦平:《西藏革命党与中国国民党关系考》,《历史研究》,2002年,第3期。

使西藏成为中华民国管辖下的一个自治区域。

土登贡培和江洛金两人都是在1933年十三世达赖喇嘛圆寂之后被捕,并被流放到藏印边境地区。土登贡培原系十三世达赖的近身侍卫,深受达赖宠信。达赖圆寂后,被龙厦流放。而江洛金曾在江孜的英国军官学校就读,后成为龙厦的亲信,龙厦变革失败后,也被流放。在流放期间,江洛金和土登贡培很快成为朋友。"当他们俩看见其他被流放和革职的政治犯相继被免刑,并重新进入政府,而他们甚至连返回拉萨的要求都得不到准许时,非常失望和忿怒。1937年12月,他们偷偷逃到了印度,参与发起了西藏革命党。"①

根顿群培是一位博学的僧人,他曾去印度游历12年。在此期间,醉心于马列主义的政治哲学和反对殖民主义者入侵西藏,从而逐渐认识到必须对西藏进行重大改革甚至发生一场革命。他赞成给喇嘛僧众发放薪俸而不饬与庄园份地,要求喇嘛专心习佛法而不去经商。② 根顿群培在噶伦堡与邦达饶嘎等相识后,发现彼此有共同的追求,因此经常在一起商讨改革西藏的事宜。

这几位有着改革西藏现状的仁人志士,1939年,在印度的噶伦堡组建了"西藏革命党"。邦达饶嘎1943年9月29日代表全体发起人,在给蒙藏委员会委员长吴忠信的"请准组织西藏革命党等意见书"中,提及了该党的成立缘由和纲领。他说:"拟请准吾人组织西藏革命党,以号召康藏人民,进行革命工作,主义自当尊奉三民主义,组织则请中央派员指导,遵照中央规定,予以组织,总部设重庆,康定、噶伦堡设分部,以从事西藏之革命运动。一面以言论

---

① 戈尔斯坦著,杜永彬译:《喇嘛王国的覆灭》,时事出版社,1994年版,第465页。

② 戈尔斯坦著,杜永彬译:《喇嘛王国的覆灭》,时事出版社,1994年版,第466页。

监督政府,一面密组军队,相机夺取政权,惟党费则请中央补助"。

饶嘎还计划在噶伦堡"筹办报纸,攻击(西藏)政府措施,激发藏人革命精神,便与西藏政府分离"。① 他认为,当前在西藏发动革命的条件已经成熟。饶嘎后来回忆他们创办西藏革命党时也说:"我们创立该党,旨在将改革引进西藏。因为,如果西藏不改变其政体,就不可能抵抗来自外部的任何一次入侵"。② 可见,创立西藏革命党就是要对西藏进行政治现代化的改革,以确保西藏的主权。而由于饶嘎等人受国民党防共政策的影响,因此将共产党也列为要抵抗的对象,而对于真正侵略西藏的英国势力,则没有明确提出。

在其后发现的有关文件中,可以窥见西藏革命党建立的主要经过:"为了西藏的改良和进步,我们于 1939 年签署了一份详细的行动协定。此后,当饶嘎于 1943 年 5 月 11 日赴重庆后,我们在噶伦堡又通过了四项决议。随后,当国民党政府驻藏办事处处长沈宗濂到达噶伦堡后,我们便于 1944 年 7 月 9 日向他提交了一份申请。其后,又于 1945 年 9 月 4 日通过原'国民政府护送九世班禅回藏专使行署'代理专使马鹤天向他提交一份申请。1945 年 8 月 9 日,我们收到了由国民政府参赞转来的沈宗濂处长的口信,告知土登贡培和江洛金可从 1945 年 7 月起领取生活津贴。我们还有可能得到由于'西藏革命党'组织的财政资助"。③ 饶嘎和江洛金、土登贡培等签署一份《西藏革命党简要协定》,规定了党员必须遵

---

① 引自陈谦平:《西藏革命党与中国国民党关系考》,《历史研究》,2002年,第 3 期。

② 引自杜永彬:《根敦群培与"西藏革命党"》,载《西藏研究》,1999 年,第 2 期。

③ 戈尔斯坦著,杜永彬译:《喇嘛王国的覆灭》,时事出版社,1994 年版,第 469 页。

守的行动准则和纪律：

1.没有必要说我们必须按照1939年的每项协议办事。而且我们必须首先把"三民主义"和蒋介石总统的命令付诸行动。我们必须在一切言论和行动方面同"三民主义"和"中央政府"保持一致。我们决不违反这些原则。2.最近蒋介石总统已宣布允许西藏自治。据此，我们必须尽自己的最大努力使西藏从现存的专制政府中解放出来。我们还必须遵循世界上其他进步和民主的民族和国家，特别是民族的中华民国中央政府的方法行事，为此，本党全体党员都必须同舟共济。3."西藏革命党"党员在没有征求和得到本党领导准许的情况下，不能擅自去别的地方。4.我们必须同同情本党的人进行合作并予以帮助，必须结成统一战线反对本党的敌人。5.住在西藏本土和境外的"西藏革命党"党员都必须在与共同利益相关的事情上牢牢拧成一股绳，当本党的党员为了本党的共同利益而受到伤害或遇到麻烦时，本党的其他党员必须齐心协力地进行帮助。6.如果没有通过决议，我们不能与其他任何政府或政党进行接触或建立联系。本党党员在这方面也不能随心所欲。7.为了统一控制本党的经费和为本党募集资金，必须通过决议，应当按月向本党的会计和出纳报账。①

同时，也规定了党员必须遵守的纪律："1.遵守本党的各项纪律和规章制度；2.允许自由讨论关于本党的任何问题，但是一旦作出决议就必须绝对遵守；3.保守本党机密；4.不允许在外攻击本党同仁或本党机关；5.不得加入其他任何政党；6.不许结党营私或拉帮结派"。② 如果党员违背了上述规定，将受到不同程度的惩罚。

---

①戈尔斯坦著，杜永彬译：《喇嘛王国的覆灭》，时事出版社，1994年版，第472～473页。

②戈尔斯坦著，杜永彬译：《喇嘛王国的覆灭》，时事出版社，1994年版，第473页。

从这份《协定》可以看出,西藏革命党欲使西藏的政治体制和国民政府的政治体制接轨,"而且我们必须首先把'三民主义'和蒋介石总统的命令付诸行动。我们必须在一切言论和行动方面同'三民主义'和'中央政府'保持一致"。为此,"必须尽自己的最大努力使西藏从现存的专制政府中解放出来。我们还必须遵循世界上其他进步和民主的民族和国家,特别是民族的中华民国中央政府的方法行事"。在西藏革命党的合约中,也重申了革命党的使命:"不论中国政府是否帮助,我们都应该顺应国际发展,像中国和其他国家那样,在西藏推行民主制度"。① 因此,西藏革命党的目标并不仅仅要改变西藏的摄政体制,而是要对西藏的政教合一和封建农奴制的政治制度进行革命性的改革和重建。

西藏革命党成立后主要在噶伦堡和大吉岭一带活动。其具体的活动见诸记载的文献极少,因此不十分清楚。饶嘎曾在噶伦堡创办藏文报刊《民新周报》,专门向西藏境内僧俗人民宣传党的主张及中央政纲政策。② 1945年,为了了解英国人对达旺地区的侵略情况,饶嘎还让根顿群培化装成朝圣的僧人乞丐,去侦探并绘制藏人居住的地图。根顿群培完成任务后,1946年1月4日抵达拉萨。③ 1946年2月初,印度警方发现饶嘎订购了4000份"西藏革命党"党员表格副本和2000张党员登记卡及一枚刻有与苏俄党徽标记惊人相似的徽章时,就对饶嘎警觉起来。据饶嘎回忆:"自1945年始,我们就没有时间出版发行图书了。我们只拥有该党的

---

① 引自陈谦平:《西藏革命党与中国国民党关系考》,《历史研究》,2002年,第3期。

② 引自陈谦平:《西藏革命党与中国国民党关系考》,《历史研究》,2002年,第3期。

③ 戈尔斯坦著,杜永彬译:《喇嘛王国的覆灭》,时事出版社,1994年版,第466页。

登记卡、申请表格、宣言和一份党员名单。所有这些都在刚要被搜查前,连同文件和信函等一起烧掉了"。1946年6月19日,英印警方查抄了饶嘎等六人从事革命活动的住所,在饶嘎的钱包中发现了一份已经签署的《西藏革命党协定》的复印件和几封饶嘎致国民党当局的信。这些文件透露,饶嘎、江洛金和根顿群培都从南京国民政府那里领取俸禄,他们企图推翻西藏现政府,在西藏建立一个隶属于中华民国的共和政府。[1] 尽管当时西藏革命党的势力相当弱小,"可是热振势力与饶干(嘎)为首、并得到国民党支持的'西藏革命党'之间可能结成联盟,这就会对噶厦地方政府构成威胁"。[2] 因此,他们的活动遭到了噶厦地方政府和英印当局的镇压。饶嘎被迫离开印度去上海,根顿群培被引渡回西藏关押了三年后获释。西藏革命党的活动被迫结束。

有学者认为,西藏革命党实际上是中国国民党在印藏人中的支部。[3] 如上所述,西藏革命党的协定中除明确提出要奉信三民主义、按蒋介石的命令行动外,在西藏革命党的入党申请书中、入党志愿栏中也声明:"承……介绍加入中国国民党,誓愿奉行三民主义,接受党纲,实行党的决议,遵守党的纪律,实行党的义务,决不加入其他政治团体,如有违背,愿受最严厉之制裁"。[4] 1943年,饶嘎给蒙藏委员会委员长吴忠信写信,提出建立"西藏革命党"的请求。吴忠信将此事报告给蒋介石,请其定夺。他认为,组党之事

---

[1] 戈尔斯坦著,杜永彬译:《喇嘛王国的覆灭》,时事出版社,1994年版,第471~475页。

[2] 戈尔斯坦著,杜永彬译:《喇嘛王国的覆灭》,时事出版社,1994年版,第477页。

[3] 陈谦平:《西藏革命党与中国国民党关系考》,《历史研究》,2002年,第3期。

[4] 戈尔斯坦著,杜永彬译:《喇嘛王国的覆灭》,时事出版社,1994年版,第472页。

"良应举办",但他担心:其一,恐国民党在西藏组党一旦暴露,引起英国政府的反弹;其二,西藏革命党和国民党的关系。他认为,该党"如属于西藏自身组织,对外较为方便,但既不能显示其信行三民主义,而又嫌与中国国民党地位平行,无法指挥,且将因党权分立,领导歧异,而有分崩离析之危险"。"若使其为中国国民党之一支部,似尚可行"。① 这是对西藏革命党的明确定位。蒋介石接受了吴忠信的意见,后来接见了饶嘎,并给予了10万元的活动经费及其他一些帮助。

西藏革命党欲将西藏从专制主义的束缚下解放出来的想法是值得肯定的。但是西藏革命党成立后始终处于地下状态,并没有也不可能大规模地发展党员,其力量也很弱小。"西藏不少官员都确信,在康巴商人中至多有100多名同情者。这样一小批同情者和支持者看上去可能无关紧要"。② 这样一来,西藏革命党也就没有力量将彻底改变西藏现状的改革运动付诸实践。在强大的反动势力面前,西藏革命党的推翻西藏封建农奴主专制制度,建立民主的进步的西藏地方政府的梦想,也就只能是烟消云散了。

纵观西藏早期近代化的历程,从晚清时期的赵尔丰、张荫棠、联豫的新政改革,到民国时期的十三世达赖、龙厦的近代化尝试,以及西藏革命党的变革西藏政治制度的设想,无数的仁人志士都曾为推动西藏迈进现代社会做出了努力。他们的努力,开启了西藏通往现代化之路。但是,到20世纪50年代西藏和平解放之际,其近代化的水平依然相当低。西藏依然是封建农奴制的政治制度,经济也相当落后,没有建立近代化的工业企业。教育方面虽然

---

① 《吴忠信呈西藏革命同志代表邦达饶干请准组织西藏革命党等意见》,引自陈谦平:《西藏革命党与中国国民党关系考》,《历史研究》,2002年,第3期。
② 戈尔斯坦著,杜永彬译:《喇嘛王国的覆灭》,时事出版社,1994年版,第477页。

建立了少量近代化的学校,但藏族下层人民受教育的机会极少,到西藏和平解放前,文盲半文盲占 90% 以上。近代化的水平低,近代化的步伐十分缓慢,这是西藏和平解放前近代化历程的一个突出特点。

第二章 和平解放开启了西藏迈向现代化的大门

2001年7月,胡锦涛在庆祝西藏和平解放50周年的讲话中高度评价和平解放西藏的历史意义:"西藏的和平解放是中国现代史上的一件大事,是西藏发展史上一个具有划时代意义的转折点。它标志着西藏永远摆脱了帝国主义侵略的羁绊,标志着中华民族大团结和祖国统一进入新的发展阶段,开辟了西藏从黑暗走向光明、从落后走向进步、从贫穷走向富裕、从封闭走向开放的新时代"。[①] 1951年5月28日,《人民日报》在《拥护关于和平解放西藏办法的协议》的社论中认为:和平解放西藏"是西藏民族永远脱离帝国主义的侵略和羁绊,回到中华人民共和国各民族友好合作大家庭来,充分享受民族平等和区域自治权利,发展政治、经济、文化教育事业,改善人民生活的基石,亦是西藏人民从黑暗和痛苦走向光明和幸福的第一步。"[②]

如果从现代化的视角分析西藏和平解放的伟大意义,可以将"和平解放"及其以后的社会建设,看成是为西藏民族地区的现代化打下了坚实基础,开启了西藏走向现代化的大门,是我国社会主义现代化的有机组成部分,有力地推进了我国现代化的整体进程。

---

① 西藏自治区五十大庆活动办公室编:《庆祝西藏和平解放五十周年文献汇编》,西藏山水印务技术有限公司,2001年8月,第2页。
② 《人民周报》,1951年,第22期,第6页。《人民日报》,1951年5月28日。

第一节 和平解放是西藏的历史必然

一、西藏和平解放的历史前提

"西藏民族是中国境内具有悠久历史的民族之一,与其他许多民族一样,在伟大祖国的创造与发展过程中,尽了自己的光荣的责任"。《十七条协议》中这句开宗明义的论断,言简意赅,一语中的,道出了西藏和平解放的历史前提。

西藏地方作为祖国不可分割的一部分,有着悠久的的历史。在历史长河中,西藏民族地区的藏民族大量吸取中原地区汉民族的先进生产技术和文化,中原地区汉民族也吸收藏文化,丰富汉族文化的内容。在这种双向交流中,西藏民族地区与中原地区、藏民族与汉民族之间建立了紧密的血肉关系。而这种关系从遥远的远古时代就开始了。近几十年来,通过历史学、民族学、人类学、考古学、语言学、人类遗传学、民间文学、宗教学等众多学科工作者的辛勤努力,藏学研究工作逐步深入,围绕西藏高原的原始居民及古代藏族的许多谜团正在被逐渐破解。例如,历史上曾甚嚣尘上的藏族先民来自外国、西藏人不能被称为中国人等臆说,都已被国际科学界公认的对比数据和研究成果所无情否定。近二十年来,通过研究血型、蛋白质等多种遗传标记,并从分子遗传学角度对比分析基因结构,人类遗传学家已经证实:现代汉族和现代藏族的先民,同出于共同远祖。考古学家通过对西藏的出土文物进行深入研究后得出的、得到多学科研究成果有力支持的结论认为:西藏地区早在旧时器时代就与黄河流域存在着极为明显的共同文化因素;西藏古代各期考古文化与中原地区、西南地区、特别是与西北地区的同期文化之间,有许多相同或相似的特征;西藏与西北地区、中原地区之间的经济文化交流源远流长,可以追溯到史前时期。汉文史籍中,曾长期将包括西藏高原在内的中国西部各古代部族泛称为"羌"或者"西羌"等。根据大量记载来看,从夏商周时期,即中华民族起源、形成、发展的初期开始,羌人就与华夏族等许多民族(部族)一同活跃于中国历史舞台。秦汉时期,华夏族、羌族、匈奴族等不断发展繁衍,相互间展开了长期的激烈竞争。继秦代大一统之后,以汉族为主体,联合包括西羌在内的各个族群部众,扩大了祖国的统一。汉代,一部分羌人西出河曲,深入青藏高原腹地,后来与该地区原有的部族自然同化。自汉至唐,尤其是经过魏晋南北朝中国各民族的大混战、大迁徙、大同化、大融合,西藏与祖国内地之间经济文化交流愈加频繁,历史记载也越来越多。①

公元 7 世纪初,著名的政治家、军事家松赞干布,统一了西藏高原诸部族,建立了强大的吐蕃王朝。他积极向周边民族学习先进文明,推动社会生产力的发展,创制藏文,繁荣文化,使地处中华文明、印度文明和西亚文明交汇处之地、得益于丝绸之路地利优势的吐蕃,在北出西域、南越喜马拉雅、西交大食的同时,其主要精力始终在于东向发展,与唐朝建立和发展了亲密友好关系。松赞干布倾慕于正处在贞观之治时期唐朝高度发达的封建政治、经济和文化,为吸取唐朝的先进文化,推动吐蕃社会经济发展,分别于634年、640年遣使唐朝请婚,641年唐太宗以宗室女文成公主远降入蕃。文成公主笃信佛教,入藏时唐太宗以释迦牟尼佛像、珍宝、经书和经典 360 卷作为嫁妆,还有各种宝器、食物以及卜筮典籍 300 种,营造与工技著作 60 种,能治疗 404 种疾病的医方 100 种,医疗器具 6 种,医学论著 4 种。随带各类工匠、多种谷物种子、牲畜入藏,传入了造酒、碾磨、纸墨等生产技术。② 文成公主入藏

---

① 《中国藏学》,2001 年,第 2 期,第 4 页。
② 王贵 喜饶尼玛 唐家卫著:《西藏历史地位辨》,民族出版社,2003 年 2 月,第 41 页。

后,由她选址、设计,建成了大昭寺,供奉释迦牟尼佛像,供信教藏民膜拜,深受藏族人民敬爱。此后,松赞干布又从汉族地区引进农具制造、纺织、制陶、冶金、建筑等生产技术。同时,还"遣诸豪子弟"赴唐朝学习中原文化。710年,唐中宗又"割慈远嫁"金城公主于赤德祖赞。金城公主入藏带去多种工技书籍和使用器物、龟兹音乐和工匠杂技人员等。金城公主入蕃后,建寺译经,将《毛诗》、《礼记》、《左传》、《文选》、《战国策》等汉文典籍求得入藏,有的还译为藏文,传世至今。①

两公主带入吐蕃的中原先进生产技术和文化,无疑促进了吐蕃奴隶制社会、经济、宗教、文化的发展。与此同时,吐蕃所特有的藏香、藏红花等药材,藏民族传统的打球游艺、妇女流行的椎髻、赭面等也传到中原地区,为汉民族所接受,极大的丰富了汉族文化。经济文化交流的亲谊关系,必定会扩展至政治领域。649年,唐高宗继位,"授弄瓒(按:松赞干布)为驸马都尉,封西海郡王","刊石像其形,列昭陵玄阙之下"。②将松赞干布石像列于唐太宗陵墓之旁,表明唐与吐蕃间已经有了异常亲密的政治关系。奠定了吐蕃与唐朝二百余年频繁往来的"甥舅亲谊",大大推进了西藏与中原的经济、文化交往,为藏族社会的发展、藏汉各族人民的友好,为促进中国多民族国家的形成与发展,产生了极为深远的积极影响。

赤德祖赞与唐玄宗继续将密切的政治关系进一步向前推进。赤德祖赞迎娶金城公主后,常在"遣使奉表"、"上表"等文告中称唐朝皇帝为"皇帝舅",自称为"外甥",将唐、蕃关系称之为"舅甥关系",认为唐蕃联姻"遂和同一家","舅甥和睦"可使"天下百姓,普

---

①王贵 喜饶尼玛 唐家卫著:《西藏历史地位辨》,民族出版社,2003年2月,第42页。

②《旧唐书》,卷196上,吐蕃上,第16册,5222页。《西藏地方是中国不可分割的一部分(史料选辑)》,西藏人民出版社,1986年,第11页。

皆安乐"。① 对唐蕃关系的定性称谓,为吐蕃王朝历代赞普所遵从。783年,唐蕃会盟于清水,吐蕃赞普认为,唐朝"与吐蕃赞普,代为婚姻,固结邻好,安危同体,舅甥之国,将二百年"。② 821年,长庆会盟碑开篇即谓:舅甥二主,商议社稷如一,"结立大和盟约,永无沦替"。③ 充分表达了藏汉两族人民要求友好相处的共同愿望。

在吐蕃王朝200余年的统治中,唐蕃间虽有战事,但是唐蕃关系的主线是友好、和睦,藏汉人民追求的是"和同一家",世代交好的亲密关系。此后,历经五代十国、宋辽夏金时期,藏族在中国历史舞台上更加活跃,与各兄弟民族的关系更加紧密。共同的利益和共同的命运,将藏族和各兄弟民族紧紧地联结到了一起。量的积淀必然酝酿产生质的飞跃,时代呼唤着藏族与祖国各兄弟民族、西藏地方与祖国内地之间密切关系的升华。公元13世纪上半叶,在蒙古汗国统一中国北方前后,原来隶属于夏、金、宋即今甘青川等地区的藏族,以及西藏阿里一带藏族部众,率先相继归附。1247年,随着蒙古大员阔端与藏传佛教萨迦派首领萨班·贡噶坚赞在凉州(今甘肃武威)商定归属事宜并付诸实施,今西藏各地遂成为蒙古汗国的领土。1271年蒙古大汗忽必烈定国号为元,西藏进而成为统一的多民族的大元帝国的一部分。

自藏族成为中国多民族大家庭中的一员后,元朝中央政府进一步在制度上完善了对西藏的管理。设总制院,任萨班·贡噶坚赞之侄八思巴为国师,兼领总制院,统一管理西藏事务。总制院

---

① 《旧唐书》,卷196上,吐蕃上,第16册,第5230页。《西藏地方是中国不可分割的一部分(史料选辑)》,西藏人民出版社,1986年,第15页。

② 《旧唐书》,卷196上,吐蕃上,第16册,第5247~5248页。《西藏地方是中国不可分割的一部分(史料选辑)》,西藏人民出版社,1986年,第19页。

③ 《全唐文》,卷988,《盟吐蕃题柱文》。《西藏地方是中国不可分割的一部分(史料选辑)》,西藏人民出版社,1986年,第22页。

"掌浮图氏之教,兼治吐蕃之事"。① 1288年,"更名宣政院","掌释教僧徒及吐蕃之境而隶治之"。② 在桑哥任总制院时,宣政院的管理职能除统领西藏诸宣慰司进行行政管理外,还管理藏区的军事,官职也提升至从一品,这体现了元朝中央政权对西藏事务的高度重视。在中央设置管理藏区的专门机构,是元朝在少数民族管理体制上的创举,对于我国的统一与民族团结有着重要意义。

设置地方行政管理机构,对藏区实行多层有效管理。元朝在宣政院下设三个宣慰使司都元帅府:一是吐蕃等处宣慰使司都元帅府,辖脱思麻地方,大体上相当于今甘肃、青海两省、四川阿坝等境内藏族聚居地区;二是吐蕃等路宣慰使司都元帅府,辖朵甘思地方,大体上相当于今四川、云南两省境内藏族聚居地区及西藏自治区东部;三是乌思藏纳里速古鲁孙等三路宣慰使司都元帅府,辖西藏的卫、藏、阿里地区。③ 又根据西藏各教派和其他地方势力范围和属民,在宣慰使司都元帅府下设由地方势力领袖管理的万户,共13个万户。

清查户口,确定赋税。元朝在藏区分别于1260年、1268年、1287年进行了三次户口清查,其主要目的是确定赋税额度及种类。这表明元朝在实质上已经对西藏进行有效的管理。

设置驿站,沟通内地。元朝在清查户口的同时即设立驿站,第一次户口清查"从汉藏交界处起直至萨迦,共计建大驿站二十七处"。④ 这就将藏区的主要地方连接起来了。第二次户口清查又

---

①《元史》,卷250,列传第92载。
②《西藏地方是中国不可分割的一部分(史料选辑)》,西藏人民出版社,1986年,第45页。
③《西藏地方是中国不可分割的一部分(史料选辑)》,西藏人民出版社,1986年,第74—75页。
④《汉藏史集》,上册,第196—197页。《西藏地方是中国不可分割的一部分(史料选辑)》,西藏人民出版社,1986年,第79页。

在阿里地区设立四个驿站。驿站系统的建立是元朝对西藏地方推行政令,进行有效管理的重要保证之一。而且对加强西藏地方与内地的经济、文化交流起着重大作用,同时体现了政治上对西藏的管辖权。① 明朝代替元朝之后,对于原来元朝统治下的西藏,以下发诏谕、接受入贡、封授官职等非军事的和平方式,将藏区置于明朝中央政权的统一领导下。明代对西藏的管理体制,废除了元朝中央管理西藏地方事务的宣政院,将元朝之三个宣慰使司都元帅府改为乌思藏卫指挥使司(后升格为乌思藏都指挥使司)和俄力思军民元帅府,各级行政机构的官员由明朝中央直接敕封当地的僧俗首领担任,官员的升迁、任免和更替,由中央直接决定。与明朝"多封众建"的治藏政策相辅相成的是"厚赏羁縻"的朝贡制度。② 这种以贡赐方式出现的朝廷与西藏地方僧俗首领之间的特殊的经济往来,为中央政府推行治理西藏的施政措施起了重要的作用。值得一提的是,明代藏汉人民间直接经济交流之"茶马互市"的繁荣,"不仅密切了藏汉两族以及西藏与其他兄弟民族之间的经济关系,而且也进一步加强了明朝中央政府统辖西藏地方的政治地位"。③ 可见明朝中央政府对西藏地方政策的突出特点乃是以经济手段为基础来实现对西藏的施政,与元朝有极大差异。这一特点加强了藏汉人民间经济、文化的交流与融合。

1644年,清朝统治者迁都北京,不久就统一了全国。在清朝入关两年之前,藏传佛教格鲁派就曾派使者到东北觐见皇太极。

---

① 次旦扎西等著:《西藏地方古代史》,西藏人民出版社,2004年,第107页。

② 次旦扎西等著:《西藏地方古代史》,西藏人民出版社,2004年,第156页。

③《西藏地方是中国不可分割的一部分(史料选辑)》,西藏人民出版社,1986年,第89页。

1648年,清朝中央政府晓谕:清朝循历史定例在西藏行使主权,只要前朝所封官员进送旧朝印信、改授新朝印信,其原有地位不变。朝代鼎革后之权力更替,再次以和平方式实现。鉴于西藏地区处于蒙古人的影响之下,蒙藏间争夺西藏控制权的争斗严重扰乱了西藏的社会稳定,加之藏族上层争权夺利的斗争,也造成了社会的不安定。清朝前期全面加强对西藏管理的制度建设,1653年,顺治皇帝册封进京朝见的五世达赖为"西天大善自在佛所领天下释教普通瓦赤喇怛喇达赖喇嘛",从此正式确立了达赖喇嘛的封号。同时,册封顾实汗为"遵行文义敏慧顾实汗"。[1] 通过册封,形成了在中央政权领导下的西藏地方由蒙藏联合统治的"第巴"制度。

1713年,清朝对五世班禅罗桑益西"著照封达赖喇嘛之例,给以印册,封为班禅额尔德尼"[2],由此,确立了班禅在西藏的政教地位,也使得在西藏格鲁派中形成并确立班禅活佛系统。在蒙藏为西藏统治权而相互纷争之际,准噶尔部希图趁乱控制西藏,于1717年发兵西藏,攻陷拉萨,杀拉藏汗,蒙古和硕特部在西藏的执政结束。康熙帝为维护西南边疆的安宁,恢复西藏局势,决定用兵西藏,平定准噶尔之乱。1718年第一次用兵失败后,1719年命皇子允禵亲率大军入藏,于翌年逐准噶尔出西藏。这一军事行动不但巩固了边疆,维护了祖国统一,而且使清朝中央政权在西藏人民心中的威望和地位达到了一个前所未有的高度。

1721年,清朝护送七世达赖入藏坐床,并驻军西藏各要道,建驿站,废除由蒙古汗王与达赖联合执政的"第巴"制度,设立僧俗贵族联合掌政的噶伦制度,这是清朝对西藏地方施政的一个历史性转折点。这些措施的实施,加强了中央对西藏的管理,有利于西藏

---

[1]《清实录藏族史料》,第1集,西藏人民出版社,1982年,第186页。
[2]《清圣祖实录》,卷253,第7页。《西藏地方是中国不可分割的一部分(史料选辑)》,西藏人民出版社,1986年,第184页。

社会的稳定。同时,使得内地与西藏的交通畅通无阻,促进了各族人民友好往来和经济文化交流,有利于统一的多民族国家的发展。①

设驻藏大臣,平息暴乱,拟定善后章程,成立噶厦地方政府,确立摄政制度。1727年进藏办事之副都统宗室鄂齐奏称:"臣至西藏,审视情形。首领办事之人,互相不睦,每每见于辞色"。② 于是,雍正帝遣内阁大学士僧格、副都统玛喇入藏了解噶伦间的争权情形,办理藏务。他们还在途中就发生了"阿尔布巴事件",清朝平定此事后,于1728年在西藏正式成立了驻藏大臣衙门,僧格与玛喇成为首任驻藏大臣,此制度一直延续到1911年清朝灭亡。驻藏大臣的设置是清朝加强对西藏地方管理的一个重要步骤。其主要任务是:维护西南边疆的安宁;护卫达赖喇嘛;平衡藏内各种势力,监督施政。在驻藏大臣的协助下,西藏地方政府从1728年至1747年在政治、经济、军事等方面进行了一些改革,取得了一定成效。但是,西藏上层间又因争权发生了驻藏大臣被杀的"珠尔默特那木扎勒"暴乱。事件平息后,乾隆帝决心改革西藏地方体制,统筹规划西藏事务。在与西藏上层广泛协商的基础上,1751年4月拟定了《善后章程十三条》。

《善后章程十三条》规定:正式授权七世达赖喇嘛管理藏务;正式成立噶厦政府,三俗一僧,地位平等,在达赖与驻藏大臣领导下共同处理西藏事务;在达赖系统下设立译仓(秘书处),噶厦一切公文需经译仓核印方能生效等。1757年,七世达赖喇嘛圆寂后,在新达赖未成年的情况下,由皇帝指派有名望的大呼图克图代理政教权力成为定制,西藏地方的摄政制度由此开始。《善后章程十三

---

① 次旦扎西等著:《西藏地方古代史》,西藏人民出版社,2004年,第246页。
②《清世宗实录》,卷52,第39页。《西藏地方是中国不可分割的一部分(史料选辑)》,西藏人民出版社,1986年,第198页。

条》是乾隆帝总结清初治藏经验的成果,是确立西藏地方政治体制的第一部正式文件,体现了中央王朝照顾西藏特点的管理原则,对于稳定西藏社会以及与中央的关系起到了重要作用,增强了西藏对祖国的内向力。①

平廓尔喀侵藏,颁行藏内善后章程,藏务管理全面系统化。1788年廓尔喀人第一次侵藏被逐,不甘心失败,又于1790年第二次入侵,将后藏扎什伦布寺洗劫一空,残害藏族人民。清朝经过精心准备,乾隆帝命福安康率大军入藏征讨,1792年5月全部收复西藏地方,7月进入廓尔喀境内,令其归还了扎什伦布寺全部财物,8月胜利班师回藏。乾隆帝鉴于廓尔喀侵藏导致西藏地方各项制度废弛,政治腐败,认为"将来撤兵后,必当妥立章程,以期永远遵循"。② 因此,福安康等着手筹议善后章程,在与达赖、班禅等协商后,1793年正式颁行《藏内善后章程二十九条》,就藏事管理的各个方面作了明确规定。包括:1.活佛转世。达赖、班禅的转世必须在驻藏大臣主持下,以清朝颁发的金瓶掣签决定;2.对外事务。西藏对外事务权在中央,由驻藏大臣代表中央全权处理;3.驻藏军队及边防。在西藏正式建立常备军制度,军饷、军械由中央提供。驻藏大臣每年分春秋两季出巡前后藏各地和检阅军队;4.健全财税制度。达赖、班禅以及地方政府的赋税与支出,由驻藏大臣统一审核与安排;5.明确驻藏大臣的职责与地位。驻藏大臣督办藏内事务应与达赖喇嘛、班禅额尔德尼平等,共同协商处理政事。所有噶伦以下的首脑及办事人员以至活佛,皆是隶属关系,无论大小都得服从驻藏大臣。地方官员的升迁、赏罚等,必呈报驻藏大臣

---

① 次旦扎西等著:《西藏地方古代史》,西藏人民出版社,2004年,第257—258页。

② 《卫藏通志》,卷13下,第23页。《西藏地方是中国不可分割的一部分(史料选辑)》,西藏人民出版社,1986年,第248页。

处理;6.加强寺院管理。达赖喇嘛所辖寺庙之活佛及喇嘛,一律详造名册,于驻藏大臣和达赖喇嘛处各存一份,以便检查。喇嘛出行须领护照。①

《章程》的实施对于加强民族团结、维护祖国统一、抑制西藏社会衰败起到了重要作用,标志着清朝中央政府对西藏地方的管理全面系统化。同时,更为重要的是西藏与中央政府、与中原的政治、经济、文化关系基本定型,并且得到强化。

1840年鸦片战争爆发,西方帝国主义列强以坚船利炮打开中国大门,英俄美等帝国主义随即以各种名义侵入西藏。虽然清末民初,帝国主义从未放弃对西藏的侵略,但是当时的中央政权仍然有效的行使着对西藏地方的管辖权。清末,达赖喇嘛、班禅额尔德尼的转世、坐床、亲政等仍由清中央批准;僧俗官员的任免、奖惩由中央确定;清政府继续行使负责有关西藏涉外权;制定西藏地方善后问题二十四条等,整伤藏政,讲求吏治,发展生产。

1912年,辛亥革命中华民国成立,《中华民国临时约法》第三条明文规定:"中华民国领土,为二十二行省,内外蒙古、西藏、青海"。② 这是新的中央政府以法律条款形式,明确宣布西藏为我国领土的一部分。此后,袁世凯北京政府在中央设立了专门管理蒙藏一切政治行政等事务的机构——蒙藏事务局(曾更名蒙藏事务处)。1927年,南京国民政府成立后,又重申了历届中央政府的严正立场,西藏仍实行自治制度,于中央行政院下设专司蒙、藏等少数民族地方事务的机构——蒙藏委员会。达赖、班禅也派员在南京设立办事处。1940年,又扩大完善了中央政府驻藏职能机构及

---

① 赵学毅:《清代以来中央政府对西藏的治理与活佛转世制度资料汇编》,华文出版社,1996年,第52—58页。

② 中国第二历史档案馆:《中华民国史档案资料汇编》,第2辑,江苏人民出版社,1981年,第106页。

设置,国民政府蒙藏委员会驻藏办事处正式在拉萨成立,由正、副处长(简任)各一人负责统理事务,下设两个科(后增至三个科),掌理中央驻藏一切事务,此制度一直沿续至西藏和平解放前夕。

从唐朝开始,历经宋、元、明、清,西藏藏民族与中华各民族之间形成了难以割舍的情谊和谁也离不开谁的格局。这种格局尤其在元、明、清三代得到不断发展和递增,西藏民族地区与中原地区、藏民族与汉民族的血肉联系具有的深厚历史基础,并且在很大程度上已成为西藏社会的一种本能的不可或缺的需要。① 这种需要是在历史长河中,经历千百年的积淀,经我国历朝中央政权的有效管理和西藏地方僧俗官员和藏汉人民的共同努力而形成的,成为西藏顺利实现和平解放的历史前提。

二、西藏和平解放的精神动力

"西藏人民团结起来,驱逐帝国主义侵略势力出西藏",是《十七条协议》中规定的首要原则。1840年鸦片战争以后,西藏地方与祖国其他地方一样进入那段灾难深重的岁月。帝国主义势力入侵以后,西藏社会的主要矛盾由农奴主阶级同农奴阶级的矛盾转化为西藏民族同帝国主义之间的矛盾,也是中华民族同帝国主义列强之间的矛盾。反帝爱国,是中华民族的历史选择,也是西藏人民的必然选择。藏族人民与中国其他各民族人民之间形成的患难与共的亲密关系,从此进入新的阶段。藏族人民倾心内向、维护祖国统一、反对民族分裂的爱国主义传统,从此得到了充分展现。

为了维护祖国统一,为了捍卫中华民族的尊严,西藏爱国僧俗人民同帝国主义侵略者、同国外侵略势力豢养的民族分裂势力之间,展开了长期不懈的斗争,彻底粉碎了帝国主义妄图肢解中国、攫取西藏的阴谋。西藏人民这种崇高的爱国主义情操是西藏实现

---

① 石硕:《西藏文明东向发展史》,四川人民出版社,1994年,第464页。

和平解放的精神动力。

在近代最早侵略西藏的是英国。1788年和1791年,英国唆使廓尔喀人入侵西藏被清朝平定,沉重打击了英国从西藏打开中国大门的企图。不过,这并未让英国人放弃侵藏的既定目标。1793年马戈尔尼使华后,又为英国侵藏提供策略,认为"从孟加拉只需稍稍鼓动,在西藏就会引起动乱",这是易如反掌的事。[①] 这成为此后英国直接侵略西藏的政策依据,即从与中国西藏比邻的殖民地发起对西藏的武装侵略,攫取侵略利益。同时,英俄美等还从与清政府签订的不平等条约中获得在西藏的特殊利益。这成为以英国为首的、侵略西藏的帝国主义国家惯用的侵藏策略。

大抵而言,英国侵藏最盛,19世纪后期俄国加入,解放战争时期美国也加入到侵藏行列;在19世纪中后期20世纪初期,西方列强以武装侵略为主,20世纪20年代至和平解放时期以制造"西藏独立"为主要目标。西方列强无论在何时,以何种方式侵藏,都遭到西藏各族人民和各阶层爱国人士的有力回击,表现出了反对帝国主义侵略,反对民族分裂,维护祖国统一,心向祖国的爱国主义精神。这是近代中华民族反帝救国、实现民族独立与解放、实现国家繁荣富强的光荣的爱国主义革命传统的有机组成部分。

1840年,英国在发动鸦片战争的同时,在西面指使为其支持的森巴人发动了侵略西藏西部屏障——拉达克,从而入侵西藏阿里地区的"森巴"战争。在清朝驻藏大臣的密切配合与全力支持下,从上层噶伦、代本到下层藏军、平民"一经调派,立即驰赴前线",踊跃投入反侵略斗争。[②] 历经近两年的英勇斗争,终于以西藏军民的胜利而告终,取得了近代西藏反帝斗争的第一次胜利,保

[①] [法]阿兰·佩雷菲特:《停滞的帝国——两个世界的撞击》,生活·读书·新知三联书店,1993年,第531页。
[②] 许广智:《西藏地方近代史》,西藏人民出版社,2003年,第45页。

卫了祖国领土的完整与统一。

英国两次支持与西藏毗邻的国家实现其侵藏目的的失败,使其不得不亲自出马。首先以武力使西藏周边国家变为英国的殖民地或附庸,作为日后武装侵略的基地。① 并且在与腐朽的清政府签订的条约中谋取在西藏的利益,1876年签订的《中英烟台条约》就是这一侵藏手法的典型。《中英烟台条约》在最后专门辟"另议专约"一章为侵藏活动提供依据。条约规定英国人可以"由内地四川等处入藏,以抵印度,为探访路程之意,所有应发护照,并知会各处地方大吏暨驻藏大臣公文,……倘若所派之员不由此路行走,另由印度与西藏交界地方派员前往,俟中国接准英国大臣知会后,即行文驻藏大臣,查度情形,派员妥为照料,签由总理衙门发给护照,以免阻碍"。② 这样,以"传教"、"游历"、"探险"、"通商"为名,深入西藏腹地侦察的帝国主义者、军事"探险队"不绝于途,其中以英国最为频繁和迫切。西藏人民对这些侵略活动进行了不懈的斗争。1877年,英国人贝德禄、吉为哩以"查看通商事宜"为由,欲取道四川进藏,西藏噶厦闻英人已经到巴塘,"哗然聚兵拦阻,情势汹汹",③并命令"巴塘文武土司,将各处洋人逐去,勒令土司出具,永禁洋人进藏切结,……以后一体不许洋人过境,亦不准各处迎护接送,……"使其改道云南回国。1885年,英派印度政府秘书马可蕾率领所谓"商务代表团"从中印边境入藏,至康坝宗,宗本拒绝其前行。马可蕾以将带兵三千侵藏进行威胁,噶厦闻之,表示"如果外

---

① 从1814年11月发动对尼泊尔的侵略战争开始至1876年《中英烟台条约》止,英国先后占领了与我国西藏相邻的尼泊尔、哲孟雄、不丹以及拉达克地区等。

② 王铁崖:《中外旧约章汇编》,第1册,生活·读书·新知三联书店,1957年,第350页。

③ 杨公素:《中国反对外国侵略干涉西藏地方斗争史》,中国藏学出版社,1992年,第65页。

国之人开端入藏,无论由藏属上下南北何路而来,即用善言温谕,斟酌劝导,若能听从转回则可,不然小的阖藏僧俗大众,纵有男绝女尽之忧,惟当复仇抵御,永远力阻,别无所思"。① 由于西藏人民的反对,马可蕾不敢贸然前行,只能徘徊于中锡边境,不久抑郁而亡。

1886年,针对英国在西藏南部边境越界筑路,制造边界纠纷,可能发动侵略战争,西藏地方政府在南部中锡边境的隆吐山派藏军设卡防卫。英国竟以隆吐山为锡金地界为由,挑起、发动了1888年的第一次侵藏战争。无论在战争前、战争中、战争后,西藏人民都以实际行动反对侵略,维护祖国统一,其抗英事迹可歌可泣。

西藏地方政府在隆吐山建立塞堡自卫,英国随即向腐朽的清政府提出"抗议",令清政府"转伤藏番"撤出驻兵。1887年初,英国驻北京公使又向清政府提出照会,并以出兵相威胁。清政府迫于英国的压力,乃命令驻藏大臣强迫藏人撤走隆吐驻兵。面对英国与清政府的双重压力,西藏人民并未屈服,据理力争,历呈抗击侵略的决心。1887年2月、12月、1888年1月,拉萨三大寺、扎什伦布寺以及其它寺院和全体僧俗官员四次联名向驻藏大臣上递公禀,申述在隆吐设卡的理由。认为"隆吐山为藏中门户,倘一退让,势若开门揖盗。自古及今,可有以疆域门户让人之理乎"?如果一味退让求全,不可能有持久的稳定,因为"大概割地求全之谋,终恐不能久恃"。② 英国人无论何时敢来寻衅滋事,"小的阖藏僧俗大众,惟有同心协力,复仇抵御,决不放行。小的早经出立誓结,处心已定,纵然有何胜败,惟有尽人事听天命而已"。"小的番民人等,纵有男绝女尽之忧,惟有实力禁阻,复仇抵御,决不容忍,毫无三思

---

① 杨公素:《中国反对外国侵略干涉西藏地方斗争史》,中国藏学出版社,1992年,第66页。
② 《清季筹藏奏牍》,第1册,《文硕奏牍》,卷4,《西藏地方是中国不可分割的一部分》(史料选辑),西藏人民出版社,1986年,第356页。

翻改,亦无一语变更"。①

1888年1月,英国军队开始增兵准备进攻隆吐山,西藏地方政府得知后,立即派四品官员孜本·多尔济仁增赶赴隆吐山负责指挥,并调集帕克里所属士兵,后藏、江孜、前藏各营官兵,集结待命,准备随时增援前线。噶厦地方政府还派人筹备军粮、弹药、火绳等,保障前线供给。3月20日,英军突然对隆吐藏军发动进攻,仅200余人的藏军,以原始的大刀、弓箭等武器打退了敌人的第一次进攻。由于英军武器精良、训练有素,藏军装备落后,敌众我寡,藏军虽进行了殊死抗击,隆吐山阵地还是失守。西藏军民、僧俗官员并未因隆吐山失守而气馁,西藏地方政府征调藏区以及康区民兵增援前线,达赖喇嘛还下令三大寺组织僧兵,准备随时开赴前线。噶厦地方政府6月、10月组织的收复失地的反攻失败后,清政府于7月派遣升泰代替主战的驻藏大臣文硕,对西藏地方政府的抵抗进行压制与阻挠,对英实行妥协政策,导致1890年《中英会议藏印条约》与《中英会议藏印续约》两个不平等条约的签订。西藏人民反对英国第一次侵藏的斗争,是西藏人民抵御外侮,捍卫祖国领土而进行的正义战争,是近代中国反帝斗争的重要组成部分。对于不平等条约所规定的亚东开埠,英人不满足,要求改设,遭到西藏地方政府的抵制;对于条约规定的藏哲边界,"以自布坦交界之支莫挚山起,至廓尔喀边界止,分哲属梯斯塔及近山南流诸小河,藏属莫竹及近山北流诸小河,分水流之一带山顶为界",②西藏地方政府坚持要以原设鄂博为界,英国在藏印边境树立的界碑亦为藏人撤毁,英国由此挑起边界纠纷。为达到深入西藏内地通商、

---

① 《清季筹藏奏牍》,第1册,《文硕奏牍》,卷4,《西藏地方是中国不可分割的一部分》(史料选辑),西藏人民出版社,1986年,第354页。
② 王铁崖:《中外旧约章汇编》,第1册,生活·读书·新知三联书店,1957年,第552页。

侵占中国领地的目的,英国遂采取办法分离西藏与清政府关系,企图利用达赖喇嘛十三世亲政的机会与西藏地方政府直接交涉,曾数次间接和直接致函达赖喇嘛,要求讨论"划界通商"问题,企图否认中国对西藏的主权。达赖以"没有和驻藏大臣及噶厦商议,就不能和任何外国政府通信"为由,[①]将英人信件"原函退回"。英国看到藏人坚决维护祖国的统一与领土主权完整,不惜于1903年底再度发动对西藏的大规模战争。

在英军积极向西藏侵略的同时,西藏地方噶厦亦着手准备自卫,发布"雪列空关于兵役应服之岗差布告",动员西藏各地区官民、僧俗积极备战。"在战争开始的第一天,……藏军同民兵就一起开始猛烈向敌人进行射击。顽强地将敌人的进攻击退了。……第二天的清早,……虽然藏军和民兵的火药同箭用尽了,仍然勇气百倍的拿起石头和梭枪、大刀和敌人进行决死的抵抗。但终因寡不敌众,武器又极劣于敌人而失败。阵地被敌人占领,藏军同民兵就退至拉塘。西藏当局又下令动员前后藏藏军及民兵调到前方抗击敌人。"[②]但是,清政府不但不积极支持西藏人民的抗英斗争,反而对英妥协,导致1904年3月1400余名藏军官兵在曲米新古被残杀。

"曲米新古血案"激起了西藏人民的愤怒,对英军的侵略进行了更为坚决的抗击。在4月开始的江孜保卫战中,西藏军民用火药枪、抛子、石头等较为原始的武器同敌人进行战斗,"山上的水喝干了,他们就在晚上将人用绳子吊下来取山下的一坑污水喝,最后污水也喝干了,渴了就喝自己的尿。虽然这样,但始终没有一个动

[①]《英国议会与西藏文书》,转自许广智:《西藏地方近代史》,西藏人民出版社,2003年,第161页。
[②]《西藏地方是中国不可分割的一部分(史料选辑)》,西藏人民出版社,1986年,第370页。

摇的"。① 西藏人民在如此艰难困苦的条件下坚持了数月之久,虽然最后保卫战失败,英军开进拉萨,但是西藏军民自发的、零星的反抗斗争一直不断。江孜保卫战,集中体现了西藏人民捍卫国家主权和民族尊严的英雄主义和爱国主义精神。正是由于西藏人民的抗争,1906年签订的《中英续订藏印条约》,迫使英国最终在事实上确认中国对西藏的主权,并使其侵占中国西藏领土的阴谋落空了。

辛亥革命爆发后,英国利用中国政局的动荡和达赖十三世离藏以及达赖与中国中央政府关系的暂时疏离,西藏与中央政府的政治关系处于一种相对松弛状,把对西藏的侵略政策由武力侵略改为政治侵略,以挑拨离间、分化利诱等手段,培植亲英势力,大搞"西藏独立"活动。辛亥革命发生后,印度总督立即与达赖秘密会见,随即发生了噶厦以达赖名义通告全藏官员喇嘛,驱赶各地的汉(川)军及汉人的事件,但这并不就是西藏本身脱离与中国中央政府关系的行动。相反达赖于1912年12月6日回到拉萨,曾召集过一次重要会议,其中讨论与中央政府的关系问题时,西藏上层虽然反对汉军骚扰,但不愿脱离祖国,西藏仍保留在中国大家庭以内。② 英国仍然不甘心,又在殖民分子、间谍贝尔的策划下于1913年10月召开所谓中、英、藏三方代表参加的有关西藏问题的西姆拉会议,诱使西藏代表在西姆拉条约上签字,妄想以条约的形式分裂西藏出中国。由于中国各族人民的反对,中国未在条约上签字,中国政府也一直不承认西姆拉条约的合法性,英国搞"西藏独立"的阴谋又一次破产了。

---

①《西藏地方是中国不可分割的一部分(史料选辑)》,西藏人民出版社,1986年,第374页。
②杨公素:《中国反对外国侵略干涉西藏地方斗争史》,中国藏学出版社,1992年,第168~169页。

但是,这一事件使得西藏人民认清了贝尔的真面目,藏人对其痛恨有加,在1921年将其驱逐出藏境。1924年英国指使其扶持的亲英分子阴谋夺取噶厦政权,被达赖察觉,粉碎了政变阴谋。这让十三世达赖觉醒起来,感到英国也是不可靠的,依赖英国不但西藏没有前途,连他自身也可能受到损害。于是,积极恢复与中国中央政府的关系。国民党在南京建立国民政府后,达赖喇嘛于1929年除派贡觉仲尼外又增派楚臣丹增为代表,致信南京国民政府表示服从中央,要求恢复原有关系,希望国民政府与西藏通消息等。国民政府蒙藏委员会以此为契机,命贡觉仲尼为中央特派赴藏慰问专员,提出有关西藏的八个问题征求达赖意见。达赖于1930年8月加派贡觉仲尼为西藏驻京总代表,设驻京办事处,为西藏地方与中央政府的正式联系机构。由此,从清末以来被英国挑拨离间所造成的西藏地方政府与中央政府的不正常关系得到改善。

1933年12月十三世达赖喇嘛圆寂后,在英、美等殖民势力的指使和策划下,西藏再度兴起"独立"活动,以各种手段,会同美国、印度策划分裂西藏。1936年,英国首先提出在拉萨设立代表处的要求,称为"英国代表处",设有电台、医院并办无线电技术班。这是英国第一次在拉萨设立机构,是达赖十三世在世时也未曾有的。1943年西藏在英国唆使下突然宣布成立"外交局",这一行动首先得到英美的响应与配合。1944年,英国派出军队闯入西藏南部的察隅,接着占据了达旺以南的德让宗,并向门隅地区渗透。同时,英国又派出驻锡金长官古镕抵拉萨,威胁西藏地方当局把白马岗及达旺以南靠边境地区领土割让给英国。西藏地方政府召集僧俗大会讨论,通过了"藏地决不割让英国,并全体签字,如有祸患,僧俗共之"的决定。[①] 1947年,在英印势力一手策划和安排下,西藏作为一个"国家"被邀请参加印度"泛亚洲会议"。

---

① 石硕:《西藏文明东向发展史》,四川人民出版社,1994年,第434页。

1948年,西藏为其"独立"寻求国际支持而组织"商务代表团"赴欧美考察,其出境签证是由美国驻香港领事发给的。不过,所有这些所谓的"独立活动",在西藏人民、全国人民和中央政府的抵制下归于失败。西藏人民在具有反帝爱国精神的热振活佛领导下,在抗战期间,三大寺僧众不仅积极地为抗日胜利诵经祈祷,同时还要求国民政府开发西藏。1939年2月,三大寺派出代表罗桑团月赴重庆,并致函蒙藏委员会委员长吴忠信称:"此番前来请示,恳请中枢念西藏为中国领土之一,藏省人民土地财产,更待管理与启导,开发西藏,保护西藏,实目前抗战建国迫切需要之事。今有数点待办之事,恳求准予早日俯允以建新西藏,增加抗战实力,免为外人所占"。① 这是西藏人民维护祖国统一,反对分裂的心声。

在近代中国内忧外患、动荡不安的境遇中,英美等帝国主义虽用尽各种方式制造西藏地方政府与中国中央政府间的矛盾,挖空心思制造"西藏独立",挑拨藏民族与汉民族的友好关系,所有这些阴谋诡计纷遭失败破产的一个根本原因,就在于西藏民族地区与中原地区、藏民族与汉民族悠久的血肉联系和历史形成的西藏僧俗民众的内向力,使得西藏缺乏独立的历史基础与现实基础。西藏人民这种反帝爱国的光荣传统,是西藏和平解放的精神动力。

三、西藏和平解放的现实条件

1949年,是中国共产党领导的反帝反封建的新民主主义革命,在全国范围内取得决定性胜利的一年。已经解放了长江以北各省、区的中国人民解放军,于当年4月21—23日,按照中共中央和中央军委的命令,横渡长江天险,一举解放南京,原国民政府被迫迁往广州。紧接着,人民解放军在5月初至6月中旬又解放了

---

①《西藏地方是中国不可分割的一部分(史料选辑)》,西藏人民出版社,1986年,第495～496页。

杭州、上海、武汉和西安,并以秋风扫落叶之势继续向华东、中南、西南和西北挺进。7月至9月,中国人民解放军又在西北、中南取得了一个个胜利。7月32日,人民解放军一野部队在陕西省的扶风、眉县、宝鸡一带歼灭国民党的胡宗南部4.3万余人,连克平凉、天水等地,直逼兰州、西宁;8月4日,国民党湖南省主席程潜、第一兵团司令员陈明仁率部起义,长沙等地和平解放。第四野战军南下两广,对白崇禧部进行远距离包围,断其向云、贵的逃路;8月17日,第三野战军第10兵团解放福州市;8月26日和9月5日,第一野战军解放兰州和西宁,将马步芳部的主力歼灭;9月19日,国民党绥远省主席董其武率部起义,绥远解放;9月25日、26日,国民党新疆警备司令陶峙岳、省主席包尔汉等宣布起义,新疆获得和平解放;同时,在第一野战军于9月进行宁夏、河西战役,解放银川、张掖、酒泉时,歼灭了马步芳部和马鸿逵部。至12月,甘、青藏区也全部解放。[①]

到1949年10月1日,中华人民共和国成立之时,在大陆仅剩西藏未解放。为实现1949年毛泽东同志在为新华社起草的《将革命进行到底》的新年献词中提出的:"达到在全国范围内建立人民民主共和国,实现统一的民主和平"[②]的目标,实现《共同纲领》所规定的"中华人民共和国中央人民政府必须负责将人民解放战争进行到底,解放中国全部领土,完成统一中国的事业"。[③] 因此,作为中华人民共和国的一部分的西藏,解放是历史的必然要求。

1949年7月,美英帝国主义侵略者直接指使西藏当局中的少

[①] 郭冠中:《西藏社会发展述略—郭冠中藏学文集》,西藏人民出版社,1999年,第85页。

[②]《毛泽东选集》,第5卷,四川人民出版重印,1991年,第1378—1379页。

[③] 中共中央文献研究室《建国以来重要文献选编》,第1册,北京中央文献出版社,1993年,第2页。

数反动分子,制造了以"反共"为招牌驱赶国民党驻藏人员出西藏的"驱汉事件",妄图乘国民党反动政府覆亡之际,阻止中国人民解放军解放西藏,把西藏从中国分裂出去,完全变成帝国主义的殖民地。美英帝国主义利用各种舆论工具,大肆宣传评论此次事件,极力鼓动西藏地方当局利用这个时机完全脱离中国,实现多年的"西藏独立"迷梦。21日,英国香港报社宣称"西藏从未承认中国的宗主权"。8月18日美国和众社也制造舆论,认为"西藏当局利用中国政府之困难(指国民党惨败)可能脱离中国名义宗主权"。[1] 同时,英国派遣特务分子以工程师的名义入藏活动,美国也派托马斯父子入藏活动,共同策划西藏独立阴谋。针对这次"驱汉事件"和帝国主义策动的"西藏独立"活动,为维护祖国统一,完成统一大业,中国共产党通过新华社于1949年9月2日发表题为《绝不容许外国侵略者吞并中国的领土——西藏》的社论,揭露了帝国主义干涉西藏和"驱汉事件"的本质,"七月八日西藏地方当权者驱逐汉族人民及国民党驻藏人员的事件,是在英美帝国主义及其追随者印度尼赫鲁政府的策划下发动的。英、美、印反动派勾结西藏地方反动当局举行这个'反共'事件的目的,就是企图在人民解放军即将解放全国的时候,使西藏人民不但不能得到解放,而且进一步地丧失独立自由,变为外国帝国主义的殖民地奴隶"。社论又驳斥了帝国主义否认中国对西藏的主权的谬论,"英、印反动派为了吞并西藏,竟敢妄想否认西藏是中国领土的一部分,这是侵略者在白昼说梦话。任何人找遍中外公开出版的地图和关于中国内政外交的文件也无法找出任何的'根据'"。社论最后表达了中国人民和中国中央人民政府解放西藏的决心和信心,"中国人民解放军必须解放包括西藏、新疆、海南岛、台湾在内的中国全部领土,不容许有一寸土地被留在中华人民共和国的统治之外。西藏是中国的领土,

---

[1] 许广智:《西藏地方近代史》,西藏人民出版社,2003年,第361页。

决不容许任何外国侵略;西藏人民是中国人民的一个不可分离的组成部分,决不容许任何外国分割"。①

9月7日,新华社又发表《中国人民一定要解放西藏》的社论,号召西藏人民"准备迎接人民解放军进军西藏,解放西藏,解放全中国"。② 西藏地方反动当局仍然执迷不悟,在帝国主义的唆使下进行一系列分裂活动。11月所谓的西藏"外交局"致电毛主席,提出不让解放军入藏的无理要求;几天后,当时主管西藏地方政务的达扎摄政与英国特务黎吉生、美国特务托马斯密商后,确定西藏派"亲善使团",分赴美、英、印、尼(泊尔)四国请求援助"西藏独立";西藏地方政府按美英旨意大力扩充藏军,征召"民兵",陈兵昌都,妄图堵截解放军进军。西藏地方政府中的亲帝分裂主义分子与美、英、印的勾结日盛一日,紧锣密鼓地进行分裂活动,形势非常严重。西藏广大人民群众本来在帝国主义的侵略奴役和三大领主的剥削压榨下就苦不堪言,如果从祖国分离出去,必将遭受更大的灾难。

藏族人民的优秀代表桑吉悦西(天宝),在1949年9月9日看到《人民日报》关于《决不允许外国侵略者吞并中国领土——西藏》的社论和《中国人民一定要解放西藏》的文章后,立即发表《西藏全体同胞,准备迎接胜利的解放》的文章,号召"西藏全体同胞,起来!坚决反对英美帝国主义及其走狗尼赫鲁的侵略,准备迎接胜利的解放!"③10月1日,十世班禅从青海致电毛主席、朱总司令拥护解放西藏,1949年11月23日,毛主席、朱总司令复电班禅,电文指出:"西藏人民是爱祖国而反对外国侵略的,他们不满意国民党反动政府的政策,而愿意成为统一的富强的各民族平等合作的新中

---

①《人民日报》,1949年9月3日,第1版。
②《人民日报》,1949年9月7日,第2版。
③《人民日报》,1949年9月8日,第1版。

国大家庭的一分子。中央人民政府和中国人民解放军必能满足西藏人民的这个愿望"。① 被达扎摄政害死的爱国活佛热振的近侍官员益西楚臣,到西宁要求解放军迅速解放西藏。为了满足西藏民族的热望,维护国家的统一,使西藏人民尽早享受到祖国大家庭的温暖。毛泽东和党中央积极筹划解放西藏。早在1949年2月,在同苏联特使米高扬的谈话中,毛泽东就谈到了西藏问题,他说:西藏问题比较麻烦,但也并不难解决,只是不能太快,不能过于鲁莽。因为:(1)交通困难,大军不便行动,给养供应麻烦也较多;(2)民族问题,尤其是受宗教控制的地区,解决它更需要时间,须要稳步前进,不应操之过急。②

1949年10月10日,毛泽东电示进军新疆途中的第一野战军第一兵团司令员兼政委王震:"你们的进军任务,包括出兵西藏,解放藏北"。③ 10月13日,毛泽东在给彭德怀的电报中,以邓小平、刘伯承和贺龙分任西南局第一、第二、第三书记,贺龙为西南军区司令员,邓小平为政治委员,刘伯承为西南军政委员会主任,并决定由西南局、西南军区和第二野战军经营云、贵、川、康及西藏,但是否由二野负责解放西藏并未完全确定。毛泽东考虑到西北战场结束较早,于11月23日,明确电告彭德怀由西北局担任解放西藏的主要任务并制定相应计划。但毛泽东同时认为"西藏问题的解决应争取于明年秋季或冬季完成之","解决西藏问题不出兵是不可能的,出兵当然不只有西北一路,还要有西南一路,故西南局在

---

①《西藏地方是中国不可分割的一部分(史料选辑)》,西藏人民出版社,1986年,第547页。

②中共党史研究室科研局编:《毛泽东的足迹》,中共党史出版社,1993年版,第345页。转引自曹志为:《毛泽东与和平解放西藏》,《中国藏学》,2001年,第2期。

③中共西藏自治区委员会党史研究室:《中国共产党西藏历史大事记》,第1卷,中共党史出版社,2005年,第4页。

川康平定后,即应着手经营西藏"。①

西北局遵照毛主席的指示认真调研,于12月30日电告毛泽东"由青海、新疆入藏困难甚大,难以克服"。因此,建议"由打箭炉分两路,一路经理塘、科麦,一路经甘孜、昌都,两路入藏,较青新两路为易"。② 就在中央和毛泽东具体部署进军西藏、解放西藏的同时,西藏亲帝分裂主义分子分裂西藏的阴谋活动也愈益猖獗。1949年底,在英美帝国主义分子唆使下,西藏地方政府竟宣布派出4个所谓"亲善使团"分赴美、英、印度等国表明"西藏独立",并力求国际社会承认。同时,另派一个使团企图向中央政府解释,并表明"独立"。毛泽东在出访苏联途中得知这一情况,立即致信中央,指出:当前国际国内形势对我非常有利,为不失时机地解放西藏,打击帝国主义侵略扩张野心,促使西藏向内转化,进军西藏宜早不宜迟,越早越有利,否则夜长梦多。③

12月31日,中共中央把解放西藏列为1950年的一项重要任务。1950年1月2日,毛泽东明确电示彭德怀、邓小平,正式要求西南局筹划进军及经营西藏,完成我党解放西藏的光荣而艰巨的任务。电文指出:"由青海及新疆向西藏进军,既有很大困难,则向西藏进军及经营西藏的任务应确定由西南局担负"。同时,对西南局入藏的各项工作提出了具体要求。④ 1月8日,西南局第二野战

---

① 《关于解放西藏问题给彭德怀的电报》,《建国以来毛泽东文稿》,第1册,中央文献出版社,1987年版,第152页。
② 中共西藏自治区委员会党史研究室:《中国共产党西藏历史大事记》,第1卷,中共党史出版社,2005年,第6页。
③ 李觉:《回忆和平解放西藏》,《中共党史资料》,第35辑,中共党史出版社出版。转引自曹志为:《毛泽东与和平解放西藏》,《中国藏学》,2001年,第2期。
④ 《关于由西南局筹划进军及经营西藏问题的电报》,《建国以来毛泽东文稿》,第1册,中央文献出版社,1987年版,第208—209页。

军电告毛泽东,由二野之十八军担任入藏任务,以张国华为统一领导核心。收到电报后,1月10日,毛泽东主席复电中央并西南局、西北局,表示同意刘、邓进军西藏计划。指出要抓住现在英国、印度、巴基斯坦均已承认我们的有利条件,迅即定出进军西藏的实行计划。务必于"三个半月内完成调查情况,训练干部,整训部队,修筑道路及进军至康藏交界地区",并提出"经营西藏应成立一个党的领导机关"。①

13日,第二野战军发出指示,要求各部队尽一切可能的力量,从装备、运输力各方面支援十八军进藏;18日,西南局成立中共西藏工作委员会,以张国华、谭冠三、王其梅、昌炳桂、陈明义、刘振国、天宝等人为委员,张、谭分任正副书记。随即提出"进军西藏……亦以多路的向心进兵为宜"的建议。② 1950年1月22日,二野司令部下达入藏准备工作计划,决定成立进军的支援司令部,负责筹集粮食、食品、帐篷等物资,修建公路,组织运输,并就强化运输组织、改善部队装备等问题提出了具体办法。24日,中央致电西南、西北局赞同刘、邓"多路向心进兵"的建议和成立中共西藏工委。③ 至此,人民解放军进军西藏的计划确定,进军序幕正式拉开。

新中国的建立,为中国的现代化建设提供了前所未有之广阔前景,中国的现代化进程进入了一个全新的历史时期。作为中国不可分割一部分的西藏,也必然在中华民族伟大复兴的历史进程中,全面推进现代化建设。

---

① 《关于进军和经营西藏问题的电报》,《建国以来毛泽东文稿》,第1册,中央文献出版社,1987年,第226页。
② 中共西藏自治区委员会党史研究室:《中国共产党西藏历史大事记》,第1卷,中共党史出版社,2005年,第10页。
③ 中共西藏自治区委员会党史研究室:《中国共产党西藏历史大事记》,第1卷,中共党史出版社,2005年,第11页。

四、党的民族政策是西藏和平解放的必然

中国共产党历来重视民族问题,以马克思列宁主义关于民族与宗教问题的理论为指导,结合我国实际,提出了具有中国特点的民族宗教政策。中国共产党在第二次全国代表大会上,为解决国内民族问题提出了明确政治纲领,其主要内容是:"统一中国本部(东三省在内)为真正民主共和国;蒙古、西藏、回疆三部实行自治"。[①] 为民族区域自治政策奠定了理论基础。经过土地革命战争、抗日战争时期的实践,至解放战争时期中国共产党的民族区域自治政策初步形成。

1949年9月,中国人民政治协商会议通过的《共同纲领》,第九条中明确规定:"中华人民共和国境内各民族,均有平等的权利和义务"。并在《共同纲领》"第六章民族政策"中规定:"各少数民族聚居的地区,应实行民族的区域自治,按照民族聚居的人口多少和区域大小,分别建立各种民族自治机关","各少数民族均有发展其语言文字、保持或改革其风俗习惯及宗教信仰的自由"。[②]

西藏作为藏族的发祥地之一和藏传佛教的策源地,有其特殊的民族与宗教情况。以何种方式,如何顺利实现对西藏的解放,必须面对和正确处理民族与宗教问题,必须制定符合西藏实际的民族、宗教政策,并充分发挥民族宗教上层人士在统一战线中的作用。

中国共产党人在解放战争时期,有了和平解放北京、绥远的历史经验,在1949年3月的中共七届二中全会上毛泽东要求"各野

[①]《民族问题文献汇编》,中央党校出版社,1991年,第18页。
[②]中共中央文献研究室:《建国以来重要文献选编》,第1册,中央文献出版社,1993年,第12页。

战军领导同志都应注意和学会这样一种斗争方式。这是一种斗争方式,是一种不流血的斗争方式"。① 8月6日,毛泽东在给彭德怀、贺龙、习仲勋的电报中强调:"除用战斗方式解决外,尚需兼取政治方式去解决","欲求彻底而又健全又迅速的解决,必须采用政治解决,以为战斗方式的辅助"。并指示西北局"班禅现在在兰州,你们攻兰州时请十分注意并保护并尊重班禅及甘青境内的西藏人,以为解放西藏问题的准备"。② 从此时开始至和平解放西藏协议的签订,我党在行动上无不体现了对西藏民族和宗教的保护与尊重,党的民族与宗教统战政策发挥了极其重要的作用。

自从我党将解放西藏问题提到历史日程开始,就在寻求不是以军事战争的方式,而是以和平的政治方式解决西藏问题,这就是力争通过谈判和平解放西藏。

1950年1月15日,邓小平在向十八军部分师以上干部传达中央指示,布置进藏工作时指出:解放西藏有军事问题,需要一定数量之军事力量。但军事与政治比较,政治是主要的。政策问题极为重要,原则是民族自治,政教分离,团结达赖、班禅两派。③ 18日,中央人民政府民族事务委员会在京专门召集藏族各界人士座谈解放西藏问题,朱德副主席向与会人士专题说明了党的民族政策。20日,中华人民共和国外交部发言人就西藏地方当局组织所谓"亲善使团"问题发表谈话,指出:"西藏人民的要求是成为中华人民共和国民族大家庭的一员,是在我中央人民政府统一领导下实行适当的区域自治,而这在人民政协的《共同纲领》上是已经规

---

① 《毛泽东选集》,第4卷,四川人民出版重印,1991年,第1425页。
② 《兼取政治方式解决西北地区》,《毛泽东文集》,第5卷,人民出版社,1996年,第319—320页。
③ 中共西藏自治区委员会党史研究室:《中国共产党西藏历史大事记》,第1卷,中共党史出版社,2005年,第9页

定了的。如果拉萨当局在这个原则下派出代表到北京谈判西藏的和平解放的问题,那么,这样的代表将受到接待"。① 这是中央政府首次公开提出"和平解放西藏"的问题,明确要求西藏地方派出代表到北京谈判。

2月15日,西南局、西南军区及第二野战军联合发布《解放西藏进军政治动员令》,要求进藏部队紧密团结西康、西藏地区的同胞,忠实地正确执行共同纲领规定的民族政策,严格执行三大纪律、八项注意,树立长期建设西藏的思想和决心。25日,党中央在给西南局和西北局的电报中,同意西南局派人赴藏说服达赖进行和平谈判,解放西藏。"我军进军西藏的方针是坚定不移的,但可以采用一切办法与达赖集团进行谈判"。② 由此,明确了以政治方式和平解决西藏问题的方针。同时中央指出,如果西藏地方当局不到北京谈判,甚至派兵阻止人民解放军入藏,也要被迫做好打仗的准备。

为此,西南局派曾在西藏学经多年、同西藏上层人士有交往的高僧密悟法师,偕同贾题韬居士等赴藏,向西藏有关人士传递中央政府和平解放西藏的原则和立场。5月上旬,力主和平解放西藏的爱国人士、西康省人民政府副主席格达活佛,表示愿意亲到拉萨阐明中央诚心诚意的民族政策,做西藏上层工作。邓小平专门修书,请格达活佛转告达赖喇嘛,表明中央政府对和平解放西藏、维护中华民族团结统一的诚意。中央接受了格达活佛的要求和西南局的建议,请他到拉萨传达信息,沟通关系。此外,西北局先后派青海人民政府副主席喜饶嘉措大师和"青海寺院劝和团"赴藏,希望直接协商解决。但是,格达活佛受阻于昌都,突然暴亡;喜饶嘉

---

① 曹志为:《毛泽东与和平解放西藏》,《中国藏学》,2001年,第2期。
② 中共西藏自治区委员会党史研究室:《中国共产党西藏历史大事记》,第1卷,中共党史出版社,2005年,第13页

措大师被强行驱回青海；劝和团也受阻。① 而且，在西方帝国主义支持下，西藏地方分裂主义者继续图谋"独立"，派出了意在"表明独立"的代表，至印度新德里和尼赫鲁会谈后，于1950年4月2日致函我驻印度大使馆，要求在香港与中央代表进行谈判。

毛泽东主席获悉后，在5月20日指示："西藏代表必须来北京谈判，不要在香港谈判"。② 28日，中央人民政府秘书长林伯渠针对西藏代表团成员夏格巴写信给中央要求在香港谈判的无理要求，回信指出："你们代表团是西藏地方政府派至中央人民政府商谈西藏地方事件的代表团"，"谈判的地点必须在北京"。③

1950年8月21日，周恩来给印度驻华大使潘尼迦的备忘录中明确指出："西藏为中国领土，人民解放军负有解放西藏领土及西藏人民的神圣责任。中央人民政府赞成并主张以和平友好方式解决西藏问题。西藏代表团是地方性的及民族性的代表团，他们应到北京商谈和平解放西藏的办法。"④ 8月4日和9月6日，我国驻印度大使馆代办申健（专门负责办理西藏代表团经印度到北京谈判事宜）两次催促滞留印度的西藏代表至北京谈判。9月17日和23日，刚到印度任职的袁仲贤大使又两次催促西藏代表赴京谈判，并在23日告诉西藏代表原定20日的最后期限已过，人民解放军将按计划行动，发生的后果由他们负责。但是，西藏代表以等待西藏当局电报为由，继续拖延。

---

① 张皓：《邓小平在西藏和平解放过程中的地位和作用》，《当代中国史研究》，2002年，第2期。

② 《关于西藏代表必须来北京谈判的批语》，《建国以来毛泽东文稿》，第1册，中央文献出版社，1987年，第369页。

③ 王贵 喜饶尼玛 唐家卫著：《西藏历史地位辨》，民族出版社，2003年2月，第413～414页。

④ 中共西藏自治区委员会党史研究室：《中国共产党西藏历史大事记》，第1卷，中共党史出版社，2005年，第24页。

在促使西藏代表赴京谈判的同时,西南局一直遵照中央指示进行战斗准备,以战争求和平,并在实践中执行党的民族政策。1950年3月29日,十八军进军西藏的北路先头部队,从乐山出发,于4月28日抵达甘孜后,携带的粮食吃完,空投未成,部队严格遵照毛主席关于"进军西藏,不吃地方"的指示,严守纪律,秋毫无犯,不向地方征购摊派粮食。指战员以挖野菜、捕麻雀、捉地鼠充饥,坚持了一个多月。当地藏胞深受感动,部队以实际行动实践着党的和平解放方针。6月6日,十八军进军西藏的南路先头部队从西康省天全县出发,8月2日抵达巴塘,受到当地藏民的热烈欢迎。西藏地方当局噶厦政府在英印政府的支持下,在昌都一线调兵布防,企图凭借金沙江天险阻挡解放军入藏,顽固地同中央政府对抗。鉴于西藏地方政府的拒和行径与西藏必须解放的实际,中央决定进行昌都战役。

关于为何进行昌都战役,毛泽东在8月23日给西南局、西北局的电报中明确指出:"如我军能于十月占领昌都,有可能促使西藏代表团来京谈判,求得和平解决"。① 这清楚地表明,中央打昌都战役是为了实现和平谈判解决西藏问题。

毛泽东在8月29日给周恩来的两封电报更清楚地说明了这一点,在第一封电报中指出:"请注意进攻昌都的时间。请考虑外交部适当人员向印度大使透露,希望西藏代表团九月中旬到达北京谈判,我军就要向西藏前进了,西藏代表团如有诚意,应当速来"。② 第二封电报要求周恩来,"去电申健叫西藏代表团马上动

---

①中共西藏自治区委员会党史研究室:《中国共产党西藏历史大事记》,第1卷,中共党史出版社,2005年,第24页。
②《关于希望西藏代表团九月中旬到北京谈判的批语》,《建国以来毛泽东文稿》,第1册,中央文献出版社,1987年,第488页。

身来北京,很有必要。电中请说明希望该代表团接电后迅即动身乘飞机至香港,转乘广九、粤汉、京汉火车,九月中旬到达北京"。①

毛泽东在打昌都战役前反复、耐心的劝导西藏代表团赴北京谈判,表明我党进行战争是为了以战求和,减少对西藏人民的创伤,尽最大限度地保护西藏人民的利益。至9月30日,周恩来在全国政协会议上郑重指出:"人民解放军决心解放西藏,保卫我国边防,我们愿以和平方式求得实现。……希望西藏当局不再迟疑"。② 但是,已被"独立"迷梦冲昏头脑,甘愿成为英国傀儡的西藏地方分裂势力一意孤行。党中央不得不采取果断措施,于10月6日至24日进行昌都战役。

参加昌都战役的各部队认真执行中央西藏工委9月30日发出的《关于解放昌都有关政策的指示》,《指示》对敌人武装和战俘、投降官员的处理,对地方行政组织及人员的处理,对尊重宗教信仰自由和风俗习惯问题,对部队的群众纪律等问题都作了具体规定,如部队经过藏民村庄,如碰到群众因不了解我们向我开枪时,我们应向其解释,不予还击,说不服即绕道前进;对俘虏应不杀不辱,应妥为解释释放,发还武器,财物一律不动,不没收私人财物、随身携带的噶乌和吃肉的小刀子,释放时每人发银洋三元;严禁借宿和参观喇嘛寺庙,如有伤病员,在无房情况下,而必须借住者,亦需事先取得寺庙主持人许可,然后借住,不得损坏寺内一切建筑、经典、佛像、法器等,不得干涉僧众举行的宗教仪式。③

---

①《关于催促西藏代表团马上动身来京的批语》,建国以来毛泽东文稿》,第1册,中央文献出版社,1987年,第489页。
②中共西藏自治区委员会党史研究室:《中国共产党西藏历史大事记》,第1卷,中共党史出版社,2005年,第26页。
③中共西藏自治区委员会党史研究室:《中国共产党西藏历史大事记》,第1卷,中共党史出版社,2005年,第26~27页。

正是由于我党我军认真贯彻执行民族与宗教政策。十八军在6至8月的进军途中就吸收了300余名藏族干部,他们在进军途中和以后在西藏的工作中发挥了重要作用。在昌都战役前后,金沙江以东的石渠、邓柯、德格、白玉、巴塘等地的藏族同胞积极投入支前运动,并且在战争中争取到了藏军第九代本的起义。爱国藏胞更是对昌都战役的胜利欢欣鼓舞,在北京的藏族人士计晋美、散丹嘉措等兴高采烈地举行庆祝昌都解放座谈会。与会人员高呼:拥护进军西藏,庆祝昌都解放的口号;在重庆的藏族人士孙格巴顿说:西藏的门户昌都解放了,这是西藏人民的福音。[1] 可以这样说,昌都的胜利解放,是我党民族、宗教和统一战线政策的胜利。

　　我党并未因昌都战役的胜利而关闭和谈的大门,反而继续进行和平谈判的努力。同时,昌都战役的胜利导致西藏上层统治阶层,尤其是亲帝分裂分子的分化。11月17日,亲英的摄政达扎辞职,达赖喇嘛亲政。1950年10月11日,毛泽东通过外交部指示袁仲贤大使:"西藏是中国领土,西藏问题是中国内政问题。人民解放军必须进入西藏。首先希望不经过战争进入西藏,故要西藏代表团九月来北京谈判,该团故意拖延,至今尚未动身。现人民解放军已向昌都前进,数日内可能占领昌都。如西藏代表愿谈判,代表团应速来京"。[2] 针对印度政府妄图阻止并威胁我人民解放军进入西藏,美国对我军进军西藏进行诬蔑,阻拦西藏代表进京谈判的行径,我国政府给予严正回击,并一再表明希望西藏代表团到北京谈判,和平解决西藏问题的意愿。在11月16日,我国政府对印度的复照中指出:我中央人民政府"很早就欢迎滞留在印度的西藏

---

[1] 王贵 喜饶尼玛 唐家卫著:《西藏历史地位辨》,民族出版社,2003年2月,第422~423页。

[2] 《在袁仲贤关于印度对西藏问题态度报告上的批语》,《建国以来毛泽东文稿》,第1册,中央文献出版社,1987年,第549页。

地方代表团尽快前来北京,进行和平谈判。但该代表团始终是受着明显的外力阻挠,迟不前来"。① 但是,这不能阻止人民解放军进军西藏。11月17日《人民日报》在"中国人民解放西藏是不容许干涉的"社论中指出:"西藏问题的和平解放,不但不能妨碍人民解放军的进军,而且必须以和平接受人民解放军进军为条件。我中央人民政府过去和现在一直坚持和平解决西藏问题"。② 同时,我党展开政治攻势,积极进行统战工作。昌都工委王其梅主任亲自与阿沛·阿旺晋美恳谈,阐述中央关于和平解放西藏问题的诚意以及党的各项方针政策;我军以严明纪律,优良的作风影响藏族官兵和军民;解放军各级首长同藏族政府官员普遍接触交谈;各部队对被俘藏军实行特殊优待等,都发挥了重要作用。

人民解放军十八军政治部在1951年1月下达《进军守则》三十四条,《守则》规定:不论机关还是部队,一律不准派用乌拉;在康藏地区只准按工委规定的内容进行宣传,不得宣传土地革命和阶级斗争;保护喇嘛寺庙,一切宗教设施不得乱动;不得宣传反迷信和对宗教不满的言论;不住寺庙,不住经堂;如有喇嘛参军,概不收留,并劝说返寺庙;平时参观寺庙,必须先行接洽,去参观时不得随意摸弄佛像,不得吐痰、放屁;不得在寺庙附近捕鱼、打猎、打鹰和宰杀牲畜;要切实尊重藏族风俗习惯,做到与藏民融洽无间等。③ 就连当时在拉萨的德国人海因利希·哈雷也说:"共产党的这支军队表现得纪律严明,宽宏仁慈。被他们释放回来的士兵,无一不说

---

①《西藏地方是中国不可分割的一部分(史料选辑)》,西藏人民出版社,1986年,第555页。

②《西藏地方是中国不可分割的一部分(史料选辑)》,西藏人民出版社,1986年,第552页。

③中共西藏自治区委员会党史研究室《中国共产党西藏历史大事记》,第1卷,中共党史出版社,2005年,第36页

他们受到良好的待遇"。① 在我党诚意的感召下,西藏上层爱国人士积极配合,力主达赖亲政和谈。11月9日,阿沛·阿旺晋美等40余名在昌都的西藏地方政府官员,联名致信达赖,以亲身经历,介绍我党政策,并积极建议西藏地方政府派出代表同中央进行和谈。数日后,阿沛又写第二封信,建议西藏地方政府派出代表同中央进行和平谈判,并派出罗珠格桑、罗珠囊杰、扎西多吉三人前往拉萨。

西藏地方当局看到康区藏民所感受到的党的民族、宗教政策带来的变化,而先前一再寻求的外国援助并未有期待的结果,达赖集团遂于1951年1月27日派官员至印度新德里,请袁仲贤大使向中央转达达赖谋求和平的愿望。29日中央复电袁仲贤转达中央向达赖亲政表示祝贺,欢迎他速派代表赴京和谈。2月6日,西藏地方谈判代表土登列门、桑颇·登增顿珠二人从拉萨出发到达昌都,

携带达赖给王其梅的信件和西藏地方政府提出的五项条件。由于五项条件仍然是不要人民解放军进入西藏,阿沛不同意此五项条件,认为这样就根本没有谈判基础,因此谈判没有进行。2月27日,达赖致函中央,西藏地方政府决定派出和谈代表团赴京进行谈判,首席谈判代表为阿沛·阿旺晋美,代表为凯墨·索安旺堆、土丹旦达、土登列门、桑颇·登增顿珠。阿沛·阿旺晋美等由陆路经重庆、西安于4月22日到达北京,邓小平政委亲自接见。另一路凯墨·索安旺堆等从亚东出发,经印度、香港于4月26日到达北京。为解决西藏民族内部的团结问题,4月27日班禅系统的班禅额尔德尼·确吉坚赞及勘布会议厅官员45人,自西安抵北

---

① [德]海因利希·哈雷:《西藏奇遇》,西藏人民出版社,1986年,第351页。转引自王贵,喜饶尼玛,唐家卫著:《西藏历史地位辨》,民族出版社,2003年2月,第426页。

京。至此,所有西藏谈判代表抵达北京。4月29日,中央人民政府全权代表李维汉、张经武、张国华、孙志远与西藏代表正式进行和平解放西藏问题的谈判。

几经曲折,西藏地方政府与中央人民政府就和平解决西藏问题的谈判在北京举行,这是我党充分发挥实事求是、密切联系群众的优良传统,结合西藏地方实际,正确运用民族、宗教、统战政策的必然结果。

第二节 《十七条协议》是西藏地区开启现代化的纲领性文件

从1951年4月29日和平谈判开始,到1951年5月23日《中央人民政府和西藏地方政府关于和平解放西藏办法的协议》(以下简称十七条协议)的签订,谈判自始至终贯穿了毛主席"我们是一家人,家里的事情大家商量着办,就能办好"的指示精神,谈判始终在平等的基础上,通过协商、等待、耐心说服,在友好的气氛中进行。[1] 因此,《十七条协议》完全符合和体现了藏族人民的根本利益,"西藏民族从此摆脱了帝国主义的羁绊,回到了伟大的祖国大家庭,宣告了帝国主义对于西藏侵略的失败,西藏民族与中国各民族团结起来,西藏民族内部团结起来。从此西藏民族开始了自己民族的新纪元"。[2] 和平解放为西藏打开了走向现代化的大门,为西藏的进步和繁荣开辟了广阔的前景,成为西藏民族地区开启现

---

[1] 阿沛·阿旺晋美:《党的民族政策光辉实践》,《庆祝西藏和平解放五十周年资料汇编》,西藏山水印务有限公司,2001年,第21页。

[2] 《班禅及班禅堪布会议厅人员拥护和平解放西藏协议的声明》,《人民周报》,1951年,第22期,第8页。

代化的纲领性文件。

一、《十七条协议》的主要内容

《十七条协议》的签订,西藏的和平解放,是以伟大领袖毛泽东主席为核心的中央第一代领导人运用马克思主义民族问题的基本理论,从西藏的历史和当时的实际出发而做出的英明决策和伟大创举,是中国共产党按照平等、团结的原则正确处理民族问题的成功典范。

《十七条协议》的内容包括:

一、西藏人民团结起来,驱逐帝国主义侵略势力出西藏,西藏人民回到中华人民共和国大家庭中来。

二、西藏地方政府积极协助人民解放军进入西藏,巩固国防。

三、根据中国人民政治协商会议共同纲领的民族政策,在中央人民政府统一领导之下,西藏人民有实行民族区域自治的权利。

四、对于西藏的现行政治制度,中央不予变更。达赖喇嘛的固有地位及职权,中央亦不予变更。各级官员照常供职。

五、班禅额尔德尼的固有地位及职权,应予维持。

六、达赖喇嘛和班禅额尔德尼的固有地位及职权,系指十三世达赖喇嘛与九世班禅额尔德尼彼此和好相处时的地位及职权。

七、实行中国人民政治协商会议共同纲领规定的宗教信仰自由的政策,尊重西藏人民的宗教信仰和风俗习惯,保护喇嘛寺庙。寺庙的收入,中央不予变更。

八、西藏军队逐步改编为人民解放军,成为中华人民共和国国防武装的一部分。

九、依据西藏的实际情况,逐步发展西藏民族的语言、文字和学校教育。

十、依据西藏的实际情况,逐步发展西藏的农牧工商业,改善人民生活。

十一、有关西藏的各项改革事宜,中央不加强迫。西藏地方政府应自动进行改革,人民提出改革要求时,得采取与西藏领导人员协商的方法解决之一。

十二、过去亲帝国主义和亲国民党的官员,只要坚决脱离与帝国主义和国民党的的关系,不进行破坏和反抗,仍可继续供职,不究既往。

十三、进入西藏的人民解放军遵守上列各项政策,同时买卖公平,不妄取人民一针一线。

十四、中央人民政府统一处理西藏地区的一切涉外事宜,并在平等、互利和互相尊重领土主权的基础上,与邻邦和平相处,建立和发展公平的通商贸易关系。

十五、为保证本协议之执行,中央人民政府在西藏设立军政委员会和军区司令部,除中央人民政府派去的人员外,尽量吸收西藏地方人员参加工作。

参加军政委员会的西藏地方人员,得包括西藏地方政府及各地区、各主要寺庙的爱国分子,由中央人民政府指定的代表与有关各方面协商提出名单,报请中央人民政府任命。

十六、军政委员会、军区司令部及入藏人民解放军所需经费,由中央人民政府供给。西藏地方政府应协助人民解放军购买和运输粮秣及其他日用品。

十七、本协议于签字盖章后立即生效。①

《十七条协议》这一和谈基础的若干条款,是在党中央和毛主席的亲切关怀下,在邓小平的具体领导下,西南局经过充分调查研究,几经修改,反复斟酌后形成的。1950年2月16日,西南局、西南军区就指示西藏工委和西康、川西军区并陈赓、宋任穷,对于"西藏问题(包括对于散布在西康、川西北及云南境内之藏族问题)之

---

① 《人民周报》,1951年,第22期,第2~3页。

许多政策,尤其是政教问题,必须多方调查,提出具体意见,获得解决"。① 2月18日,西藏工委成立西藏政策研究室,吸收一批熟悉西藏情况的专家教授,多方搜集整理西藏情况资料,写出了《西藏各阶层对我军态度之分析》、《对各种政策具体实施的初步意见》、《进军康藏应该注意和准备的事项》、《英美帝国主义干涉西藏问题之趋势和我之对策》、《进军守则》等。在中央电示西南局、西北局起草同西藏进行和平谈判的条款前,西南局于5月11日遵照中央指示,拟定了四条关于和平解决西藏问题的方针、政策。在此以前,青海省委也拟定了与西藏当局谈判的六项条件。5月17日,中央电示西南局和西北局,肯定了西南局拟定的四条。并指出:"在解放西藏的既定方针下和军事进攻的同时,利用一切可能以加强政治争取工作,是完全必要的。这里的基本问题,是西藏方面必须驱逐美英帝国主义侵略势力,协助人民解放军入藏。我们方面则可以承认西藏的政治制度、宗教制度,连同达赖的地位在内,以及现有的武装力量、风俗习惯,概不变更,并一律加以保护"。"总之,我们提出的条件,只要有利于进军西藏这个基本前提,在策略上应该使之能够起最大限度的争取和分化作用"。② 中央要求西南局和西北局从速各起草一个作为谈判基础的若干条款,报中央审定。西南局根据中央指示由邓小平主持起草与西藏地方政府谈判的十项条件(亦称《十大政策》或《约法十章》),5月27日报送了中央。中央于5月29日复电,毛泽东在第八条中增加了"及西藏领导人员"七个字外,余均同意,说明中央非常重视对西藏上层特别是领导人员的工作。6月2日,西南局发出《关于以十项条件为

---

①中共西藏自治区委员会党史研究室:《中国共产党西藏历史大事记》,第1卷,中共党史出版社,2005年,第13页。
②中共西藏自治区委员会党史研究室:《中国共产党西藏历史大事记》,第1卷,中共党史出版社,2005年,第18页。

和平谈判及进军基础给西藏工委的指示》,要求西藏工委"用口头或文字向西藏各阶层进行宣传"。

这十项和平谈判条件包括:

1. 西藏人民团结起来,驱逐英美帝国主义侵略势力出西藏;

2. 实行西藏民族区域自治;

3. 西藏现行各种政治制度维持原状,概不变更,达赖活佛之地位及职权不予变更,各级官员照常供职;

4. 实行宗教自由,保护喇嘛寺庙,尊重西藏人民的宗教信仰和风俗习惯;

5. 维持西藏现行军事制度不予变更,西藏现有军队成为中华人民共和国国防武装之一部分;

6. 发展西藏民族的语言、文字和学校教育;

7. 发展西藏的农牧工商业,改善人民生活;

8. 有关西藏的各项改革事宜,完全根据西藏人民的意志,由西藏人民采取协商方式解决;

9. 对于过去亲英美和亲国民党的官员,只要他们脱离与英美帝国主义和国民党的关系,不进行破坏和反抗,一律继续任职,不究既往;

10. 中国人民解放军进入西藏,巩固国防。人民解放军遵守上列各项政策,

人民解放军的经费完全由中央人民政府供给。人民解放军买卖公平。[1]

十项和平谈判条件核心是维护国家领土和主权完整,维护中华民族的团结统一,坚决反对帝国主义侵略,人民解放军也因此必须进藏;中央人民政府帮助西藏发展经济、文化,实行民族区域自

---

[1] 中共西藏自治区委员会党史研究室:《中国共产党西藏历史大事记》,第1卷,中共党史出版社,2005年,第19～20页。

治;不但西藏现行制度不改变即可以维持同内地不同的现行制度,而且宗教和风俗习惯得到尊重。可见,十项和平谈判条件是在充分调研的基础上,根据当时历史条件和西藏的特殊情况,旨在正确恢复和解决西藏地方同中央的关系和民族关系。这十大政策充分考虑到了西藏社会的现实,照顾到了各阶层的利益,非常符合西藏当时的实际情况,因此在藏区引起强烈反响,普遍反映很好,甚至连一些藏族人士都认为太宽了。正是这种"宽大",体现了我党对于西藏地区和西藏人民发展的关怀,体现了我党认真实践着民族与宗教政策。也正是这种"宽大",促使西藏地方当局派出代表与中央政府进行和平谈判。

二、《十七条协议》的主要精神和原则

《十七条协议》集中体现了我党处理内政外交的,尤其是祖国统一,民族团结、发展与繁荣的主要精神与基本原则、思想方法与工作方法。

《十七条协议》的主要精神和原则是:

1. 驱逐帝国主义侵略势力出西藏,实现西藏同中华人民共和国祖国大家庭的统一,巩固国防。

彻底实现祖国领土主权的统一,是我们党坚定不移的原则,是国家和全国各族人民的根本利益,也是包括西藏人民在内的全国各族人民的共同要求和强烈愿望。国家的统一,是各民族团结、进步、繁荣、幸福的基础和保证。没有祖国的统一,就没有各民族团结友爱的大家庭,就谈不上实现民族区域自治,更谈不上改革旧的社会制度,发展政治、经济、文化事业,实现社会主义现代化。十七条协议首先着重解决西藏统一于祖国的问题,这正是着眼于各族人民,首先是西藏人民的根本利益。也完全符合西藏人民"愿意成为统一的富强的各民族平等合作的新中国大家庭的一分子"这样

一个根本愿望。①

西藏人民和祖国各族人民早已形成了互相支援、患难与共的血肉关系,长期的历史发展,西藏人民深深感受到,祖国各民族的团结、祖国的统一,是西藏安定、和平的保障,没有统一富强的祖国,就不可能有繁荣兴旺的西藏。将"驱逐帝国主义势力出西藏,实现西藏民族的解放及祖国的统一"置于首要地位,这是西藏民主革命的第一步。西藏当时社会的主要矛盾,是帝国主义与西藏民族之间的矛盾,农奴主、僧侣、贵族与人民大众之间的矛盾。而前者为其中最主要的矛盾,解决好这一主要矛盾,其它矛盾的解决便有了基础。国家要统一,民族要解放,这是历史发展的必然趋势,是任何力量也扭转不了的。

2. 在中央人民政府统一领导下,实行民族区域自治。

实行宗教信仰自由政策,尊重西藏人民的宗教信仰和风俗习惯。民族自治和区域自治,是我国解决民族问题的一项基本政策。中国共产党在民主革命与社会主义革命的实践中,将马克思主义的一般理论与中国各民族的具体实际相结合,创造性的提出了在民族集聚地区实行民主区域自治的政策。从政治制度上也就是政治的现代化上,保证了少数民族参与国家与社会管理,保障了各民族人民在政治上的平等与发展。在长期封建农奴制与政教合一的统治下,广大的藏族人民,连基本的生存权都难以保证,更谈不上政治参与权。因此,实行民族区域自治,不但维护了国家的团结与稳定,而且促进了西藏地区与西藏最广大的劳苦大众的政治、经济、文化与社会发展。正如邓小平同志所说,少数民族的事应由他们自己当家作主,"所有少数民族内部的改革,都要由少数民

---

①阴法唐:《在庆祝〈中央人民政府和西藏地方政府关于和平解放西藏办法的协议〉签订三十周年报告会上的讲话》,《中国少数民族》(中国人民大学复印报刊资料),1981年,第6期,第16页。

内部的力量来进行。"①各少数民族地区的区域自治,必须是在中央统一领导之下,在中华人民共和国的统一主权之内。

因为"在西藏人民中,佛教有很高的威信。人民对达赖喇嘛和班禅额尔德尼的信仰是很高的。因此,协议中不但规定对宗教应予尊重,对寺庙应予保护,而且对上述两位藏族人民的领袖地位和职权也应予以尊重"。② 这也是《共同纲领》所规定的"各少数民族均有发展其语言文字、保持或改革其风俗习惯及宗教信仰的自由"在西藏的具体实践和体现。

3. 西藏的各项改革必须实行。西藏地方政府应自动进行改革,人民提出改革要求时,得采取与西藏领导人员协商的方法解决之一。

有计划有步骤地实行社会改革,走社会主义道路是历史的必然趋势,是西藏兴旺发达、繁荣富裕的必由之路,也是西藏实现社会主义现代化的重要前提。十七条协议中对西藏提出要用和平方式进行民主改革。西藏和平解放后,在党的领导下,积极开展了上层统一战线工作,进藏部队和工作人员以实际行动影响群众,大力培养民族干部,为改革作了充分准备。

但是在具体的实施上,则表现出非常慎重的态度。中央一直采取等待西藏上层自动改革的方针,充分尊重西藏上层的意见与利益。正如毛泽东在1951年5月26日审阅《人民日报》发表的"拥护关于和平解放西藏办法的协议"的社论时,在加写和改写的话中指出:"因为政治、经济、文化、宗教等固有制度的改革以及风俗习惯的改革,如果不是出于各民族人民以及与人民有联系的领袖们自觉自愿地去进行,而由汉族或他族人民中出身的工作人员

---

① 《建国以来毛泽东文稿》,第2册,中央文献出版社,1988年,第333页。
② 《建国以来毛泽东文稿》,第2册,中央文献出版社,1988年,第333页。

生硬地强制地去进行,那就只会引起民族反感,达不到改革的目的"。①

1954年6月29日。毛泽东接见西藏致敬团和参观团时,再一次强调尊重西藏人民的意愿进行改革,西藏政治、经济、文化、宗教的发展,主要靠西藏的领袖和人民自己商量去做,中央只是帮助。这点是在和平解放西藏办法的协议里写了的。但是要做,还得一个时间,而且要根据你们的志愿逐步地做。可做就做,不可做就等一等;能做的,大多数人同意了的,不做也不好。可以做得慢一些,让大家都高兴,这样反而就快了。

4. 实现西藏民族内部的团结统一,主要的是达赖和班禅两方面之间的团结。

毛泽东主席在设宴庆祝和平解放西藏办法的协议时说:"现在,达赖喇嘛所领导的力量与班禅额尔德尼所领导的力量与中央人民政府之间,都团结起来了。这是中国人民打倒了帝国主义及国内反动统治之后才达到的。这种团结是兄弟般的团结,不是一方面压迫另一方面。这种团结是各方面共同努力的结果。今后,在这一团结基础之上,我们各民族之间,将在各方面,将在政治、经济、文化等一切方面,得到发展和进步"。②

民族团结是民族繁荣、国家稳定的基础。西藏自近代以来,在帝国主义的侵略与挑拨下,一直存在着达赖喇嘛系统与班禅系统之间的矛盾斗争,导致藏民族内部的分裂和不团结,严重制约了西藏地区的发展。因此,在和平谈判过程中,经过中央政府的耐心说服解释,终于使达赖喇嘛与班禅活佛以及两个集团之间团结起来,这有利于西藏的繁荣发展与稳定,在西藏发展史上具有重要历

---

①《人民日报》,1954年6月29日。
②中共西藏自治区委员会党史研究室:《中国共产党西藏历史大事记》,第1卷,中共党史出版社,2005年,第41页。

史意义。

5. 依据西藏的实际,逐步发展西藏的农牧工商业和文化教育事业。

近代西藏是一个半殖民地化的封建社会,三大领主通过暴力镇压和精神奴役,对农奴实行残酷的统治。由于封建农奴制度的统治,清王朝和国民党政府的压迫,近百年来帝国主义的掠夺,使西藏广大人民陷于奴役和痛苦的深渊,社会生产力受到了严重束缚,西藏社会处了一种停滞衰退的状态。和平解放后,虽然保持原有的制度不变,但是作为中华人民共和国的一部分,作为中国现代化的有机组成部分,发展西藏社会经济、文化教育事业,是和平解放的题中之意。

三、《十七条协议》的历史意义

《协议》在《十项条件》的基础上,更加充实、全面、完整了。这是一个具有重大历史意义的文献,是党中央创造性地运用马克思主义解决中国民族问题的一个成功范例。

第一,《十七条协议》的签订,驱逐了帝国主义势力出西藏,实现了中国人民统一祖国大陆的伟业。实现祖国的统一,是中华民族历史发展的必然趋势,是中国共产党的一贯主张,也是炎黄子孙的共同愿望。毛泽东曾说:"国家的统一,人民的团结,国内各民族的团结,这是我们的事业必定胜利的基本保证"。[1] 西藏和平解放以后,中央收回了西藏地方的外交权,半个世纪以来西藏地方擅自处理外事的不合理、不合法状态宣告结束。中华民族的统一,无论是对拥有西藏主权的中国还是对回到祖国怀抱的西藏都是十分重要的。对于一个民族国家,这是关系到实现主权完整和祖国尊严的大问题,如果没有完整、统一、独立的国家主权,在国内就不可能

---

[1]《建国以来毛泽东文稿》,第3册,中央文献出版社,1987年,第492页。

制定和实施维护全国人民利益的法律规范,在国际上就不可能以平等的一员屹立于世界民族之林。①

第二,《十七条协议》的签订是西藏历史上的一次最伟大的转折,开启了西藏社会主义现代化建设之门。在西藏民族地区的发展史上,没有哪一次历史变革、哪一个历史事件像和平解放西藏这样,对西藏历史发展走向、对西藏人民的政治生活、社会生活、经济生活和文化生活产生如此大的影响。西藏的和平解放为西藏从半殖民地、经济衰败的农奴制社会走向社会主义的、繁荣的现代社会奠定了坚实基础;和平解放使得西藏下层人民获得了政治新生,取得了基本的人权;和平解放为中央政府及全国人民支援西藏发展提供了条件。1955年,周恩来要求中央各部门都要帮助西藏做好事。全国各地给予了西藏许多无私的支援。可以说,和平解放为西藏此后发展奠定了坚实的基础,开启了西藏现代化建设的大门。

第三,《十七条协议》运用和平方式妥善平稳地解决西藏问题,这是中国共产党领导集体认真总结吸取中外历史上处理民族问题的经验教训,根据马克思主义民族理论的基本原理,创造性地从西藏特殊的社会历史情况出发,以全新的思考角度和高度灵活的政策原则,成功地正确处理民族问题的良好范例。协议中规定尊重宗教信仰自由,并保持达赖的固有地位和职权。这充分考虑了西藏历史上形成的特殊的政教合一的政治制度,保护了藏族僧俗人民悠久的宗教信仰,体现了中央人民政府帮助藏族同胞走向繁荣的诚意。毛泽东在签订《十七条协议》的当天说:"在西藏考虑任何问题,首先要想到民族和宗教这两件事,一切工作必须慎重稳进"。② 这充分体现了中央对西藏上层的宽容和照顾,同时使中国

---

① 李信:《西藏和平解放之历史过程与历史意义再认识》,《党史纵横》,2001年,第8期。

② 中共西藏自治区委员会党史研究室:《中国共产党西藏历史大事记》,第1卷,中共党史出版社,2005年,第41页。

共产党在处理西藏问题上赢得了更大的政治主动性。

协议中规定,西藏在中央人民政府统一领导下实行民族区域自治,这是中国共产党解决民族问题的一个根本性政策。平等问题是民族关系中最深层的关系,是现代平等思想在西藏的实践,其核心就是要充分尊重藏族的特点,尊重藏族同胞的宗教信仰和风俗习惯,并坚决维护和落实关于民族自治的政策。宪法规定少数民族有自治权,各民族的事情各民族自己管。在西藏实行民族区域自治,西藏人民真正掌握了自己的命运,充分行使当家作主的权利。在中国共产党和西藏人民的共同努力下,西藏自治区于1965年正式成立。西藏近半个世纪的伟大实践昭示:中国共产党成功地找到了一条民族平等、民族团结、各民族共同繁荣的道路。①

第四,《十七条协议》蕴含了解决祖国统一问题的"一国两制"的伟大构想,体现了以毛泽东、邓小平为核心的中共中央第一、第二代领导集体在解决祖国统一问题的政策上的继承性和创造性。协议规定"对于西藏的现行政治制度,中央不予变更。达赖喇嘛的固有地位及职权,中央亦不予变更。各级官员照常供职"。这实质上就是在祖国统一的大前提下,充分考虑西藏社会的现实,照顾了各阶层的利益。从1956年到1959年民主改革之前,就是遵循这种方针,中国大陆除西藏以外的其它地方实行社会主义,西藏保持原有的封建农奴制度。和平解放西藏《十条公约》及后来的《十七条协议》是"一国两制"和平统一祖国思想的雏形。

四、《十七条协议》的历史经验

《十七条协议》本身所体现的历史意义和在执行过程中的发展,给予我们今天如何正确地处理民族关系,如何正确地看待西藏

---

①李信:《西藏和平解放之历史过程与历史意义再认识》,《党史纵横》,2001年,第8期。

的历史与实际,积累了大量而又丰富的历史经验。

第一,祖国统一、民族团结是西藏发展繁荣的根本保证。《十七条协议》驱逐了帝国主义侵略势力出西藏,结束了西藏地方长期处于落后、封闭、停滞的状态。在西藏人民和全国人民的共同努力下,西藏社会、经济紧跟社会主义现代化建设的步伐,从未停止前进的步履。但是,一直以来,西藏的分裂势力与国外的反华势力从未放弃和停止分裂活动,人为地制造藏汉人民间、藏民族与其他民族之间、西藏地方与中央政府之间的矛盾,破坏民族团结。因此,在西藏的现代化进程中我们必须坚持不懈地与分裂祖国、破坏民族团结的行径进行长期而艰苦的斗争,保障西藏社会乃至我国社会的长治久安、繁荣发展。

第二,只有在中国共产党的领导下,走社会主义道路,西藏才能走向繁荣和富强。中国共产党是我国社会主义现代化建设的领导核心。西藏和平解放、西藏社会经济的发展,都是在党的正确领导下完成和实现的。我党的每一代领导人和领导集体无不关心西藏民族地区的稳定与发展,在西藏革命和建设的每一个时期,党中央都召开一系列重要会议,做出一系列重要指示,对西藏的工作进行指导和部署。没有共产党就没有社会主义新西藏,没有社会主义就没有西藏各民族的发展进步和人民的幸福生活,这是已经被大量的历史实践所证明了的真理。[①]

第三,西藏的建设与发展必须坚持实事求是,一切从西藏实际出发的思想路线和工作方法。《十七条协议》的签订是毛泽东和党中央从西藏特殊的历史、民族、宗教、地理等方面的实际出发,将马克思主义的一般原理与中国西藏实际相结合的必然产物。在执行协议的过程中,我党又从西藏民族与宗教的实际出发采取"慎重稳

[①] 阿沛·阿旺晋美:《党的民族政策光辉实践》,《庆祝西藏和平解放五十周年资料汇编》,西藏山水印务有限公司,2001年,第21页。

进"的方针,较好的地处理了民主改革与西藏地方势力间的利益关系。后来的"六年不改"方针、民主改革后的稳定发展方针等一系列指示方针和政策,都是实事求是的思想路线在西藏工作中的成功运用的典范。

第四,建立和完善民族区域自治这一基本制度,重视和培养民族干部,大力发展经济和其他社会事业,是西藏繁荣昌盛的基石,也是西藏社会主义现代化建设的前提。坚持把马克思主义民族理论与我国民族的实际相结合,在各少数民族集聚地方实行民族区域自治,是中国共产党的伟大创举。

《十七条协议》规定在西藏实行民族区域自治,正是为了西藏的繁荣昌盛。和平解放后,在西藏建立和发展了原来不曾有过的社会主义现代文化、教育、卫生等社会事业。为切实有效的推行和实践民族区域自治,在和平解放之初,毛泽东在给彭德怀的信中就指出:"请你们注意这一点,要彻底解决民族问题,完全孤立民族反动派,没有大批从少数民族出身的共产主义干部,是不可能的"。[1]因此,我党一直以来以多种形式培养藏族干部,为西藏地区培养造就了一批思想过硬、业务素质好,具有高度责任心与使命感的优秀干部,他们为西藏的发展、繁荣和稳定做出了重要贡献。

第三节 西藏民族地区初步的现代化建设成就

《十七条协议》的实施过程,其实质就是为西藏民族地区实施民主改革,进行社会主义现代化建设奠定政治、经济和社会文化基础。因此,可以说正是从和平解放到拉萨叛乱之间的 8 年的社会

---

[1] 普布次仁:《中国共产党的三代领导集体与西藏的发展进步》,《庆祝西藏和平解放五十周年资料汇编》,西藏山水印务有限公司,2001 年,第 77 页。

建设成就,才有平叛后民主改革的顺利完成。

一、实践《十七条协议》,建设新西藏的方针

《十七条协议》签订后所面临的首要问题是如何实施协议,这成为我党从1951年5月至1959年3月在西藏工作的主题。协议签订后,虽然一些上层爱国人士热烈欢迎,但是一部分还有极大势力的反动顽固分子利用下层人民对共产党及人民解放军的不了解,制造谣言,煽动不解真相的人滋事,进行各种反动活动。包括:1952年3、4月间,拉萨发生了伪"人民会议"骚乱事件;1956年4月,西藏自治区筹备委员会在拉萨宣告成立后的7、8月间,昌都地区江达县的30多个头人携带武器上山发动叛乱;1957年7月,以"四水六岗"组织为核心的"卫教军"叛乱武装正式成立;1958年12月上旬,噶厦召开秘密的"官员代表扩大会议",制定了在拉萨发动武装叛乱的绝密计划;1959年3月,拉萨武装叛乱正式爆发。

这一系列事件,反映出围绕全面落实《十七条协议》,包括实行民族区域自治而进行的十分尖锐、复杂、激烈,而又或明或暗、时起时伏的政治斗争,以致最后的武装较量。其实质是两种政权、两种社会制度之间,长达8年之久的碰撞。① 因此,在如此复杂特殊情形下,要能全面实施协议所规定的各项内容,必须结合西藏地区的实际,制订具有中国特色的解决民族问题的路线、方针和政策。以毛泽东为领导核心的第一代中央领导集体审时度势,相机决策,制定了实施《十七条协议》的若干方针政策。

1. "慎重稳进"的方针

慎重稳进,是中国共产党在全国民族地区普遍实行的工作方针,在西藏推行这一工作方针更具有特别重要的意义。这就是对

---

① 祁晓冬:《阿沛·阿旺晋美详说西藏自治区成立始末》,《新华文摘》,2005年,第8期,第99页。

西藏的革命进程,对西藏封建农奴制度的变革,对实行每项新的进步措施都要特别谨慎,特别慎重,一切工作步骤、方法也要十分稳妥可靠,甚至要采取迂回曲折的办法,在工作中切忌任何急躁和简单化。①

从进军开始,中央对于解决西藏问题即采取慎重稳进的方针。这个方针体现在争取和平解放西藏,签订和平解放西藏办法协议,执行和实现协议的全部过程中。1951年5月23日,在十七条协议签订的当天,毛泽东主席在向张国华询问进藏部队的思想和生活情况时就指示:"在西藏考虑任何问题,首先要想到民族和宗教这两件大事,一切工作必须慎重稳进"。②

1951年8月,西南局在张经武对先遣支队进入拉萨所提出的十项建议的批示中认为:"西藏问题甚复杂,我们每一步都要做得稳当,才不致出大乱子。所以西藏工作中最重要的是防止急性病"。③ 西藏工委也在实际工作中认真贯彻执行"慎重稳进"的方针。12月8日,工委在给江孜、日喀则临时分工委的指示中要求:一切工作要按照西南局"宜缓不宜急"的指示精神,要稳,不要急,条件不具备的工作,宁可不做,不可"争做"。④ 在涉及具体问题时,正是按照"慎重稳进"的方针处理各项事务,才取得在西藏胜利进军、达赖返藏、班禅返藏等问题的成功解决。如:在达赖、班禅返藏问题上,中央政府专门派张经武劝请达赖返藏,对于西藏上层人

---

① 中共西藏自治区委员会党史资料征集委员会:《西藏革命史》,西藏人民出版社,1991年,第75页。
② 中共西藏自治区委员会党史研究室:《中国共产党西藏历史大事记》,第1卷,中共党史出版社,2005年,第41页。
③ 中共西藏自治区委员会党史研究室:《中国共产党西藏历史大事记》,第1卷,中共党史出版社,2005年,第47~48页。
④ 中共西藏自治区党史资料征集委员会:《中共西藏党史大事记》(1949~1994),西藏人民出版社,1995年,第37页。

对军政委员会的性质和任务,解放军进藏人数,昌都地区是否归还西藏等问题,提出的疑问,张经武的答复体现了"慎重稳进"和有所让步的方针。

1951年10月14日,张经武对上述三个问题的答复是:(1)军政委员会是中央人民政府在西藏的代理机构,是为了保证协议执行的机构。军政委员会设主席和副主席,拟由达赖任主席,班禅、张国华分别担任副主席;(2)关于军队入藏人数,西藏地方政府如果保证协议的执行,可比原定的少来一些;(3)中央人民政府原则上同意昌都地区划归西藏自治区。①

在班禅返藏问题上,中央指示:班禅入藏则应劝其暂缓,候达赖表示欢迎后再去为有利。为统一西藏的外事工作,经过同达赖、噶厦几次商谈,于1952年9月6日,正式设立了中央人民政府驻西藏代表外事帮办办公室,统一处理西藏地区的一切涉外事宜。但是西藏地方政府的外事局,直到1953年9月才宣布撤销。当西藏上层出现对党的政策措施理解有误,情绪不稳定时毛泽东主席和其他领导人及时进行解释,其间始终贯穿着"慎重稳进"的方针。当内地进行土地改革,引起西藏上层担忧时,习仲勋及时向中央提出对策。习仲勋在1952年1月10日给毛泽东的报告中提出:"我入藏干部应根据实际情况做好民族工作,防止过急过高要求。内地藏族聚居地区暂不进行土地改革,喇嘛寺的土地目前均以不动为好,特别是佛教寺院的土地过早征收于我不利;在游牧区也不应提'反恶霸'口号,半农牧区也不进行土改"。②

1952年10月8日,毛泽东在接见西藏致敬代表团时亲自进

---

①中共西藏自治区委员会党史资料征集委员会:《西藏革命史》,西藏人民出版社,1991年,第68页。
②《在习仲勋关于入藏干部应做好民族工作的电报上的批语》,《建国以来毛泽东文稿》,第3册,中央文献出版社,第46页。

行解释:"少数民族地区分不分土地,由少数民族自己决定,并且由你们自己去分,我们不代你们分"。① 西藏自治区筹备委员会成立后,很自然地在西藏各阶层就想到和谈到社会改革问题,为稳定西藏社会,1954年8月18日毛泽东在给达赖喇嘛的信中说:"西藏社会改革问题,听说已经谈开了,很好。现在还不是实行改革的时候,大家谈一谈,先作充分的精神上的准备,等到大家想通了,各方面都安排好了,然后再做,可以少出乱子,最好不出乱子"。②

党中央对于工作中所出现的违背"慎重稳进"的方针的事件,及时批评处理。1952年4月8日,中央对西藏工委未经请示和报告就在拉萨创办小学一事提出了严厉批评。并且决定今后西藏工委和西藏政府商谈、处理重大问题时,均须直接向中央报告请示。

之所以要"慎重稳进",在于西藏上层少数人对执行协议存在抵触情绪,"西藏独立"之心不死,加之国外敌对势力也企图利用人民解放军初入西藏,立足未稳,与西藏内部分裂势力勾结,寻找借口,制造骚乱;西藏本区的政治、经济制度仍然未变,上层少数分裂分子仍可以利用民族、宗教,对下层人民群众进行欺骗、煽动与蛊惑;解放之初,藏汉民族之间的隔阂未能消除,对中国共产党,对人民解放军缺乏真正认识等因素。所有这些情况,都要求在西藏的各项工作必然坚持"慎重稳进"方针。"慎重稳进"方针,已成为中国共产党在西藏各项工作的总方针。

2."六年不改"的方针

实行"六年不改"的方针,主要是针对西藏上层担心改编藏军、成立军政委员会和各项民主改革来得太早,损害他们固有利益与

---

①《接见西藏致敬代表团的谈话要点》,《建国以来毛泽东文稿》,第3册,中央文献出版社,1989年,第583页。

②《建国以来毛泽东文稿》,第6册,中央文献出版社,1992年11月,第1版,第172页。

地位。这一方针又是"慎重稳进"方针,在民主改革问题上的具体实践。

1952年4月6日,毛泽东在《中共中央关于西藏工作的指示》中,指示西南局:"目前不仅没有全部实行协定的物质基础,也没有全部实行协定的上层基础","目前不要改编藏军,也不要在形式上成立军分区,也不要成立军政委员会。暂时一切仍旧,拖下去,以待一年或两年后我军确能生产自给并获得群众拥护的时候,再谈这些问题"。① 这是毛泽东具体分析当时的主客观条件,明确提出实行拖延的方针。

1952年10月8日,毛泽东在接见西藏致敬代表团时又对此进行说明:"成立军政委员会和改编藏军是协议上规定了的,因为你们害怕,我通知在西藏工作的同志,要他们慢点执行。协议是要执行的,但你们害怕,只好慢点执行,今年害怕,就待明年执行,如果明年还害怕,就等后年执行"。② 这样消除了西藏上层的顾虑,维护了西藏的团结与稳定。

对于各项民主改革,因1956年4月西藏自治区筹备委员会的成立,大批内地汉族干部进入西藏,内地社会主义改造进入后期,大规模的社会主义建设即将开始,西藏分裂主义分子日益恐惧,在制造叛乱的同时,再次鼓动达赖喇嘛滞留印度,妄图分裂西藏。党中央和毛泽东在处理民主改革问题的过程中,逐步提出了"六年不改"的方针。

1956年8月18日毛泽东主席给达赖喇嘛的信中明确提出"现

---

① 中共西藏自治区委员会党史研究室:《中国共产党西藏历史大事记》,第1卷,中共党史出版社,2005年,第56页。
② 《接见西藏致敬代表团的谈话要点》,《建国以来毛泽东文稿》,第3册,中央文献出版社1989年,第583页。

在还不是实行改革的时候"。① 9月4日在中央关于西藏民主改革的指示中指出:"从西藏当前的工作基础、干部条件、上层态度以及昌都最近发生的一些事件来看,西藏实行改革的条件还没有成熟,我们的准备工作也决不是一、两年能够作好的,因此实行民主改革,肯定不会是第一个五年计划期内的事,也可能不是第二个五年计划期内的事,甚至还可能推迟到第三个五年计划期内去。在西藏的民主改革问题上,我们已经等待好几年了,现在还必须等待"。②

1956年12月中央要求西藏工委"目前应把在六年内不改革的方针在党内在藏族上层普遍加以传达","可以在最近约自治区筹委会和噶厦的主要官员座谈,向他们说清楚上述中央的方针"。③ 这是"六年不改"的方针最为明确的表达。1957年2月,毛泽东在最高国务会议第十一次扩大会议的讲话中,以公开的方式明确"六年不改"的方针:"西藏由于条件还不成熟,还没有进行民主改革。按照中央和西藏地方政府的十七条协议,社会制度的改革必须进行,但是何时实行,要待西藏大多数人民群众和领袖人物认为可行的时候,才能做出决定,不能性急。现在已决定在第二个五年计划期间不进行改革。在第三个五年计划期内是否进行改革,要到那时看情况。"④

根据毛泽东的讲话和中央的指示,西藏工委及时纠正工作中的问题,提出了在1957年"适当收缩、巩固提高、稳步前进"的工作

---

① 中共西藏自治区委员会党史研究室:《中国共产党西藏历史大事记》,第1卷,中共党史出版社,2005年,第98页。
② 中共西藏自治区委员会党史研究室:《中国共产党西藏历史大事记》,第1卷,中共党史出版社,2005年,第99页。
③ 《对于中央关于西藏问题复电稿的修改和批语》,《建国以来毛泽东文稿》,第6册,中央文献出版社,1992年,第265页。
④ 《关于正确处理人民内部矛盾的问题》,《毛泽东选集》,第5卷,人民出版社,1977年,第386~387页。

方针。3月,中央书记处会议讨论西藏工作问题时认为:西藏今后六年内不改革是肯定的,这是对外已经宣布了的,内定不改的时间还要长,可能十一年内不改。这是党在估计西藏民主改革问题上根据当时的情况做出的正确决定。随后,西藏工委在公开场合,以各种方式宣传"六年不改"的方针。

4月22日,张国华在西藏自治区筹委会成立一周年庆祝会上宣传了"六年不改"的方针,并重申:六年后是否实行改革,将根据当时西藏的情况由西藏民族领袖、代表人物和人民共同协商决定。① 8月西藏工委发布六年不改的宣传提纲,大力向西藏社会各阶层宣传。

1957年8月18日,毛泽东专门写信给达赖,阐明党对于民主改革的方针政策,"决定在第二个五年计划期内不改革。"②

"六年不改"并不是被动适应,消极等待,而是积极地准备民主改革的各项条件。正如毛泽东主席所说,在整个拖延期间,"我们则只做生产、贸易、修路、医药、统战(团结多数,耐心教育)等好事,以争取群众,等候时机成熟再谈全部实行协定的问题。"③中央在1957年5月14日《关于今后西藏工作的决定》中指示西藏工委要有可为和不可为两个方面。"可为"包括五个方面:一要继续进行和开展上层统一战线工作,并以达赖集团为主要对象;二要继续注意培养藏族干部;三要继续办一些群众欢迎的,上层同意的我们有条件办的,能够对群众发生积极影响的经济、文化事业;四要继续

---

① 《关于正确处理人民内部矛盾的问题》,《毛泽东选集》,第5卷,人民出版社,1977年,第386~387页。

② 《给达赖喇嘛的信》,《建国以来毛泽东文稿》,第6册,中央文献出版社,1992年,第564页。

③ 《中共中央关于西藏工作的指示》,《毛泽东选集》,第5卷,人民出版社,1977年,第63页。

坚持把国防、外事和国防公路等项置于中央管理之下;五要经过各种适当方式,向上层和人民群众进行爱国主义教育,反对分裂活动。"不可为"包括四个方面:一、停止和结束民主改革的准备工作;二、不干涉西藏的内部事务;三、不在社会上发展党员;四、不办不是西藏上层迫切要求和同意的建设事宜。① 这"五为"和"四不为"是中国共产党"六年不改"方针的具体化,也把握住了在当时条件下西藏工作的主题。

3.团结上层,建立统一战线的方针

统一战线是中国革命的三大法宝之一,是中国共产党战胜敌人的有力武器。在和平解放西藏的时期,在人民解放军进入西藏时,尤其是在《十七条协议》的签订和执行过程中,我党在西藏上层人士中结成了广泛的爱国统一战线。关心他们的生活,尊重并采纳他们提出的合理意见,对不同意见做耐心细致的说服教育工作,做到团结一切可以团结的人,争取一切可以争取的力量,使得一系列关系国家统一、民主团结、社会稳定的事件得到及时、正确地处理。

《和平协议》签订后,为顺利实现人民解放军进入西藏,还必须促使达赖喇嘛返藏,张经武作为"赴藏代表"前往亚东说服达赖返藏,临行前毛泽东一再嘱咐:赴藏任务重大,要注意工作方法,实行爱国一家,一定要说服达赖返回拉萨。② 张经武对达赖及其随行官员进行耐心说服和反复解释,上层集团中的多数人对协议表示初步理解和原则接受。于是有了 1951 年 10 月 24 日,达赖以西藏地方政府和他个人名义,给毛主席发出拥护协议的电报。电报中说:"今年西藏地方政府特派全权代表噶伦阿沛等五人,于 4 月底

---

① 中共西藏自治区委员会党史研究室:《中国共产党西藏历史大事记》,第 1 卷,中共党史出版社,2005 年,第 110~111 页。
② 赵慎应:《中央驻藏代表——张经武》,西藏人民出版社,1995 年,第 6 页。

141

抵达北京,与中央人民政府指定的全权代表进行和谈。双方在友好基础上,已于5月23日签订了关于和平解放西藏办法的协议。西藏地方政府及藏族僧俗人民一致拥护,并在毛主席及中央人民政府领导下,积极协助人民解放军进藏部队,巩固国防,驱逐帝国主义势力出西藏,保卫祖国领土主权的统一。"①张经武一行到达拉萨后,又全力投入上层统战工作,确定登门拜访西藏地方政府四品以上僧俗官员和主要贵族以及三大寺堪布的计划。送藏文本《协议》上门,向上层人士传达协议精神,宣传解释中央的民族政策和宗教政策,解除顾虑,做团结工作。在一个多月里,先后上门拜访和接待30多位上层人士,共计50多人次。

　　1952年4月,拉萨发生了伪"人民会议"骚乱事件。中央在《关于西藏工作方针的指示》中给出了同伪"人民会议"进行斗争的一般策略:"我们要用一切努力和适当办法,争取达赖及其上层集团的大多数,孤立少数坏分子,达到不流血地在多年内逐步地改革西藏经济政治的目的。"②正因为中央代表和解放军官兵团结西藏上层爱国人士,与分裂主义分子进行坚决的斗争,在做好军事准备的同时,大力展开政治攻势,揭露了伪"人民会议"的阴谋,取得了胜利,稳定了局势,安定了民心,提高了中央政府和人民军队的威信。

　　党中央及时总结经验,进一步明确了西藏统战工作的方针。5月19日,中央在《不应在三大寺组织下层喇嘛孤立上层当权分子》的指示中,提出了"在三大寺的统战工作和西藏一般的统战工作一样,仍应着重上层"。"我们的方针,不应该是组织下层去孤立上层当权分子,而应该是从上层着手,稳住和争取上层,达到顺利地逐

---

①中共西藏自治区委员会党史研究室:《中国共产党西藏历史大事记》,第1卷,中共党史出版社,2005年,第50页。

②中共西藏自治区委员会党史研究室:《中国共产党西藏历史大事记》,第1卷,中共党史出版社,2005年,第56页。

步地巩固地团结群众的目的。"①这一方针的根本目的还是团结最广大的群众,建立上层统一战线是达到这一目的的手段。班禅返藏后,中央又对统战方针进一步具体化。7月22日,西藏工委在向中央报告一个时期内的工作计划时提出:"统一战线应以反帝爱国为主和以稳定上层、与帝国主义争夺上层为中心工作,不是反帝反封建同时并进的统战方针"。对这一统战工作的性质和内容,中央在8月16日给工委复电中给予了充分肯定,并明确指出:"你们今后一个较长时期的工作,应以上层统一战线,首先是争取和团结达赖和班禅及其上层集团的大多数,以及争取时间解决生产自给和交通运输问题为主要任务。其他的工作均应服从这一任务"。②

10月27日,中央为统一西藏工委关于统一战线方针的意见,又进一步明确上层统战工作的侧重点:"在团结达赖和班禅,即力谋和平统一西藏内部时,一方面固然要估计到班禅方面在一定范围和一定程度上的进步性,并善于和运用这种进步性。但同时必须认识和估计到达赖的地位和影响,不仅在西藏地区而且在整个西藏民族中都比班禅高的事实。因此在争取和平解放西藏,和平统一西藏及和平解放西藏后我们在西藏地区的各种工作政策,都不能不以争取达赖集团为首要任务。凡有利于这个任务实现的事情即应坚决地去做(这里包括团结与斗争两个方面,但斗争是为了团结,采取有理有利有节的原则,例如对'人民会议'的斗争)。凡不利于这个任务实现的,即不应当做,或暂时不做(例如军政委员会和改编藏军就是暂时不做的例子)"。"因此,对于争取达赖集团

---

① 中共西藏自治区委员会党史研究室:《中国共产党西藏历史大事记》,第1卷,中共党史出版社,2005年,第59页。
② 中共西藏自治区委员会党史研究室:《中国共产党西藏历史大事记》,第1卷,中共党史出版社,2005年,第61~62页。

为首要任务的方针,不可有所动摇"。① 这一重要指示说明了:(一)上层统战工作以"争取达赖集团为首要任务",这是中央十分慎重考虑达赖在西藏的地位和影响比班禅高这一历史事实而决定的。在政治上,在管辖地区、人口上,在实力上,达赖都远远超过了班禅,西藏地方政府也为达赖集团控制。由于达赖在政治上大大超过了班禅,从而在宗教上的实际影响也比班禅为高。而且历史上,帝国主义利用达赖与班禅的不和,分裂西藏,曾准备用班禅代替达赖,从而挑拨西藏与中央政府的关系。因此,中央为避免两个集团的猜疑与斗争,经过谨慎考虑,采取了这一方针。(二)上层统战工作要以斗争求团结,不能只讲团结一味退让,也不能只讲斗争激化矛盾。这既是新民主主义革命胜利的经验,又是在新的形势下必须遵循的基本的统战方针。(三)在斗争中要做到有理、有利、有节。至此,中国共产党在西藏平叛改革前的统战方针政策正式确立。这一方针是我党将统战工作一般理论与西藏实际相结合的产物,体现了制定、执行政策的原则性与灵活性的统一。在此后统一战线的实践中,其正确性逐步得到证明。

从1952年到1957年,每年都有上层僧俗官员、寺庙上层喇嘛组成的观礼团、参观团和青年参观团、妇女参观团到内地参观。共组织了十三批一千多人到内地参观。这些参观团到北京后,毛泽东主席与党和国家其他领导人接见了他们,并同他们亲切谈话,使他们感受到了党的温暖和思想教育。②

1954年8月,中央针对达赖、班禅即将参加第一届全国人民代表大会第一次会议,指示全国各省:"中央的方针是在西藏地区

---

①中共西藏自治区委员会党史研究室:《中国共产党西藏历史大事记》,第1卷,中共党史出版社,2005年,第64~65页。
②中共西藏自治区委员会党史资料征集委员会:《西藏革命史》,西藏人民出版社,1991年,第80页。

逐步地实现统一的区域自治,在达赖第一、班禅第二,达赖为正、班禅为副的原则下,把达赖、班禅两方面的爱国力量和其他爱国力量团结起来,建立统一的西藏自治区"。① 按照这个原则,9月在第一届全国人民代表大会第一次会议上达赖当选全国人大常委会副委员长,班禅当选人大常委会委员。稍后,在全国政协第二届第一次会议上,班禅当选为全国政协副主席。

1955年3月9日,国务院第七次全体会议决定成立西藏自治区筹备委员会,会议决定达赖任西藏自治区筹委会主任委员,班禅任第一副主任委员,阿沛·阿旺晋美任秘书长。在达赖、班禅驻京期间,毛泽东主席均亲自做统战工作,与达赖、班禅座谈。党和国家的其他领导人也为西藏社会的团结稳定,不辞辛劳的利用一切机会进行对达赖的统战工作。1956年11月下旬,达赖访问印度期间,在其两位哥哥和其他分裂主义分子的鼓动下,曾为所谓领导"西藏独立运动"动心,一度想滞留印度。此时,周恩来总理访问印度,分别于12月29日、12月30日和1957年1月1日三天在新德里与达赖长谈,解释党的方针政策,对达赖晓以利害,耐心劝说教育,终于使达赖返回西藏。

1956年4月,四川藏区发生叛乱,当消息传到拉萨时,正好中央代表团从北京出发前往西藏。西藏贵族就将这两件事与西藏自治区筹备委员会的成立相联系,"怀疑自治区筹委会的成立和代表团的来藏是来搞改革的,对这两件事的态度由热情转为冷淡"。针对此情况,中央代表团积极开展上层统战工作,进行耐心细致的解释,"经过召开上层分子座谈会,广泛地进行拜会、访问和向寺院发放布施等各种活动,宣传中央的政策,解释误会,揭露谣言,局势逐

---

① 中共西藏自治区委员会党史研究室:《中国共产党西藏历史大事记》,第1卷,中共党史出版社,2005年,第77页。

渐稳定下来"。①

中央人民政府代表张经武到达拉萨后,根据和平解放西藏协议的精神,积极同宗教界上层接触,开展寺院上层统战工作。先后到三大寺、大小昭寺和上下密院,同上层喇嘛谈话,宣传协议和党的宗教政策,向广大喇嘛发放布施。从1952年起,每年又在拉萨传召大法会期间,给二至三万名喇嘛发放布施。给每个喇嘛布施藏银十两(折合银元一元),活佛、上层堪布、铁棒喇嘛三十两以上。每年组织到内地的观礼团、参观团,也尽量吸收宗教界上层人士参加。② 这些统战工作,稳定了社会,安定了人心,促进了藏民族内部以及藏汉人民间的团结,有力地推进了各项工作的开展与《十七条协议》的执行,为西藏现代化建设创造了条件、奠定了基础。

4. 帮扶方针

和平解放初期,西藏人民生活贫困,经济落后,物资匮乏,粮食不能自给。自然经济占统治地位,商业凋敝,远离内地,交通困难。中央针对西藏这一系列特殊的实际情况,采取相应政策,帮助和扶持西藏民族地区发展经济、交通、教育、文化、卫生等事业。

1949年9月21日,周恩来在为中国人民政治协商会议所作的《共同纲领》中就规定:人民政府应帮助各少数民族人民大力发展其政治、经济、文化、教育的建设事业。这是中央人民政府对少数民族地区的政策,也是对西藏的政策。1950年3月,十八军北路进藏先头部队就遵照毛主席的指示:"进军西藏,不吃地方"。1952年4月,毛泽东对于如何解决进军中的物资困难,在西藏站稳脚跟,提出了两条基本政策:"第一条是精打细算,生产自给,并以此影响群众,这是最基本的环节","第二条可做和必须做的,是

---

① 《建国以来毛泽东文稿》,第6册,中央文献出版社,1992年,第114页。
② 中共西藏自治区委员会党史资料征集委员会:《西藏革命史》,西藏人民出版社,1991年,第81页。

同印度和内地打通贸易关系,使西藏出入趋于平衡,不因我军入藏,而使藏民生活水平稍有下降,并争取使他们在生活上有所改善"。① 这两条基本政策,是通过我军自己解决进藏的补给,从而在客观上支持与帮助了西藏。

1950年4月22日,周总理在北京的"藏族干部研究班"的讲话中说:汉民族处于有利条件,有较高的经济文化,是应该帮助其他民族发展的,友好的扶助少数民族的发展是需要的。1952年10月8日,毛泽东在接见西藏致敬代表团时更为明确的指出,我党我军进入西藏及其各项政策的目的,就是帮助与扶持西藏的建设与发展。毛泽东说:"共产党实行民族政策,不是要压迫、剥削你们,而是要帮助你们,帮助你们发展人口、发展经济和文化。人民解放军进入西藏就是要执行帮助你们的政策。开始进去的时候不会有帮助,三、四年之内也不可能有多的帮助,但以后就能帮助你们的,那是一定的。如果共产党不能帮助你们发展人口、发展经济和文化,那共产党就没有什么用处。"②1953年3月毛泽东在给达赖喇嘛的信中指出:"建设新西藏所需要的帮助,凡属能够办到的,中央当尽可能地办到。"③10月18日,毛主席在与西藏国庆观礼团、参观团代表的谈话中,针对西藏地方经济的落后,说:"中央有什么东西可以帮助你们的一定会帮助你们。帮助各少数民族,让各少数民族得到发展和进步,是整个国家的利益。"④这从国家利益的高

---

①《中央关于西藏工作方针的指示》,《建国以来毛泽东文稿》,第3册,中央文献出版社,1989年,第384~385页。

②《接见西藏致敬代表团的谈话要点》,《建国以来毛泽东文稿》,第3册,中央文献出版社,1989年,第584页。

③《给达赖喇嘛的信》,《建国以来毛泽东文稿》,第4册,中央文献出版社,1990年,第110页。

④《和西藏国庆观礼团、参观团代表的谈话》,《建国以来毛泽东文稿》,第4册,中央文献出版社,1990年,第369页。

度阐明了帮助西藏建设与发展的重要意义。为实践党的帮扶政策，1955年3月9日，国务院全体会议第七次会议专门就帮助西藏建设与发展进行讨论，形成了《国务院关于帮助西藏地方进行建设事项的决定》，决定"拨款并派遣技术人员，帮助西藏地方进行各项经济和文化建设。"①从此，西藏的社会发展和进步跨入了历史性的新阶段。西藏在和平解放至民主改革前的现代化建设基础，基本都是进藏人民解放军和工作人员在遵照中央的帮扶指示下取得的。

二、民主政权和民主政治建设的初步成就

和平解放后，西藏原有的封建农奴制、政教合一的噶厦地方政权等旧制度、旧政权依照《十七条协议》的规定，仍然保持不变。但是，协议同时又规定：根据中国人民政治协商会议共同纲领的民族政策，在中央人民政府统一领导之下，西藏人民有实行民族区域自治的权利。也就是要以和平的方式建立西藏自治区。从西藏和平解放一开始，西藏地方政府和上层反动集团就千方百计地阻挠和破坏十七条协议，其中最根本的问题，就是阻挠和破坏建立西藏自治区，建立自治区的革命政权。在中央"慎重稳进"方针的指导下，党中央和西藏工委通过统战工作，逐步建立地区性的、过渡性的政权，为政治民主化改革正式启动奠定基础。

1. 昌都地区人民解放委员会

西藏建立的第一个地方性过渡政权，是昌都地区人民解放委员会。1950年10月24日，昌都胜利解放，在进藏人民解放军的协助下，于12月27日召开昌都地区第一届人民代表会议，成立昌都地区人民解放委员会和第一、第二办事处，会后昌都地区的十二个宗（相当县）的解放委员会也相继成立。由此，昌都地区人民解

---

① 郭冠文：《西藏大事记1949~1959》，民族出版社，1959年，第49页。

放委员会代替了西藏地方政府的昌都总管。昌都地区人民解放委员会委员三十五人,王其梅为主任,帕巴拉·格列朗杰、阿沛·阿旺晋美、察雅·罗登协绕、邦达多吉、平措旺阶、惠毅然、降央伯姆、德格·格桑旺堆任副主任。

1956年下半年,西藏反动上层在昌都地区发动武装叛乱,到1958年形成全区性叛乱。鉴于昌都地区及其各宗解放委员会部分委员参加了叛乱,昌都地区和各宗解委会已无力维持社会秩序及贯彻国家法令,国务院于1959年4月20日决定撤销昌都地区人民解放委员会及其所属各宗人民解放委员会。昌都解委会是一种统一战线性质的过渡阶段的政权机构。它不同于旧的封建政权,又不同于人民民主专政的政权组织。它由政务院直接领导,同时又归中共西藏工作委员会领导。昌都地区人民解放委员会以人民民主政权的雏形而出现,于是在西藏就形成了两种政权并存的局面。这两种政权并存的局面有利于西藏的统一和进步。在建立统一的西藏自治区的过程中,昌都地区人民解放委员会起到了重要的推动作用,为昌都地区的建设作出了巨大成绩。

2. 西藏自治区筹备委员会

1954年9月,达赖喇嘛与班禅参加第一届全国人民代表会议第一次会议后,毛泽东主席分别会见了他们,向他们提出一个建议:原来《十七条协议》规定在西藏成立军政委员会,但是根据现在全国的情况,各大行政区军政委员会全部撤销了,而且西藏的许多上层朋友对成立西藏军政委员会都有顾虑,我建议成立自治区,实行民族区域自治。现在,西藏的两位领袖(指达赖喇嘛和班禅大师)和大批的高级官员都在北京聚会,正好借此机会讨论一下,可不可以先成立一个筹备机构,为成立西藏自治区做准备。[①]

[①] 祁晓冬:《阿沛·阿旺晋美详说西藏自治区成立始末》,《新华文摘》,2005年,第8期,第100页。

在中央统战部部长李维汉主持下,以达赖喇嘛为首的西藏地方政府、班禅的堪布会议厅、昌都地区人民解放委员会、中央进藏工作人员等,经过讨论,一致同意毛主席的意见,于11月4日成立筹备小组。1955年3月9日,国务院第七次全体会议通过《关于成立西藏自治区筹备委员会的决定》。《决定》分析了成立筹委会的原因在于:"现在我国已经颁布宪法,各大行政区的军政委员会业已撤销,特别是西藏和平解放三年多来各方面的工作都有显著成绩,情况有了变化,因此在西藏地区不用成立军政委员会而成立西藏自治区筹备委员会,是完全符合宪法精神和当前具体情况的。"《决定》对筹委会的性质和主要任务进行了界定:"西藏自治区筹备委员会是负责筹备成立西藏自治区的带政权性质的机关,受国务院领导。其主要任务是依据我国宪法的规定以及关于和平解放西藏办法的协议和西藏的具体情况,筹备在西藏地区实行区域自治。"①会议决定达赖喇嘛任筹委会主任委员,班禅任第一副主任委员。

为进一步做好自治区筹备委员会的准备工作,1955年9月20日在拉萨成立了西藏自治区筹备委员会筹备处,阿沛·阿旺晋美任处长。筹备处的主要工作是确定自治区筹备委员会需要设立哪些机构、机构的领导人、干部的配备、几方面人员如何安排等。经过一年的准备西藏自治区筹备委员会决定在1956年4月成立。4月22日至5月1日,西藏自治区筹备委员会成立大会在拉萨隆重召开。参加会议990人。达赖致开幕词,中央代表团团长陈毅副总理宣读国务院命令,并代表国务院将西藏自治区筹备委员会的印鉴授予达赖喇嘛。23日达赖喇嘛、班禅额尔德尼相继作工作报告。26日,张国华作了工作报告。5月1日,班禅额尔德尼致闭幕

---

① 中共西藏自治区委员会党史研究室:《中国共产党西藏历史大事记》,第1卷,中共党史出版社,2005年,第80页。

词,大会通过了《西藏自治区筹备委员会组织简则》。筹委会由委员51人组成,西藏地方政府方面15名,班禅堪布会议厅方面10名,昌都地区人民解放委员会10名,中央工作人员方面5名,其他方面(包括主要寺庙、各主要教派、社会贤达、群众团体等)11名。达赖喇嘛·丹增嘉措任主任委员,班禅额尔德尼·确吉坚赞任副主任委员,张国华为第二副主任委员,阿沛·阿旺晋美为秘书长。

西藏自治区筹备委员会是统一协商的带政权性质的机构,西藏地方政府、班禅堪布会议厅、昌都地区人民解放委员会三方面除接受自治区筹备委员会领导进行各项工作外,其他有关行政事宜,仍保持着一定的独立性。同时又必须接受国务院的直接领导。这样就形成了一种既有统一领导、又有独立性的几个政权同时并存的局面。

西藏自治区筹备委员会成立以后,连续召开了多次会议,通过了一系列决议和决定,如"关于选送藏族青年到内地学习、参观的决议"、"关于西藏自治区筹委会在各地建立各级办事处的决议"、"关于大力培养藏族干部的决议"、"关于成立拉萨治安联合委员会的决议"、"关于创办拉萨中学的决议"、"关于银元外流管理方案的决议"、"关于成立中国佛教协会西藏分会的决议"、"关于成立西藏干部学校筹备处的决议"等等。[①] 这些决议表明,西藏自治区筹备委员会发挥了它应有的作用,行使了一定职权。西藏自治区筹备委员会除通过许多有利于广大人民利益的决议外,并在筹委会各部门安排了大批上层爱国人士,在合作共事的过程中,尽可能地使他们做到有职、有权、有责,培养其爱国、爱人民的意识,因而争取、团结、教育改造了一大批上层爱国人士,使他们成为党和人民的朋

[①] 中共西藏自治区委员会党史资料征集委员会:《西藏革命史》,西藏人民出版社,1991年,第221页。

友,为正式成立西藏自治区奠定了坚实的组织基础。

西藏自治区筹备委员会按照中国共产党对旧政权、旧制度和平改造的政策,力争将西藏地方政权通过和平改造的方式转化为人民政权。筹委会将噶厦和堪布厅以及昌都地区四品以上的大部分官员都吸收进来,安排了相应的职位。这些人都是双重身份,既是旧政权的官员又是筹备委员会和下属机构的成员。当时,对安排在筹委会任职的旧政府官员实行"三高政策",即高工资、高职位、高待遇。具体政策是:包下来,包到底,安排好职位,安排好生活,逐步进行改造,把旧官员改造成为新的公务员。通过这种方式,把这些人转变为新政府的干部,为实行和平改造奠定了基础,提供了条件。①

1959年3月拉萨发生叛乱,28日国务院命令解散西藏地方政府,西藏自治区筹备委员会行使西藏地方政府职能,一直到1965年9月1日西藏自治区正式成立。

3. 其他民主制度建设

废除司曹制:1952年3月,在平息伪"人民会议"事件中,中央运用统战法宝,促使达赖解除挑起事端的两司曹鲁康娃和洛桑扎西的工作。由此西藏在噶厦之上设置代理摄政的司曹制被废止。

上层人士参与国家管理事务,担任国家领导人。在中国人民政治协商会议第一届全国委员会(1949.10—1954.12)中的藏族人士桑吉悦希(天宝1953.2—1954.12)担任常务委员;在中国人民政治协商会议第二届全国委员会(1954.12—1959.4)中班禅额尔德尼·确吉坚赞(1954.12—1959.4)担任政协副主席;达赖喇嘛·丹增嘉措(1954.12—1959.4)和喜饶嘉措(1954.12—1959.4)担任常务委员。在第一届全国人民代表大会(1954.9—1959.4)常务委员会、各委员

---

① 祁晓冬:《阿沛·阿旺晋美详说西藏自治区成立始末》,《新华文摘》,2005年,第8期,第101页。

会中达赖喇嘛·丹增嘉措(1954.9—1959.4)担任常务委员会副委员长;班禅额尔德尼·确吉坚赞(1954.9—1959.4)担任常务委员;桑吉悦希(天宝 1954.9—1959.4)担任民族委员会委员。

大力培养藏族干部。1950年4月,周恩来总理为了给进军西藏做好干部准备工作,在京就组织了"藏族干部研究班"。毛泽东主席、党中央、西藏工委多次在不同场合,以不同方式要求加强和注重藏族干部的培养。到1957已有西藏本地出身的藏族干部和学员五千多名。1959年平叛改革以后,藏族干部更是从翻身农奴和奴隶的积极分子中大批地涌现和成长起来。这些藏族干部成为民主政权和民主制度的建设者、宣传者,对于藏族广大人民了解认识新的政权与新的社会制度起了重要作用,推进了西藏现代社会主义民主政治建设。

其他现代新型地方政权机构的建立。1952年9月6日,中央人民政府驻西藏代表外事帮办办公室正式成立,统一处理西藏地区的一切涉外事宜。经过与印度政府反复交涉,1955年西藏代表外事帮办与印度政府委派驻拉萨总领事就印度在西藏经营的邮电、电报、电话及其设备和十二个驿站及设备等进行了清理、折价,中国政府一次付款,印度政府将全部在藏资产转交,从而结束了印度在西藏的特权,保证了我国主权的完整,确保了边防的安全。

1956年8月,西藏各地基巧级办事处相继成立(相当于专署级),为在西藏基层地方民主政权建设做准备。1958年6月,为了解决依法审理案件工作,在自治区人民政府尚未成立的情况下,西藏工委报经全国人民代表大会第九十七次会议批准,成立了中华人民共和国最高人民法院西藏分院和最高人民检察院西藏分院。[①]为西藏法制的现代化奠定了基础。

[①]《中国共产党组织史资料》,第15册,中共党史出版社,2000年,第449页。

三、现代化经济基础的建立

西藏现代化经济基础的建立,是在毛泽东主席"进军西藏,不吃地方","一面进军,一面建设"的指示下开始的,是在进藏人民解放军和工作人员的帮助下,在中央和全国人民的支援下取得的。

1. 现代交通运输事业的建设

解放西藏、建设西藏,首先遇到的是交通问题。位于青藏高原的西藏,为喜马拉雅山、昆仑山脉和唐古拉山山脉所环抱,千百年来一向被称为"世界屋脊"。交通的不便利,比起古人描写的蜀道之难,不知险阻多少倍。艰难的交通导致西藏丰富的物产难以开发利用,恶劣的自然气候条件严重制约了西藏与祖国内地的物质文化交流。因此,党中央、毛泽东主席高度重视西藏的交通事业的建设与发展。

1950年2月9日,西南局、西南军区指示保障进藏部队供给问题,要求尽可能减少进军人数及强化运输补给。责成西藏进军支援司令部"克服一切困难,不惜任何代价(进行)修路"。[①] 1951年9月13日,毛泽东电告邓小平,"进藏部队抵达拉萨、日喀则后,应抽出兵力进行农业生产。甘孜至拉萨沿途部队,今后亦应以生产与筑路并重,一部分修路,一部分生产"。[②] 这两个指示体现了中国共产党发展西藏交通的信心与决心。1952年8月18日,毛主席给康藏、青藏公路全体人员写了:"为了帮助各兄弟民族,不怕困难,努力筑路"的题词,表明我党发展西藏交通的真实目的在于实践党的民族政策。所有参加筑路的人民解放军和各兄弟民族的筑路人员,都是在这一伟大口号的感召下,以忘我的精种,献身给

[①] 中共西藏自治区委员会党史研究室:《中国共产党西藏历史大事记》,第1卷,中共党史出版社,2005年,第13页。

[②] 中共西藏自治区委员会党史研究室:《中国共产党西藏历史大事记》,第1卷,中共党史出版社,2005年,第49页。

祖国边疆的建设事业。

康藏公路建设：

在和平解放前，为保证进军部队的后勤补给，西南军区首先在1950年4月13日，修复雅安至甘孜段公路。这段公路为国民党时期修建，路面狭窄陡险，未能通车，早已废弃。西南军区工兵司令员谭善和率领6个工兵团和十八军3个步兵营、侦察营，共约18000余人，投入施工。在西南公路局2个工程队的配合下，经过四个多月的艰苦奋战，于8月26日全线通车。

为打通西藏与物产丰富的四川之间的联系，便于西南军区十八军进军西藏及保卫、巩固国防。1951年3月，康藏公路修建司令部成立。十八军参谋长陈明义为司令员，西南军政委员会交通部副部长穰明德为政治委员。昌都战役结束后，1951年5月6日，康藏公路甘孜至昌都段动工修建。十八军稍作休整，即抽调大部分兵力投入甘孜——昌都段公路的修建任务。这段公路长445公里，最低线海拔3500米，最高线达5300米，越过六座海拔4500米以上的大山。部队先后投入2个师直机关和10个步兵团、工兵团，约31000人。另有康藏公路工程处技工9000余人。经一年多的努力，到1952年11月20日正式通车。

1953年，康藏公路全线建设提上历史日程。1952年12月30日，彭德怀在关于康藏公路由昌都至拉萨的线路问题给毛泽东主席的报告上说，交通部共踏堪线路六条，其中以南线和中北线较好。选择南线的主要理由是因为：该线沿途大部分是农业区，物产丰富，人口亦多，施工时可以解决一部分粮食问题，石料、木料均可就地取材，对将来经济开发作用亦大；大部分是沿溪线，海拔较低，气候较温和，可常年施工或通车；离国境线较近，修通后可加强国防。1953年1月1日，毛泽东批准康藏公路走南线。[①] 南线全长

[①] 中共西藏自治区委员会党史研究室：《中国共产党西藏历史大事记》，第1卷，中共党史出版社，2005年，第66页。

1150余公里。1953年2月17日,康藏公路昌都至拉萨段动工修建。为实现毛泽东关于"康藏公路一九五四年通车"的要求,进藏部队的后方部队同康藏公路第二施工局技术大队16000余人,于2月17日,开始由昌都向拉萨方向施工。4月20日,由拉萨至太昭一段,也由进藏部队的前方部队和康藏公路第一施工局技术大队以及16000余名藏族民工,由拉萨向昌都方向施工。在修路过程中,筑路部队爱护藏族民工,帮助学技术,发工资发实物,关心民工生活,积极开展了影响群众的工作和上层统战工作。

青藏公路建设:

1954年青藏公路格尔木至拉萨段动工修建。这段公路共长1300多公里,参加施工的有运输总队职工1200人,兰州军区调来工兵一个班,卡车10台。7月30日到达可可西里(即今五道梁),81天,修通300余公里,完成第一期工程。9月中旬,第二期工程开工,11月11日,抵达藏北黑河。1954年12月3日,兰州军区工程兵二团和由康藏公路调来的工程兵八团一个营,南北对进,10天内打通羊八井峡谷,青藏公路修通到羊八井。同时,十八军步兵155团也从拉萨向羊八井抢修公路。至此,青藏公路粗通拉萨。

康藏公路从雅安到拉萨全长2255公里(后改为川藏公路,全长2416公里),青藏公路从西宁到拉萨全长2100公里(后经改建全长1948公里)。两路共投入军工民工11万,其中康藏公路即达10万。在四年多的筑路过程中,大约牺牲3000多人。在拉萨举行的通车典礼上毛泽东主席为公路通车题词:"庆祝康藏、青藏两公路的通车,巩固各民族人民的团结,建设祖国"。[①]

康藏、青藏公路的通车,是祖国第一个五年计划的组成部分,是第一个五年计划在西藏的具体实现,是祖国社会主义建设事业

[①]中共西藏自治区委员会党史研究室:《中国共产党西藏历史大事记》,第1卷,中共党史出版社,2005年,第78页。

中的一项重大成就,也是我国征服大自然的一个伟大胜利。由于两条公路的通车,进藏部队和进藏工作人员的补给供应问题得到解决,进藏部队在西藏站稳了脚跟。两条公路对建设西藏、巩固国防有着重要意义,极大地密切了西藏和祖国内地的联系。两条公路的通车,不仅给沿线各兄弟民族人民和西藏人民带来繁荣和幸福,而且有助于进一步加强藏族和各兄弟民族之间的团结,并给开发和建设祖国边疆,创造了有利条件。

藏族人民将康藏公路比喻为"彩虹",将青藏公路比喻为"金桥",把他们称作藏族人民的"幸福路"、"幸福桥",并以最美丽的赞歌来歌唱:

康藏公路啊!
你像一条金色的飘带,
你像一道人间的彩虹,
从东方飘过,
又飘向西方。
从美丽的北京飘来,
又飘向那雪山深谷,
飘向那牧场田庄。[1]

为加强对康藏、青藏公路的统一领导与维护管理,1955年3月9日国务院第七次会议通过了《关于西藏交通运输问题的决定》,作出了明确规定:"(1)在拉萨设立西藏交通局(由交通部领导)统一领导康藏公路和青藏公路的运输、养护和管理工作,并负责研究和管理西藏地方交通工作。(2)在西藏交通局下设立康藏公路管理局,负责康藏公路金沙江(包括渡口)以西至拉萨的运输和养护工作;设立青藏公路管理局,负责管理青藏公路格尔木至拉

---

[1] 西藏社会历史调查组:《西藏和平解放以来的建设成就》,《民族研究》,1959年,第9期。

萨段的运输和养护工作。(3)为保证康藏公路和青藏公路运输需要,在1955年至1956年两年购置汽车750辆,由交通部掌握分配。"①根据国务院的决定,1955年5月11日青藏公路管理局在格尔木成立,6月1日康藏公路管理局在昌都成立。11月23日交通部西藏交通管理局在拉萨成立,统一领导康藏公路和青藏公路的运输、养护和管理工作,并负责管理整个西藏地方的交通工作。

新藏公路建设：

1956年3月新藏公路动工。新藏公路由新疆叶城县至西藏西部阿里首府噶大克,翻越昆仑山脉的十个雪山大坂,全长1179公里,全线海拔四千米以上的地段有915公里,海拔五千米以上的地段有130公里,是世界最高的公路,于1957年10月6日完工,这条公路对于建设阿里地区、巩固国防有着重要意义。

西藏其它公路建设：

连接西藏与祖国内地的康藏、青藏、新藏公路建成后,国家继续投资进行西藏地区内公路的整修与建设。1955年10月20日,全长330多公里的拉萨—日喀则—江孜公路通车;1956年3月23日,黑河(今那曲)到阿里首府噶大克的简易公路试线通车,公路穿过藏北"无人区"大草原,全长1300多公里;1955年8月15日开始修建江(孜)亚(东)公路,达赖、班禅都派代表参加公路修建委员会,1956年3月29日公路通车。

到1958年,西藏地区以拉萨为中心的现代公路网初步形成,全区通行汽车的公路里程达7000多公里。居住在西藏高原的各族人民,在经济和文化建设等各个方面,都借助于此而从祖国内地得到更多更大的帮助。

飞机场建设及航线的开通：

---

① 郭兹文：《西藏大事记1949~1959》,民族出版社,1959年,第47~48页。

1951年4月11日,甘孜机场动工修建。十八军后方部队共投入14000余人参加施工,在西南公路局3000多名技术人员指导、协同下,经过7个多月奋战,于11月26日完成修建任务,12月7日正式通航。1956年5月26日,当雄机场竣工。当雄机场海拔4300米,在西藏军区副司令员陈明义和西藏地方政府卸任噶伦噶雪·曲吉尼玛等指挥下,1万名进藏部队官兵和来自西藏104个宗(相当县)和相当于宗一级的谿卡的6500名民工,奋战四个多月,完成修建任务。

1956年5月26日和29日军航和民航均突破曾被世界航空界视为空中禁区的西藏高原,试飞成功。5月31日陈毅副总理就是乘座试航成功的飞机从当雄机场返回北京。经中国政府与印度政府商定,10月21日,中国民航"北京号"自拉萨飞越喜马拉雅山到达印度。当天印度一架飞机也由阿萨密通过另一条航线飞抵当雄机场,首次开辟了拉萨至南亚航线。

2. 农牧业生产的建设发展

1951年11月5日,西南局、西南军区又明确指示进藏部队"要认真注意明春生产准备工作,搞好生产是进藏部队长期的一项中心任务"。11月25日张国华、谭冠三带领进藏部队到拉萨河畔开荒生产。到12月13日,就开荒2300多亩。次年,又继续大规模开荒,抽调50%~80%的人力投入生产,当年春播种蔬菜和粮食达3000多亩。他们的行动,彻底粉碎了帝国主义者和西藏分裂主义分子妄图困死饿死解放军的阴谋。

1952年6月,在去冬今春部队开荒生产的基础上,拉萨"七一"、"八一"农场建成。"七一"农场为进藏地方工作人员经营,"八一"农场为进藏部队经营。1954年,驻藏部队又相继在拉萨、日喀则、昌都、丁青、波密和阿里等地开垦荒地4万多亩,开荒面积达6.1万亩,植树1.5万余株,兴修水渠110多条。1952年至1958年中,仅"八一"农场就生产粮食175万公斤,蔬菜2747公斤。进藏部队垦荒戍边,不仅减轻了后勤运输的压力,减少了在市场上对粮食的采购,更重要的是表明了进藏部队长期守卫边疆、建设西藏的决心和行动,消除了群众怕解放军在西藏住不长的顾虑。因此,中央在1954年5月15日对西藏工委《1954年计划草案》的批复中指出:"工委计划中可以列入增加粮食生产一项,……生产的数量纵然很少,甚至从财政上说可能得不偿失,但其实际意义却很重要",这就为后来发展西藏的农垦事业指明了方向。①

1955年3月9日国务院全体会议第七次会议通过《关于帮助西藏地方进行建设事项的决定》。《决定》指出,在拉萨建立一座设备较为完善的水力发电厂,在日喀则建立一个小型火力发电厂,解决照明和通讯问题;在拉萨建立一座皮革厂,主要进行原皮加工和制造一些当地需要的成品;并建立一座小型铁工厂,主要制造农具及简单机械配件;修筑拉萨河和年楚河的河堤水坝,防止洪水对拉萨、日喀则两市的危害,并解决一部分农田的水利灌溉问题;以拉萨"七一"试验场为基础,逐渐增加设备和配备必要的农业科学技术人员,使之成为设备较为完善的农业试验场;拨给日喀则抽水机两部,试办小面积的农业灌溉;拨给西藏地方(西藏地方政府、班禅堪布会议厅委员会、昌都地区人民解放委员会)农业工具购置费100万元。② 正是由于党中央的关怀和全国人民的大力支援,才使西藏工农业获得了一定的发展。

据1958年不完全的统计,解放军部队开垦的荒地面积达4.6万多亩,共收粮食238.52万余斤;收获蔬菜31411.47万余斤;饲猪6500多口,牛630多头,羊590多只。在拉萨、日喀则、江孜、阿里、昌都、波密等地区也开垦了4万亩以上的荒地,其中拉萨机关

---

① 多杰才旦:《西藏经济简史》(上),中国藏学出版社,2003年,第77页。
② 中共西藏自治区委员会党史研究室:《中国共产党西藏历史大事记》,第1卷,中共党史出版社,2005年,第81~82页。

主办的"七一"农场,耕地面积即有1100亩。开荒一方面为了粮食自给,更重要的是为逐步发展西藏的农业生产做了良好的示范。①1952年,西藏粮食产量为31067万斤,1956年为33573万斤,年均增长1.6%。牲畜头数1952年为974万头只,到1958年为1104万头只,年均增长2.1%。1952年农业总产值为14313万元,1958年为15650万元,年均增长1.5%。②

3. 财经政策

西藏的财经工作是从和平解放后正式开始的,首先从建立财经机构着手。1951年5月在甘孜筹备进军西藏时,西南军政委员会抽调财政、银行、贸易等方面的领导干部和工作人员组成西藏财经大队。6月7日,西北局决定西藏工委财经委员会由范明兼任主任,12月份统一的财经委员会正式成立。财经委员会是受工委委托,统管财政、金融、贸易、工交、建筑工程方面的行政业务,统一领导和策划西藏地方的财经工作。在不同情况下西藏财经工作的方针不同,1952年初财经工作的方针是对内严,对外宽,保证统战工作和影响群众工作的支出,对内实行配给制,至少保证半个月存粮,以防意外。

1953年3月15日,西藏工委在《1953年的工作和任务》中,确定保证军需调剂民需的财经工作方针。"在保证军供调剂民需(后改为兼顾民需)的总方针下,大力开展经济统战工作,要更广泛地和贵族、寺院、商号订立购货合同,大量利用外汇,套取必要的物资。还应组织公司力量,开展内运,囤积物资,稳定物价"。③ 这是这一阶段

---

① 西藏社会历史调查组:《西藏和平解放以来的建设成就》,《民族研究》,1959年,第9期。
② 多杰才旦:《西藏经济简史》(上),中国藏学出版社,2003年,第86页。
③ 中共西藏自治区委员会党史研究室:《中国共产党西藏历史大事记》,第1卷,中共党史出版社,2005年,第67页。

财经工作的重点,其主要任务就是为了解决进藏部队和工作人员的粮食和日用品的供给,同时还要稳定上涨的物价。与此相联系,必须配之以相应的货币政策。和平解放初期,西藏货币很不统一,拉萨地区主要使用藏币,昌都地区主要使用银元,而印度卢比占有阿里、亚东、帕里及山南地区部分市场。针对这一情况,进藏部队在昌都地区仍然使用银元,在拉萨地区采取暂不统一藏币的政策。到1955年随着进藏物资的增多,为使用人民币创造了条件。1955年9月,经国务院批准,西藏工委先将昌都地区改为人民币与银元混合流通市场。这是经济方面的一项重要改革。人民币的流通增强了西藏与内地的商业贸易,促进了西藏经济的发展。

为适应人民币的使用,西藏经济状况的逐步好转,西藏的财经工作方针随之发生转变。1956年8月西藏工委财政工作会议确定改供给财政为建设财政。会议认为,当前西藏的大规模经济建设工作已经开始,必须从过去的供给(供给财政及1953年3月15日的保证军供兼顾民需的方针)财政转向建设财政。1957年3月19日,西藏工委上报中央《关于今后西藏工作的决定》中,就财经工作提出意见:今后必须继续提高青藏公路标准,加强运输管理,保证畅通无阻,供应不缺。对于经济建设除了硼砂和煤矿以外,应当主要从照顾政治影响出发,进行个别重点建设。经过1955年3月国务院批准的帮助西藏进行的各项建设,仍旧继续筹办,但时间可以拖长,规模可以适当缩小。凡属这类建设,原则上都交筹委会办理。对于西藏的对外贸易、对内贸易,原则上可让西藏人自行经营,我们不加包揽。我们的贸易公司一般不向机关、部队以外售货。但是茶叶一项是西藏人民生活的必需品,还需很好地经营,帮助供应。对于西藏的财政管理,应当以精简机构、厉行节约、紧缩开支、加强监督、统一管理、统一分配为原则。对机关、部队实行实物供应,地方、部队统一待遇。尽量扩大内汇使用,尽量缩小或停止银元、外汇开支。① 这表明财经工作的重点开始由简单的保障军需,转向经济建设与发展。

4. 商业贸易

这一时期的商业贸易政策以打破封锁、保障进军物资、稳定物价、稳定社会为主要目标。

人民解放军进驻西藏后,英国、印度对西藏地方和邻国的贸易采取半封锁、半禁运措施,对西藏急需的生活物资进行限制。同时,英印商人拒购西藏出口羊毛商品,造成大量积压,企图挑起藏商和群众对进藏部队的不满,在政治上给中国政府施加压力。西藏工委遵照毛泽东主席关于打通与印度贸易的指示,积极展开对印度、尼泊尔的地方贸易,同时广泛地与贵族、寺院、私商签订购货合同,使其有利可图。既保障了人民解放军的物资需求,又团结了藏族商人。据中国人民银行西藏分行统计:1952年到1954年,共售给私商外汇卢比1亿5千多万盾。1951年从亚东进口商货45000驮,而1952年达到9万驮,1953年14万驮,1954年11.7万驮。其中,1953年的进口商货中,进藏部队购进8.2万驮,占进口总数的59%,当地销售5.36万驮,占38.25%,流往昌都的占1.5%,销往外区的占1.2%。② 这对于保证供给,调节市场起到了积极作用。

为解决西藏400多家羊毛商两年来积压大批羊毛,无法销售的问题。1952年5月2日,西藏工委决定优价收购藏商积压的大批羊毛。工委决定为了发展西藏经济,扶植藏商,由贸易公司给予优价收购,收购总额达400多亿元(旧人民币)。

这些政策使得西藏商业有了一定发展,据1951年9月统计,

---

① 中共西藏自治区委员会党史研究室:《中国共产党西藏历史大事记》,第1卷,中共党史出版社,2005年,第108～109页。

② 多杰才旦:《西藏经济简史》(上),中国藏学出版社,2003年,第61页。

拉萨共有各种大小座商、行商和摊贩1290家,资金约合当时的人民币770多亿元,到1952年底,新增商户530家,资金增加390多亿元,1954年从青海到拉萨经商的商户比解放前增加了6倍。①

1954年中印、中尼关于与我国西藏地方之间的通商和交通协定签订,使中印、中尼在平等的基础上开展贸易,西藏边境贸易进入了新的时期,奠定了向南亚开放的格局。

中央还对西藏与内地贸易实行补贴政策。1955年3月,在西藏与内地贸易中执行毛主席提出的每年贴补1800万至2000万元以降低西藏物价的政策。1955年11月28日,毛泽东在写给刘少奇、周恩来、邓小平、李先念、李维汉同志的信中,谈到对西藏贸易实行经济补贴,"和张国华谈了一次,他提出对西藏贸易每年赔钱1800万至2000万元以求降低物价的计划,我认为很值得注意,似应实行他这个计划"。"因为西藏不能和新疆、内蒙相比,那还是一个很特殊的地方,要用特殊的办法解决。而目前行得通的办法,就是经济上长期补贴办法。西藏面积很大,地质形成较全国许多地方为晚,很可能有极大的地下蕴藏,有待将来开发,目前赔一点钱,将来会补偿的"。②

5. 工矿企业

解放前,西藏近代工业几乎是空白,仅在拉萨有一个发电站。一到枯水季节,便不能发电。1955年3月国务院全体会议第七次会议在发展西藏工矿企业发展方面作出了具体规定:在拉萨建立一座设备较为完善的水力发电站。同时派遣技术人员到日喀则进行考察,待公路修通到日喀则以后,再根据具体条件筹划日喀则的水力发电事宜。目前,应该在日喀则建立一个小型火力发电站,解

---

①多杰才旦:《西藏经济简史》(上),中国藏学出版社,2003年,第62页。
②《关于西藏贸易等问题给刘少奇、周恩来等的信》,《建国以来毛泽东文稿》,第5册,中央文献出版社,1991年,第460页。

决照明和通讯等需要。另外,在拉萨建立一座皮革厂,主要进行原皮加工和制造一些当地需要的成品;并建一座小型铁工厂,主要制造农具及简单机械的配件。1956年国家扩建拉萨水电站,发电量比原来增加10倍,而且长年发电。日喀则修建一个火力发电站,并筹划修建一个大型水电站。其他城镇也先后建立了供应机关、学校照明的小型电厂。为了保证各条公路车辆的畅通行驶,先后修了两个汽车修配厂。为了解决西藏地区农、牧、手工业生产工具的部份供应和修配问题,1952年在拉萨建成了一个年产十万吨产品的铁工厂。1958年,开始了大型电站——拉萨纳金水电站的修建工作,建成后不仅可以满足拉萨地区工业建设和市民的用电,而且还可以灌溉大面积农田,防止拉萨河水的泛滥。

藏北盛产硼砂,储量约有1万亿吨以上。1957年国家建立了一座拥有2千多工人的硼砂加工厂。1958年的生产任务是3万吨,工人们超额完成了1万吨。蕴藏丰富的硼砂,不仅解决了我国工业用硼,而且支援了其他国家的硼砂需要。从以上工业企业建设来看,西藏现代化的工业由此起步。

6. 改善人民生活

西藏解放后的8年来,由于封建农奴制度原封不动,下层劳动人民的劳动果实,一年仍有70%—80%被农奴主剥削去。因此,人民生活的改善还是有限的。尽管如此,党中央在西藏地区开展经济文化建设事业的同时,对于帮助西藏人民发展生产和改善生活也采取了一些积极的措施:如发放无息农牧贷款、商业低利贷款、救济款和无偿农具;供应国货,收购土特产;吸收大批藏族工人以及减免学生、干部、工作人员的"人役税"等等,在改善藏族人民的生活方面都起了一定的作用。

1952年5月22日,西藏工委在西藏发放第一次无息农贷。这次西藏工委(对外以进藏部队先遣支队政治部代理人民银行名义)在拉萨郊区农村发放无息农贷共30多万元(银元)。当时这批农贷很少能到群众手中,但这是一项重要的影响群众的工作。至1958年中国人民银行西藏分行,向西藏人民先后发放了363万元(下均以银元计)的无利和低利农、牧、手工业货款,此外国务院发放了价值170多万的无偿农具。历年来救济赤贫灾荒的社会救济款,仅1953—1957年的统计就为296.5万元。

1954年,日喀则、江孜遭受了空前严重的大水灾,中央立即赈发了救济款97万元。进藏部队、机关在供给十分困难的情况下,紧缩内部开支,救济灾民,向灾民发放大米、青稞30000多斤,帐篷布26000米,干部、战士捐献100000多元。10月13日,中央同意以工代赈,又拨款300万银元,修筑江孜到日喀则和江孜到亚东的公路,参加筑路的民工有4000多人。使1万多灾民渡过了灾荒。1956年,黑河地区发生大雪灾,国家救济了1.6万多贫苦牧户,避免了他们破产逃亡的灾难。得到贷款的劳动人民在一定程度上发展了他们的生产,人民生活也相应的有了改善。

7. 邮电通讯

1952年7月1日,中华人民共和国邮电部拉萨邮电局建立并开始营业。接着,昌都、日喀则、那曲、江孜、丁青、波密、亚东、噶大克也先后建立了邮电分支机构,从此现代化的邮电、通讯事业不仅得到了迅速发展,而且逐渐成为西藏四个现代化建设中的龙头产业。

四、现代教育、文化和卫生事业的建设

西藏和平解放后,中央人民政府和进藏部队非常重视西藏现代文化、教育、卫生事业的建设与发展。到1959年民主改革前,草创了西藏现代的文化、教育、卫生事业,在西藏现代化历程中具有十分重要的意义。

1. 学校教育

1950年12月,昌都地区第一届人民代表会议通过了《在昌都

地区创办学校,发展藏族教育事业的决定》,依据《决定》精神,1951年3月在昌都正式建立了昌都小学。学校采取双语教学,开设现代教育课程,同时注意采取多种形式进行德育教育。它的建立标志着不分阶级、不分民族、面向广大劳动人民的西藏现代民族教育事业的开始,是西藏教育发展史的重要里程碑。此后,在中国人民解放军的帮助下,先后在盐井、丁青、类乌齐、波密等县创办了一批新型小学。[①]

1952年8月15日,根据中央指示,西藏工委与西藏地方政府协商,创办了拉萨小学。西藏在旧社会没有现代意义的教育,只有极少数贵族子弟学校(私塾),我们发展西藏教育事业,就从小学开始。拉萨小学董事长为张国华,校长为达赖的副经师赤江·洛桑益西,副校长为陆一涵,教员有李安宅教授等,入学学生600余人。不久又成立了拉萨第二小学,藏、回族学生共1250名。1956年,日喀则、昌都、江孜、山南、阿里、塔工、黑河、亚东、帕里等地建立了11所小学,学生1300多人。

1956年9月21日,拉萨中学开学,这是西藏第一所中学,入学学生200多人。不久,日喀则、昌都、江孜相继成立了中学。1957年上半年全区小学发展至104所,学生6360余人,教员358人。同年,在拉萨又创办了西藏地区的第一所民族中学,日喀则、昌都也开办了两个中学预备班。各地中、小学的建立,使西藏的教育出现了新局面,为西藏劳动人民和爱国进步人士的子弟开放了受教育的大门,得到西藏人民的热烈欢迎。后来因为西藏上层少数分裂主义分子的反对,国家进行了整顿收缩,在原有基础上重点巩固13所小学,共有学生2432人,教员135人;一所中学,有学生180人,教员32人。1959年6月发展为62所小学,学生4350人,

---

① 吴德刚:《中国西藏教育改革与发展的理论研究》,云南教育出版社,1995年,第66~67页。

一所中学,学生231人。① 国家对于在公立学校就读的学生一律免收学费,家庭困难的学生,给予人民助学金,提供伙食、书籍、文具和用品等。学校基本上具备正规化完小和中学的课程和教学设备,在教学中用藏语讲授。在兴办中、小学的同时,还开办了很多培养民族干部的训练班以及部分高等教育。

1951年元月,周总理在接见西北局关于西北解放军入藏问题赴京汇报团时,西北局的同志向总理提出:我们想在西藏搞一个民族学院分院,不知对不对?周总理回答说:民族学院分院可以搞,在班禅行辕可搞一个干部班,其余的干部可在兰州培训。在周总理的关怀下,西藏先后办起了中学、专科学校。

1957年6月,工委在精简人员中,为了培养藏族干部和为将来民主改革储备藏族干部,决定在内地筹建西藏干部学校。筹建工作开始,工委就将三千多名参加工作的藏族青年送到内地学习。1965年9月,经国务院批准,西藏公学改建为西藏民族学院。在校三千多名藏族男女学员中,绝大部分都是农奴的子女,学员衣食和学习费用均由国家供给。

与此同时,西藏团校也在咸阳开学。工委还送了一批藏族干部到北京、兰州、成都的民族学院学习。② 在兰州的西北民院及北京的中央民族学院增设了藏学及藏族班,内地许多省市还办起了西藏班。

这些现代教育事业的建立,为广大藏族贫困家庭子女创造了接受教育的机会,促进了现代文明与科学文化的传播,探索了一条在西藏民族地区进行现代教育的独特道路,积累了丰富的经验。

---

①西藏社会历史调查组:《西藏和平解放以来的建设成就》,《民族研究》,1959年,第9期。

②中共西藏自治区委员会党史研究室:《中国共产党西藏历史大事记》,第1卷,中共党史出版社,2005年,第120~121页。

2. 其他文化事业

在教育事业建立的同时,出版、广播和电影事业也从无到有地发展起来。起初办的新闻简讯,到1956年发展为藏汉文两种版面的西藏日报,发行量达数万份之多。重要城镇先后开设了新华书店,大量发行藏、汉文的各种书刊。1953年开始,在重要城镇建立了有线广播站,1959年1月西藏人民广播电台开播,使西藏高原和祖国各地联在一起,脉脉相通。受到广大群众欢迎的电影放映,到1954年发展为16个队。配合政治宣传,8年放映了2000多部影片(其中有12部是用藏语译制的),放映场次达18000多次。

现代报纸书刊的出版和广播电影事业的发展,为进行爱国主义、社会主义教育提供了好的形式,在提高西藏人民的爱国主义和社会主义觉悟方面起着积极作用,同时,也使处于封闭的广大农牧民开阔了眼界,增进了现代知识。

3. 医疗卫生事业

现代医疗卫生工作也取得了很大的成绩,并在藏族人民心目中留下了不可磨灭的深情。西藏原先没有一所现代意义的医疗机构,各种疾病流行。《十七条协议》签订后,进藏部队努力开展医疗卫生工作,为群众免费治病,在接近群众影响群众方面收到显著效果。

西藏工委选派了大批医疗卫生工作人员深入农牧区,从事防治地方病等各项工作。1951年11月间成立的人民解放军拉萨门诊所,到人民医院成立时已经免费为僧俗人民治病36000多人次,受到群众热烈欢迎。1952年9月8日,西藏第一所现代医疗机构——拉萨市人民医院成立。至1959年已有3所规模较大的综合性医院、16所卫生院(所),数百张病床和八个医疗小组,分布在西藏各地,一律免费为藏族人民治病。同时还经常组织医疗队(组),深入偏远的山村部落巡回就诊。据不完全统计,从1951年到1959年,为西藏地方广大农牧民藏族群众医治210多万人次,住院病人4千余人次；种牛痘13万多人次，防疫注射尚未包括在内。另一方面驻藏的军、政医疗部门都开展了卫生常识的宣传，并培养了大批卫生医务人员，其中一部分已能独立工作。在为藏族人民治病的过程中出现了许多生动的事例，过去医不好的宿病治好了，高价找喇嘛念经治病的人减少了，就是活佛喇嘛患病也来请人民医生了。仅1958年，喇嘛前来西藏军区某医院治病的人数即达1038人次。拉萨哲蚌寺的喇嘛，还送给这个医院一面锦旗，上面写着："我们衷心感谢党和毛主席的恩情；毛主席派来的医生，使我们感到大家庭的温暖"。[1]

从和平解放到民主改革前的8年多时间中，中央政府在西藏地区的交通、工业、农牧业、文化教育卫生事业等方面所取得的成绩，充分说明了中央在发展西藏地方经济文化建设事业方面的巨大努力。而且这些成绩都是在极为落后的封建农奴制社会中，在从无到有、从小到大、白手起家的情况下取得的。虽然这些成绩只是一个开端，但是，它已为西藏地区的现代化揭开了历史上新的一页，成为西藏进行现代化建设的重要物质、文化基础。

---

[1] 西藏社会历史调查组：《西藏和平解放以来的建设成就》，《民族研究》，1959年，第9期。

第三章 "民主改革"为西藏的社会主义现代化发展扫清了道路

"在旧中国,少数民族的经济和社会发展长期停滞落后。有的民族仍处在封建农奴制阶段或奴隶制阶段,还有十多个民族保留着浓厚的原始公社制的残余。新中国成立后,我国政府根据少数民族广大群众的愿望,经过同各方面协商,从多种社会形态并存的实际情况出发,采取不同的步骤和方式,先后在民族地区进行了民主改革和社会主义改造,解决了少数民族内部的阶级压迫、阶级剥削问题,确立了社会主义制度。许多原来发展程度较低的少数民族,跨越了几个发展阶段,实现了社会发展的巨大飞跃,这是中华民族发展史上的伟大变革"。[1] 1959年至1961年,西藏就发生了这样举世瞩目、波澜壮阔的社会大变革。这场伟大的民主改革运动,不仅改革了西藏腐朽没落的封建农奴制度,使西藏人民彻底摆脱了阶级压迫,走上了社会主义道路;而且也为西藏走向现代化建设扫清了道路。

第一节 西藏"民主改革"的必然性与合理性

从13世纪到20世纪50年代,西藏社会长期停滞在落后腐朽

---

[1] 江泽民:《加强各民族大团结,为建设有中国特色社会主义携手并进》,《中国共产党领导人论民族问题》,民族出版社,1994年,第235～274页。

的封建农奴制度的水平。从13世纪中叶西藏正式归入元朝中央政权管辖后,西藏历史的发展便成为统一的多民族的中华民族历史发展的一个重要组成部分。在这一历史发展的过程中,西藏一方面保持了藏民族固有的历史传统和特点;另一方面受到统一的中央政权治理下的中华民族社会发展的历史影响。西藏的封建农奴制是中国封建制度的特殊表现形式,也是中国封建社会的一个有机组成部分,它的兴衰与中国社会的兴衰存在着密切的内在关系。

一、"民主改革"是西藏社会发展的必然要求

在西藏延续了几百年的政教合一的封建农奴制度,到近代已经成为与世界进步潮流背道而驰的极端腐朽没落的社会制度。改革西藏极端腐朽没落的封建农奴制度,已经成为中国历史发展的必然要求。

说西藏的社会制度极端腐朽没落,是以它残酷的经济剥削为证。旧西藏的封建农奴制社会比欧洲中世纪还要黑暗、落后。占西藏人口不到5%的官家、贵族和寺院上层僧侣三大领主,占有西藏的全部耕地、牧场、森林、山川以及大部分牲畜;而占西藏人口95%以上的农奴和奴隶,却不占有土地和其他生产资料,没有人身自由,不得不依附于领主的庄园为生或充当世代家奴,遭受强制的乌拉差役、租税和高利贷三重剥削,生活在死亡线的边缘。据不完全统计,仅噶厦(旧西藏地方政府)征收的差税种类就达200多种。农奴为噶厦和庄园主支的差,占农奴户劳动量的50%以上,高的达到70%至80%。60%以上的农牧民背负着沉重的高利贷债务。部分地区的政治经济发展表现出很大的不平衡性,如三岩地区,解放前还存在着"帕措"组织(即血亲父系集团),在西藏的南部边缘地区有的还保留着原始社会形态的残余,有的已出现私有制和阶级分化,有的出现了农奴制的生产关系。在亚东一带居民,多数成

了资本主义雇佣劳动的脚夫。[①]

　　说西藏的社会制度极端腐朽没落,是以它等级森严、野蛮残酷的农奴制政治压迫为证。旧西藏流行的《十三法典》和《十六法典》,将人分成三等九级,以法律的形式确认和维护人的社会政治地位的不平等。法典明文规定,王子、大活佛上等人的命价是与其尸体等重的黄金,手工业者、流浪者等下等人的命价为草绳一根。农奴主占有农奴的人身,可以随意买卖、转让、赠送、抵押和交换农奴,掌握着农奴的生、死、婚、嫁大权。不属同一农奴主的男女农奴结婚要缴纳"赎身费",农奴的子女注定终身为农奴。农奴主可以任意打骂农奴,对农奴动用断手、剁脚、剜目、割耳、抽筋、割舌、投水、投崖等极为野蛮的刑罚。

　　说西藏的社会制度极端腐朽没落,是以它发展水平低下、人民生活朝不保夕为证。封建农奴制度的残酷压迫和剥削,特别是在政教合一制度下宗教和寺院对人力、物力资源无穷无尽的消耗以及对人的精神奴役,严重束缚了劳动者的生产积极性,窒息了民族的生机和活力,使得西藏长期处于停滞状态。直到20纪中叶,西藏几乎没有现代工商业和现代科技、教育、文化、卫生事业,农业生产长期采用原始的耕作方式,牧业生产基本采取自然游牧方式,农牧品种单一退化,劳动工具得不到改进,粮食产量只有种子的四至十倍,生产力水平和整个社会的发展水平极其低下。政教合一的封建农奴制度扼杀了西藏社会生产力的发展,严重阻碍了西藏社会的进步,人民陷入极度贫穷落后、生存维艰的状态。

　　19世纪以后,帝国主义的入侵加重了西藏人民的灾难,加深了西藏社会的矛盾,使本已破败不堪的西藏社会更加难以为继。特殊的自然、社会、历史、政治、文化条件,使西藏为外国资本主义

[①] 多杰才旦、江村罗布编:《西藏经济简史》,中国藏学出版社,1995年,第37页。

和帝国主义所垂涎。他们采取传教、探险、游历、考察等手段,千方百计企图侵入西藏。通过一系列不平等条约,如《中英藏印条约》、《续约》、《拉萨条约》、《中英新订藏印条约》等,使中国主权蒙受极大损失,更使西藏陷于半殖民地状态。帝国主义侵略势力还在西藏农奴主集团内部收买民族败类做他们的代理人,企图从民族内部分化瓦解,以达到进一步侵略西藏的罪恶目的。这使西藏民族问题空前尖锐复杂,民族发展面临的形势岌岌可危。西藏人民饱受腐朽落后的封建农奴制度和帝国主义侵略的双重灾难,而国内反动统治阶级长期推行的民族压迫与歧视政策,又进一步加剧西藏社会的基本矛盾。寄希望西藏社会自身孕育社会发展动力,使之发育为成熟的封建社会形态,或实现资本主义,那是完全不可能的。西藏社会危机四伏,濒临全面崩溃的边缘。正如阿沛·阿旺晋美评价西藏的农奴制时所说的:"照老样子下去,过不了多久,农奴死光了,贵族也活不成,整个社会就将毁灭"。① 所以,摆脱帝国主义的侵略,打碎封建农奴制的枷锁,是西藏社会进步的历史必然,也是西藏人民的迫切愿望。

二、西藏上层的叛乱,使民主改革提前进行

"现代化"就是带有方向性的变革过程。通过这种变革,一个国家或地区在政治上将获得发展和独立自主,建立以平等和法制为基础的民主社会;在经济上将取得生产力发展、消灭贫困、实现经济增长,满足基本需要等方面的成就。从世界各国现代化进程来看,走向现代化的道路却是障碍重重,在西藏地区表现得尤为错综复杂。事实也是这样,早在中央人民政府和西藏地方政府签订关于和平解放西藏办法的协议不久,西藏上层反动集团就蓄意撕

---

① 阿沛·阿旺晋美:《西藏历史发展的伟大转折》,《中国藏学》,1991年,第1期。

毁协议,准备武装叛乱。从1952年,西藏地方政府的司曹鲁康娃·才旺绕登和本珠仓·洛桑扎西暗中支持反动组织伪"人民会议"的活动,提出修改《十七条协议》、人民解放军"撤出西藏"的无理要求,并策划武装骚动。直到1959年3月10日在拉萨挑起全面的反革命武装叛乱,代表封建农奴制统治阶级的反动势力,企图阻碍西藏社会进步的反革命行径就一直没有停息过。

然而,一直以来流亡国外的达赖集团和西方反华势力对中国政府所进行的这场平定叛乱和民主改革运动,都是责难和攻击。他们坚持这样的说法:中国共产党放弃、背叛了《十七条协议》的承诺,在西藏进行社会制度的改革,引起了叛乱,然后又以平叛为借口,公开彻底地进行民主改革。中国共产党和中央人民政府强迫西藏进行民主改革,违背西藏人民的意愿。

是否像西方反华势力所说的那样,中央政府急于进行民主改革,导致西藏社会各阶层紧张的关系,进而导致叛乱呢?

1956年6月12日工委在《关于执行中共中央关于检查民族政策执行情况指示的决定》中指出:"目前全国已掀起了社会主义改造高潮,邻近少数民族地区在进行或积极准备进行民主改革,西藏也面临着这种民主改革趋势的前夕"。[①] 6月30日西藏工委上报中央的《关于西藏地区1956年至1960年五年规划的初步意见》中,提出了西藏民主改革及民主改革准备工作的意见,提出今冬明春在昌都和班禅地区实行民主改革重点试验和大力宣传的问题。还提出:各宗成立公安警察,全区共4000人至6000人,另全区再增人民武装、经济警察2400人;吸收和培养40000至60000名藏族干部;发展本地藏族党员20000至30000名,团员30000至50000名;从内地增派6000名汉族干部;成立西藏各级工会;发展

[①] 中共西藏自治区委员会党史研究室:《中国共产党西藏历史大事记》,第1卷,中共党史出版社,2005年,第95页。

藏族工人50000至70000人;大力扩大青妇联组织等。① 7月10日西藏工委确立了《1956年第二季度工作综合报告和第三季度工作安排》,《报告》中说:"我们已拟定了一个宣传大纲,准备在各阶层人民中广泛深入地开展宣传"。②

可以说以上三个文件,大大突破了自治区筹委会成立时中央有关民主改革的指示,把民主改革的宣传、讨论和酝酿变成了进行民主改革的具体准备和行动。

当进行改革宣传和准备工作的时候,西藏上层人士中立即出现不安和对抗情绪,7月21日,昌都江达宗大头人齐美公布上山叛乱,9月1日,藏军六个代本(相当团)的连营长,集体对"乃穷神"(护法神)盟誓:"誓死保卫西藏固有的各种制度,保卫神圣的宗教,反对在西藏进行任何改革"。③

毋庸置疑,当时大多数上层人士的思想顾虑还没有消除,达赖等人对民主改革也不是出自真心拥护,西藏工委急于改革是造成当时藏区局部动乱的直接因素。但这一做法并不代表中央的态度,而且中央及时予以了纠正。

在1951年5月23日,《十七条协议》签字的当天,毛泽东主席在向张国华询问进藏部队思想和生活情况时说:"在西藏考虑任何问题,首先要想到民族和宗教这两件大事,一切工作必须慎重稳进"。张国华汇报说:"进藏部队有些同志有急躁情绪,认为今后在西藏工作,会像乌龟一样慢"。毛泽东主席风趣地说:"我看像乌龟

---

① 中共西藏自治区委员会党史研究室:《中国共产党西藏历史大事记》,第1卷,中共党史出版社,2005年,第95~96页。

② 中共西藏自治区委员会党史研究室:《中国共产党西藏历史大事记》,第1卷,中共党史出版社,2005年,第96页。

③ 中共西藏自治区委员会党史研究室:《中国共产党西藏历史大事记》,第1卷,中共党史出版社,2005年,第99页。

爬山还快了"。可见当时党在西藏工作的基本指导思想就是慎重稳进。按照这一思想,西藏的民主改革不应急急忙忙、慌慌张张,在条件不具备的时候搞起来。

1954年3月11日,经中央政治局讨论和批准的《西藏工作讨论会议向中央的总结报告》中指出,为了完成西藏民族逐步改造成为社会主义民族的这一历史任务,大体要分作以下几个步骤:"从和平解放,到今后若干年内,是以逐步实现《十七条协议》为主要任务。然后在适当时机进入第二步,实行土地改革,消灭封建剥削,变农奴制度的西藏为人民民主的西藏"。①

1956年2月12日,毛泽东在同一些藏族人士谈话时就指出:"西藏现在不是搞合作社的问题,而是进行民主改革的问题。什么时候进行,由你们自己决定。自治区筹备委员会成立后,可以对这个问题进行研究,要由达赖喇嘛、班禅额尔德尼下决心,要由西藏的僧俗官员和寺庙里的喇嘛、堪布们决定。要有一个酝酿的时期,一年、二年、三年,通过讨论,打通思想。有人赞成,也有人反对,两方面的意见都可以讲。多酝酿,多讨论有好处,大家都讲,慢慢就讲通了。贵族、喇嘛有好多人害怕改革,你们回去要对贵族、喇嘛多做工作,不论如何改革,对他们的政治地位、生活水平都要维持"。②

鉴于西藏工委急于进行民主改革所产生的严峻形势,1956年9月4日,中央针对西藏工委7月上报的工作意见中,关于民主改革的问题做出了专门指示,即《关于西藏民主改革的指示》。在《指示》中明确指出:"从西藏当前的工作基础、干部条件、上层态度以及昌都地区最近发生的一些事件看来,西藏实行改革的条件还没

---

①西藏自治区党史资料征集委员汇编:《西藏的民主改革》,西藏人民出版社,1995年,第380～381页。

②《毛泽东文集》,第7卷,人民出版社,1999年,第4页。

有成熟,我们的准备工作也不是一两年内能够作好的,因此实行民主改革,肯定不会是第一个五年计划期内的事,也可能不是第二个五年计划期内的事,甚至还可能要推迟到第三个五年计划期内去。在西藏的民主改革问题上,我们已经等待好几年了,现在还必须等待。应该说这是对西藏民族上层分子的一种让步,我们认为这种让步是必要的、正确的"。"至于你们提出的改革重点试验,现在肯定应当停止进行;关于改革的宣传工作要适当的加以调整和紧缩"。①

同年11月,达赖、班禅赴印度参加释迦牟尼2500周年的纪念活动,达赖在分裂势力的蛊惑下,有滞留国外的倾向。周恩来总理赴印进行国事访问期间,先后三次同达赖谈话,并转达毛泽东主席关于"现在肯定不谈改革,在大家(指贵族、上层官员)都没安置好前不改革"的指示,说"先将自治区成立起来,培养干部,做好其他方面的工作,将西藏的贫困情况予以改变,使大家的生活好过起来,这一点中央一定帮助,而且也帮助得起,我们目前不做的事不谈,免得极少数的人有借口搞乱子"。② 经周恩来总理做工作后,达赖回到拉萨,一度出现紧张的局势基本上得以控制。

1957年2月毛泽东在最高国务会议上所作的《关于正确处理人民内部矛盾的问题》的报告中,明确指出"西藏6年内不进行民主改革"。重申:"西藏由于条件还不成熟,还没有进行民主改革。按照中央和西藏地方政府的十七条协议,社会制度的改革必须实行,但是何时实行,要待西藏大多数人民群众和领袖人物认为可行的时候才能做出决定,不能性急。现在已决定在第二个五年计划

---

① 中共西藏自治区委员会党史研究室:《中国共产党西藏历史大事记》,第1卷,中共党史出版社,2005年,第99页。

② 中共西藏自治区委员会党史研究室:《中国共产党西藏历史大事记》,第1卷,中共党史出版社,2005年,第103页。

期间不进行改革。在第三个五年计划期内是否进行改革,要到那时看情况才能决定。"①5月14日,党中央在对《西藏工委关于今后在西藏工作的决定》的批示中,又进一步明确指出:"从今年起至少六年以内,甚至在更长时间以内,在西藏不进行民主改革。六年过后是否进行改革,到那时候依据实际情况再做决定。"②

为了正确贯彻执行"六年不改"方针,中共中央书记处于1957年3月5日在北京召开会议讨论西藏工作问题,并指定西藏工委张经武、张国华、范明、周仁山、王其梅、牙含章、慕生忠等参加会议。中共中央书记处认为:西藏今后在六年内不改革是肯定的,内定不改的时间还要长,可能十一年不改。西藏的人员、机构、事业、财政要大下马。强调:目前西藏工作以大下马为紧急任务,下马越快越好,人员内撤越快越好。要坚决地迅速地下马,坚决地迅速地内撤。③ 今天,我们还能从这些字里行间中,感受到中央书记处对纠正西藏工委急躁冒进错误的坚决、果断而紧迫的态度。西藏在民主改革准备工作上虽然出现了急躁冒进问题,但由于时间短、发现早、纠正快,措施坚决,避免了问题的继续发展和造成对西藏全区的影响。实行紧急收缩方针后,自治区筹委会的工作照常进行,反帝爱国统一战线继续发展,大多数上层人士的情绪开始安定下来。

西方几位著名的藏学家对导致叛乱的错综复杂问题进行了剖析。美国著名藏学家梅·戈尔斯坦在他的《喇嘛王国的覆灭》一书中,论及《十七条协议》签订时,认为西藏代表把"有关西藏的各项

---

① 西藏党史研究室:《中国共产党西藏历史大事记》,第1卷,中共党史出版社,2005年,第107页。
② 西藏党史研究室:《中国共产党西藏历史大事记》,第1卷,中共党史出版社,2005年,第110页。
③ 西藏党史研究室:《中国共产党西藏历史大事记》,第1卷,中共党史出版社,2005年,第107~108页。

改革事宜,中央不加强迫……"视为《十七条协议》中最重要的内容之一,因为"西藏代表团认为,中共方面绝对不能让西藏人民提出将会改变西藏的政教合一政体的基本性质的改革要求。他们说,只要中央人民政府允诺不直接进行干预,西藏基本的传统制度得以延续,他们就会感到满足"。① 中国学者阴法唐在《百万农奴争取解放的大革命》一文中指出:"以上层爱国统一战线为中心,兼作影响群众的工作的指导思想并没有换取上层赞同民主改革,那个时候,党在西藏并没有宣传阶级斗争的思想,连《白毛女》影片都不许放映。"②

那么,西藏的民众如何看待和平解放后西藏的现状呢?加拿大著名藏学家谭·戈伦夫认为:"西藏群众与现状紧紧地拴在一起,一点也不知道或者一点也没有经历过其他的生活方式。他们对汉人提出来的新的生活方式迷惑不解,对汉人也很害怕,因为汉人一方面促使农奴从封建主那里'解放'出来,但同时又与他们的主人建立了联盟,因此他们当中的许多人没有和'解放者'站在一起。"③谭·戈伦夫还指出:"中国领导人面临一个很大的矛盾:一方面,他们不想急剧地改变西藏的社会制度,怕引起离异和不满;但另一方面,他们又想减轻群众的痛苦,以赢得群众的支持。当时在拉萨的一位印度外交官员总结了他们所面临的难题:'大多数(西藏)官员沾沾自喜地生活在自己的象牙塔里,过着几乎同样放荡、挥霍的生活……而普通群众则感到承受不了他们肩上的沉重的负担……他们从共产党人与统治西藏的贵族之间结成的联盟中

---

① 梅·戈尔斯坦著、杜永彬译:《喇嘛王国的覆灭》,时事出版社,1994年,第796页。

② 《西藏党史资料》,1999年,第3期,第4页。

③ 谭·戈伦夫著,伍昆明、王宝玉译:《现代西藏的诞生》,中国藏学出版社,1990年,第220页。

没有得到什么好处'。"①

谭·戈伦夫引用两位学者乔治·金斯伯洛、迈克尔·马索斯对西藏整个 50 年代发生的一些变化的观察结论:"当然,某些方面有着明显的影响。但大部分影响是非正式的、间接的,它们只能触及西藏生活的表层,没有渗入到社会传统的深处。例如,在这些年里,对于西藏社会、经济关系的模式没有进行真正的、基本的改革。这是有代表性的。虽然制止了西藏习惯法和司法中许多野蛮的、更令人憎恶的做法,并且实际上也废除了这些做法,但共产党中国法律的主体部分从未在西藏实施。"②

作为那次事件全过程的知情人和目击者,阿沛·阿旺晋美深感自己有责任把那次事件的真相再一次公诸于世,以期彻底消除历史的迷雾,还历史以本来面目。他说:从 1959 年开始在西藏大地上展开的民主改革运动,是以平息少数上层反动分子发动的大规模武装叛乱为起点的,那场叛乱是蓄谋已久、精心策划的,其目的是反对民主改革,分裂祖国。

究竟是改革导致叛乱还是叛乱导致改革?阿沛·阿旺晋美很清楚地说明了其中的关系,他说:"其实当时反对民主改革也是毫无根据的。1956 年底到 1957 年初,达赖喇嘛与班禅大师应印度政府邀请,去印度参加释迦牟尼 2500 周年纪念活动。当时正在印度访问的周恩来总理亲自向达赖喇嘛面交毛泽东的亲笔信,信中将中央这一决定通知了达赖喇嘛,并向他作了许多解释工作。当时达赖喇嘛说他个人认为 6 年不改的方针以及周恩来总理讲的许多问题很好,但达赖说这是一件很大的事,他还年轻,不能一人做

---

① 谭·戈伦夫著,伍昆明,王宝玉译:《现代西藏的诞生》中国藏学出版社,1990 年,第 180 页。
② 谭·戈伦夫著,伍昆明,王宝玉译:《现代西藏的诞生》中国藏学出版社,1990 年,第 180 页。

主,要同随行官员商量后再答复周总理。当时,我作为西藏地方政府噶伦,也是达赖喇嘛随行官员之一,我们随行的主要官员认真讨论了周总理同达赖的谈话后,认为,西藏从和平解放到1956年,在贯彻执行中央人民政府同西藏地方政府达成的和平解放西藏的十七条协议方面,没有任何违背协议的地方,因此对西藏工作提不出任何意见,但是康区和甘肃等藏区的民主改革中,有一些不好的做法,希望中央予以重视并认真纠正。周总理采纳了这个意见。不存在西藏搞叛乱的任何理由,因此1959年在西藏发生的叛乱是毫无道理的。这次叛乱不是中央政策和中央造成的,而是少数上层反动分子自己搞起来的"。①

综上分析可以清楚地看到,50年代初中国共产党并未在西藏进行社会制度方面改革,即使1956年改革的准备工作出现急躁冒进,也被中央及时予以纠正。到1959年前,主要进行的工作是分化上层,力图在不发生剧烈社会动荡的情况下,创造有利于改革的社会环境和群众基础,对封建农奴制度也未作根本性调整。

但是,西藏民主改革是必须要在适宜的时候进行的,在这个问题上,中央政府的要求、西藏民众逐渐增长的愿望与西藏上层中的旧制度维护者发生了严重矛盾,而邻省藏区的改革也从心理上强化了西藏上层的忧虑,加之美国破坏西藏安定,离间达赖喇嘛与中央政府的关系,上层反动分子必然要策划叛乱,这是上层反动分子坚持反动立场的必然结果。

从1951年3月直至中央人民政府与西藏地方谈判成功之后,美国驻印使馆和中央情报局都秘密勾结在印的夏格巴等分裂分子,数次密谋,以重金诱骗并声称已为达赖在泰国、锡兰和美国安顿居所,企图以达赖外逃来破坏西藏的和平解放。为使达赖外逃,1959年3月10日,西藏上层反动集团在拉萨发动武装叛乱,17日

---

① 阿沛·阿旺晋美:《坏事变成了好事》,《中国西藏》,1999年,第1期。

达赖出逃至印度。一路上，美国训练的无线电报务员时刻与设在达卡的中央情报局联络站保持着通讯联系，美国飞机则不停地空投食物和驮畜饲料，31日，达赖越过"麦线"逃至印占区。

最新解密档案表明，1958年，中央情报局决定秘密增加对叛乱者的资助，以扩大其反对中央政府的游击战。1958年5月，美国中央情报局派遣2名特务携带电台到设在山南的恩珠仓·公布扎西的叛乱总部，负责与美国中央情报局联系。不久，美国即在哲古地区空投轻机枪20支、迫击炮2门、步枪100支、手榴弹600枚、炮弹600发、子弹近4万发，除此之外，还从陆路偷运了一批武器弹药给西藏叛乱分子。①

中央情报局对西藏叛乱分子的援助是通过以下几种途径：1.支持逃入尼泊尔境内、靠近中尼边境木斯塘的大约2100人的西藏叛乱分子，使之能不停地越界进行袭击和破坏；2.加紧训练叛乱分子，1959年3月之前，中央情报局就在与西藏地形相似的美国西部洛基山脉中的哈尔营地训练叛乱分子，从1959到1962年，有大约170名藏人受训后被空投回西藏；3.在纽约和日内瓦成立所谓的促进西藏事业的"西藏之家"，在康奈尔大学为西藏特工提供语言和行政管理能力的训练，然后送回西藏；4.空投或自陆路输入武器装备和粮食，为侦察小组提供给养。在西藏的秘密活动主要集中在两个地区，一是青海湖以北，一是在山南方面。其基本任务是破坏道路，袭击公务人员和收集情报。②

西藏叛乱后，美国反动分子继续支持长达十年之久，耗资甚巨。1968年前，中央情报局每年的有关支出达170万美元之多，在1964年的173.5万美元中，18万是给达赖的津贴，50万给在尼

---

①《西藏的主权归属与人权状况》，白皮书，《人民日报》，1992年9月23日。

②《美国中央情报局在西藏》，时事出版社，1998年，[美]约翰·普拉多史：《总统秘密战》，时事出版社，1986年，第9章。

泊尔的叛乱游击队。

即使我们对"是改革导致叛乱、还是叛乱引起改革"这个纠缠不休的问题勿作辨证,但走向现代化的西藏,也必然发生上层反动农奴主的武装叛乱。而这场西藏上层反动农奴主的武装叛乱,导致了民主改革提前进行。

三、国家的意志、人民的意志——"平叛改革"

1959年3月西藏噶厦反动集团,违背历史潮流和西藏人民的意愿,发动了以分裂祖国和维护封建农奴制度为目的的全面武装叛乱。面对突如其来的情况,党中央毅然决定平息叛乱,并根据西藏人民的强烈要求和西藏上层爱国人士的意见,做出了在平息叛乱的同时实行民主改革的重大决策。

当拉萨的叛乱分子向党政军机关和企事业单位发动全面进攻六小时后,人民解放军于3月20日10时奉命对叛乱分子进行讨伐。当日,中国人民解放军西藏军区发出布告:"查西藏地方政府与上层反动集团,勾结帝国主义和国外反动分子,图谋叛乱,由来已久。……为了维护祖国统一和民族团结,解救西藏地区人民的疾苦,本军奉命讨伐,平息叛乱。望全藏僧俗人民,积极协助本军,讨平叛逆,不窝匪,不资敌,不给叛匪通风报信。对于叛乱分子,本军将本着宽大政策,区别对待:凡脱离叛匪来归者,一概不咎既往;有立功表现者,给予奖励,对俘虏一律优待,不杀,不辱,不打,不搜腰包;对执迷不悟,坚决顽抗者,严惩不贷。本军纪律严明,维护群众利益,保护农牧工商各业,买卖公平,不拿群众一针一线。尊重群众宗教信仰和风俗习惯,保护喇嘛寺庙,保护文物古迹。望全体僧俗人民,一律安居乐业,切勿听信谣言,自相惊扰,切切此布!"[①]

[①]《中国人民解放军西藏军区布告》,《关于西藏问题》,(1959年3月~5月文件、资料),人民出版社,1959年,第12~13页。

根据西藏军区的作战部署,平叛部队首先向叛乱分子控制的药王山进攻,12时攻占药王山,控制了拉萨制高点,切断了拉萨市内同罗布林卡叛乱武装的联系。接着,驻拉萨人民解放军一部于3月20日下午至傍晚攻占罗布林卡,歼灭了拉萨叛乱武装的主力和他们的指挥中心。3月21日凌晨,对盘踞在市内的叛乱分子进行合围,逐个歼灭了据守在大昭寺、小昭寺、木茹寺、恩珠仓宅等处的叛乱。并撤销了反动的朗子辖(旧市政府),成立了有上层爱国进步人士参加的拉萨市军管会,市区社会秩序和人民生活迅速安定下来。3月22日拂晓,被包围在大昭寺的叛军投降,接着布达拉宫的叛乱武装,也经过解放军的宣传教育缴械投降。至此,拉萨市区的武装叛乱基本平息,取得了平息西藏叛乱初战的胜利。拉萨平叛首战告捷,为平息其他地区的叛乱,创造了有利条件。

3月31日《人民日报》发表了题为《彻底平定西藏叛乱》的社论。社论指出:"西藏各界爱国人民充分认识到,中央人民政府为了维护民族团结确已尽了最大的努力,而现在,只有讨平叛乱,彻底粉碎罪大恶极的叛国集团,才是继续维护民族团结的唯一道路。"[1]"西藏叛国集团的叛乱,证明在西藏实行民主改革是必要的。但是关于实行改革的时机、步骤和办法,中央仍将同西藏上中层爱国人士和各界人民群众进行充分的协商。我们相信,在粉碎了叛国集团以后,无论汉藏民族的团结和藏族人民的内部团结,一定会大大加强,在这个基础上,西藏必将逐步走上繁荣进步的光明大道。"[2]

1959年3月28日,国务院随即发布命令,指出:责成西藏军

---

[1]《彻底平定西藏叛乱》,《关于西藏问题》,(1959年3月~5月文件、资料),人民出版社,1959年,第29页。

[2]《彻底平定西藏叛乱》,《关于西藏问题》,(1959年3月~5月文件、资料),人民出版社,1959年,第30页。

区彻底平息叛乱。并自即日起,解散西藏地方政府,由西藏自治区筹备委员会行使西藏地方政府职权。在达赖出逃期间,由班禅额尔德尼·确吉坚赞副主任委员代理主任委员职务,任命自治区筹备委员会常务委员帕巴拉·格列朗杰为副主任委员,常务委员兼秘书长阿沛·阿旺晋美为副主任委员兼秘书长。① 命令中说:"……望自治区筹备委员会,领导全藏僧俗人民,团结一致,共同努力,协助人民解放军迅速平息叛乱,巩固国防,保护各民族人民利益,安定社会秩序,为建设民主和社会主义的新西藏而奋斗。"②命令撤销叛国分子索康·旺清格勒、柳霞·土登塔巴等十八人的筹备委员会委员和一切职务,并按国家法律分别给予惩处。任命邓少东、詹化雨等十六人为自治区筹备委员会委员。

人民解放军平叛部队,在迅速平息拉萨叛乱之后,于4月4日至9日出拉萨挥师南下,平息山南地区的叛乱。至此,山南地区和喜马拉雅山北部地区的所有边境要点全部在人民解放军的控制之下。

4月25日,《人民日报》为此发表了题为《欢呼讨平西藏山南叛匪的重大胜利》的社论。社论指出:"山南地区叛匪的迅速覆灭,正是人民解放军和西藏人民用实际行动,对帝国主义和外国反动派分裂西藏阴谋的一个响亮回答"。"山南地区平息叛匪的伟大胜利,是对西藏叛国集团一个致命的打击,也是对帝国主义和外国扩张主义者一个沉重的打击。这个胜利,不仅大大地加强了国家统一和民族团结的事业,并且进一步巩固了我国西南的国防,维护了

---

① 中共西藏自治区委员会党史研究室:《中国共产党西藏历史大事记》,第1卷,中共党史出版社,2005年,第138~139页。
② 《国务院关于解散西藏地方政府由西藏自治区筹委会行使西藏地方政府的职权的命令》,《关于西藏问题》,(1959年3月~5月文件、资料),人民出版社,1959年,第10页。

我国的领土主权的完整"。"西藏叛乱的迅速平息,是中国人民政治生活中的又一件大事。从此,西藏人民将逐步摆脱落后黑暗的生活,走上繁荣进步的光明大道。叛乱的平息,为西藏进行民主改革铺平了道路,也将使西藏迅速实现民族区域自治。"①

拉萨、山南地区的武装叛乱被平息后,平叛部队乘胜前进,继续平息聚集在纳木湖、麦地卡和昌都等地的叛乱武装。1958年7月下旬,肃清了纳木湖地区的叛乱分子。在纳木湖平叛过程中,平叛部队除对持枪顽抗者进行打击外,对被裹胁的群众一律不捕不押,并尽可能避免伤害牲畜,不打乱部落生产单位,不干扰群众家庭生活,解放了大批被叛乱分子裹胁的妇女和群众,取得了在牧区平叛的经验,特别是取得了在牧区区分叛与未叛的政策界限的经验。

至9月中旬,基本上肃清了麦地卡地区的叛乱武装。纳木湖、麦地卡两地叛乱的平息,保证了青藏公路运输线的安全。到10月底,平叛部队先后平息贡觉、察雅和左贡、洛隆、丁青等地的叛乱武装,结束了昌都地区长期动乱的局面。

经过一年的平叛斗争,基本上肃清了拉萨、山南、江孜、塔工、黑河等地的叛乱武装。在此基础上,人民解放军于1960年继续肃清西藏边沿地区的叛乱武装,先后歼灭恩达、丁青、嘉黎、扎木等地区之间,温泉、黑河、巴青等地区之间,申扎、萨噶、定日等地区之间的叛乱武装,抓获了一批国外进来的空投特务,缴获了大量的枪支弹药和通讯器材。到1961年底,西藏地区平叛斗争取得完全胜利,有力地配合和支持了西藏民主改革运动的顺利进行。

1959年4月28日,第二届全国人民代表大会第一次会议通过了《关于西藏问题的决议》。深刻分析了西藏叛乱的根源和实

---

①《欢呼讨平西藏山南叛匪的重大胜利》,《关于西藏问题》,(1959年3月—5月文件、资料),人民出版社,1959年,第106~109页。

质,阐述了中国共产党和中央人民政府在西藏实行的正确方针政策。决议完全同意国务院对原西藏地方政府和上层反动集团发动叛乱后所采取的各项政策,指出"在西藏,像在其他少数民族地区一样,应当坚决实现中央人民政府统一领导下的民族区域自治。"①"西藏自治区筹备委员会应当根据宪法,根据西藏广大人民的愿望和西藏社会经济文化的特点,逐步实现西藏的民主改革,出西藏人民于水火,以便为建设繁荣昌盛的社会主义的新西藏奠定基础。"②

我们必须强调的是,1959年4月28日的《关于西藏问题的决议》,是由国家权力机关——全国人民代表大会按照法定程序集体做出的决定。全体代表所组成的人民代表大会,是代表人民掌握全部国家权力的"国家权力机关"。人大制度的逻辑起点就是"人民民主专政",就是"一切权利属于人民"。③ 中国无产阶级及其共产党是中国社会主义的领导力量,但不能代替人民代表大会行使国家权力。即使是党的主张,也必须经过国家权力机关——人民代表大会按照法定程序制定法律或做出决定。中国人民代表大会制度的性质,揭示了对西藏进行民主改革是人民的意志,是国家的意志。

第二节 "民主改革"的途径——两步走战略

民主改革的终极目标就是实现民族平等。关于实现民族平等

---

① 中共中央文献研究室:《建国以来重要文献选编》,1996年,第12册,第278页。

② 中共中央文献研究室:《建国以来重要文献选编》,1996年,第12册,第280页。

③ 浦兴祖:《中国的社会主义代议民主共和制》,《新华文摘》,2004年,第22期。

的问题,列宁曾经指出:共产党在民族问题上"不应当将抽象的和形式上的原则当作主要之点,主要之点应当是:第一,正确地估计具体的历史情况,首先是经济情况;第二,把被压迫民族和被剥削劳动者的利益同民族利益的一般概念明确地区分开来,因为这种概念意味着统治阶级的利益;第三,把被压迫的、非独立的、没有平等权利的同民族压迫的、剥削的、享有充分权利的民族也明确区分开来。"①

至于如何改变少数民族地区落后面貌,消灭事实上的不平等,斯大林有具体的设想。他说:"第三个时期是苏维埃时期,是资本主义消灭和民族压迫消除的时期。这时,统治民族和从属民族、殖民地和宗族国的问题都放到历史档案库去了。这时,我们看到在俄罗斯苏维埃社会主义共和国的领土上有许多民族站起来了,它们有着同等发展的权利,但是由于经济、政治和文化的落后,还保存着历史上遗留下来的某些不平等。……只要在经济、政治和文化方面帮助各落后民族和部族,就一定能够把它铲除。"②

民族平等的起点,首先是民族的生存权利,而民族的生存权利,只有在消灭了阶级压迫和民族压迫的基础上,才能得到切实的保障,民族平等才具有实际意义,这也正是资产阶级民主革命提出民族平等却始终无法实现的根本原因。中国共产党根据马克思列宁主义关于民族平等的理论原则,帮助落后的西藏地区实施民主改革,实现民族平等。1959年5月7日,毛泽东在接见西藏自治区筹委会成员的谈话中,提出了西藏社会改革进程的构想:第一步,走民主的道路;第二步,走社会主义的道路。他指出:"汉族地

---

①《民族和殖民地问题提纲初稿》,《列宁全集》,第39卷,人民出版社,1986年,第160~161页。
②《关于党的民族问题的当前任务》,《斯大林全集》(1921~1923年),第5卷,人民出版社,1957年,第28~29页。

区和内蒙古、新疆等少数民族地区,都走了这两步。你们那里先走民主的道路。打完仗以后,就搞和平改革。"①

1959年5月10日,毛泽东同德意志民主共和国人民议院代表团谈话中谈到西藏问题时说:"我们有两个问题没有解决,西藏问题和台湾问题。现在开始解决西藏问题。西藏面积不小,有120万平方公里,相当于12个民主德国。可是西藏地区的人口只有120万。有人问中国共产党为什么长久不解决西藏问题,这主要是因为我们党过去很少与藏族接触,我们有意地把西藏的社会改革推迟。……现在条件成熟了,不要等到1963年了。这就要谢谢尼赫鲁和西藏叛乱分子,他们的武装叛乱为我们提供了现在就在西藏进行改革的理由。叛乱分子拿起枪来打我们,这样就可以看清,他们谁是站在我们这边的,谁是搞叛乱的。……现在西藏问题好解决了,第一步是民主革命,把农奴主的土地分给农奴,第二步再组织合作社。6万农奴主中约有1万人逃到印度了,其余没有走的可分为左、中、右三派,我们将根据他们不同的政治态度来区别对待。对有些人,还要看他们究竟如何,我们可以在斗争中观察他们。总之,我们要争取多数人,使他们赞成改革。"②

从和平解放到1959年,中国政府的主导思想是保证社会转型平稳推进,1952年"人民会议"事件后的妥协,1956年以后提出不进行改革的具体时间限制和缩减机构及人员,都在于希望用和平方式过渡。中央人民政府从民族地区复杂的现实出发,决定采取区别于汉族地区社会改革的政策,实行在幅度上要稳妥、在政策上要从宽、在时间上要放长的方针,在具体实施中分民主改革和社会

---

①《西藏平叛后的有关方针政策》,《毛泽东文集》,第8卷,人民出版社,1999年,第56页。

②《关于西藏问题和台湾问题》,《毛泽东文集》,第8卷,人民出版社,1999年,第61页。

主义改造两步走的方法。

一、为建设民主的新西藏,实施了一系列特殊措施

1. 撤销西藏地方政府,设置西藏自治区筹委会

1956年4月22日成立的西藏自治区筹备委员会,不但是一个统一战线性质的机构,而且也是一个带有一定政权性质的政权机构。是由政教合一的封建农奴社会,向人民民主性质的社会主义社会过渡的一种特殊形式。作为向人民民主专政的社会主义过渡的政权来说,它是不完备的,但它为正式建立西藏民族自治区打下了一个坚实基础。

1956年4月至1959年3月期间,自治区筹委会是一个三面四方(西藏地方政府噶厦、班禅堪布会议厅委员会、昌都地区人民解放委员会、西藏自治区筹备委员会)统一协商的办事机构。西藏上层反动集团发动叛乱后,国务院于1959年3月28日撤销了西藏地方政府,由西藏自治区筹委会行使西藏地方政府职权。这是筹委会由带政权性质的机关向西藏地区统一的人民民主政权机构的正式过渡,历史赋予了它更艰巨、更神圣的职责。国务院命令中指出:望自治区筹备委员会领导全藏僧俗人民,团结一致,共同努力,协助人民解放军迅速平息叛乱,巩固国防,保护各民族人民利益,安定社会秩序,为建设民主和社会主义的新西藏而奋斗。

1959年4月8日,筹委会召开行使西藏地方政府职权的第一次会议,会议通过了贯彻执行国务院命令的决议和健全筹委会各部门组织机构的决议,表示坚决拥护平息叛乱,并积极做好支援工作,保证人民解放军胜利完成平叛任务。1959年6月28日,筹委会召开行使西藏地方职权后的第二次具有重大历史意义的会议。会议于7月17日通过了关于进行民主改革的决议。决议指出:西藏的社会制度是一个反动的、黑暗的、残酷的、野蛮的封建农奴制

度,只有实现民主改革,才能解放西藏人民发展西藏的经济和文化,为建设繁荣幸福的社会主义的西藏奠定基础。决议对西藏进行民主改革的任务、步骤、政策和措施作出了明确的规定。会议号召全区人民在党的领导下,在国家和各兄弟民族的大力帮助下,在彻底平息叛乱的基础上,广泛充分地发动群众,团结教育各阶层僧俗人士,坚决地、积极地胜利完成民主改革,并和全国人民一道,共同进入繁荣幸福的社会主义社会。

1959年9月12日,筹委会召开第三次全体委员会议。通过有关土地制度改革的决议,决定在全区分批分期地实行土地改革,号召为彻底完成民主改革而努力。至1965年8月20日,筹委会常务委员会召开行使西藏地方政府职权以来的第68次会议,也是最后一次常务委员会,宣布胜利完成了党中央和国务院交给的光荣历史任务。

2. 严厉打击叛乱分子和残余势力

1959年11月9日西藏工委通过《关于民主改革运动中彻底肃清残匪加强对敌斗争的指示》和《关于捕、关、管、训政策界限的几项暂行规定》,两个文件具体分析了在西藏对敌斗争的重要性、艰巨性和复杂性。并指出:西藏地处边防,早在英帝国主义的侵略和扩张活动时期,就在西藏上层反动集团中豢养和扶持了大批反动分子,建立了遍及全区的反革命据点,长期地进行着分裂民族和背叛祖国的活动,反革命基础很深,要从政治上、组织上彻底摧毁敌人的统治基础,肃清反革命势力,任务是艰巨的。因此,在民主改革运动中对敌斗争的总任务是:彻底平息叛乱,挖掘隐藏的敌人,结合土地改革打击叛乱领主中最反动的农奴主及其代理人;打击敌人的各种现行活动。①

---

① 中共西藏自治区委员会党史研究室:《中国共产党西藏历史大事记》,第1卷,中共党史出版社,2005年,第162页。

3. 区分叛与未叛的农奴主，实行赎买政策

在1959年4月15日，毛泽东在第16次最高国务会议的讲话中明确指出："对那些站在进步方面主张改革的革命的贵族，以及还不那么革命、站在中间动动摇摇但不站在反革命方面的中间派，我们采取什么态度呢？我个人的意见是：对于他们的土地、他们的庄园，是不是可以用我们对待民族资产阶级的办法，即实行赎买政策，使他们不吃亏。"[①]5月，他在同班禅额尔德尼·确吉坚赞和阿沛·阿旺晋美的谈话中又重申："对左派和中间派，要采取赎买的政策，保证改革以后生活水平不降低"，并指出"只有采取这样的政策，才对全国人民有利。"[②]据此，中央在西藏实行民主改革过程中，采取赎买政策，安抚没有参叛的贵族和上层人士，并从西藏农奴制的实际出发，采取自下而上地充分发动群众与自上而下地同上层人士充分协商的办法进行改革，达到消灭封建农奴制度的目的。

1959年9月20日西藏工委通过《关于执行赎买政策的具体办法》，指出了赎买政策的重要意义，具体核算了全区赎买的对象、金额及实施办法，确定了赎买价格的依据和原则。[③]

4. 从西藏的实际出发，制定民主改革的阶级路线

1959年9月7日西藏工委颁布《关于划分农村阶级的方案》，提出了西藏划分阶级的依据和指导思想，规定农村中只划分为农

---

① 中共西藏自治区委员会党史研究室：《中国共产党西藏历史大事记》，第1卷，中共党史出版社，2005年，第142页。
② 《西藏平叛后的有关政策》，《毛泽东文集》，第8卷，人民出版社，1999年，第54页。
③ 中共西藏自治区委员会党史研究室：《中国共产党西藏历史大事记》，第1卷，中共党史出版社，2005年，第157页。

奴主和农奴两大阶级(不划分富农阶级),并制定了划分的标准。[①]1959年11月3日西藏工委制定了《关于西藏地区土地制度改革方案》,确认了西藏农村只划分两大阶级,制定了农村民主改革的阶级路线;重申了关于叛与未叛农奴主的区别对待政策及赎买政策,制定和重申了关于城镇、寺庙、边境、牧区改革的方针和措施。

在农村,基本上划分农奴主和农奴两大阶级。前者包括占农村总人口不到2%的农奴主和占农村总人口不到3%的农奴主代理人。合计剥削阶级不到农村总人口的5%。把其余90%以上的人都划为农奴。其中占农村总人口不到3%,既受农奴主阶级剥削又剥削他人,两者相抵,剥削收入占其家庭收入25%～50%的,称为富裕农奴,而不划富农;不剥削他人,还受别人剥削,或者虽然既受剥削又剥削别人,但两者相抵,纯剥削收入不超过其家庭全年总收入25%的,均划为中等农奴,这部分人约占农村总人口的17%;其余70%划为贫苦农奴。还有5%左右的人则根据西藏封建农奴制社会尚停在奴隶社会残余的实际情况,将他们定为奴隶成份。确定党在西藏农村进行民主改革的阶级路线是:"依靠贫苦农奴和奴隶,团结中等农奴(包括富裕农奴),团结一切可以团结的力量,打击叛乱的和最反动的农奴主和农奴主代理人,彻底消灭农奴制度,消灭农奴主阶级"。[②]

在牧区,鉴于牲畜既是生产资料又是生活资料,一旦遭到损失就很难恢复的特殊情况,确定这里的民主改革基本仿照内蒙古的办法,实行"不斗,不分,不划阶级"和"牧工牧主两利"政策。为了

[①] 中共西藏自治区委员会党史研究室:《中国共产党西藏历史大事记》,第1卷,中共党史出版社,2005年,第157页。
[②] 中共西藏自治区委员会党史研究室:《中国共产党西藏历史大事记》,第1卷,中共党史出版社,2005年,第161～162页。

便于工作,仅在民主改革工作队(组)内部酌情把农奴主、农奴主代理人和牧主划出来,其余的统称为牧民。确定党在牧区的阶级路线是:依靠劳动牧民(特别是牧工和贫苦牧民),团结一切可以团结的力量(包括未叛的牧主等),打击叛乱的农奴主及其代理人和叛乱牧主。

在寺庙和城镇,也都是依靠实际上仍处于农牧奴和奴隶地位的贫苦喇嘛和贫苦市民,尽可能团结大多数,孤立和打击极少数最顽固的阶级敌人。

5. 建立武装治安小组以稳定社会

1959年11月24日,西藏工委通过了《关于已完成民主改革地区的工作安排》,要求已结束民主改革的地区,应以生产为中心,结合做好征购粮食,处理在押犯,继续把"将叛乱分子提光、将叛乱证据收光、将枪支收光"的任务搞彻底,并在群众发动较好的地区,把区、乡政府和武装治安小组建立起来;在领导生产时,仍应认真贯彻群众路线,要积极领导组织群众搞好互助组。[1]

1960年1月15日中共中央批复西藏工委《关于民主改革运动中彻底肃清残匪加强对敌斗争的指示》等两个文件,在统一了西藏工委关于加强对敌斗争有关问题时,着重指出了对敌斗争的方针、步骤及区分不同区域和不同情况,确定当时对敌斗争的重点及有关死刑的处置程序等。[2]

6. 积极做好农民的思想工作

1959年10月30日西藏工委通过了《关于在民主改革中建立各级政权组织的指示》,指出:西藏的建政工作,必须贯彻人民民主

---

[1] 中共西藏自治区委员会党史研究室:《中国共产党西藏历史大事记》,第1卷,中共党史出版社,2005年,第162页。
[2] 中共西藏自治区委员会党史研究室:《中国共产党西藏历史大事记》,第1卷,中共党史出版社,2005年,第165~166页。

专政和民族区域自治的原则和精神,应本着"积极慎重"的建政方针,把在民主改革中表现好的积极分子选拔到各级政权中来。在自治区和专署两级政权中适当安排一些上层人士,县以下各级政权原则上不安排上层人士(指农奴主及其代理人)。鉴于西藏普选条件尚不成熟,当前建政方法可采取委派制度,随着民主改革的完成,逐步建立区、乡人民政府,县、区、乡人民政府成立时召开人民代表会议。[1]

1959年12月10日西藏工委颁布《当前工作中应注意的几个问题》,注意教育农民群众在搞好生产时注意节约粮食;发展互助组时,应贯彻执行自愿互利的原则;要认真学习和领会有关文件精神。[2]

二、在农牧区实施"民主改革"政策,逐步消灭封建农奴制度

1959年4月5日,中央复电西藏工委同意在农区实行"谁种谁收"政策。基本内容是:同意以军管会的名义出面,动员农民迅速春耕,宣布凡耕种叛乱者占有的土地(不公开说寺庙),今年可免缴地租,谁种谁收。[3] 1959年4月14日,西藏工委以军管会名义发布《关于春耕生产的布告》,号召西藏人民立即行动起来,积极投入春耕生产,不使土地荒芜,并夺取丰收。布告公布对叛乱农奴主以及代理人的土地,今年实行"谁种谁收"的政策,并帮助贫苦的农

---

[1]中共西藏自治区委员会党史研究室:《中国共产党西藏历史大事记》,第1卷,中共党史出版社,2005年,第160页。

[2]中共西藏自治区委员会党史研究室:《中国共产党西藏历史大事记》,第1卷,中共党史出版社,2005年,第163页。

[3]中共西藏自治区委员会党史研究室:《中国共产党西藏历史大事记》,第1卷,中共党史出版社,2005年,第140页。

民解决种子困难。①

1959年4月17日,西藏工委颁布《关于平叛中农业生产问题的紧急指示》。指示各地可在叛乱农奴主的宗和豁卡中组织平叛生产委员会,负责支持平叛和解决生产中的有关种子、农具等问题,力争平叛、生产两不误。②

1959年5月31日中央同意西藏工委《关于当前在平叛工作中几个政策问题的决定》,制定了西藏民主改革步骤:第一步,以三反(反叛乱、反乌拉、反奴役)双减(减租减息)为内容;第二步以实行分配土地为内容。明令宣布废除旧的一切剥削制度,废除农奴的人身依附;明令实行减租减息政策;进一步强调了"谁种谁收"政策,以及对参加叛乱贵族的生产资料的分配政策和对未参加叛乱贵族的生产资料参照内地对民族资产阶级的办法,实行赎买政策。③

1959年7月22日,西藏自治区筹委会通过了三个有关民主改革的文件,即《西藏地区减租减息实施方案》、《西藏地区区域的调整方案》、《西藏地区各县、区、乡农民协会的组织章程》,这些文件对"减租减息"政策的实施范围、具体办法等作了详细的规定和说明;《章程》对西藏建立农村农民协会的有关问题作了规定和说明。④ 1959年9月1日,西藏工委发出《关于牧区工作的指示》,指出:鉴于牧区个别区出现的工作偏差,对牧区的生产资料采取不改

---

① 中共西藏自治区委员会党史研究室:《中国共产党西藏历史大事记》,第1卷,中共党史出版社,2005年,第142页。
② 中共西藏自治区委员会党史研究室:《中国共产党西藏历史大事记》,第1卷,中共党史出版社,2005年,第143页。
③ 中共西藏自治区委员会党史研究室:《中国共产党西藏历史大事记》,第1卷,中共党史出版社,2005年,第150～151页。
④ 中共西藏自治区委员会党史研究室:《中国共产党西藏历史大事记》,第1卷,中共党史出版社,2005年,第153页。

变所有制,不进行分配的方针,即暂不进行民主改革;开展"三反两利"(反叛乱、反乌拉、反奴役和牧工牧主两利)运动,保护牧区生产,全区各分工委要加强对牧区工作的领导。① 1960年2月4日,西藏工委通过《关于土地改革复查的几个问题指示》,指出了有些地方在土地改革中存在的有关问题,并指出各分工委应选择有代表性的地方进行土改复查的试点工作,并强调了在复查中应注意的有关问题。② 1960年2月9日,西藏工委颁布《关于一九六〇年农牧贷款工作的指示》,指出了贷款的对象——贫苦农牧民和手工业者,贷款的用途和目的——解决生产困难,贷款的方法——原则上应发放实物及利息的有关规定。③

西藏民主改革根据农村、牧区、寺庙、城镇和边境地区的不同情况有不同政策和要求,以便逐步消灭封建农奴制度。对1958年以前农奴主及其代理人借给劳动人民的高利贷,一律废除;1959年内所放的债,一律按月利一分计息(每元每月付息一分)。销毁旧约,另立新约。同时,解放奴隶,废除奴隶对主人的人身依附关系,改为雇工关系。另外,废除农奴主土地所有制,将土地分配给广大农奴,实行农民个体土地所有制,由人民政府给农民颁发土地证。分配土地时,以乡为单位按人口平均计算,本着尽可能满足贫苦农奴和奴隶的要求,适当照顾中等农奴的原则进行分配。

在牧区,没收叛乱农奴主及其代理人和叛乱牧主的牲畜,分给原放牧者和其他贫苦牧民。除此以外,对这里的生产资料所有制

---

① 中共西藏自治区委员会党史研究室:《中国共产党西藏历史大事记》,第1卷,中共党史出版社,2005年,第155~156页。

② 中共西藏自治区委员会党史研究室:《中国共产党西藏历史大事记》,第1卷,中共党史出版社,2005年,第166页。

③ 中共西藏自治区委员会党史研究室:《中国共产党西藏历史大事记》,第1卷,中共党史出版社,2005年,第166~167页。

基本不予变更,通过改革,废除农奴主霸占牧场的封建特权(未宣布归谁所有)和利用牧场进行剥削的制度,废除在牧区同样存在着的人身依附制度,废除"计美其美"(所谓"其美"就是领主强迫放给牧民一头牝牛,名义上牝牛生的小畜归牧民。但不管这头牛是生是死,牧民的子孙世代,年年要缴纳没有休止的定额负担),①保障牧工的政治权利,适当提高牧工工资,改善牧工生活。允许未叛农奴主、代理人、牧主和牧民相互间出租牲畜,收取畜租,即允许原有的"计约其约"(有生有死)②和"协租"(分成制)③等牲畜出租形式继续存在。但是租额大体比照农区2:8减租的比例,由双方自行商定,这就改变了过去"协租"的沉重剥削。据1960年对当雄宗牧区11家牧户58人的家庭调查,可以得出结论。这11家牧户共租放贵族杜仁家的143头牝牛,年交租额466.25克,58人平均每人一年担负8克酥油,3克羊毛。143头牝牛,年共产酥油437克,每克值大洋6元5角,计值2840.5元;生小牛72头,计值1400元;

---

①1946年当雄宗政府以18两藏银作价一头"其美"牛,强放给牧民(低于市价12两),截至1958年,12年来共交酥油24克。按1958年1头牛合24克酥油的当雄市价折算,合计553元,折藏银8295两,这个数目与1946年的市价30两藏银相比,剥削率达275倍。据吴从众:《西藏当雄宗民主改革前的牧区调查》,《民族研究》,1960年,第2期。

②"有生有死制"畜租——藏语叫做"协"。凡租畜的毛皮、增殖的幼畜,都归"协"主。牲畜若遇到兽灾或抢劫,必须持畜角、皮张或其他证明,否则,"协"主要严厉地惩罚。据吴从众:《西藏当雄宗民主改革前的牧区调查》,《民族研究》,1960年,第2期。

③"协租"的租额很重,大致可分为三种:头年生小牛者,每头牛交酥油3至4克(每克约7斤);不生小牛或刚满四岁的牦牛,每头牛交2克;当年生小牛的交2至3克。一头牝牛平均每年只产3至5克酥油,除了交"协租",牧民们所得极少。一只绵羊交"协租"酥油1/5克左右。据吴从众:《西藏当雄宗民主改革前的牧区调查》,《民族研究》,1960年,第2期

奶渣218克,计值32.5元;生小羊10只,计值30元;奶渣2.5克,计值12.5元;羊毛3克,计6元,等等。在这笔劳动财富中,"协主"得79.85%,牧民得20.2%。① 正是由于苛重的盘剥,牧民对"协畜"的饲养是不关心的,加之挤奶过多,幼畜成活率很低,阻碍牧区生产力发展的现状,民主改革后对"协租"的租额大体比照农区2∶8减租的比例,这就对发挥牧工、牧民放牧的积极性,调动畜主经营牧业的积极性,保护畜牧业生产的发展起到了重要作用。

寺庙的民主改革称为"三反(反叛乱、反封建特权、反剥削)、三算(算政治迫害、等级压迫和经济剥削账)"运动。要求通过"三反"运动,保护工商业。除叛乱匪首、骨干分子独资经营的工商业由军管会登记接管外,其余一律不动。同时,安置贫民、乞丐,处理游民,组织就业,扶持手工业,加强城乡物资交流,逐步进行市场管理。

三、整顿货币市场,稳定金融和市场物价

和平解放前,西藏地区流通使用的货币是硬币银元和纸币"钞票"。不同的是,内地各省使用的"钞票"系国民党中央银行印制发行的法币,即"金圆券"、"银圆券",辅币是镍币,计量单位为元。西藏使用的"钞票"则是西藏地方政府印制发行的"藏钞",辅币为西藏地方政府铸造的铜币;西藏民间广泛使用的硬币是民国3年铸造的闭眼"袁头"银元。民主改革前32年间,原西藏地方政府滥发1.6亿余两藏银,折合人民币约1066万元。与此同时西藏市场上印度卢比、美元、英镑以及其他国家货币也在混杂流通。

新中国成立后,在全国实施统一货币流通政策的同时,为了缓和民族矛盾,改善藏汉民族关系,稳定西藏局势,在《和平解放西藏

---

① 吴从众:《西藏当雄宗民主改革前的牧区调查》,《民族研究》,1960年,第2期。

十七条协议》签字后,中央同意在西藏暂不发行流通人民币,在西藏民间暂时保留沿用"藏钞",中央在西藏采取对银元只回收、不投放的政策。在中央、政务院的政策指导下,中国人民银行严格现金管理,严厉控制银元投放,开展外汇工作,采取了一系列措施,最终实现了从藏币到人民币的平稳过渡。

首先,严格控制货币投放。

为严格控制货币——银元投放,采取了四项强有力措施:第一,严格控制采购投放。由于西藏地区工、农业生产极端落后,物资非常短缺,如不严格控制采购和一切支付,必将导致市场物价上涨。西藏工委与西藏军区明确规定"必需的物资采购,统一由军区后勤——兵站与贸易公司根据需要与可能控制采购,其他任何单位与个人不得在市场采购物资";第二,严格控制基本建设投放。当时除川藏、青藏两条急需的公路建设外,其它基建项目均未考虑实施。即使是这两条公路建设,都以解放军施工为主,只用了少量的民工,这就把基本建设投放控制到了极小的范围;第三,信贷投放,暂不开展。当初西藏的工商业和银行,均不具备开办信贷业务的条件。唯一开展最早的贷款项目,是以中国人民解放军的名义,为了宣传群众,争取群众,在农、牧民(奴)中发放救济性的"农、牧贷款"。

该贷款无息,并公开宣传:"有力还,无力缓,实在还不起可免",等于发救济款一样。

其次,用外汇回笼货币——银元。

中央、政务院特批准中国人民银行西藏办事处,在拉萨开办外汇业务。西藏办事处在筹建机构的同时,通过上层统战工作,对外重点宣传人民银行的外汇业务,动员拉萨的藏、回、汉、尼泊尔商人,将计划运往印度购买商品的银元、改向人民银行购换外汇——印度卢比——汇票,然后去印度加尔各答中国银行兑现卢比后,在印度购买西藏市场所需的军需民用商品,运回西藏销售。1952年

2月22日正式挂牌开业,至1952年底,回笼银元1000多万元。

在开展外汇业务中,遵循"保障军供,兼顾民需,稳定金融物价"的方针,同时执行"鼓励与限制"的双重政策。"鼓励",就是通过优惠而稳定的外汇汇率鼓励,中央在外汇上给西藏补贴了50%多的差价;[1]"限制"主要指严格限制内地往西藏汇款,除军款、财政款项和有关部门公款可通过专门规定的通汇行汇往西藏外,其它一律不准向西藏汇款。中央政府回笼银元政策,不仅解决了银元受运输制约而带来的供应困难问题,还阻止了大量银元外流,同时大大增加了西藏市场的商品供应,缓和了物资供应紧张局面,稳定了市场物价。

1959年7月15日,西藏自治区筹委会发布了关于在全区普遍发行使用人民币的布告。布告明确规定:"中国人民银行发行人民币,为法定货币,任何人不得拒绝收受和贬值使用。"[2]为了避免藏族人民蒙受损失,8月10日发出了在全区废除和收兑藏币的布告。1962年5月10日公布《西藏自治区金银管理和禁止外币、银元流通暂行办法》,"禁止金银、外币银元计价行使流通"。[3] 从此,结束了西藏金融活动无序状态,实现了由银元向人民币的平稳过渡,确立了人民币在西藏经济活动中的地位。统一使用人民币,为稳定金融和市场物价,保证人民生活安定平稳起到了重要作用。

---

[1] 当时印度卢比在北京的牌价为人民币0.522元换1盾印度卢比,在拉萨民间市价为5~6两藏币换1盾卢比,而人行在拉萨的牌价是银元1元换3个卢比,内扣20‰汇费,即银元0.33元多一点就可换1盾卢比(当时人民币与银元在内地的比价为1∶1)。

[2]《辉煌的二十世纪新中国大记录》(西藏卷),红旗出版社,1999年,第355页。

[3]《辉煌的二十世纪新中国大记录》(西藏卷),红旗出版社,1999年,第355页。

四、废除寺庙的封建特权和剥削制度,实现政教分离、信仰自由

宗教和寺院在旧西藏政教合一的社会政治结构中处于"万流归宗"的地位,成为唯一的意识形态和独立的政治、经济实体,拥有庞大的势力和众多的政治、经济特权,支配着人们的精神文化生活和经济生活。寺院上层僧侣既是西藏的主要政治统治者,也是最大的农奴主之一。据1959年统计,在全西藏330万克(藏民族使用的面积计量单位,15克相当于1公顷)耕地中,寺院和上层僧侣占有121.44万克,占36.8%;贵族和由僧俗官员组成的官府则分别占24%和38.9%。哲蚌寺当时就拥有185座庄园、2万名农奴、300个牧场和1.6万名牧民。1952年拉萨3.7万城镇人口中,竟有1.6万名僧人。据20世纪50年代调查统计,西藏共有2700多座寺庙,12万僧人,占当时西藏总人口的12%,大约有四分之一的男子出家为僧。不到人5%的政府、贵族、寺庙三大领主及其代理人几乎占有全部生产资料,其中寺庙占有生产资料的比重高达39.5%,剥削量达65%~80%,而且政府收入的三分之一和贵族收入的一半又用于供养寺庙和佛事活动。强制性的高利贷盘剥、特权商贸的收入,也是寺庙经济的重要来源。拉萨的色拉、哲蚌、甘丹三大寺庙就占有庄园321处,耕地17万多克、牧场261个、牲畜11万头、农牧奴隶7.58万多人。而且尚未包括三大寺庙中众多活佛个人的占有。

遍布西藏各地的寺庙、比例极高的僧人和众多的宗教活动,聚敛和消耗了西藏大量人力资源和绝大部分物质财富,成为妨碍生产力发展的沉重枷锁。在1959年3月的武装叛乱中,除班禅系统的寺庙外,几乎所有大寺主持都参加了叛乱,不少寺庙成了叛匪的据点。西藏政教合一的封建农奴制度严重地阻碍了西藏社会的发展,百万农奴生活在水深火热之中。正如美国藏学家梅·戈尔斯

坦指出的,宗教和寺院集团是"西藏社会进步的沉重桎梏"和"极端保守的势力";"正是由于全民族信教和宗教首领执掌政教大权这一因素,导致西藏丧失了适应不断变化的环境和形势的能力。"[①]西藏喇嘛寺庙中的种种封建特权和封建剥削制度影响西藏走向现代和文明。

西藏人民获得真正的全面的宗教信仰自由的权利是和实行民主改革分不开的。废除寺庙的封建特权和封建剥削制度,实行必要的民主改革,为宗教信仰自由政策的全面贯彻创造了条件。西藏宗教制度改革的总要求是:坚持宗教信仰自由,保护爱国守法的寺庙和宗教界人士。彻底肃清寺庙的叛乱,彻底废除寺庙的封建特权和剥削制度。建立寺庙民主管理制度,保护宗教文物古迹。

1959年9月2日西藏工委颁布《关于对"三大寺"若干问题的处理意见》,明确规定彻底清除寺庙中的一切叛乱组织和反革命组织,废除寺庙中的一切封建特权,依法没收三大寺占有的封建特权,依法没收三大寺占有的牧场、庄园等一切生产资料;宣布了当前的几项工作安排及需要处理的几个问题(已叛乱的寺庙及应保留的寺庙)。[②]

遵照中央关于西藏采取和平改革和区别叛与未叛的总方针,寺庙改革的基本政策和实施过程主要有:

(一)西藏寺庙进行宗教制度改革的基本立足点是:依靠贫苦僧尼,团结爱国守法的宗教界人士,打击叛乱的和最反动的农奴主及其代理人。

(二)在寺庙广泛开展"三反三算"或"双反三算"运动。"三反",即反叛乱、反特权、反剥削;未参加叛乱的寺庙是"双反",即反

[①] 梅·戈尔斯坦著:《喇嘛王国的覆灭》,时事出版社,1995年,第392页。
[②] 中共西藏自治区委员会党史研究室:《中国共产党西藏历史大事记》,第1卷,中共党史出版社,2005年,第156页。

特权、反剥削,进行防叛乱的正面教育。"三算",即算政治迫害账、算等级压迫账、算经济剥削账。向贫苦僧尼和宗教界人士广泛宣传平叛改革的方针政策,提高他们的觉悟,清查和取缔寺庙中的叛乱组织,收缴叛乱武器和反动文件,处理叛乱骨干分子,充分发动苦大仇深的贫苦僧尼,控诉叛乱分子的罪行,揭露封建农奴制度的腐朽本质,使贫苦僧尼认清自己遭受剥削和压榨的根源,坚定他们反对分裂和改革封建农奴制度的决心和信心。

(三)把自下而上地发动和组织群众,同自上而下地与宗教界爱国进步人士的协商结合起来,在充分做好发动群众工作的同时,注意做好上层人士统战工作。对于改革中的重要问题要和上层中的进步人士和中间人士进行协商,充分听取他们的意见,采纳他们的正确建议,取得他们同意。对绝大多数爱国守法的宗教人士,采取团结教育的方针,调动他们的积极性,推动他们和贫苦僧尼一起投入对叛乱分子和最反动农奴主的斗争中。

(四)保护宗教信仰自由和寺庙的正常活动,公开宣布取缔废除的十条政策:即1.彻底清查一切叛乱组织和反革命组织,肃清寺内的叛乱分子和反革命分子,没收他们的财产;2.坚决废除寺庙的各种封建特权,包括寺庙委派官员管理市政、私设法庭、监牢、刑罚和私藏枪支;把没收群众的财产,归还人民;反对寺庙干涉诉讼、干涉婚姻自由和干涉文教事业等;3.废除寺庙放给农奴和贫苦僧尼的所有高利贷债权;4.依法没收叛乱寺庙的庄园、牧场及一切生产资料;5.废除寺庙向群众派乌拉、差役,对群众进行人身奴役的封建特权;6.不准寺庙向群众强行摊派和敲诈勒索财物,取缔寺庙的非法工商业和强买强卖;7.废除寺庙向群众摊派"僧差"的制度,禁止寺庙强迫群众当僧尼;8.废除寺内的封建统治和封建等级制度、打罚制度;9.废除寺庙之间的封建隶属关系;10.废除寺庙利用宗教节日(如传召等)行使的一切封建特权。

公开宣布保护和不干涉的十条政策:即1.贯彻执行宗教信仰

自由政策,保护爱国守法的寺庙;2.保护僧尼的政治权利,僧尼在政治上一律平等,都享有人身自由的权利;3.保护寺庙的佛经、佛像、宗教用具和陈列品;4.保护一切文物古迹;5.保护僧尼有生产劳动和参加学习的权利;6.保护群众自愿当僧尼和僧尼自愿还俗的权利;7.保护寺庙的正当商业、运输业和手工业;8.保护正常的宗教活动;宗教活动不得妨碍生产建设和违反国家的政策法令;9.不干涉群众自愿给寺庙布施和自愿捐献其拥有的生活资料;10.不干涉寺庙的学经、辩经和确定宗教职务的考试制度。①

(五)对未参加叛乱的寺庙和宗教界爱国人士在农区的生产资料(土地、房屋、耕畜、农具),按当时西藏市场价格折算后,实行赎买政策(如扎什伦布寺就得到赎买金 596 万多元)。对他们在牧区的牲畜实行牧工牧主两利政策,对他们 1958 年以后放给群众的债务实行减息和保留债权的政策;对宗教界爱国人士,政治上给予适当安排,生活上给予适当补贴,不降低其正常生活水平。1960 年 7 月 30 日中央指示在民主改革中团结班禅集团,要防止"左"的倾向,不要把党内的反右斗争情绪带到党外斗争中去,对班禅集团必须采取团结为主、说理斗争、保护过关、区别对待的方针。②

(六)建立寺庙民主管理委员会,实行民主管理制度。民管会是所在寺庙的行政管理机关,接受当地政府宗教事务部门的领导。民管会的主要任务是贯彻宗教信仰自由政策和政府的各项政策、法令,管理寺庙自养活动,生产经营,组织僧尼参加政策法令和时事学习;组织寺庙的收入分配,安排僧尼的生活,安排寺庙的正常宗教活动和僧尼的宗教修习;负责寺内的文物保护和治安工作。

---

①中共西藏自治区委员会党史研究室:《中国共产党西藏历史大事记》,第 1 卷,中共党史出版社,2005 年,第 156 页。

②中共西藏自治区委员会党史研究室:《中国共产党西藏历史大事记》,第 1 卷,中共党史出版社,2005 年,第 174 页。

在民管会的组成人员中贫苦僧尼大体上占三分之一,爱国守法的宗教界中上层人士占三分之一,产生办法是由全体僧尼大会以无记名投票方式直接选举产生,获得半数以上选票者当选。委员选出后报经当地政府宗教事务部门备案。

上述关于宗教改革的政策和措施,充分体现了中国共产党对宗教信仰与宗教封建领主,对于农奴主的压迫剥削制度与贫苦僧尼的解放,这两种不同性质问题的正确区分和把握。即对于宗教信仰问题,必须采取信仰自由政策,对于宗教封建领主的压迫剥削制度,必须实行民主改革,彻底加以废除。这也是在西藏进行现代民主政治建设的重要内容。因此,中央政府的态度非常明确,只要不违背社会主义社会的根本利益,政府并不加以干涉宗教内部事务。李维汉曾经指出:"宗教制度的改革,毫无疑义要用和平的方法去进行……如果有些问题需要由政府颁布法令,也要在群众觉悟了,群众愿意了,再那样去做。而不能先由政府下个命令,强迫群众接受。"[①]宗教制度的改革涉及广大信教群众,只能采取说服教育的方法,而不能采取强迫或行政命令的方法。也就是说,宗教制度的改革必须建立在信教群众真正觉悟的基础之上。但是绝不允许宗教界人士对广大农牧民进行残酷的压迫剥削;决不允许西藏喇嘛教界中的小部分反对改革的上层分子,煽动蛊惑群众破坏甚至抗拒民主改革。

西藏宗教制度改革是西藏社会民主改革的重要组成部分,是宗教界的一场反封建的深刻变革。第一,通过宗教制度的改革,废除了寺庙的封建特权和剥削制度,涤荡了封建农奴制度对藏传佛教的玷污;第二,建立了寺庙民主管理制度,实现了政治统一、信仰自由、政教分离和各派平等的现代民主原则;第三,使西藏宗教界有了一批拥护中国共产党领导、拥护社会主义制度、具有一定宗教

[①] 李维汉:《统一战线问题与民族问题》,人民出版社,1982年,第562页。

知识素养的宗教学者和教职人员,成为党和政府联系信教群众,贯彻执行党的宗教政策的可信赖力量。1960年1月,周恩来在接见班禅时说:"可以培养一些对宗教真正有信仰、有学问的人,专门从事念经、辩经活动,佛学家也可以带几个徒弟。"①第四,促进了西藏地区政治、经济、文化教育事业的发展。从而促进了西藏社会的发展,也使藏族人民真正享受了《宪法》所赋予的宗教信仰自由权利。1965年2月,周恩来在同阿沛·阿旺晋美和帕巴拉·格列朗杰谈话时还说:"我们历来主张政教分离,政治不能利用宗教,宗教不能同政治连在一起。至于思想信仰问题,不能强迫人们不信,信教自由。"②

当时学术界积极成立了西藏社会历史调查组,对中央的宗教政策作出理论分析和科学论证。③ 这对广大干部和宗教界人士进一步领会党的宗教政策起着积极作用,有利于宗教改革顺利进行。

五、西藏"民主改革"取得的成就

1959年10月7日《西藏日报》报道,雅鲁藏布江、拉萨河、年楚河、尼洋河和澜沧江流域等主要农业区,不断传来秋收的喜讯。粮食收成比平叛改革前的1958年增加10%到20%。④ 1960年第5期《新华半月刊》上发表了张经武题为"西藏民主改革的胜利"的文章,介绍了西藏民主改革所取得的成绩,"全区共计78个县(包括拉萨市相当县级的4个城区、2个郊区)。根据今年1月底的统

---

①《周恩来年谱》(1949～1976),中卷,中央文献出版社,1997年,第387页。
②《周恩来年谱》(1949～1976),中卷,中央文献出版社,1997年版,第712页。
③西藏社会历史调查组王森、王辅仁:"废除西藏喇嘛寺庙的封建特权和封建剥削",《民族研究》,1959年,第8期。
④中共西藏自治区委员会党史研究室:《中国共产党西藏历史大事记》,第1卷,中共党史出版社,2005年,第159页。

计,在农业区现在已有57个县约79万人口的地区开展了民主改革运动,其中有40个县约61万人口的地区完成了'三反双减'运动。在这40个县中,已有35个县约47万人口的地区完成了土地分配。另在牧业区的12个县7万人口的地区正在开展'三反'和'两利'运动。在全区轰轰烈烈的民主改革运动中,广大群众不仅在政治上获得了彻底解放,废除了人身依附关系,而且在经济上也获得了极大的利益。由于实行'谁种谁收'、'减租减息'和废除高利贷等政策的结果,群众得益约合粮食10亿多斤,每人平均1500斤。在完成了分配土地的地区,每人平均分得了3.5克土地(1克约28斤,1克土地即是指能播种1克种子的土地,约合1市亩)。"①

1960年4月26日,《人民日报》以"西藏新生一年万事巨变"为题,报道了西藏发生的巨大变化。报道中说:"截止3月中旬,全区78个县,在农业区已经有52个县约63万人口的地区全面完成了民主改革"。"已经完成民主改革的地区普遍建立了专区、县、区、乡各级人民政权,实现了西藏劳动人民当家作主的愿望,树立了劳动人民的优势。现在,全区已经建立起拉萨市人民政府和日喀则、山南、江孜、昌都、林芝、那曲、阿里7个专员公署。全区78个县普遍建立了县级人民政府,全区270多个区和1300多个乡中也有60%到70%建立了区乡级政权"。"全区已有藏族县长、区长300多人,乡长816人,全区现有1200多个乡一级农民协会,完全由翻身的奴隶和贫苦农奴担任领导骨干,各级人民政府的工作人员大部分都是藏族劳动人民出身。"②

1960年5月,阿沛·阿旺晋美在第二届全国人民代表大会第二次会议上介绍西藏的情况时说:"去冬以来,全区共修水渠3000

---

① 张经武:《西藏民主改革的胜利》,《新华半月刊》,1960年,第5期。
② 《西藏新生一年万事巨变》,《新华半月刊》,1960年,第14期。

条,长达3000里,整修水库300个,扩大灌溉面积37万余克。使全区的灌溉面积由原来的65%扩大95%。仅山南一个专区,已经积肥约40亿斤,平均每克土地可施肥17000斤。同时还建立了化肥厂33座,生产化肥75000余斤。许多地方的耕地,往年最多冬翻一次,改革后,全区90%以上的耕地已经翻了一遍,其中53%的耕地翻了两遍,28%的耕地翻了3遍。""广大的农牧民,在党的领导下,在汉藏工作人员的帮助下,经过改革斗争的锻炼,建立了自己的组织——农(牧)民协会。例如山南专区已经成立了农民协会290个,有会员76800多人;那曲专区成立了牧民协会63个,有会员30000多人。"①

1960年11月30日在罗布林卡举办了"西藏生产建设成就展"。1960年11月25日西藏全区基本完成了土地改革,民主改革共没收和赎买了农奴主阶级占有的耕地280多万克,分给了20万户、80多万名无地的农奴和奴隶。在农牧区共解放了20000多名奴隶。全区有寺庙2607座,僧尼114,925人,其中已有2379座(包括哲蚌、色拉、甘丹和扎什伦布四大格鲁派主寺)结束了"三反三算"运动,城镇"四反"和牧区的"三反两利"运动也都接近完成。在此过程中,农村发展党员692名、团员1967名,建立农村党支部123个、团支部252个;在全区各级人民政权中。藏族干部比1958年增加66%。与此同时,农牧工业生产不但未因叛乱的破坏而减产,而且1959年还比1958年有了较大增产。1959年夏季山南等地农村就开始发展生产互助组,1960年全区农业生产互助组已发展到1.5万多个,牧业生产互助组也发展起来了。

民主改革的进行,政教合一的封建农奴制度的废除,极大地激发了广大农牧民群众生产积极性,促进了西藏社会生产力的发展。

---

① 阿沛·阿旺晋美:《西藏民主改革的胜利》,《新华半月刊》,1960年,第9期。

广大翻身农牧民以从未有过的高涨热情投入到新民主主义社会的建设中,西藏的各项事业出现了空前的全面大发展的好形势。

在农村,广大群众改变过去的习惯,普遍开展了群众性的积肥造肥劳动。为了开辟肥源,积优质肥料,群众把几百年来没动的寺庙茅坑深挖半尺。同时,在冬季他们又掀起兴修水利热潮,开荒造田,修渠引水,并发展多种经营,搞副业生产。在牧区,由于贯彻了党的"三反"、"两利"政策,广大牧民开展保护牛羊过冬的群众运动,不少地区整修和兴修了牛羊棚圈,给幼畜准备了"取暖毡",实行了草场有计划放牧。一些地区的翻身牧民还把枯黄的浅草扫堆起来,以抗御雪灾。

全国各族人民给西藏以大力支援和帮助。据1959年10月13日《西藏日报》报道,从祖国各地来西藏支援建设的各专业技术干部已有417名先后到达拉萨。11月25日新华社报道:西藏农牧民已获得国家无偿拨给的366957件铁质农牧生产工具,平均每户可得到1.5件。1960年1月7日《西藏日报》报道:"全国各地大力支援西藏,一年来从内地运来的各种物资中仅茶叶2000多吨,布匹1800多吨。据统计,1960年至1966年的6年间,银行向西藏贷款700余万元,信用合作社发放贷款300余万元,与民主改革前1952年到1959年共发放271万元农牧业贷款相比,大幅度增长"。

正是由于这一系列新变化,西藏社会经济文化和各项事业开始全面加速发展。民主改革第一年的1959年,西藏全区粮食总产量即比1958年增长4.5%,达到182905吨;1960年全区牲畜存栏数比1959年增长10%,达到1050多万头(只)。到1960年,全区粮食总产量又比1959年增产15%,达到42000万斤,比1959年增加7000万斤。

平叛开始后的短短一年多时间里,"各地农民协会发动群众自筹资金和用具,办起了1100所民办小学和成人文化夜校。山南农村已做到乡乡有学校。西藏各地新设立了60多个县卫生院,许多偏僻山区和牧场的人民生了病都能得到及时的治疗"。① 在广大农牧区,供销、信用合作社和民办小学、农牧民夜校、识字班、电影放映队、医疗卫生机构,也像雨后春笋一样发展起来,所有这些事实展示了西藏经济、社会、文化事业的发展和一种现代文明和进步社会的新气象。

"西藏地区,无论农业区或牧业区都呈现出一片热火朝天积极生产的新景象。……在党中央和毛泽东同志的正确领导下,西藏人民群众不但有力量推翻统治了他们千百年的封建农奴制度,更有力量创造美满幸福的未来。"②

第三节 "民主改革"后,西藏社会经济稳定发展的轨迹③

1961年西藏的民主改革基本完成,1965年西藏自治区正式成立,西藏经历了一个稳定的发展时期,这是西藏彻底完成民主改革的辉煌时期。这一时期西藏地区的主要工作,就是贯彻执行中央提出的"稳定发展"的方针。稳定发展是一个以个体所有制经济为基础,同时加强基层政权建设,从各方面努力实现民族区域自治的历史过程。在"稳定发展"的几年中,西藏的各项事业得到了全面

---

①《西藏新生一年万事巨变》,《新华半月刊》,1960年,第14期。
②张经武:《西藏民主改革的胜利》,《新华半月刊》,1960年,第5期。
③有关稳定发展时期的社会性质,参考杨维周、姚俊开合写的发表在2001年5月17日《西藏日报》上的一篇文章《西藏社会实现历史跨越的50年》。该文首次从理论上提出了西藏"从封建农奴制社会向新民主主义社会的转变"的论断,认为1961—1965年西藏社会的性质应该是新民主主义社会,摈弃了西藏"从封建农奴制社会一跃为社会主义社会"的传统说法。

发展,取得了巨大的成就。全区到处呈现出一派团结互助、欣欣向荣的景象。

一.西藏自治区成立,标志着在西藏确立了现代政治制度

1949年9月,周恩来在政治协商会议召开前,向各位代表就所做的报告中关于建国制度问题进行说明时,分析中国多民族的特点后指出:"这里主要的问题在于民族政策是以自治为目标,还是超过自治范围。我们主张民族自治,但一定要防止帝国主义利用民族问题来挑拨离间中国的统一。"[①]中国共产党在观察、把握、解决中国民族问题的实践中,不断根据国际共产主义运动的发展和国内新民主主义革命的形势,运用马克思主义民族理论的基本原则,坚持不懈地探索符合中国统一的多民族国家历史和各少数民族争取民族解放斗争现实的最佳结合点,深化了对中华民族多元一体基本国情的理性认识,而最终探索出一条符合中国多民族国情实际且具有中国特色的解决民族问题的道路。

1965年9月,西藏自治区经过近十年的筹备,正式宣告成立。它是西藏和平解放以来在中国共产党的民族政策的指引下,各项工作取得重大胜利的结晶,同时也是西藏从封建农奴制社会经过民主革命跨入社会主义社会新的发展阶段的标志。实行民族区域自治,是党解决国内民族问题的基本政策,民族区域自治是我们多民族的社会主义国家的一项基本制度。在新中国诞生时第一届人民政协所通过的《共同纲领》中明确写道:"各少数民族聚居的地区,应实行民族的区域自治,按照民族聚居的人口多少和区域自治,分别建立各种民族自治机关。"

[①] 周恩来:《关于人民政协的几个问题》,《民族问题文献汇编》,第1267页。

民族区域自治在西藏的实施,是根据党对西藏工作的"慎重稳进"方针,从西藏实际出发,注意照顾民族和地区的特点,结合西藏解放以后各个时期的中心任务,分阶段、有计划、有步骤地来进行的。1956年4月西藏自治区筹备委员会成立后,经过长期的斗争和大量的准备工作,从各方面为西藏自治区成立创造了有利条件。民主改革后,各地和广大农牧区经过民主选举,建立了各级基层政权组织。1961年,西藏各地开始实行普选,昔日的农奴和奴隶第一次获得了当家作主的民主权利。他们踊跃参加选举,并由此产生了自治区各级权力机关和政府,一大批翻身农奴和奴隶担任了自治区各级领导职务。截止1964年底,建立各级人民代表大会制度的选举工作,已取得了重大成绩,全区实行普选的乡已有1000多个;在选出的2600多人民代表中,贫苦农奴和奴隶就有2200多人。当时全区藏族干部已达5800多人,其中有1200多人担任了专署、县、区各级领导职务。对爱国进步人士的团结教育工作也在不断加强,在各级政权和政协机关工作的中上层人士已达到1400多人。①

为了有力推动这一制度的实施和发展,中央政府把培养少数民族干部作为一项战略任务加以确立,提出:"为了国家建设、民族区域自治与实现共同纲领民族政策的需要,从中央至有关省、县,应根据新民主主义的教育方针,普遍而大量地培养各少数民族干部",以实现各民族人民当家作主、自主管理本民族内部事务的平等权利。只有培养出一大批各少数民族自己的政治干部和专业人才,民族区域自治才能够在"自治"这个核心问题上得到落实。所以,在少数民族地区实施民族区域自治与培养少数民族干部成为当时民族工作中相辅相成的两项中心工作。根据民族区域自治制

---

①陈竞波:《西藏民主建政所走过的道路》,《西藏党史通讯》,1985年,第4期,第5页。

度的要求,政府通过多种渠道,大力培养少数民族干部,一支以藏族为主体的民族干部队伍逐步形成。到1964年西藏全区已有乡以上民族干部16000多人,这是实现民族区域自治的一个最重要的条件。西藏自治区成立时出席大会的301名代表中,藏族和其他少数民族代表占80%以上。西藏上层爱国人士和宗教界人士占11%多,藏族代表中绝大多数是翻身农奴和奴隶。自1965年以来自治区历任人民代表大会常务委员会主任和人民政府主席都由藏族公民担任,各级人大常委会和政府的主要领导都是藏族干部。西藏自治区各级检察院和法院重要官员也都由藏族公民担任。随着民主建政和其他民主改革及经济文化建设的实践,全自治区藏族及其他少数民族的干部增至1.6万名,比1959年平叛前增加了近两倍,其中有1000多名担任了各级领导职务。①

在中共西藏工委和西藏自治区筹备委员会的领导下,西藏在1961年4月成立了拉萨市人民政府和昌都、江孜、日喀则、山南、塔工、黑河、阿里7个专员公署及72个县的人民政府,并建立了283个区和1009个乡人民政府。②

1962年设立康马县、岗巴县,撤销旁多县;阿里专区的仲巴县划归日喀则专区。1962年10月,撤销塔工、江孜二专区,西藏全区合并为1市5专区。1964年,撤销雪巴县,其行政区域划归工布江达、林芝、嘉黎三县;撤销达木萨迦县,其行政区域划归班戈县;撤销打隆县,其行政区域划归浪卡子县。

1965年,西藏自治区成立,行政区别又作了若下变动:(一)黑河专区改名为那曲专区,黑河县改名为那曲县;(下)宁静县改名为

---

①丹增、张向明主编:《当代中国的西藏》,当代中国出版社,1991年版,第359页。

②西藏党史资料征集委员会编:《西藏革命史》,西藏人民出版社,1995年,第222页。

芒康县;(二)拉加里县改名为曲松县;(四)哲古县改名为措美县;(五)桑昂县改名为察隅县。

民主选举制度的建立,为藏族人民切实地参与政治提供了法制保障。1961年初,西藏成立了普选工作筹备小组,负责普选的组织准备工作。同年5月,颁发了《西藏自治区各级人民代表大会选举条例》和《西藏自治区各级人民代表大会和各级人民委员会组织条例》两个重要的法律文件。1961年9月,西藏开始在基层进行普选的宣传动员和试点工作。1961年下半年开始,陆续实行了民主选举,建立了各地的人民代表大会制度和人民委员会。1962年8月,西藏自治区选举委员会正式成立。

1965年8月20日新华社报道,西藏人口从1959年的118万多人发展到目前132万多人,户数由民主改革前的23万户增加到27万多户。[1] 全区共划为2093个乡、镇(包括城镇街道办事处)。其中有1359个乡、镇完成了由选民直接选举工作;另有567个乡、镇经由人民代表会议完成了民主选举工作。两项合计,完成选举工作的乡、镇占自治区乡、镇总数的92%。[2] 有16个县召开人民代表大会、54个县召开人民代表会议,选举产生了正、副县长,成立了县人民委员会(即县人民政府)。[3]

通过自下而上的普选,使广大藏族人民的民主意识进一步提高,在选举活动中,他们进一步熟悉了政治参与。具体表现在藏族人民逐步认识到了普选的意义,开始适应投票表决这一民主形式。据历史文献记载,西藏各地举行首届民主选举时,群众仿佛过盛大

---

[1]中共西藏自治区委员会党史研究室:《中国共产党西藏历史大事记》,第1卷,中共党史出版社,2005年,第225页。

[2]丹增,张向明主编:《当代中国的西藏》,当代中国出版社,1991年版,第347页。

[3]《西藏日报》,1965年8月26日。

节日一样载歌载舞表示欢庆。投票时,识字的人认真填写选票,不识字的人向自己信赖的候选人的帽子中投小石子或染了红色的豆子。

西藏自治区正式成立,标志着在西藏确立了现代政治制度,它体现了以下几个特点:

第一,确立了中国共产党的领导地位。依照政教分离的根本原则,任何宗教派别、团体及其活动,都不得干涉国家的政治事务和社会的文化教育事业,更不得假借宗教手段制造矛盾,挑起事端,危害民族团结和祖国统一。第二,建立了西藏人民当家作主的政权组织形式,即西藏自治区人民代表大会制度。西藏各族人民充分享有宪法所赋予的各项公民权利。第三,建立了统一的现代行政管理体系。民主改革后,西藏自治区的地方行政管理体制经历了几次大的变动和调整。西藏是中华人民共和国的民族自治区域之一,西藏自治区政府是我国的地方政府。第四,为藏族人民政治参与的自主发展提供了有利的条件。西藏人民享有平等地参与管理国家事务的政治权力,享有管理本地区和本民族事务的自治权利。

西藏自治区的建立和民族区域自治制度的实行,从制度上确保了各民族平等、团结、互助和共同繁荣政策在西藏的实现,保障了西藏人民平等参与管理国家事务以及自主管理本地区和本民族事务的权利,从而为西藏在国家的特殊支持和帮助下根据本地民族特色实现与全国共同发展提供了制度保证。

西藏地方的政治制度文化,从政教合一的神权政治形态向共产党领导下的社会主义民主政治形态的过渡。并且,随着社会主义民主政治制度建立和完善,西藏人民当家作主的政治地位增强了,民主权利增多了,社会政治参与的途径拓展了,社会政治生活的内容丰富了,这就为西藏的现代化发展提供了强有力的制度保证。

二、西藏社会经济发展——农牧民走向富裕

1961年4月21日中央发出了西藏的工作指示,将"集中力量领导群众发展生产,繁荣经济,改善人民生活"放在首位。重申"我们今后工作的重点,应该是集中力量发展农业,大力发展牧业,同时发展商业和为农、牧业服务的手工业。国营经济应该巩固和适当加强。工业方面,除了极个别确有必要的项目(例如开采硼砂和毛纺厂)以外,不要再扩大,职工人数一般不要增加。农业不发展,基础不打好,交通问题不解决,要想发展工业是不可能的。不能设想靠内地运粮进去办工业。"[1]

1961年3月1日中共西藏工委副书记谭冠三,在林芝地区农村进行了一个多月的调查研究,对农村工作做了重要指示,强调一切工作都要从西藏实际出发。3月10日,中共西藏工委、自治区筹委会作出关于春耕生产的指示,要求力争完成今年粮食总产量增长10%的任务。3月16日《西藏日报》发表社论"按党的政策办事,一切从实际出发——坚决贯彻执行工委和筹委关于春耕生产的指示。"为了继续扶持西藏的广大农牧民进一步发展农牧业生产,中国人民银行西藏分行将250万元的贷款发往拉萨、昌都、日喀则、山南、林芝、江孜、那曲、阿里等地区。

1962年1月1日《西藏日报》以"向新的胜利迈步前进"为题,提出"阻碍生产力发展的封建农奴制生产关系,已经改变为适合生产力发展的劳动人民个体所有制的生产关系。判断一种生产关系是否和生产力的发展相适合,其标准就在于这种生产关系是否能为生产力的发展开辟最广阔的天地,能否对生产力的发展给予最强大的推动力量。劳动人民个体所有制的生产关系对生产力的发

---

[1]《中共中央关于西藏工作方针的指示》,《建国以来重要文献选编》,第14册,中央文献出版社,1997年,第290页。

展,在一定时期内能够起到积极的推动作用。"①

如何引导农牧业走向富裕呢?有政策作保障,那就是:首先,经济上实行"三让"政策:即让劳动人民个体所有制稳定下来;让农(牧)民的个体经济得到发展;让翻身农奴群众确实尝到民主改革给他们带来的好处。"在西藏当前的具体情况下,所谓发展生产,主要的就是发展农(牧)民的个体经济,不要害怕农(牧)民富裕起来,现在的问题正是应该让农(牧)民富裕起来。因此,我们在西藏一切政策的基础,就需要放在使农(牧)民富裕之上,……要按一家一户地算账,让每户农民都有存粮,每户农民、每户牧民都多养些牲畜,多盖些房子,生活天天向上。在发展农牧业的过程中,可以按照自愿原则组织互助组,对于已经组织起来的互助组要帮助巩固发展。"②

其次,在贸易、商业政策方面,更是采取灵活措施。"为活跃农、牧业经济,便于农、牧产品的交换,可以在农业区和牧业区之间以及各个地区之间搞点自由贸易,对于某些习惯性的交换方法只要没有多大害处或目前尚无法代替的都要保持下来。城市和交通要道和市场必须管好(但不要管得太死),对私营商业(包括外商)实行利用、限制政策(但也不要限制过多过严),这些地方管好了,就不怕自由市场的冲击。"③政府还推行无息、微息到低息的特殊优惠的货币信贷政策。这对维护西藏社会稳定、促进经济发展、提高贫困农牧民的生活水平发挥了重要作用。

---

①《向新的胜利迈步—庆祝1962年元旦》,《西藏日报》,1962年1月1日。
②《中共中央关于西藏工作方针的指示》,《建国以来重要文献选编》,第14册,中央文献出版社,1997年,第290页。
③《中共中央关于西藏工作方针的指示》,《建国以来重要文献选编》,第14册,中央文献出版社,1997年,第292页。

1959年实行民主改革前,西藏农牧民生产生活极端困难,根本无力承担正常贷款。为了帮助农牧民解决种子和口粮问题,政府发放了一批无息农牧贷款,贷款全部使用银元,贷款数额量大面广,主要是帮助农牧民解决种子和口粮这一急迫问题,带有救济性质。1952年到1959年共发放无息贷款340万银元,其中对农牧业发放无息贷款271万银元。1952年西藏金融机构各项贷款余额仅为155万元,到1959年末,各项贷款已达1,379万元,比1952年增长了近8倍,满足了西藏经济发展对信贷资金的合理需求。[①]

民主改革后,农牧区经济仍然十分落后,贸易不畅,物资紧缺,农牧民生产、生活仍然存在极大困难。对此,人民银行西藏自治区分行实行微息和低息贷款政策,及时调整了货币信贷政策,在继续发放无息贷款的同时,开始发放扶贫低息贷款,对缺少耕牛、农具、种子的互助组和个体农牧民及生活有困难的群众予以扶持。对信贷资金的管理实行"存贷下放,计划包干,差额管理,统一调度"。但信贷支持的重点是贸易和物资企业,支持其从内地大量进货,确保其所需信贷资金。

当时的《新华社》和《西藏日报》对中央政府给西藏的优惠信贷政策作了大量的宣传和报道。

1959年5月24日《新华社》报道,8年来共发放农业贷款155万多元,还拨款100万元,购买大批农牧工具,无偿发给西藏农牧民。1959年11月15日《西藏日报》报道,为发展生产,活跃市场和促进城乡物资交流,中国人民银行西藏分行,对拉萨市有利于群众需要而在生产中有困难的手工业大力进行贷款扶持。从9月到10月止在市区东城、南城和北城三个区发放低利贷款6500多元,

---

[①] 熊正良,旺堆:《西藏货币信贷政策50年回眸》,《西南金融》,2001年,第9期。

共有16个互助组和54户个体手工业者得到贷款扶持。1959年11月25日新华社报道,西藏农牧民已获得国家无偿发放给的366957件铁质农牧生产工具,平均每户可以得到1.5件。

1961年6月10日《西藏日报》报道,到5月下旬为止,全区发放农牧业生产和生活贷款的工作基本结束,全区共发放贷款83万多元,折合粮食593万多斤。1962年西藏共得到农牧业生产贷款98万多元,扶助了13000多户贫苦农牧民,帮助他们购买了1630多头牲畜,发放了282万多斤种子和口粮,下调了800吨的农用钢材,直接贷放给贫苦农奴和奴隶。到1963年底"全区已贷放给贫困农牧民和奴隶牲畜7300多头,下调贷放的钢材300多吨,铁锹50000多把,十字镐18000把,犁头40000个,还贷放种子、口粮140多万斤,全区今年得到国家扶助的贫困农牧民和奴隶8000户。"①1959年到1963年,全区发放贷款逐年增加,五年中的贷款总数达639万元。②

1965年12月26日《西藏日报》报道,近一年多来,我区民政部门,拨款数万元购买大批氆氇做成两万多件藏装,救济贫苦农牧民。据拉萨、日喀则和那曲四个地区47个县的不完全统计,仅在今年头11个月就无偿地给16300多户,共44400多名有困难的贫苦农牧民发放了口粮、衣服等物资。

1963年至1965年,中央政府对西藏工商业、手工业、广大农牧民提供低利率贷款,取缔农牧区非法高利贷活动。随着城乡经济的发展,贷款范围也逐步拓宽,先后开办了生产费用贷款、社队企业流动资金贷款、农机贷款、小水电贷款、公社储备粮贷款和灾区口粮贷款等,贷款金额逐年增大,到1966年全区各项贷款达

---

① 《西藏日报》,1963年12月30日。
② 《西藏日报》,1964年10月22日。

6712万元,其中一部分为无息贷款。1965年,国务院决定对1962年以前的农贷做豁免处理,减轻了群众的实际困难。有效的信贷活动为打击农牧区高利贷、巩固农牧区金融市场,发展社会生产力起到了极其重要的作用。中央、国务院赋予西藏特殊优惠的货币信贷政策,对维护西藏社会稳定、促进经济发展、提高人民生活水平发挥了重要作用。①

有了求稳定、求发展,引导农牧民致富的政策作保障,西藏社会经济发生了重大变化。

第一,改良畜种、提高牲畜质量,畜牧业大发展。

畜种的改良始于六十年代,大致经历了三个阶段:一是引种驯化;二是杂交试验;三是示范推广。例如,当时从内地和国外引进十多种优良种畜,有四川的内江猪、荣昌猪和甘肃猪,新疆的细毛羊、青海的黄牛和陕西的秦川牛、绥米驴,还有苏联的美利奴羊、西门塔尔的牛和顿河马及大白猪等。六十年代初一些国营农牧场,利用引进的西门塔尔牛、滨洲牛、秦川牛等品种与西藏的黄牛进行杂交改良,杂种牛产奶量比西藏黄牛提高1～2倍。由于改良畜种,极大地促进了西藏畜牧业的发展。到1965年全区牲畜总头数达到1801万头(只),比1959年的956万头(只)增长77.9%;牧业产值达到1.75亿元(当年价),比1959年增长84.5%(按可比价格计算)。②

第二,选育和推广优良品种,种植业蓬勃发展。

当时凡是具备蔬菜生产条件的地方、部队、党政机关和企事业

---

① 熊正良、旺堆:《西藏货币信贷政策50年回眸》,《西南金融》,2001年,第9期。
② 《辉煌的二十世纪新中国大记录》(西藏卷),红旗出版社,1999年,第192页。

单位,都把蔬菜生产纳入工作议事日程。在西藏主要的城镇,形成了机关菜地和职工家庭菜园相结合的城镇蔬菜生产格局。

1959年10月7日《西藏日报》报道,高寒地区帕里成功试种青稞和蔬菜,普拉试种玉米和大蒜成功。1962年12月4日,《西藏日报》报道,拉萨农业科学研究所几年来试验了2000多个粮食作物和1000多个蔬菜新品种,在试验中已培育了30多个具有耐寒和高产等特点的优良品种,黑麦、亚麻和甜菜等也试种成功。1964年3月19日《西藏日报》报道,我区农业科学工作者坚持试验,已经试验成功了2500多个粮食品种和500多个蔬菜品种,培育出40多个粮食良种和20多个蔬菜良种,有些良种已在西藏农村逐步推广。

对果树进行大面积的引种、生产。1956～1963年自治区筹委会先后从河北、辽宁、山东、河南、甘肃、四川、陕西等省分别引进大量果树树苗,栽植总数达100万余株,培养了一批藏族技术工人,提高果树的成活率、存苗率。

第三,新建水利工程、大力进行能源、交通、通讯等重要基础设施的建设。

1959年3月21日江孜地区修筑27华里的大水渠基本竣工,开始放水。1960年4月26日《人民日报》报道,去冬今春西藏全区共修起了10400多条水渠和1500多个大小水库,使拉萨、山南、日喀则等农业区的自流灌溉地面积达到90%以上。1961年由国家投资80000多元,有3000名翻身农民参加的西藏雅砻江终端治理工程竣工,工程建成,可使雅砻江两岸26000多克耕地和1100多户居民免遭洪水威胁。1965年10月28日新华社报道,今年下半年,西藏农牧区共修建了6座小型水力发电站,另外还有12座小型水电站正在或即将动工修建。

1954年12月25日举世闻名的川藏、青藏两条现代化公路的开通,结束了西藏没有公路的历史,开辟了西藏交通发展史的新纪元。接着,又先后开通了新藏、滇藏、中尼等连接国内外的交通干线,修筑了黑昌、拉普、拉泽等区内的主干道。1965年建成拉萨大桥和1966年建成曲水大桥。西藏过去被称为空中"禁区",无任何航线通过。1956年开始修建当雄机场,1964年新建贡嘎机场,1965年3月1日成都至拉萨航线首航成功,正式开辟了民用航线。

1956年在拉萨兴建了第一座电站——夺底沟电站,装机660千瓦,1960年建成纳金电站,装机7500千瓦。邮电通讯工作是解放后开始兴办的。1952年7月1日组建了拉萨市邮电局,同年10月正式成立西藏邮电管理局。1960年全区已设立邮电服务局和所72处,1965年时西藏全区已有邮电局(所)93处。

1961～1965年西藏经济的稳定发展可以从以下统计中看出:

1960年12月政协全国委员会举行报告会,班禅额尔德尼·却吉坚赞在会上作了题为"西藏人民沿着党指引的幸福道路奋勇前进"的报告。班禅说,据不完全统计西藏全区已建立了大小国营贸易机构266个,比1959年增加了两倍多。各地还建立了许多供销合作社,全区已设立邮电服务局和所72处,比1959年增加了21处,无线电路由1959年的69条增加到90条,邮路从昌都的汽车邮路1000公里,步班、驮班等4500公里开始,到从专署到县,大部分已开辟了固定的邮运班期。全区的农业生产在1959年丰收的基础上,增产15%,有的增产15%以上,少数地方还出现了一些增产50%以上的高额丰产田。西藏全区农民新修水渠,共长达5000多公里。

1961年10月18日《人民日报》登载了西藏自治区筹委会代理主任班禅额尔德尼·却吉坚赞在全国人大常委会举行的第四十五次会议上所作的关于西藏工作的报告,报告中指出:"今年西藏全区播种面积比去年增加 7%,1961 年从内地运去农具约 10 万余件,拉萨、昌都、日喀则等地的农具厂还制造和修理了各种农具 21 万余件,……现在有些地区的农民已经用上了新式步犁,也有些过去用木犁的地方改用铁铧犁了"。"据不完全统计,目前全区已有中学和师范学校共有学生 678 名,公立小学 40 所,民办小学 1596 所,共有学生 58299 名。"

1962 年 1 月 18 日全国人大常委会副委员长、西藏自治区筹委会代理主任委员班禅额尔德尼·却吉坚赞,在北京的一个报告会上介绍了西藏近一年来的情况。他说:去年,西藏种植了 41600 多克冬小麦和青稞,今年普遍获得好收成。今年农民种植越冬作物的情绪更加高涨,播种了冬小麦、青稞 8 万多克,比去年增加 1 倍。从来没有试种过越冬作物的那曲专区,今年农民们也开始试种,全区除了最高寒的阿里专区以外,各专区都种了越冬作物。

1963 年 4 月 8 日西藏工委在《1962 年工作总结和 1963 年工作安排》中公布了 1962 年农牧业生产成就:1962 年全区粮食总产量达到 2.34 亿公斤,比 1961 年增长 2%。征购 0.32 亿公斤,超过了计划。牲畜达到 1320 万头,纯增 116 万头。[①] 1964 年 1 月 30 日《西藏日报》报道,民主改革前,乞丐、游民占到城市居民总数的五分之一以上。平叛改革后,人民政府先后安置了 8700 多人在拉萨就业,收容了 120 多个孤老病残者,[②] 现在拉萨市正在变成一个没有乞丐、游民的城市。

1965 年 9 月 3 日,阿沛·阿旺晋美在西藏自治区第一届人民

[①] 中共西藏自治区委员会党史研究室:《中国共产党西藏历史大事记》,第 1 卷,中共党史出版社,2005 年,第 209 页。

[②] 中共西藏自治区委员会党史研究室:《中国共产党西藏历史大事记》,第 1 卷,中共党史出版社,2005 年,第 215 页。

代表大会第一次会议上作西藏自治区筹委会工作报告中指出:"西藏民主改革后6年农业连续丰收,粮食总产量1964年比平叛改革前的1958年增长了45.7%强,牧业也有较大增长,1964年较1958年增长了36.3%强,人民生活有明显改善。"①

为了大力扶持贫苦农牧民发展农牧业生产,从1959年至1964年国家共贷放了847万元无息和低息的农牧业贷款,无偿发放了108万余元,共扶持了98000余户贫苦农牧民和一些贫苦农奴和奴隶办的互助组。

在交通运输业方面现在除了大力发展了农牧区民间运输以外,在西藏全区已经修筑公路15000余里;在邮电事业方面,现在全区已有邮电局(所)93处。

"全区有中学7所,学生700余人,公办小学86所,民办公助和民办小学1590所,还建立了培养藏族干部的西藏民族学院、西藏行政干校、师范学校。全区有医院15所,卫生院、医疗保健站共140多所,为群众免费治病。"②全区已建立科学文化事业机构170个左右,其中专业剧团5个,电影放映单位120余个,有力地改善了西藏人民的物质文化生活。

西藏社会经济的发展,极大地促进了农牧民生活水平的提高和整个社会的现代化建设的基础。特别是西藏自治区的成立,民族区域自治制度的全面推行,不仅使西藏跨入了社会主义社会,而且也为西藏的社会主义现代化建设,提供了有力的制度保证。从此西藏的现代化建设全面展开。

---

①中共西藏自治区委员会党史研究室:《中国共产党西藏历史大事记》,第1卷,中共党史出版社,2005年,第228页。

②中共西藏自治区委员会党史研究室:《中国共产党西藏历史大事记》,第1卷,中共党史出版社,2005年,第228页。

1952、1959、1965年西藏经济社会发展主要综合指标[1]

指标名称	工农业总产值	粮食	油菜籽	年末牲畜存栏头数	发电量	公路通车里程
计算单位	亿元	万吨	万吨	万头(只)	万千瓦	万公里
1952年	1.43	15.53	0.18	974		
1959年	1.44	18.29	0.26	956	88	0.73
1965年	2.64	29.07	0.53	1701	2782	1.47
指标名称	邮电业务总量	地方财政支出	地方财政收入	固定资产总额	社会商品零售总额	
计算单位	万元	万元	万元	万元	亿元	
1952年		971	258	40		
1959年	168	7010	2190	40		
1965年	483	11313	2239	5356	0.83	
指标名称	中学	小学	高校在校学生数	中专在校学生数	中学在校学生数	小学在校学生数
计量单位	所	所	人	人	万人	万人
1952年						
1959年	2	462	1390	0.03	1.63	
1965年	4	1822	2251	455	0.11	6.68
指标名称	卫生机构数	专业卫生技术人员	人口出生率	人口死亡率	人口自然增长率	城乡居民储蓄存款
计量单位	个	人	‰	‰	‰	亿元
1951年						
1959年	62	791			0.10	
1965年	193	2422	14.4	5.1	9.3	0.25

---

[1]《辉煌的二十世纪新中国大记录》(西藏卷),红旗出版社,1999年,第396~398页。

三、西藏民族文化转型——面向现代化、面向世界的发展态势

周恩来在谈到西藏的改革时曾说:"无论如何,改革将在充分照顾西藏特点的条件下逐步进行,在改革过程中将充分尊重人民的宗教信仰和风俗习惯,尊重和发扬藏族的优秀文化。"①

西藏的民族文化将实现怎样的转型呢?

1961年1月1日《西藏日报》发表了社论,指出:"对广大人民群众继续深入地进行反帝、反封建的爱国民主教育和社会主义教育,以肃清帝国主义的影响,划清封建与民主,资本主义与社会主义的界线。"②阿沛·阿旺晋美在1965年西藏自治区筹备委员会工作报告中说,在西藏"积极提倡革命的、科学的、人民大众的文化,坚决反对封建的、落后的、毒害人民的文化。"③

这就是说,西藏民族文化将以面向现代化、面向世界的开放和发展态势实现文化转型。新时代下的西藏民族文化是新民主主义的文化,它必须坚决地反对帝国主义压迫、摆脱帝国主义羁绊;它必须与其他少数民族文化一道同汉族的社会主义文化相联系,与之建立互相吸收和互相发展的关系,共同形成中国的新文化;它必须将古代近代统治阶级的一切腐朽的东西和优秀的人民文化即多少带有民主性和革命性的东西区别开来。因而,这种新民主主义的文化是大众的,它应为藏族中百分之九十以上的农奴和牧民服务,并逐渐成为他们的文化。

在清理古代文化的发展过程中,剔除其封建性的糟粕,吸收其灿烂的古代文化的精华,是发展藏族文化提高藏族自信心的必要

---

①《周恩来与西藏》,中国藏学出版社,1998年,第195页。
②《脚踏实地阔步前进—庆祝1961年元旦》,载《西藏日报》,1961年1月1日。
③阿沛·阿旺晋美:《西藏自治区筹备委员会工作报告》,见《西藏日报》,1965年9月6日。

条件。

1. 中央人民政府对西藏文物、典籍进行有效保护和积极利用

西藏实行民主改革以后,文物保护工作受到中央人民政府的高度重视。1959年6月,成立了西藏文物古迹文件档案管理委员会,集中收集和保护了大量的文物和档案典籍。同时,中央人民政府专门组织工作组分赴拉萨、日喀则、山南等地,对重点文物进行实地调查。布达拉宫、大昭寺、甘丹寺、藏王墓、江孜宗山抗英遗址、古格王国遗址等9处被列入1961年国务院公布的第一批全国重点文物保护单位。

西藏自治区人民政府于1965年成立自治区文物管理委员会,专门负责全区文物保护管理工作,并公布小昭寺、热振寺、楚布寺等11处自治区级重点文物保护单位,对其中急需维修的进行了维修。1959年6月,根据国务院的指示,西藏自治区筹备委员会颁发了《关于加强文物古迹、文件档案管理工作的若干规定》,并着手整理、抢救、收集、保管原西藏地方政府及其下属各个部门的文件档案材料以及各寺庙和贵族收藏的文件档案,建立了比较完整的馆藏档案。民主改革以后,按照大多数僧尼的意愿和人民群众宗教信仰的需要,有关宗教的文物、古迹、寺庙都得到了妥善保护。中央政府把布达拉宫、拉萨的三大寺(哲蚌寺、甘丹寺、色拉寺)、大昭寺、日喀则的扎什伦布寺等列为国家重点文物保护单位。对这些寺院的壁画、雕刻、塑像、唐卡、工艺装饰、经卷、供品、法器、佛龛,以及经堂、殿宇、寺庙、塔刹等宗教文化的载体,都尽力保护或修缮复原。

2. 藏文得到广泛使用和发展

十七条协议规定:"依据西藏的实际情况,逐步发展西藏民族语言、文字和学校教育"。毛泽东、周恩来和其他中央领导同志在谈到西藏工作时,都一再强调要发展西藏的民族语言文字,号召进藏干部学习藏语。1956年4月22日,西藏自治区筹备委员会成立后,作出了关于使用语言文字的决定,即各种文件用藏汉两种文

字下达,召开会议首先使用藏语。1965年9月西藏自治区成立时,《组织条例》第二十七条中规定:"自治区各级人民代表大会举行会议的时候,使用藏、汉语言文字,并且为不通晓藏、汉语言文字的其他少数民族代表准备翻译"。第五十五条中规定:"自治区各级人民委员会和所属各工作部门,在执行职务的时候,使用藏、汉语言文字"。[1] 在学校中,从民族学院到中、小学都开设藏语文,藏汉学生都要学习藏语。

《西藏日报》藏文版,从1956年4月22日起每天同读者见面。西藏人民广播电台从1959年1月1日开始,用藏、汉语节目向广大藏族人民作宣传。[2] 1961年成立了第一个藏语话剧团,带动了不少藏语业余剧团的成立。1959年民主改革以来,西藏自治区人民代表大会通过的决议、法规,西藏各级政府和政府各部门下达的正式文件、发布的公告都使用藏汉两种文字。在司法诉讼活动中,对藏族诉讼参与人,都使用藏语文审理案件,法律文书都使用藏文。各单位的公章、证件、表格、信封、信笺、稿纸、标识,以及机关、厂矿、学校、车站、机场、商店、宾馆、影剧院、体育馆的标牌和街道名称、交通路标等均使用藏汉两种文字。尊重和使用藏语文是落实党的民族区域自治政策的一个重要方面。藏族人民使用自己的语言文字,是区域自治机关民族化自治化的一个重要标志,亦是西藏自治区政治、经济、文化发展的重要条件。

3. 风俗习惯与宗教信仰自由得到国家尊重和保障

西藏各民族人民特别是广大藏族人民,享有按照自己传统的风俗习惯生活和进行社会活动的权利,尊重和保障他们按照自己

---

[1] 引自西藏自治区党委宣传部编印:《纪念西藏自治区成立40周年暨西藏建立人民代表大会制度40周年理论研讨会入选论文清样》,2005年8月,第31页。

[2] 引自西藏自治区党委宣传部编印:《纪念西藏自治区成立40周年暨西藏建立人民代表大会制度40周年理论研讨会入选论文清样》,2005年8月,第32页。

的意愿进行正常的宗教信奉、祭祀活动和参加重大的宗教和民间节日活动的自由,是我国的一项基本政策。与此同时,一些与封建农奴制相伴随的腐朽、落后、蔑视劳动群众的旧习俗,随着社会的进步与发展而被群众所摒弃,这既反映了藏族人民对现代文明、健康生活的追求,也是藏族文化在新时代不断进步的一种表现。藏族群众在保持藏族服饰、饮食、住房的传统方式和风格的同时,在衣食住行、婚丧嫁娶各方面也吸收了不少新的现代文化习俗,极大地丰富了西藏人民的生活。每年各地群众的节庆集会,既有大量的传统节日,如拉萨的藏历新年、雪顿节、望果节、沐浴节、酥油灯节、达玛节、煨桑节、噶尔恰钦节、赛马会等和拉萨以外其他地区的各种节日,以及许多寺庙的宗教节日,如扎什伦布寺的什莫钦布节、甘丹寺的昂觉节、桑耶寺的经藏跳神节、萨迦寺的七月金刚节、楚布寺的树经幡杆节、热振寺的帕蚌唐郭节等等,中央人民政府和西藏自治区人民政府特别注意尊重和保护藏族人民的宗教信仰自由和正常的宗教活动。

4. 中央人民政府和西藏自治区人民政府重视藏民族文化艺术的继承和发展

西藏和平解放后,一批从内地进藏的各族文艺工作者与藏族文艺工作者一道,到民间采风,一边深入现实生活,一边发掘继承优秀的民族文艺传统,创作了一批诗歌、小说、歌舞、美术、电影、摄影等作品,收集了一批音乐、舞蹈、民间故事、谚语、民谣等,陆续整理出版了《西藏歌谣》等一批书籍。西藏的现代文学艺术事业,在同民族传统形式、风格和特色相结合的过程中得到了巨大发展。1959年民主改革以后,西藏更涌现了一批优秀的文艺作品,如歌曲《北京的金山上》、《翻身农奴把歌唱》,表演唱《逛新城》,歌舞《洗衣歌》,音乐舞蹈史诗《翻身农奴向太阳》,话剧《文成公主》,电影《农奴》等,在国内外都产生了一定影响。群众性的文化艺术事业蓬勃发展,1959年以后,翻身农奴在广大城乡纷纷成立业余歌舞队和藏戏队,以群众喜闻乐见的文艺形式,自编自演了众多反映翻身解放后新生活的节目。1963年举行了全区第一次群众文艺汇演,并组成代表团赴京参加全国少数民族业余文艺汇演,演出了一批既有新内容又有鲜明民族特色的好节目,展示了群众文艺创作的新水平,给处于封闭和半封闭状态的西藏带来活力。

这些民族文化的发展具有重大意义,主要表现在:一是西藏文化的主体发生了根本变化,彻底改变了极少数封建农奴主垄断西藏文化的局面,西藏全体人民成为共同继承、发展和分享西藏文化的主体;二是西藏文化的内涵发生了深刻的变化,一些与封建农奴制相伴随的腐朽、落后的东西,随着社会的进步与发展而被抛弃,藏族信教群众的宗教信仰得到充分的尊重和保护,藏族传统优秀文化得到妥善保护和继承,并被赋予了反映人民群众新生活和社会发展新需要的时代内容,在内容和形式上都得到了不断弘扬和发展;三是西藏文化的发展态势发生了实质性的变化,打破了封闭、停滞和萎缩状态,形成了面向现代化、面向世界的开放和发展态势,在传统文化得到弘扬的同时,现代科技教育和新闻传播文化从无到有,获得了发展。

第四节　西藏"民主改革"开启了走向现代化的道路

一、走向现代化的制度创新——政策的独创性

促进各民族经济文化的发展,是社会主义国家解决民族问题的根本任务,也是逐步消除民族差别的必由之路。"无产阶级专政和社会主义建设的时期是社会主义内容和民族形式的民族文化的

繁荣时期"。① 而实现这一进程,首先是建立各民族完全平等的经济文化基础,即消除历史上遗留下来的各个民族之间经济文化的发展差距。这种差距是造成处于生产力水平落后状态的少数民族在事实上不能充分享有社会平等权利的原因。

因此,建国后中国共产党不仅从各个少数民族的社会经济发展实际出发,"实行广泛的区域自治",②保障他们自主管理本民族内部事务的权力;而且通过一系列特殊的政策和专门的措施来加快少数民族的经济文化发展,"颁布全国性的法律,以保护国内任何地方的任何少数民族的权利"。③ 对少数民族在历史上长期遭受民族压迫和不公正待遇所造成的落后,在社会主义制度条件下给予具有补偿性的特殊权利保障,是马克思主义民族平等原则的深刻内涵和解决民族问题须遵循的政策核心。

邓小平指出:判断中国的民族政策和西藏问题,关键是看怎样对西藏人民有利,怎样才能使西藏很快发展起来,在中国四个现代化建设中走进前列。"就是帮助,也不能强加于人"。④ 五十年代李维汉提出的这句名言,成为中央制定民族政策的一个重要原则。由于党和政府特别注意"不强加于人"这一原则,团结了一大批藏族上层爱国人士,巩固了和平解放西藏的成果。中央政府各项方针政策在西藏地区顺利实行,大多数藏族上层人士和百万农奴在平叛中提高了政治意识,党及时领导他们进行了民主改革,瓜熟蒂落,水到渠成,这一切都是贯彻这一原则的必然结果。这些改革完全符合藏族人民的心愿,并取得了巨大的成功。

---

①斯大林:《联共(布)中央委员会向第十六次代表大会的政治报告》,《斯大林论民族问题》,第415页。
②列宁:《关于民族问题的决议》,《列宁论民族问题》,下册,第686页。
③列宁:《民族问题提纲》,《列宁论民族问题》,上册,第196页。
④李维汉:《统一战线问题与民族问题》,人民出版社,1982年,第130页。

西藏的民主改革,具有极强的独创性。

1. 正确划分阶级,制定民主改革的阶级路线,不划富农是西藏阶级划分中的一大创造

《关于划分西藏农村阶级的方案》,体现了在西藏阶级划分不划富农的理论创造。一是因为西藏是个封建农奴制社会,农奴没有土地所有权,人身依附于农奴主,农村中没有或只有极少数的自耕农,也没有自由雇工。农村资本主义还未发展起来,因此西藏农村不存在富农阶级。二是把剥削量在50%以上的人(占少数)划为农奴主代理人,把一部分剥削量在50%以下的人划为富裕农奴或中等农奴,这就扩大了团结面,缩小了打击面,有利于民主改革运动的进行。

2. 根据西藏农区、牧区、寺庙、城镇和边境地区的不同情况,提出民主改革的不同要求,确定不同的方法步骤,分类指导,分步实施

《关于农村工作问题的通知》和《关于贯彻执行工委"关于在当前平叛工作中几个政策问题的决定"》及中央对这一决定的批示的指示:规定了农区的民主改革是分两步进行的:

第一步以"三反双减"为内容,即反叛乱、反乌拉差役、反人身奴役和减租减息(日喀则未叛地区实行"双反双减")。

第二步是分配土地,废除封建农奴主阶级的生产资料所有制。由于牧区的民主改革与农区有很大的不同,因此,《关于牧区工作的指示》中提出:除了没收叛乱的农奴主及其代理人和叛乱牧主的牲畜分给原放牧者和贫苦牧民所有外,对整个牧区的生产资料所有制基本上不予变更。不分、不斗、不公开划阶级,而开展以"三反两利"(反叛乱、反乌拉差役、反奴役,牧工牧主两利)为内容的民主改革运动。

《关于对"三大寺"若干问题的处理意见》规定:寺庙的民主改

革是进行"三反三算"(即反叛乱、反特权、反剥削,算政治迫害账、算等级压迫账和算经济剥削账)。坚持宗教信仰自由政策,实行政治统一,政教分离。

《关于西藏地区土地制度改革方案》专门规定城镇改革的方针,在拉萨、日喀则、江孜、昌都等城镇,开展反叛乱、反封建制度、反封建剥削、反封建特权的"四反"运动。在城镇贯彻执行保护工商业的政策,除叛乱首领、骨干分子独自经营的工商业由军管会登记接管外,其余一律不动。同时,安置贫民、乞丐、游民,组织他们就业。扶持民族手工业,加强城乡物资交流。该文件还规定:在国境线边境地区的民主改革,采取更加审慎和灵活的政策。在划分阶级、斗争方式、保留寺庙、安排中上层人士等方面,也都采取了更加宽松的政策。一些县区的民主改革都推迟到1966年以后才进行的。

3.赎买政策

对农奴主、农奴主代理人和牧主,按其参叛与否,采取区别对待政策。对未叛农奴主及代理人的生产资料采取赎买政策。在《关于当前在平叛工作中几个政策问题的决定》、《关于西藏地区土地制度改革方案》、《关于执行赎买政策的具体办法》三个文件中制定了详细的赎买政策。

在西藏进行民主改革的时候,党中央本着一切从实际出发、具体问题具体分析的辩证唯物主义和历史唯物主义的观点,解决特殊社会条件下所具有的特殊社会矛盾。并根据新中国已经成立十年,人民民主政权已经巩固地建立起来,充分考虑到国际形势的新变化及解决西藏地区问题可能引起的国际反应,充分地联系到西藏本地区历史发展水平、自然环境、社会生产力状况、阶级关系及旧政权的特点等诸多因素,决定用赎买政策,将未参叛的封建农奴主及其代理人的土地、牲畜、房屋等多余的生产资料,由政府拿钱将其赎买,然后分配给该生产资料所在地的贫苦农奴群众,即将原来农奴主阶级用以剥削他人的生产资料改变为农牧民个体所有制。

4. 不搞人民公社

在民主改革基本完成后西藏究竟应该如何发展？是让劳动人民的个体经济稳定发展一个时期，还是马上实行社会主义改造？对于如何发展西藏经济，特别是在能否进行社会主义改造问题上，起初，党中央和毛泽东并没有意识到与其他地区采取不同方式的打算。1959年10月22日，毛泽东在接见班禅额尔德尼·却吉坚赞、帕巴拉·格列朗杰、阿沛·阿旺晋美等西藏上层人士时就指出："西藏改革后也要办工业，要西藏人自己办，工程师、技术人员都要有藏族的。"①1959年11月，中共西藏工委制定的《关于已完成民主改革地区的工作安排》中，更明确地提出"土改已经基本结束了的地区，工作重心一般的已转入以生产为中心，各地都比较明确"。② 即使到1959年10月22日，民主改革已经开始，毛泽东在同班禅等谈话时仍说："西藏民主改革的时间不会很长，再有几个月就会完成吧？以后是社会主义改造，搞合作化。"③

1961年春，在周恩来、邓小平同志的主持下，中央召开会议专门研究西藏工作的方针问题。4月21日，下达了《中央关于西藏工作方针的指示》，指出："在西藏这样一个民族、宗教关系很突出，经济、文化很落后，而又和印度等国为邻的边疆少数民族地区，在经过了近两年平叛和民主改革的激烈斗争以后，如果没有一个稳定发展的时期，使农民群众在自己得到的土地上安心生产，休养生息，并且通过时间接受民主和社会主义教育，而马上实行社会主义

---

①《毛泽东西藏工作文选》，中央文献出版社、中国藏学出版社，2001年，第208页。

②《西藏的民主改革》，西藏人民出版社，1995年，第185页。

③《毛泽东西藏工作文选》，中央文献出版社、中国藏学出版社，2001年，第209页。

改造,他们是难以理解的,勉强去做将会带来极大危害,不仅不利于保护和发展生产力,而且不利于民族团结和对上层的团结,也就不利于将来进行社会主义改造。"①

为此,中央制定了稳定发展西藏的方针:第一,集中力量领导群众发展生产,繁荣经济,改善人民生活;第二,彻底完成民主改革,向群众深入进行民主革命的政治、思想教育,进行爱国主义教育和社会主义前途的教育;第三,肃清残余叛乱分子和其他反革命分子;第四,做好上层统一战线工作;第五,整顿干部作风,发展党的组织,培养藏族干部;第六,建立各级人民代表大会制度,成立西藏自治区。②

为了"让劳动人民的个体所有制稳定下来,让农(牧)民的经济得到发展,让翻了身的农奴群众确实尝到民主改革给他们带来的好处,"③中央政府从西藏实际出发,对西藏采取特殊政策,长期以来未与全国其他地区同步发展。中央明确和坚定的指示,在民主改革后,西藏要大力进行经济、文化和社会政治方面的建设。"今后西藏工作必须采取稳定发展的方针,从今年算起,五年以内不搞社会主义改造,不搞合作社(连试点也不搞)。更不搞人民公社,集中力量把民主革命搞彻底。"④

于是,当1958年全国都在兴起蓬蓬勃勃的人民公社化运动时,据1959年9月20日新华社报道:"我国已经实行民族区域自

---

①《中共中央关于西藏工作方针的指示》,《建国以来重要文献选编》,第14册,中央文献出版社,1997年,第289页。

②《中共中央关于西藏工作方针的指示》,《建国以来重要文献选编》,第14册,中央文献出版社,1997年,第290页。

③《中共中央关于西藏工作方针的指示》,《建国以来重要文献选编》,第14册,中央文献出版社,1997年,第289页。

④《中共中央关于西藏工作方针的指示》,《建国以来重要文献选编》,第14册,中央文献出版社,1997年,第289页。

治的地方,基本上都实现了人民公社化"的时候,惟有西藏在民主改革后,没有像其他少数民族地区那样马上采取不停顿地向社会主义过渡的办法,没有"趁热打铁"进行社会主义改造,搞人民公社化运动。①

二、走向现代化的原则取向——经验和启示

西藏民主改革彻底摧毁了政教合一的制度,废除了农奴主所有制,建立了人民民主政权,确立了农牧民个体所有制,国家统一了西藏的货币、统一了关税、统一了财政税收,在西藏各地建立了现代的银行、商业贸易、交通、邮电、工业等社会经济部门,西藏开始走上了现代化发展道路。但是,在这样一个历史发展阶段滞后、自然地理条件极为特殊、人口中文盲率超过总人口90%的地区,开创现代化事业,既是伟大的,也是艰辛的。然而,在中国共产党领导下西藏历史上第一个以发展经济、文化等各项事业为主的"黄金时期"到来了,它为以后开创符合西藏实际的社会主义现代化建设道路积累了宝贵经验。

这主要体现在这样几个方面:

1. 努力争取在发展生产的同时使人民生活水平得到提高

平叛伊始,西藏军区就奉命宣布,将在平叛中"维护群众利益,保护农牧工商各业"。拉萨市军管会一成立,就派出工作队,深入到叛乱已被平息的市区街道和农牧区,向农牧民、手工业者等发放无息贷款,安排劳动就业,帮助群众解决生产生活上的困难,组织群众恢复和发展生产。

---

①但是,人民公社化运动还是刮到了西藏,1965年至1966年西藏共试办了150个人民公社,分布在乃东、穷结、加查、达孜、堆龙德庆、曲水、日喀则、江孜、波密、八宿、那曲、安多等19个县。见《西藏自治区概况》,第455页。

在边平叛边改革的过程中,西藏各级党组织对于改革就是为了"解放生产力,发展生产,逐步改善人民生活,建设民主和社会主义的新西藏"的认识,是比较明确的。尤其对牧区的改革,工委明确指出:在这里我们之所以提出了与农区不同的关于"三反两利"的要求,就是因为"只有这样才有利于保护牲畜和畜牧业生产的发展,才有利于今后对畜牧业进行社会主义改造"。对于牧主经济,必须在保证发展牧业生产的前提下,采取"逐步地、慎重地进行改造"的方针。到1959年11~12月,全区的民主改革已广泛开展起来。最早进行改革的山南、拉萨等地的部分农村,已经完成了土地分配工作。西藏工委、筹委会在接连发出的《关于今冬明春农业生产的指示》和《保护牲畜安全过冬的指示》中,明确提出:

在改革的同时,农区要在自愿互利的原则下,以积极组织生产互助组、深翻土地、积肥、选种、整修水利、修补和改良农具等为中心。牧区根据当时的情况,要把力求减少牛羊的宰杀量,保护适龄的母畜、幼畜过冬,解决贫苦牧民生产、生活上的困难,组织农牧交换等,作为最迫切、最重要的任务。到1960年3月2日,工委在批复拉萨市委《关于土改复查问题的指示》中又强调地提出了民主改革后,"一切工作必须以生产为纲"的口号。

高度重视和努力争取在发展生产的同时,使人民生活水平得到提高。"我们在西藏一切政策的基础,就需要放在使农(牧)民富裕之上"。"让每户农民都有存粮,每户农民、每户牧民都多养些牧畜,多盖些房子,生活天天向上"。[①] 在发展经济的同时,使人民群众生活水平获得相应提高,是中国共产党进行革命和建设的本来目的和一贯主张。在西藏强调提高人民生活水平,是从西藏实际出发,为巩固祖国边疆和加强民族团结需要特别予以重视的一个

[①] 邓小平:《关于西藏少数民族问题》,《邓小平文选》,第一卷,人民出版社,1994年,第161、170页。

问题。历史证明,这一思想在西藏的社会经济持续发展和社会稳定中,发挥了重要的作用。

2. 加强对西藏的调查和研究,从西藏实际出发,走适合西藏实际的发展道路

中国政府对西藏地方实行民主改革,制定各项政策都是从西藏实际出发,都是建立在对西藏实际进行调查研究基础之上的。1950年邓小平在欢迎赴西南地区的中央民族访问团时指出:"我们对少数民族问题不仅没有入门,连皮毛还没有摸着。当然经过三两年工作之后,对各个民族有可能摸清楚。历史上弄不清楚的问题,我们可能弄清楚"。"你们对少数民族方面研究、了解的东西比我们多得多。特别是你们下去以后,亲身接触具体情况,会发现许多问题。我很希望同志们研究各种问题,多提意见,哪怕是一个片面的意见,也比没有意见好。现在我们就是苦于没有意见"。[1]

1959年4月7日,毛泽东给当时中央统战部副部长、国家民委副主任汪锋写信,表述了自己想了解一下整个藏族现在的情况的愿望。[2] 信中他提出了包括人口、土地、社会制度、宗教等方面的13个问题,"我想研究一下整个藏族现在的情况。(一)金沙以西,构成西藏本部昌都、前藏、后藏(包括阿里),人口据说有一百二十万人,是不是?(二)面积有多少平方公里?(三)农奴制度的内容,农奴与农奴主(贵族)的关系,产品双方各得多少?有人说二八开,有人说形式上全部归贵族,实际上农奴则瞒产私分度日,对不对?(四)共有多少喇嘛,有人说八万,对否?(五)贵族对农奴的政治关系,贵族是否有杀人权?是否私立审判,使用私刑?(六)喇嘛

---

[1] 邓小平:《关于西藏少数民族问题》,《邓小平文选》,第一卷,人民出版社,1994年,第161、170页。

[2]《给汪锋的信》,《毛泽东文集》,第八卷,人民出版社,1999,第38～39页。

庙对所属农奴的剥削压迫情形。(七)喇嘛庙内部的剥削压迫情形,有人说对反抗的喇嘛剥皮、抽筋,有无其事?(八)西藏地方各级政府及藏军每年的广大经费从何而来?从农奴,还是从贵族来的?(九)叛乱者占总人口的百分比,有无百分之五?或者还要多些,或者少些,只有百分之一、二、三,何者为是?(十)整个剥削阶级中,左、中、右分子的百分比各有多少?左派有无三分之一,或者还要少些?中间派有多少?(十一)云南、四川、甘肃、青海四省各有藏人多少,共有藏人多少?有人说,四省共有二百多万至三百万,对否?(十二)这四个省藏人住地共有面积多少平方公里?(十三)青海、甘肃、四川喇嘛庙诉苦运动所表现的情况如何?有人说搜出人皮不少,是否属实?以上各项问题,请在一星期至两星期内大略调查一次,以其结果写成内部新闻告我,并登新华社的《内部参考》。如北京材料少,请分电西藏工委,青海、甘肃、四川、云南四个省委加以搜集。可以动员新华社驻当地的记者帮助搜集,并给新华总社以长期调查研究藏族情况的任务。"

党和国家迫切需要尽快把握西藏地区现状,在深入了解西藏实际情况的前提下上报给党中央,以便党中央及时制定边平叛边改革、和平赎买的政策。

1956年,彭真就根据毛泽东的指示,要求全国人民代表大会民族委员会协调有关科研、院校、民族工作部门等单位,制定了进行少数民族社会历史情况的调查规划。希望通过4~7年基本掌握各少数民族的社会经济状况和历史发展脉络,为党和国家的民族工作服务,为民族研究工作奠定基础。为了组织这次大规模的科学调查,人大民委、科学院、中国人民大学、中央民族学院、中央马列学院、北京大学政法学院、文化部等单位,抽调了大批的干部、科学工作者、技术人员和学生,分别组成调查队,同时从各民族地区也抽调了一批人员加以充实。当时,社会历史调查分为8组,即内蒙古、新疆、西藏、云南、贵州、四川、广东、广西,西藏社会调查组是其中一支。从1958年起中央民族学院历届藏语班每届毕业生，都在实习藏语的同时，适当参加这项调查工作。在第二次入藏调查即将结束时，西藏发生了上层反动人士组织的叛乱。叛乱平息后，又增补了民族学院的一些师生，参加了第三次进藏调查。调查工作由于四清运动和文化大革命的冲击而停顿了十余年。在"四人帮"垮台前后，于1976年在中央民委的领导和支持下，又组织了新的考察队伍，对居住在西藏边境地区的门巴族、珞巴族等进行了重点考察。①

民主改革进行之时，在西藏工委领导下，西藏各分工委也在平叛后及时对本管辖区进行社会调查。中共山南分工委、中共琼结县委对民主改革后山南地区农牧民生活作了定量分析。例如，1959年中共山南分工委社会部编辑了《平叛斗争的基本总结与1960年的工作任务》，统计出了山南专区的基本情况："全区土地390447克，34677户，149498人（此数包括僧尼），牲畜1071635头（其中骡、马、驴37327头、羊825011只），牧民2266户，9716人。富裕农奴1167户，8477人；中等农奴5305户，34771人；贫苦农奴18074户，73013人；奴隶7113户，17349人。"②

中共琼结县委对民主改革运动作了初步总结。③ 档案记载

---

①多年来调查人员的足迹，遍及农区、牧区和若干重要城市，并由西藏腹地转向边境地区。调查组选择了拉萨、后藏、山南、昌都、江孜、那曲等专区的若干宗豁和部落，从农业、牧业、手工业和商业等方面进行了深入调查。日以继夜，口问笔录，完成了数百万字的原始资料记录。1987年西藏人民出版社已正式出版《西藏社会历史调查资料丛刊》。据刘忠：《西藏社会历史调查资料丛刊一至十辑述评》，《中国史研究动态》，1988年，第6期。

②中国藏学研究中心，西藏社会科学院：《西藏山南基巧和乃东琼结社会历史调查资料》，中国藏学出版社，1992年，第6页。

③中国藏学研究中心，西藏社会科学院：《西藏山南基巧和乃东琼结社会历史调查资料》，中国藏学出版社，1992年，第207—208页。

着:(全县)分城关、琼果、加麻、久可、曲沟5个行政区18个乡,246个自然村,2070户,10050人。其中农业人口9803人(男4536人,女5267人),16岁以上成年6148人,其中全劳4368人,半劳1065人,7至15岁的1597人,7岁以下2058人,僧人还俗829人,尼还俗146人。

可耕地25021.17克(休闲地1222克),藏政府土地8423克,占33.6%;寺庙土地9719克,占38.8%;贵族6453克,占25.7%。林卡面积564.17克(应是42617克才能与总数合,88年2月12日核算)。

耕牛837(头),黄牛1191(头),奶牛4048(头),牦牛2020(头),毛驴3606(头),骡126(头),马363(匹),山羊19557(只),绵羊29402(只),猪1188(头),鸡1200(只),共63538头(只)。

牧畜业:牦牛3805(头),山羊342(只),牧场42(个),牧民69户,109人。寺庙11座(有1座宁玛派寺庙),僧1097(人),10个寺的喇嘛还俗,计829人,未还俗僧8人。尼姑庙5个,尼姑146人还俗(尼姑146人包括在1097人中。88年3月22日核算)。

农奴主19户,0.95%,93人,0.94%。

代理人57户,2.85%,347人,3.6%。

富(裕农)奴39户,1.85%,359人,3.4%。

中(等农)奴348户,17.44%,2919人,30.02%。

贫(苦农)奴930户,46.6%,4358人,45.7%。

奴隶526户,26.7%,1434人,13.6%。

游民59户,3.2%,209人,2.2%。

小商贩手工业者共13户,0.41%,56人,0.36%。

"三反"、"双减"废旧债571156克、大洋(银元)265678个,焚契14482份,谁种谁收得531824克,朗生安家535户,1334人,解决住房4950间、土地3196.18克、工具2148件、炊具家具10059件。

没收叛乱农奴主及代理人自营地7850克,赎买未叛乱农奴主土地238克,抽调富裕农奴、中等农奴土地1111.16克,合计9199.16克,共分配土地8428.8克,占全县总土地数33.7%。有1546户,6280人进了土地841318克,人均进地1.34克,分地户占77%,人口占64%。贫苦农奴人均分进1.1克,奴隶人均进地2.8克,游民、手工商贩人均进地1.16克,下中农奴人均进地0.35克。机动地422.12克,占1.68%。

分地后人均占有地:

农奴主2.5克、代理人2.6克、富裕农奴3.6克、中等农奴2.19克、贫苦农奴2.2克、奴隶2.8克、游民2.4克、手工业商贩2克。

总计农业户9803人,2001户,共有土地24193.17克,均占地2.9克。分耕牛907(头),黄牛2588(头),牦牛519(头),骡54(头),马135(匹),山羊3176(只),绵羊3206(只),农具3460件,衣15175件,家具25023件。

在中央和自治区政府的指导下,从科研单位、高等学校到西藏地方行政部门都积极加强对西藏的实际调查和研究,以及对民主改革成绩的总结,这都有利于从西藏实际出发,制定措施和政策,探索适合西藏实际的发展道路。

3.在稳定中求发展,以发展促稳定,及时纠正工作中的偏差和失误

1961年当西藏民主改革胜利完成后,中央政府没有像在其它地区那样继续采取进行社会主义改造的政策,而是实行"稳定发展"的方针,即稳定发展农牧民个体经济。不仅因为它适合西藏生产力发展实际,能较好促进西藏经济发展,而且它更适合西藏人民当时的思想觉悟水平,能较好保持西藏社会的稳定。中央深刻指出,西藏是一个民族宗教问题很突出,经济文化比较落后,而又和印度等国为邻的边疆少数民族地区。在经过了近两年平叛和民主

改革的激烈斗争以后,如果没有一个稳定发展的时期,而马上实行社会主义改造,藏族群众是难以理解的,勉强去做将会带来极大的危害,因而要求一切政策都要"力求稳妥,都要防'左'防急。"

本着"对西藏人民有利"的原则,中央及西藏工委紧紧抓住西藏当时的中心工作和社会政治经济关系中的主要矛盾——平叛和民主改革,这就使得制定和颁布执行的政策文件没有受当时党内斗争及全国"大跃进"、"人民公社化"运动的影响,有效地保障了西藏民主改革工作的顺利进行。并且对出现的问题和失误,坚持及时发现及时纠正的优良作风,较好地防止了工作中的失误或偏差继续蔓延或扩散。

有文献为证:1960年7月20日,西藏工委颁布《必须彻底进行土地复查工作的紧急指示》,总结了前一时期土地复查工作的情况,并从中发现了一些问题,提出了今后应注意的五个问题。[1] 1960年9月12日,中共中央批复西藏工委《颁发农民土地所有证》,指出关于在民主改革后为农民颁发土地所有证的意见是正确的,并要求通过这一工作巩固土改的胜利果实。1960年10月8日,西藏工委颁布《关于为翻身农民颁发土地证的通知》,传达了中央有关指示,并要求各有关部门、分工委继续做好土地复查和颁发土地证工作,并充分认识颁发土地证的重要意义。

1960年10月22日,西藏工委《关于加强和改进镇反工作的指示》,指出了有些地方在镇反斗争中出现政策上的偏差,为了纠正这种现象特作了五个方面的重要指示,要求各分工委认真执

---

[1] 中共西藏自治区委员会党史研究室:《中国共产党西藏历史大事记》,第1卷,中共党史出版社,2005年,第173页。

行。① 1960年11月15日,中共中央批复西藏工委《关于对西藏试办农业生产合作社问题的批复》,中央认为西藏地区几年之内不应试办生产合作社。② 1960年11月,西藏工委在定日县召开了边境工作会议,制定了《关于目前边境工作的指示》(边境十条),根据西藏边境地区的实际情况,着重指出了在边境地区开展民主改革、镇反、统一战线、打击回窜叛匪、边民生产及生活、加强党的领导等十个方面的问题。③

1960年11月18日,中共中央批示西藏工委《关于粮食征购问题的有关批示》,在粮食征购工作之初,一定要从实际出发,宁可低估一点,也不要高估,要防止和避免由此引起的矛盾,进而影响民族团结。1960年11月20日,西藏工委颁布《关于停止试办农业生产合作社的紧急通知》,要求在个体经济的基础上,坚决办好互助组,必须切实认真地把互助组整顿好。各地牧业、手工业合作社亦应停办。④

1961年1月3日,西藏工委对试办合作社进行检查,指出了试办合作社的思想根源,认为这是急躁情绪的滋长,急办合作社不符合西藏当前的实际情况,不符合西藏社会发展的客观规律,是好事变成了坏事。

以上文献材料说明:从中央到西藏工委都对西藏民主改革工作中存在的问题非常重视,并以文件或指示的形式予以坚决纠正,

---

① 中共西藏自治区委员会党史研究室:《中国共产党西藏历史大事记》,第1卷,中共党史出版社,2005年,第176~177页。
② 中共西藏自治区委员会党史研究室:《中国共产党西藏历史大事记》,第1卷,中共党史出版社,2005年,第179页。
③ 中共西藏自治区委员会党史研究室:《中国共产党西藏历史大事记》,第1卷,中共党史出版社,2005年,第178页。
④ 中共西藏自治区委员会党史研究室:《中国共产党西藏历史大事记》,第1卷,中共党史出版社,2005年,第179~180页。

在不到两年的时间里,中央及西藏工委等就围绕着西藏民主改革及相关问题,先后制定和颁布了三十多个政策文件,从而使"有利于西藏发展"这一正确思想得到了很好的落实,受到群众的欢迎和拥护。这反映出了中国共产党在新情况下,从实际出发的实干作风,也从另一个侧面反映了西藏情况的复杂性以及进行民主改革的艰巨性。

中国共产党从着手考虑和平解放西藏开始,对西藏的有关问题就进行了全面、深入、系统地研究和分析,对西藏的特殊性给予了高度的重视,既没有简单地将西藏同内地各省市的情况同等对待,也没有将其他民族区域自治地区的情况与西藏划等号,而要在维护祖国统一、领土及主权完整这个大前提下,对西藏的许多问题都采取灵活处理、变通执行的原则。只要有利于团结上层,有利于调动群众的积极性,有利于保护和发展生产的,都被视为合理的、正确的予以提倡。一些暂时不好办的、有阻力的事,都等待时机和条件的成熟,而不是采取强制的手段。

1990年,时任西藏自治区党委书记的胡锦涛在总结西藏历史时,就明确指出:"在西藏分裂与反分裂斗争是长期的、复杂的"。"凡事预则立,不预则废。西藏将继续坚持一手抓稳定局势、一手抓经济建设的方针,在稳定中求发展,以发展促稳定。"[①]实践证明,"在稳定中求发展,以发展促稳定"这一方针政策,保障了西藏民主改革成果的巩固,保持了西藏社会的稳定,使西藏各项事业得到长足进步与发展。

三、变革传统社会的艰巨性

1953年美国著名经济学家西蒙·库兹涅茨,创建的美国社会科学研究所的经济增长委员会主办的《文化变迁》杂志,在芝加哥

[①]《在稳定中求发展——访西藏自治区党委书记胡锦涛》,《中国西藏》,1990年,第2期。

大学召开学术研讨会,讨论当时有关贫困与经济发展不平衡问题以及美国的对外政策与其他理论。怎样才能科学地概括贫困与经济发展问题,与会者大都认为用"现代化"一词来说明从传统农业社会向现代工业社会的转变比较适合,于是"现代化"这个术语逐渐被学术界广泛运用。①"现代化"这个名词,是用来概括人类社会发展进程中经济社会急剧转化的总的动态的新概念。

美国普林斯顿大学教授布莱克(C. E. Black)把现代化说成是"在科学和技术革命影响下,社会已经发生和正在发生的转变过程",②这一过程涉及到政治、经济、社会、思想的各个方面的变化。例如,国际社会相互依赖的加强,非农业生产(特别是工业和服务业)比重的提高,死亡率降低,经济持续增长,收入分配趋于拉平,各种组织与技术的专门化和大量扩增,群众性的政治参与,各级教育水平提高,等等。

以毛泽东为代表的中共第一代领导集体对当代中国现代化建构作了最初探索。成果主要表现在:第一,提出社会主义建设道路必须以苏联为借鉴,走自己的路。第二,实现四个现代化分两步走的战略。1963年,中国共产党正式提出"两步走"的战略:第一步用三个"五年计划"时间,建设一个独立的比较完整的工业体系和国民经济体系,使我国工业大体接近世界先进水平;第二步到20世纪末使我国走在世界前列,全面实现四个现代化。第三,在中国工业化道路以及经济体制和管理体制改革等方面,提出了一系列重要思想观点和方针政策。比如提出工业化道路问题主要是重工业、轻工业和农业的发展关系问题,主张以农业为基础,以工业为主导,按农、轻、重顺序安排国民经济。

---

①丁文峰:《经济现代化模式研究》,经济科学出版社,2000年。
②[美]西里尔·布莱克:《日本和俄国的现代化》,商务印书馆,1984年,第18页。

中国共产党提出的中国式现代化道路模式,正是西藏迈向现代化的发展目标和发展战略的重要参照系。无论从西藏民主改革所实施的政策和西藏民主改革所取得的举世瞩目的成就,都无一例外地证明了这个事实:1959——1961年在西藏民主改革以及1961——1965年西藏的稳定发展,标志着西藏开启了现代化的进程。这个新时代的开启是顺应新中国进行现代化建设不可抗拒的潮流,是国家现代化建设总体方针政策的理论设计和制度安排,也折射出新中国马克思主义思想家和政治家的理想抱负和使命意识。

西藏地区既然要走向现代化就必须彻底废除封建农奴主的特权、封建农奴制度,必须彻底废除封建农奴主土地所有制及农奴和奴隶对封建农奴主的人身依附关系;必须彻底废止旧西藏法典及其野蛮刑罚,废除贵族和寺庙的封建特权,使百万农奴和奴隶在政治、经济和精神上得到翻身解放,成为土地和其他生产资料的主人,获得人身自由和宗教信仰的自由,实现做人的权利。废除西藏农奴制是实现西藏人民有人身权利和政治权利的前提条件,废除西藏封建农奴制度,是实现西藏民族有充分的民族发展权的关键一环。

人与人之间的平等关系,是一个社会走向现代化的必要基础。民主改革确立了西藏世俗化的现代意识形态,封建农奴制时期宗教神权意识支配社会意识形态的局面被彻底打破,使西藏从一个宗教神权占社会意识形态统治地位的中世纪社会一跃成为现代科学世界观马克思主义占指导地位的现代世俗社会。实现了走向现代化变迁中政治制度和政治秩序的转换,这将大力促使西藏社会利用现代科学技术和生产方式,摆脱封闭、保守、落后,推动社会全面实现现代化。民主改革,首先为西藏现代化奠定了现代社会的政治制度基础。

对于现代化所带来的一系列巨变,布莱克认为只能与人类起源的变化,与从原始社会向文明社会的转变相比拟。本迪克斯也说:"其规模之大,只有一万年以前游牧民族向定居农民的转变,才可与之比拟。"①那么,现代化必将对西藏产生一个内容丰富,多层次、多方面的社会变迁,从传统社会到现代社会的变迁,而催生这一巨变的正是西藏社会的民主改革。

现代化进程不是一朝一夕,一蹴而就的,是一个长期的过程,经过人民的艰苦奋斗,方能完成。从现代化给传统社会带来的变革来说,它是一个革命过程,完成这一变革需要漫长的时间。西方发达国家从传统社会转向现代社会用了几百年的时间,现代化更是一个趋同的过程。彻底完成民主改革后的西藏地区在经济建设和社会发展方面才起步,即便是与当时中国大多数地区的经济、文化教育、科学技术相比,都存在着较大差别。但是,现代化的基础和动力是实现工业现代化、经济现代化和政治的民主化、社会的法治化,而要使西藏经济建设有一个大的发展,必须具备一个较长时期的和平稳定的社会环境和条件。还需要一个强有力的统一和独立的国家政权,以加强内部的政治整合和社会整合,集中全国的有利条件来支持现代化进程。西藏已经具备了这个条件,中国共产党的正确领导和现代科学技术、思想意识和制度法规的强大渗透力,必将促使西藏早日实现现代化。

---

①本迪克斯:《再论传统性和现代性》,《社会和历史比较研究》,1967年,第9期。

第四章 "改革开放"为西藏的
现代化发展注入了强大动力

　　1976年10月,中共中央粉碎"四人帮",结束了十年文化大革命的动乱。1978年12月,党的十一届三中全会胜利召开,确定了以经济建设为中心、坚持改革开放、坚持四项基本原则的基本路线。十一届三中全会后,以邓小平为核心的党的第二代领导集体,为了加快西藏社会主义现代化建设,提出了要着眼于让这些地区发展起来,并把"怎样对西藏人民有利,怎样才使西藏很快发展起来,在中国四个现代化建设中走进前列"①作为衡量西藏工作的标准。从此,西藏与全国各地一样,不仅使社会秩序由乱到治,逐步恢复正常,而且"改革开放"为西藏社会主义现代化发展注入了强大动力。

第一节　党的十一届三中全会的召开,
使我国社会主义建设进入了历史新时期

　　党的十一届三中全会冲破了长期"左"的错误思想的严重束缚,批评了"两个凡是"的错误方针,明确提出了必须完整、准确地掌握毛泽东思想的科学体系。全会重新确立了马克思主义的思想

---

①《邓小平文选》,第3卷,人民出版社,1993年10月,第1版,第247页。

路线、政治路线和组织路线,做出了把党和国家的工作重点转移到社会主义现代化建设上来和实行改革开放的战略决策。从此,开辟了改革开放和社会主义现代化建设的新时期。

一、十一届三中全会的召开,把党和国家的工作重点转移到经济建设上来

1966年至1976年的十年动乱结束后,中国的社会主义建设事业又在"以阶级斗争为纲"的方针指导下徘徊了2年。这种局面同中国共产党人和中国人民奋斗了几十年,要求早日改变中国贫穷落后面貌,建设社会主义现代化强国的宏伟目标极不适应,同广大干部群众要求纠正"文化大革命"的"左"倾错误,迅速消除十年动乱严重后果的强烈呼声也极不适应。形势的发展要求中国共产党人必须尽快地结束徘徊局面,迈出新的前进步伐,使党和国家发展的历史来一个根本性的转折,实现中华民族新的崛起和腾飞。而实现这一转折的关键,在于确立正确的思想路线,制定正确的路线、方针、政策。以邓小平为代表的党内一批老一辈无产阶级革命家,及时看到了实现这一转折的必要性和关键所在,并为这一转折的实现进行了一系列工作。

1. 十一届三中全会实现了党和国家工作重点的转移

1978年11月10日至12月15日,中共中央在北京召开工作会议,就全党工作重点转移问题,进行了认真的讨论。胡乔木同志就少宣传个人问题,提出了很好的建议。陈云在发言中,提出了有关经济工作的意见,主要是:经济工作要从国情出发,克服急于求成的"左"的思想影响,重视8亿农民这个大头,把农业搞上去,要处理好经济发展的重大比例关系,注意发挥中央和地方的两个积极性。会议恢复和发扬了中国共产党的民主传统,开得生动活泼,大家敞开思想,畅所欲言,能够积极地开展批评,把意见摆在桌面上。

在12月30日的会议上,邓小平作了《解放思想,实事求是,团结一致向前看》的讲话。他突出强调"解放思想是当前的一个重大政治问题"。不打破思想僵化,大大解放干部和群众的思想,四个现代化就没有希望。"一个党,一个国家,一个民族,如果一切从本本出发,思想僵化,迷信盛行,那它就不能前进,它的生机就停止了,就要亡党亡国。"他还指出:在当前这个时期,特别需要强调民主,要创造民主的条件,要重申"三不主义"(不抓辫子,不扣帽子、不打棍子)。"为了保障人民民主,必须加强法制"。"必须使民主制度化、法律化,使这种制度和法律不因领导人的改变而改变,不因领导人的看法和注意力的改变而改变"。[①] 他在阐述政治民主的同时,还着重讲了发扬经济民主的问题,指出现在我国的经济管理体制权力过于集中,应该有计划地大胆下放,当前最迫切的是扩大厂矿企业和生产队的自主权,使每一个工厂和生产队能够千方百计地发挥自主的创造精神。他还指出,要及时地研究新情况和解决新问题,尤其要注意研究和解决管理方法、管理制度、经济政策这三方面的问题。在管理方法上,当前要特别注意克服官僚主义;在管理制度上,当前要特别注意加强责任制;在经济政策上,要允许一部分地区、一部分企业、一部分工人农民,由于辛勤努力成绩大而收入先多一些,生活先好起来。邓小平的重要讲话,为随即召开的十一届三中全会提出了基本的指导思想。

经过中央工作会议的充分准备,中国共产党第十一届中央委员会第三次全体会议于1978年12月18日至22日在北京举行,会议的中心议题是讨论把全党工作的重点转移到社会主义现代化建设上来。

十一届三中全会认为,鉴于中央在二中全会以来的工作进展

[①]《十一届三中全会以来党和国家重要文献选编》(一),中共中央党校出版社,1998年3月第62页。

顺利,全国范围的大规模的揭批林彪、"四人帮"的群众运动已经基本上完成;国民经济得到了进一步的恢复和发展;全国出现了安定团结的政治局面;我国外交政策取得重大进展的事实,应该从1979年起把全党工作的重点转移到社会主义现代化建设上来。全会果断地停止使用不适用于社会主义社会的"阶级斗争为纲"、"无产阶级专政下继续革命"等错误口号。全会认为全党目前必须集中主要精力把农业尽快搞上去,并提出了当前发展农业生产的一系列政策措施和经济措施。全会还讨论了1979、1980两年国民经济计划的安排,并原则上通过了相应的文件。全会认为我国国内现在还存在着极少数敌视和破坏我国社会主义现代化建设的反革命分子和刑事犯罪分子,我们决不能放松同他们的阶级斗争,也决不能削弱无产阶级专政。但是,正如毛泽东同志所说,大规模的急风暴雨式的群众阶级斗争已经基本结束。对于社会主义社会的阶级斗争,应该按照严格区别和正确处理两类不同性质的矛盾的方针去解决,按照宪法和法律规定的程序去解决,决不允许混淆两类不同性质矛盾的界限,也决不允许损害社会主义现代化建设所需要的安定团结的政治局面。这样,就在我国社会的主要矛盾这个根本问题上重新恢复和确认了"八大"的正确估计,从而解决了中国共产党从1957年以来未能解决的工作重点转移问题,这是中国共产党在政治路线上最根本的拨乱反正。

全会指出,实践证明,保持必要的社会政治安定,按照客观的经济规律办事,我国的国民经济就会高速度地、稳定地向前发展。反之,国民经济就会发展缓慢甚至停滞倒退。

全会审查和解决了历史上一批重大冤假错案和一些重要领导人的功过是非问题。全会指出:1975年,邓小平同志主持中央工作期间,各方面工作取得了很大成绩。"四人帮"硬把1975年的政治路线和工作成就说成是所谓"右倾翻案风",这个颠倒了的历史必须重新颠倒过来。全会指出,1976年4月5日的"天安门事件"

完全是革命行动,全会决定撤销中央发出的有关"反击右倾翻案风运动"和"天安门事件"的错误文件。全会审查和纠正了过去对彭德怀、陶铸、薄一波、杨尚昆等同志所作的错误结论,肯定了他们对党和人民的贡献。全会指出,解决历史遗留问题必须遵循实事求是、有错必纠的原则。要坚决地平反假案、纠正错案、昭雪冤案。全会还认为,由于在过去一个时期内,民主集中制没有真正实行,离开民主讲集中,民主太少,当前这个时期特别需要强调民主。为了保障人民民主,必须加强社会主义法制,使民主制度化、法律化。

全会坚决地批判了"两个凡是"的错误方针,高度评价了关于实践是检验真理的唯一标准问题的讨论。认为这对于促进全党同志和全国人民解放思想,端正思想路线具有深远的历史意义。全会指出:毛泽东同志在长期革命斗争中立下的伟大功勋是不可磨灭的,毛泽东同志是伟大的马克思主义者。党中央在理论战线上的崇高任务,就是领导教育全党和全国人民历史地、科学地认识毛泽东同志的伟大功绩,完整地、准确地掌握毛泽东思想的科学体系,把马列主义、毛泽东思想的普遍原理同社会主义现代化建设的具体实践结合起来,并在新的历史条件下加以发展。

根据党的历史经验和教训,全会决定健全党的民主集中制,健全党规党法,严肃党纪。全会提出,全国报刊宣传和文艺作品要多歌颂工农兵群众,多歌颂党和老一辈革命家,少宣传个人。全会重申在党内不要叫官衔,一律互称同志,任何负责人的包括中央领导同志的个人意见,不要叫"指示"。全会指出,一定要保障党员在党内对上级领导直至中央常委提出批评性意见的权利,一切不符合党的民主集中制和集体领导原则的做法应该坚决纠正,党的各级领导干部必须带头严守党纪。

这些在领导工作中具有重大意义的转变,标志着中国共产党从根本上冲破了长期"左"倾错误的严重束缚,端正了指导思想,使广大干部和群众从过去盛行的个人崇拜和教条主义中解放出来,在思想上,政治上和组织上恢复和确立了马克思主义的正确路线,结束了1976年10月以来党的工作在徘徊中前进的局面,确立了将中国社会主义现代化建设事业引向健康发展的道路。中共十一届三中全会是建国以来具有深远意义的伟大事件之一。

2. 提出了实施"改革开放"的战略决策

1978年7月至9月,国务院召开了专门讨论经济工作的会议。会议在总结建国28年来经济建设的经验教训,认真分析我国国情的基础上,提出了改革经济管理体制,实行对外开放政策的思想主张。

关于改革问题,会议提出:在20世纪末把我国建设成为社会主义的现代化强国,这是一场根本改变我国经济和技术落后面貌,进一步巩固无产阶级专政的伟大革命。这场革命既要大幅度地改变目前落后的生产力,也就必然要多方面地改变生产关系,改变上层建筑,改变工农业企业的管理方式和国家对工农业企业的管理方式,改变人们的活动方式和思维方式,使之适应于社会主义现代化经济建设的需要。要改革一切不适应生产力的生产关系,不适应经济基础的上层建筑,无论中央各部门或是地方各级领导机关,都必须认真注意发挥工农业企业的积极性,一定要给予各个企业必要的独立地位。

关于对外开放的问题,李先念讲到:目前国际形势对我们有利,现在世界上的绝大多数国家都希望我国强大繁荣。欧、美、日等资本主义国家,经济萧条,要找出路,我们应有魄力、有能力利用它们的技术、设备、资金和组织经验,来加快我们的建设,我们决不能错过这个非常难得的时机。自力更生决不是闭关自守,不学习外国的先进事物。为了加快发展,我们必须加快掌握世界先进技术的速度,必须积极从国外引进先进技术设备。这一明确、大胆的思想主张,是对中国未来发展道路的展望。这说明,新的方针政策已经在当时的党中央领导集体中开始酝酿,这篇讲话后来被中央作为提交十一届三中全会讨论的文件之一,为会议做出改革开放的重大决策奠定了基础。

1978年12月18日至22日,中国共产党第十一届中央委员会第三次全体会议明确指出:实现工业、农业、国防和科学技术的现代化,要求大幅度地提高生产力,也就必然要求多方面地改变同生产力发展不适应的生产关系和上层建筑,改变一切不适应的管理方法、活动方式和思想方法,因而是一场广泛、深刻的革命。全会认为:粉碎"四人帮"以后,我国国民经济恢复和发展的步伐很快。但是必须看到,由于林彪、"四人帮"的长期破坏,国民经济中还存在不少问题。一些重大的比例失调状况没有完全改变过来,生产、建设、流通、分配中的一些混乱现象没有被完全消除,城乡人民生活中多年积累下来的一系列问题必须妥善解决。全会指出:我们必须纠正急于求成的错误倾向,切实注意解决好国民经济比例严重失调问题,做到综合平衡,基本建设必须积极地而又量力地循序进行,要集中力量打歼灭战,不可一拥而上,造成窝工和浪费。全会指出:现在我国经济管理体制中的一个严重缺点是权力过于集中,应该有领导地大胆下放,让地方和工农业企业在国家统一计划的指导下有更多的经营管理自主权;应该着手大力精简各级行政机构,把他们的大部分职权转交给企业性的专业公司或联合公司;应该坚决实行按经济规律办事,重视价值规律的作用;注意把思想政治工作和经济手段结合起来。这些思想,是党摆脱经济建设中"左"倾错误方针影响的开端,也是我国实行改革开放战略决策开始的标志。

十一届三中全会后,在对全会精神的贯彻和落实中,在对全会所确定的改革开放战略决策的实践中,在我国经济和社会主义现代化建设的进程中,对全会做出的改革开放战略决策有了进一步认识,并逐步将其作为我国社会主义初级阶段的基本路线中的两个基本点之一。

我们党总结了历史的经验教训，重新肯定了毛泽东关于社会主义社会的基本矛盾仍然是生产关系和生产力之间、上层建筑和经济基础之间的矛盾的论断。指出解决这个矛盾的方法不是通过激烈的阶级对抗和政治革命来实现，只能通过社会主义制度本身，通过有领导、有秩序的改革来进行。依据新的实践，邓小平提出革命是解放生产力、改革也是解放生产力，做出了改革是社会主义社会发展的重要动力的新论断。在社会主义初级阶段，改革更是历史的迫切要求。在这个阶段我国面临着两大变革：一是从农业国转变为工业国；二是从计划经济过渡到市场经济。如果不及时改革生产关系和上层建筑中不适应生产力发展的制度或体制，就不能推动和保证工业化和现代化的实现，甚至会造成社会动乱。如果不改革长期形成的僵化体制，它就会严重束缚生产力的发展，使本来应当是生机盎然的社会主义社会在很大程度上就会失去活力。同时，不改革那些与经济发展不相适应的政治体制和其他方面的科学文化教育的体制，就不可能实现中国的社会主义现代化。

另外，改革是社会主义制度的自我完善。我们的改革不是为了改变社会主义制度，而是在坚持社会主义基本制度的前提下，自觉调整生产关系和上层建筑之间的各个方面和环节，来适应社会主义初级阶段生产力的发展水平和实现现代化的要求，以发挥社会主义的优越性。因此，我们的改革是社会主义性质的，必须坚持社会主义方向。我们的改革不同于一个阶级推翻另一个阶级的政治革命。改革当然会深刻地触动不同社会集团的利益，以至由于利益调整带来的损益不同而引起利益矛盾。但这种利益矛盾是在根本利益一致的前提下的人民内部矛盾，不需要通过激烈的阶级斗争来解决，而可以通过统筹兼顾和逐步建立合理的利益关系，保证各社会集团的利益得到协调发展。

但是，改革也不是原有经济体制细枝末节的修补，而是经济体制的根本性变革。这种改革虽然不是本来意义上的政治革命，但是从解放和发展生产力,从引起社会生活各方面的深刻变化,从促进社会全面进步来说,它的作用和意义并不亚于革命。因此,邓小平说:"改革是中国的第二次革命"。中国第一次革命的实质和目标是实现新民主主义革命的胜利和建立社会主义的基础;第二次革命的实质和目标就是根本改变束缚我国生产力发展的旧体制,建立充满生机和活力的社会主义新体制,以实现中国的社会主义现代化。

对外开放,是中国社会主义经济建设与发展的客观要求。邓小平站在时代发展的高度,从世界经济、政治发展的全局出发,深刻把握世界发展的新变化,把中国的发展同世界的发展、同时代主题变换的实际紧密联系起来,指出:现在的世界是开放的世界,强调"中国的发展离不开世界"。① 把对外开放作为建设中国特色社会主义的一项长期基本国策,是邓小平和中国共产党把握历史与时代发展规律的科学选择。当今世界,经济生活国际化已经遍及生产、流通、消费等各个领域,资源、劳务、技术、资金、信息等各种生产要素都被纳入了经济生活国际化的洪流之中。经济生活的国际化,是社会生产力发展必然结果,是一种社会历史的进步。

党的十一届三中全会以后,我国把对外开放作为一项长期的基本国策,正是立足于生产力和经济发展的这一客观必然性。首先,对外开放,发展对外经济技术关系是生产社会化、国际化的客观要求。随着社会和生产力的发展,生产社会化程度也不断提高,其重要标志,就是社会分工与协作关系不断扩大和深化。当这种社会分工与协作关系越出了国家的界限,就形成了它在国际范围内的发展,使生产社会化日益发展成为生产的国际化。要顺应生产力发展的这一趋势,必然实行对外开放。其次,对外开放是世界经济一体化发展的客观要求。早在一个半世纪前,马克思、恩格斯

---

①《邓小平文选》,第3卷,第64、78页。

在《共产党宣言》中就已指出,由于资本主义开拓了世界市场,过去那种地方和民族的自给自足的闭关自守状态已被各民族的各方面互相往来所代替,一切国家的生产和消费都已成为世界性的了。今天,世界经济的发展已使各国之间的生产和消费的联系更加密切。不论是发达国家,还是发展中国家,都在利用这种国际经济联系来发展自己的经济,各国都卷入了世界市场,形成了一个世界范围内的经济体系,任何国家的经济发展都不能脱离世界经济体系。中国作为世界经济体系中的一员,也只有在参与国际经济活动中才能使自己得到更快的发展。因此,对外开放也就成为一种必然趋势。

总之,我们所处的世界是开放的世界,对外开放是生产社会化、经济发展国际化的客观趋势。由于中国经历了漫长的封建社会,从历史上看,长期处于闭关自守状态,经济不发达。新中国成立以后,我们在对外开放方面又经历了一个曲折的过程。"文化大革命"期间,我国由于种种主客观原因,没有积极地对外开放,使整个经济处于半封闭状态,错失了许多发展的良机,阻滞了国内经济的发展,拉大了本来已经缩小了的我国经济技术同世界先进水平的差距。纵观中外历史和现实,邓小平深刻地指出,在对外开放问题上,"我们吃过这个苦头,我们的老祖宗吃过这个苦头。恐怕明朝明成祖时候,郑和下西洋还算是开放的。明成祖死后,明朝逐渐衰落。以后清朝康乾时代,不能说是开放"。[①]"中国长期处于停滞和落后状态的一个重要原因是闭关自守"。[②] 党的十一届三中全会之后,我们党坚定不移地实行对外开放政策,实现了对外经济关系发展的历史性转折,有效地加速了我国社会主义现代化建设的进程。把对外开放确定为长期的基本国策,不仅完全符合当代

---

① 《邓小平文选》,第3卷,第90页。
② 《邓小平文选》,第3卷,第64页。

世界经济的发展趋势,而且也是加速我国社会主义现代化建设的迫切需要。

我国社会主义现代化建设肩负着既要推进传统产业革命,又要迎头赶上世界新技术革命的双重任务。在实现这个任务的过程中,存在着不少困难。如建设资金不足、技术落后、劳动者科学文化素质不高、缺乏组织现代化大生产的经营管理知识和经验等等。这些问题如果得不到切实有效的解决,已经确定的经济发展的战略目标就有落空的危险。而要妥善地解决这些困难和矛盾,一个不可缺少的条件就是实行对外开放。只有这样,才能积极而又合理地利用外资,缓解国内资金不足的矛盾;才能大量引进国外先进技术,借鉴国外先进的管理知识和经验,加速我国科技进步,提高我国经营管理水平;才能充分利用国外的市场和资源,促进产业结构的调整和优化,开拓新的生产门路,提高经济效益。也只有这样,才能更好地吸收世界先进文化的成果,增强我国经济在国际竞争中的能力,使我国经济在世界经济舞台中占据应有的地位。

我国正处于社会主义初级阶段,社会主义初级阶段的一项根本任务,就是要改变目前仍然明显存在着的二元经济结构,建设成为一个现代的工业化国家。二元经济结构的突出表现就是同相对发达的工业特别是重工业基础并存的,是仍处于低度发展中的农业。建立在手工劳动基础上的农业人口仍然占人口的多数,内部结构明显不合理,劳动生产率和商品率不高,社会分工不发达,生产社会化程度较低。要想改变这种状况,必须采取措施大幅度提高农业的劳动生产率,并在此基础上实现农业人口大规模向非农产业的转移。大幅度地提高农业生产率以大规模地增加农业的投入和积极推进农业的技术改造为条件,这需要大量资金。大量农业人口转向非农产业,改变农村经济结构,会提高农村经济的有机构成,同样也需要大量资金。而我国工业要向产业结构高级化迈进,要加强基础工业和基础设施,加快机械、电子工业的发展等,同样也需要巨额的建设资金。解决这个矛盾的一个重要途径,是充分利用农村劳动力发展劳动密集型产品出口,一方面解决农村剩余劳动力的出路,一方面在国际市场上换取外汇。即通过国际市场的转换机制,沟通农业和重工业之间的循环关系,把在国内互相争夺资金转变为通过国际市场的互相促进,从而为矛盾的解决提供条件,这就要求进一步扩大对外开放。因此,党的十一届三中全会把改革开放,作为社会主义现代化建设的战略决策,是十分务实和明智的。

二、西藏自治区拨乱反正,全面纠正极"左"路线

1979年1月,西藏自治区党委和西藏军区党委联合召开扩大会议,传达贯彻中共十一届三中全会精神,研究在西藏地区停止使用"以阶级斗争为纲"的口号,贯彻执行十一届三中全会所确立的政治、思想、组织路线,切实把党的工作重点转到社会主义现代化建设上来。

1. 在政治上开展揭批"四人帮"的斗争,端正政治路线

1976年10月6日,中共中央政治局一举粉碎"四人帮"。从10月7日至14日,中共中央政治局在北京分批召开了中央党政军机关、各省市自治区、各大军区负责人的打招呼会议,通报了江青、王洪文、张春桥、姚文元反党集团事件,提出了既要解决问题,又要稳定局势的方针。10月18日,中共中央将"四人帮"反党集团事件通知各级党组织,传达到全党和全国人民。粉碎"四人帮"得到全党和全国人民的热烈拥护。

在全党和全国各族人民欢庆粉碎"四人帮"胜利的同时,中共

中央顺应历史和人民的要求,号召全党全军和全国各族人民团结一致,深入揭批江青反革命集团的罪行,清查其反革命帮派体系,夺回被他们篡夺的权利,彻底肃清其流毒和影响。全国人民积极响应中共中央的号召,以极大的革命热情和实际行动,深入揭批"四人帮"反革命集团的反动理论、反革命思想及其严重罪行。在对"四人帮"反革命集团的罪行进行深入揭批的斗争过程中,中共中央要求把揭批斗争与整顿全国各条战线的工作和恢复国民经济结合起来进行。通过对"四人帮"反革命集团罪行的揭批,大大提高了我国各族人民的政治觉悟和认识水平。

粉碎"四人帮"以后,西藏各族人民迅速开展了大规模揭批江青、王洪文、张春桥、姚文元反革命集团的斗争。1976年10月16日,中共西藏自治区委员会、西藏军区委员会联合召开扩大会议,向到会的县、团级以上领导干部1050人传达了中共中央政治局粉碎江青反革命集团"打招呼"会议的精神。粉碎"四人帮"的消息,很快在全区传播开来。拉萨市和全区其他主要城镇街头,群众贴出"'四人帮'垮台,人心大快"的大幅标语和拥护中共中央粉碎"四人帮"的大字报。一些单位和群众自发地鸣放爆竹,聚会饮酒庆祝胜利。18日,中共中央发出《关于江青、王洪文、张春桥、姚文元反党事件的通知》,向全党公布了"四人帮"利用毛主席逝世之机,阴谋篡党夺权、祸国殃民的重要罪恶事实。全区各族人民同仇敌忾,于10月21日在拉萨举行了6万多军民参加的盛大集会和游行,声讨"四人帮"罪行,欢呼胜利,拥护中央对"四人帮"采取的断然措施。大会向中央发了贺电,决心把清算江青反革命集团罪行的斗争进行到底。

1976年12月至1977年9月,中共中央先后下发了《王洪文、张春桥、江青、姚文元反革命集团罪证》的三批材料。西藏自治区乘胜组织了三次规模较大的揭批"四人帮"反革命罪行的战役。各族人民运用诉苦会、大字报、漫画、写文章等各种不同的形式,揭露

"四人帮"篡党夺权、祸国殃民的罪行。同时,着重联系"四人帮"否定党在西藏"稳定发展"的方针,迫害藏、汉族干部,破坏民族团结,破坏党和国家正确的民族、宗教、统战政策等罪行,进行深入批判,使"四人帮"反革命阴谋进一步暴露在人民群众面前。

在揭发批判"四人帮"罪行的同时,还从组织上对与"四人帮"篡党夺权阴谋有牵连的人和事进行了清查。在清查工作中,根据西藏的实际情况,对在"文化大革命"中犯有这种或那种错误的藏族和其他少数民族干部、群众,采取"慎重稳妥、政策从宽"的方针,只要本人承认错误,一律从宽处理,不加追究。广泛地争取团结了少数民族干部和群众。对在西藏工作的汉族干部和职工中与"四人帮"有牵连的人和事,按照中央对全国的统一部署进行清查。先后清查出109人。西藏清查出的与"四人帮"阴谋篡党夺权有牵连的人和事,大多属于工作上的执行问题和派性斗争,除极少数刑事犯罪分子受到法律制裁外,均作"文化大革命"中犯错误按人民内部矛盾处理,对起初作错误处理的同志,后来都恢复了名誉,恢复了工作,补发了工资。

通过对"四人帮"的揭露和批判,提高了西藏广大干部和群众对"四人帮"反革命集团罪行的识别能力,澄清了他们散布的妨碍社会安定团结,阻碍发展生产和经济建设的错误言论,纠正了一些"左"的错误,为清除西藏在"文化大革命中"造成的派性和全面拨乱反正奠定了思想基础。通过对"四人帮"的揭露和批判,对西藏的广大干部群众进行了一次马列主义、毛泽东思想的教育,使西藏广大干部群众逐步从"文化大革命"的"左"的思想束缚中解放出来,端正了西藏工作的政治路线,使西藏初步形成了安定团结的社会局面。随着广大干部群众认识水平的提高,进行社会主义建设的热情空前高涨,为集中力量进行社会主义现代化建设创造了条件。仅1977年,西藏完成农田草场基本建设项目就达100多顷,工农业生产得到恢复和发展,交通运输提前两个月完成了全年货运量计划,文教、卫生、科技战线形势好转。

2. 在干部问题上平反冤假错案,端正干部路线

在"文化大革命中",林彪和"四人帮"制造了一大批冤假错案。粉碎"四人帮"后,广大干部和群众都要求对"文化大革命"中的案件以及历史遗留问题进行清理,对一些重要领导人的功过是非重新评价。在揭批"四人帮"的群众运动中,中共中央于1976年12月5日发出通知:"凡纯属反对'四人帮'的人,已拘捕的,应予释放;已立案的,应予销案;正在审查的,解除审查;已判刑的,取消刑期,予以释放;给予党籍、团籍处分的,应予撤销。"[1]1978年在党的十一届三中全会上,审查和解决了建国以来党的历史上一批重大冤假错案。从此,平反冤假错案的工作在全国全面展开。

中共中央对"文化大革命"前历次政治运动中发生的冤假错案,本着实事求是的精神,坚持"有反必肃,有错必纠"的方针,认真地进行清理。并在平反冤假错案的同时,认真地落实各项政策。

一是落实知识分子政策。认为:知识分子队伍的状况已经发生了深刻变化,知识分子已经成为工人阶级的一部分。因此,在全国解放初期提出的对知识分子"团结、教育、改造"的方针,已经不适用于目前的情况,当前要继续做好复查与平反昭雪知识分子中的冤假错案工作,对知识分子要充分信任放手使用,做到有职、有权、有责。调整用非所学,做到人尽其才,才尽其用。努力改善他们的工作条件和生活条件。

二是对右派进行摘帽和错划改正,1978年4月5日,中共中央决定全部摘掉右派分子帽子,并在9月17日批发的《关于全部摘掉右派分子帽子决定的实施方案》中指出,对于过去错划了的人,要坚持有错必纠的原则,做好改正工作。到1978年11月,全

---

[1] 王桧林主编:《中国现代史》,(下),高等教育出版社,1989年1月,第一版,第367页。

国各地摘掉右派分子帽子的工作全部完成。随后,进行错划右派的改正工作,在做改正工作的过程中,中共中央曾指出:粉碎"四人帮"以后,中央决定给尚未摘帽子的右派分子全部摘掉帽子,把错划的改正过来,这是深得人心的具有重大意义的工作,改正工作到1980年基本结束。

三是对地主、富农分子进行摘帽。全国解放后,经过土地革命、合作化和人民公社运动,农村的情况和阶级关系发生很大的变化,对地主富农及其子女的政策是一个急待解决的重大问题。1979年1月11日,中共中央作出《关于地主、富农分子摘帽问题和地富子女成份问题的决定》。指出:地富分子经过30年的劳动改造,他们中的绝大多数已经成为自食其力的劳动者。因此,除极少数坚持反动立场的以外,凡是多年遵守政府法令,老实劳动,不做坏事的地主、富农分子以及反革命分子、坏分子,经过群众评审,县革委会批准,一律摘掉帽子,给予农村人民公社社员待遇。地主、富农家庭出身的子女,家庭出身应一律为社员,不应再作为地主、富农家庭出身。今后,他们在入学、招工、参军、入团、入党和分配工作等方面,主要应看本人的政治表现,不得歧视。

四是落实对民族资产阶级的政策。1979年1月22日至24日中共中央统战部在北京召开大型座谈会,重申党对民族资产阶级的一贯政策。1979年12月17日,中共中央又批转中央统战部等五部门《关于对原工商业者的若干具体政策的规定》,指出:在原工商业者中,不要具体划分谁是自食其力的劳动者,谁是拥护社会主义的爱国者。从1979年7月起,他们填写现在的成份时,是干部就填"干部",和工人一样参加生产劳动的就填"工人",今后在政治上应与干部、工人一视同仁。此后对民族资产阶级的政策逐步落实。

五是落实对国民党起义、投诚人员的政策。1979年1月17日,中共中央批转中央统战部等六单位《关于落实对国民党起义、投诚人员政策的请示报告》,中央在批语中指出:认真落实对起义、投诚人员政策,不仅对恢复党的优良传统是必要的,而且对台湾回归祖国、完成祖国统一大业有着重要意义。之后,中共中央曾多次批示,对起义、投诚人员的政策落实工作要认真检查,一个人一个人地落实。

六是落实民族政策。"文化大革命"中,林彪"四人帮"的极左路线严重破坏了党的民族政策,造成民族团结的严重创伤。粉碎"四人帮"后,中共中央为医治创伤,做了大量卓有成效的工作。1979年10月14日,在中共中央批转的中央统战部《关于地方民族主义分子摘帽子问题的请示》中说:凡是1957年反右派斗争期间及以后几年内划为地方民族主义分子的,不论是按照敌我矛盾或者是人民内部矛盾对待的,都应全部摘掉地方民族主义分子的帽子;对确实划错了的,要实事求是地改正过来。十一届三中全会后,中共中央指出所谓"民族问题实质是阶级问题"的说法是错误的。

七是落实宗教政策。党的宗教政策在"文化大革命"中遭到林彪"四人帮"的很大摧残,公开的宗教活动几乎全部停止。1980年7月16日,国务院提出宗教团体房屋的产权全部退给宗教团体,无法退的应折价付款。"文化大革命"期间被占用的教堂、寺庙、道观及其附属房屋,属于对内、外工作需要继续开放者,应退还各教使用。1982年,中共中央印发《关于我国社会主义时期宗教问题的基本观点和基本政策》,提出:尊重和保护宗教信仰自由,争取、团结和教育宗教界人士,合理安排宗教活动场所,充分发挥爱国宗教组织的作用,有计划地培养和教育年轻一代的爱国宗教职业人员,坚决保障一切正常的宗教活动,同时要坚决打击一切在宗教外衣掩盖下的违法犯罪活动和反革命破坏活动,以及各种不属于宗教范围的、危害国家利益和群众生命财产的迷信活动。

西藏落实干部政策工作抓的较早,但由于"四人帮"的干扰,仍有一大批干部受审查,靠边站。在粉碎"四人帮"后的新形势下,平反冤假错案,落实干部政策,仍是一项十分紧迫的任务。为继续做好这一工作,自治区成立了落实政策办公室,各直属机关和地、市分别成立落实政策领导小组,抽调数百名干部和工作人员,专职从事平反冤假错案和落实干部政策工作。西藏全区在"文化大革命"期间立案案件2971件,历次政治运动形成的案件1743件。按干部管理权限,坚持"全错全平、部分错部分平、不错不平"的原则,对所有重大案件逐一复查复议,根据落实政策精神重新做出结论,落实政策。经过各级党政机关和专职人员的两年多内查外调、索取旁证、反复核实,到1979年初,复查落实了"文革"期间立案案件的69.7%,对"文化大革命"初期受"三家村"冤案株连被定为"金沙黑线"冤案的人和事,宣布平反,为受牵连的50多名干部恢复名誉;宣布撤销一大批地县级干部停职反省、撤职处分的批复文件,恢复他们的名誉和工作。自治区平反工作的进展,推动了各直属机关、地(市)加快落实干部政策的步伐。到1979年11月,全区"文革"前任职的地、县级干部90%以上都恢复了工作。在"文革"期间立案处理的脱产干部案件复查了90%,涉及农牧区基层干部及其他案件复查了75%。

1977年至1980年3月,西藏进行的平反冤假错案,落实干部政策工作,对稳定西藏的局势,恢复民族区域自治制度,恢复民主法制,促进社会经济发展起到了积极作用。但是,1978年全国开展真理标准讨论,西藏行动迟缓.讨论不深入,受"两个凡是"的禁锢,思想不解放,仍有相当一部分重大案件应该落实解决的问题,没有得到及时解决,有的复查了应平反而未得到平反,有的应彻底平反而留有"尾巴",受牵连的家属子女也未得到及时解脱。

1980年4月以后,西藏自治区党委又进一步落实干部政策。在端正思想路线,进行"真理标准"讨论补课,批判"两个凡是",停止使用"阶级斗争为纲"口号,澄清"民族问题的实质是阶级问题"错误提法,否定"文化大革命"等重大问题的同时,全面进行拨乱反正。不仅平反"文化大革命"中的冤假错案,还决定再次复查西藏和平解放后历次政治运动处理的重大历史案件。

1980年6月,西藏自治区党委二届五次(扩大)会议后,自治区党委新成立落实政策领导小组,自治区直属机关、各地(市)先后恢复、建立或加强了落实政策的办事机构。在坚持实事求是,对人民负责,处理历史遗留问题宜粗不宜细、宜简不宜繁的原则下,在调查研究的基础上,着重从政治上解决问题,打破办案中的各种禁区,大规模地全面平反冤假错案,大刀阔斧地彻底处理了一大批历史遗留案件和"文化大革命"期间的冤假错案,全面落实了干部政策。

1980年6月9日,中共西藏自治区党委发出《关于纠正错划富农牧成份的通知》,对在农牧业社会主义改造过程中被错划为富农、富牧的户,一律纠正,恢复其原有的家庭成份;被划分为富农牧分子或反动富农牧分子的人,一律平反,恢复其原有个人成份;因被划分为富农牧户而征收、没收财产的户,给予适当的经济补偿。1980年8月18日,中共西藏自治区党委发出《关于纠正城镇错划资本家的通知》,指出:西藏民主改革前是个封建农奴制社会,不存在资本家,城镇划出资本家是错误的,全区各城镇所划资本家一律恢复其原有成份等。1981年2月,中共西藏自治区党委发出《转发区党委统战部(关于进一步落实"文革"期间爱国人士的私房、院落被占用政策的请示报告)的通知》,同年3月,自治区党委和自治区人民政府作出《关于我区社改期间没收未叛领主、牧主、寺庙的牲畜改为进行赎卖的规定》。1982年1月,中共中央发出《关于检查一次知识分子工作的通知》。根据中央精神,中共西藏自治区党委和人民政府采取一系列措施,一是纠正一切冤假错案,妥善处理历史遗留问题;二是对全区社会科学和自然科学两大类部分专业技术系列中的知识分子给予评定职称;三是提高知识分子的政治地位,重视知识分子入党和选拔知识分子担任各级领导职务;四是提高知识分子的生活待遇;五是多方面地提高知识分子的业务水平,将部分知识分子送往对口专业学校进行培训提高,参加区内外召开的学术讨论会,以及到国外考察、进修,使他们更好地为西藏社会主义建设事业服务。

在进行平反冤假错案,落实干部政策的同时,为稳定局势,把工作的重点转移到现代化建设上来,西藏自治区党委强调必须团结一切可以团结的人,调动一切积极因素,共同建设社会主义新西藏。区党委根据中央的批示精神,一是对牧区的对敌斗争政策进行了重新审定。对未参加叛乱的领主、牧主及其代理人,以及未参加叛乱的一般富农、富牧,从"四类"分子(叛乱农奴主、叛乱农奴主代理人、反革命分子、坏分子)中划出来,恢复公民权,把错划为"四类"分子的一律纠正过来,即使本人已死或出走的,也纠正过来;对多年守法没办坏事的"四类"分子,一律摘掉帽子,给予社员待遇;切实把"四类"分子的家属、子女与"四类"分子本人区别开来,与一般社员一视同仁,不得歧视;取消"四类"分子多于社员的劳动,坚持同工同酬。二是对参加1959年西藏叛乱的全部在押服刑人员进行了宽大释放,因为在经过二十年的教育改造后这些人中的绝大多数已成为遵守法律、自食其力的劳动者,所以西藏自治区公安机关和各行政公署中级人民法院对他们进行了宽大释放,发给其释放证。通过平反冤假错案,落实政策,调动了一切社会力量投入到西藏社会主义建设上来。至1982年底,全区大范围的平反冤假错案,落实干部政策工作基本结束,少量一时难以定性的案件,转由职能部门和办事机构继续处理解决。

西藏在粉碎"四人帮",特别是在党的十一届三中全会召开以后,在全面进行拨乱反正和落实干部政策的同时,还全面正确地贯彻执行党的民族、宗教政策,对民族宗教界爱国人士开展统一战线和落实政策的工作。

统一战线是中国革命的三大法宝之一,西藏的上层爱国人士在西藏革命和建设中,做出过重要贡献。所以,统一战线在西藏更具有特殊意义。十年动乱期间西藏上层爱国人士同其他领导干部一样,蒙受批判和错误处理。"四人帮"粉碎以后,西藏对在"文化大革命"期间造成的部分冤假错案进行了纠正,安排了一批爱国人士的工作,但仍有一些重大问题没有得到解决。

1980年西藏工作座谈会以后,西藏的统一战线工作进入了一个新的历史发展时期。西藏自治区党委明确了新时期统一战线的任务,就是维护祖国统一,增强民族团结,反对分裂倒退,为大力发展社会生产力和商品经济,为社会主义物质文明和精神文明服务。社会主义新时期统一战线仍然是一个法宝,不仅不能削弱,而且应该加强;不仅不能缩小,而且应该扩大。在这一思想的指导下,自治区党委进一步扩大了统一战线的范围和对象,对许多爱国人士的生活和工作进行了落实安排,对这些爱国人士的生活待遇作出了明确的规定;组织他们参政、议政,充分发挥他们的积极作用;开展民族间的联谊活动;组织各种类型的参观团、考察团到区外参观考察;参加在全区范围内开展的各类民族团结活动;组织有能力写作的人士撰写文史资料等。

自1979年以来,西藏自治区有关部门还十分重视做好国外藏胞归国的接待工作。在结束"文化大革命",特别是在党的十一届三中全会决定停止使用"阶级斗争为纲"的口号后,一些流落国外多年的藏胞纷纷回国参观、探亲或定居。为此西藏自治区专门成立了接待机构,对流落国外的藏胞在国内的亲属落实政策的情况普遍进行检查,错案、冤案予以彻底平反。经济上,应退赔的坚决退赔,生活上有困难的予以照顾。政治上,对流落国外的藏胞坚持"爱国一家","来去自由"的政策。为了安排好回归的藏胞,自治区人民政府还颁发文件,对国外藏胞回归定居后的落户手续、商品供应、安置原则、劳动就业、出走后遗留房产的处理等都作了原则规定,保障回归定居的人员不受歧视,正常生活。

尊重和保护宗教信仰自由,是中国共产党对宗教问题的基本政策。但是"文化大革命"期间,党的宗教信仰自由政策遭到严重破坏。动乱结束后,特别是在十一届三中全会以后,西藏自治区党委、政府在中央的统一领导下,采取了一系列重要措施,拨乱反正,使党对宗教问题的正确方针和政策逐步得到恢复。

在全面拨乱反正过程中,自治区党委和政府认真回顾检查了贯彻执行宗教政策的情况,多次发出有关宗教信仰自由政策的文件,纠正了"文革"期间对宗教信仰方面的错误作法。要求全面正确地贯彻宗教信仰自由政策,既要尊重保护群众正常的宗教活动,也要对寺庙、宗教事务进行管理,防止放任自流;对利用宗教活动干扰、破坏生产和教育事业者要依法处理;指示各级党政部门领导重视落实宗教政策工作,把宗教工作列入议事日程,定期检查总结工作经验。

在中央关于宗教政策的指引下,西藏各地、各部门采取了一系列坚决措施,清理"文革"中违反宗教政策的遗留问题。相继恢复或新成立宗教工作机构,在保障公民的宗教信仰自由权利方面做了大量工作,为宗教界上层爱国人士落实政策,安排部分宗教界上层爱国人士在各级政协、佛协、文化教育部门工作;清退了在"文革"期间被非法占用的寺庙土地、林卡、房屋以及其他被非法查抄的寺庙财物、宗教用品;多方设法找回在"文革"期间散失在民间的佛像、法器及其它宗教用品,分发给各寺庙,供广大僧人和群众从事宗教活动使用。

通过尊重信仰、落实政策、正确引导、加强管理等一系列工作,西藏广大信教群众正常的宗教活动得到保护,有影响的重要寺庙的宗教活动也纳入了正常轨道,各种传统的宗教活动和宗教节日活动也都开展起来。每有重大宗教活动,政府有关部门都派人前往斋僧布施。群众中的婚嫁丧葬仪式与宗教有关的习俗都得到尊重。经过维修后的拉萨大昭寺及其它一些名寺古刹,常年香烟缭绕,朝拜者络绎不绝。

3. 开展"真理标准"大讨论,端正思想路线

在揭批"四人帮"反革命集团斗争中,党内外的许多同志强烈要求纠正"无产阶级文化大革命"的"左"倾错误,恢复党的马克思主义正确路线、方针、政策和优良传统。可是,这种正当的要求却遇到了严重的阻力。这主要是由于十年"文化大革命"造成的政治上、思想上的混乱不容易在短期内消除,党对全面清理"左"倾错误思想准备不够。

1977年4月10日,邓小平给中共中央写信,针对"两个凡是"的错误观点指出:"我们必须世世代代地用准确的、完整的毛泽东思想来指导我们全党、全军和全国人民,把党和社会主义的事业,把国际共产主义运动的事业,胜利地推向前进。"[①]5月3日,中共中央转发此信,肯定了邓小平的正确意见,为邓小平重新参加中央的领导工作作了准备。邓小平对"两个凡是"的批评,开了全党解放思想的先河。

1978年5月11日,《光明日报》刊登题为《实践是检验真理的唯一标准》的特约评论员文章,此后全国大多数省、市、自治区的报纸陆续转载这篇文章。文章鲜明地指出:检验真理的标准只能是社会实践;理论与实践的统一,是马克思主义的一个最基本的原则;任何理论都要不断接受实践的检验。文章还从理论上深入地进行分析,否定了"两个凡是",这在全党引起了强烈的反响,由此,引发了关于"真理标准"问题的大讨论。

文章发表后,党内外大多数人支持和拥护文章的观点。但是也有人坚持"两个凡是"的错误方针。认为这篇文章在理论上是"荒谬的",思想上是"反动的",政治上是"砍旗"。讨论中也有人就实践是不是检验真理的唯一标准问题提出疑问,他们认为实践固

---

①《"两个凡是"不符合马克思主义》(1977.5.24),《邓小平文选》,第35～36页。

然是检验真理的标准,但是马克思主义也应当是真理的标准。这场真理标准问题的争论,实质上是关于党的思想路线的争论。这一讨论受到邓小平、叶剑英、李先念、陈云等中共中央多数同志的积极引导和支持,讨论在全国逐步展开。

1978年6月2日,邓小平在全军政治工作会议上阐述了实事求是,一切从实际出发,理论和实际相结合是毛泽东思想的出发点和根本点,是做好一切工作必须遵循的原则,再次批评了"两个凡是"的错误观点,有力地支持了正在开展的真理标准问题的大讨论。在邓小平等老一辈革命家的引导和支持下,广大干部、党员和群众冲破阻力,积极参加关于真理标准问题的讨论,批判"两个凡是"的错误方针。大家一致认为,坚持实践是检验真理的唯一标准,这是马克思主义的原则,具有重大的现实意义。关于真理标准问题的讨论,冲破了长期以来"左"倾错误思想的束缚,促进了全国性的马克思主义的思想解放运动,端正了党的思想路线,为党的十一届三中全会制定"解放思想,实事求是"的思想路线和拨乱反正进行了舆论准备和思想准备。

1979年9月23日,为端正思想路线,全面贯彻落实党的十一届三中全会精神,西藏自治区党委根据西藏在真理标准问题上讨论不深入的情况,作出在全区进行真理标准问题大讨论的补课的决定,通过对真理标准问题大讨论的补课,进一步解放了西藏各级干部的思想,促进了西藏各项工作的开展。1980年西藏第一次工作座谈会后,自治区党委又以贯彻会议精神为契机通过对西藏和平解放30年艰辛历程的回顾,大摆"文化大革命"的危害及其在干部群众中造成的混乱,使西藏广大干部和群众加深了对十一届三中全会精神的理解和认识。在否定"两个凡是"和停止使用"以阶级斗争为纲"的口号,实行全党工作重点的转移等问题上,逐步从"左"的思想束缚中挣脱出来,通过学习和讨论,使西藏广大干部群众普遍感到自己的头脑变得更清晰,眼界更加开阔,得到了一次思想上的大解放。

三、认真贯彻十一届三中全会精神,把工作重心转移到经济建设上来

粉碎"四人帮"以后,西藏自治区党委在狠抓揭、批、查运动和落实政策的基础上,逐步把工作重心转向社会主义经济建设,并明确农牧业是西藏经济工作中的大头,要恢复发展经济,首先必须把农牧业生产搞上去。为此,区党委决定继续开展农牧业学大寨运动,借以推动农牧经济的恢复与发展。1977年12月,区党委主要领导率领西藏学习参观团,赴四川、云南参观学习,目的是借鉴两省学大寨经验,进一步开展西藏学大寨运动,把学大寨运动作为恢复发展农牧业经济的基本措施。

参观团回西藏后,制定全区学大寨的发展计划。在自治区统一部署组织下,区直机关、各地、市共抽调人员,分别组成基本路线教育工作团或工作队,深入农牧区进行基本路线教育,帮助农牧民发展生产。在学大寨运动中,广大干部和群众怀着改变高原面貌的强烈愿望,以高涨的建设热情和信心,大搞农田水利建设,经过两年多艰苦努力,农牧业得到较大增产。1978年,全区粮食总产量超过历史最好年份,牲畜头(只)数也超过历史最好水平。

1. 进一步搞好农牧业生产,全面加强经济建设

为了进一步搞好农牧业生产,1978年9月,区党委颁发了《关于农村经济政策若干问题的规定》和《关于牧区人民公社几个政策的规定》。主要精神是:在农业上贯彻"各尽所能,按劳分配"的原则,搞好劳动管理;贯彻勤俭办社,民主办社方针,严格财务管理制度;贯彻"以粮为纲、全面发展"的方针,搞好生产计划管理,放松原来的一些限制,提倡农、林、牧、副、渔全面发展;坚持"两级所有,队为基础"的所有制制度,反对"一平二调";坚持干部参加集体生产劳动制度;鼓励社员发展家庭劳动副业;建立奖励制度等。

在牧业上加强经营管理,生产队对畜牧作业班实行定产、定工、定畜,超产奖励的"三定一奖"制度;在分配制度上贯彻"三兼顾"的原则(即畜产品的分配要兼顾国家、集体和个人利益),在经营方针上,贯彻"以牧为主",围绕畜牧业生产,发展多种经营的方针等。但在所有制、经营、分配原则上,继续坚持社队两级所有、队为基础的体制,实行按劳分配,要求在集体劳动的基础上,发展家庭农牧副业,种好自留地,养好自留畜。这两个《规定》中,农牧民有一定的发展生产的自主权,因而在一定程度上促进了农牧副业生产。从这时起,农牧区的自留地、自留畜逐渐发展起来,有的地方在全国形势影响下,已经开始试行联产责任制。

西藏在进行社会主义现代化建设的初期,道路是曲折、艰难的,由于干旱和病虫害,1979年西藏粮食减收7千万公斤。1979年底至1980年初,全区有1400个生产队36万人缺粮,25个牧区县受灾,300多万头牲畜缺草,7万多牧民生活没着落。尽管国家和自治区拨出巨款调运大批粮食救灾,仍有部分农牧民没有储粮度荒的准备而外出讨饭度荒。昌都地区的察雅、江达、芒康等县对1978年粮食增产估计偏高,征购过量,群众缺粮严重,部分群众东渡金沙江到四川境内讨饭,一时有了"粮食上了纲,要饭过了江"①之说。大幅度经济波动的局面使人们清楚地看到,西藏不能继续固守在"一大二公"和单一的农牧业生产上,对已不能适应农牧经济发展的一些条条框框,必须作重大调整。

此外,在工业方面也存在着基本建设战线过长、管理混乱、比例失度、亏损严重等情况,特别是在"抓纲治国"、"大干快上"的口号影响下,西藏也提出了一些脱离实际的高指标,问题日益突出,需要进行调整。而且西藏在纠正"左"的错误路线、落实政策的过

---

① 丹增主编:《当代西藏简史》,当代中国出版社,1996年9月,第1版,第304页。

程中,曾出现过达赖分裂主义集团以派人回藏参观、探亲为名,制造混乱,煽动分裂,宣扬"西藏独立",进行渗透等非法活动,企图搞乱西藏。区党委和自治区政府在中央支持下,对达赖集团派回来的代表进行了必要的斗争,直至驱逐第二批代表出西藏,使他们的阴谋受到遏制。与此同时,首都北京和其他省区也出现过资产阶级自由化思潮,以邓小平为首的党中央第二代领导集体,提出了"实现四个现代化,必须坚持四项基本原则",反对"资产阶级自由化"的口号。同时指出:搞改革、搞"四化"可不是简单化,一定会有来自多方面的干扰,有"左"的干扰,也有右的干扰。当前思想战线首先要着重解决的问题,是纠正右的软弱涣散的倾向。

1985年11月,西藏自治区党委召开扩大会议,会议确定要抓好机构改革和领导班子建设,以及经济建设和经济体制改革这两件大事。《会议报告》中提出:以进一步彻底否定文化大革命;进一步清除"左"的思想影响;进一步端正思想路线的"三个进一步"作为工作指导方针。会议结束后,自治区成立了机构改革办公室,自治区直属机关和各地、县领导机关,很快以传达学习会议精神等形式,广泛开展以清"左"为主要议题,摆"左"的表现.谈"左"的危害,找"左"的原因,查"左"的遗迹等活动。

但是,这次清"左",由于没有坚持以经济建设为中心,把可以在正常工作中可以纠正解决的问题,拔高为指导工作方针,使干部群众的思想离开经济建设工作这个中心,用大量精力和时间开展清"左"、批"左"活动。从而导致了1986年下半年,国民经济出现全局性的负增长。据年底统计:社会总产值由上年度的22.28亿万元下降至20.31亿万元;国民收入由上年度的12.58亿万元降至11.07亿元;粮食总产量由上年度的5.3亿公斤下降至4.5亿公斤;农牧民纯收入由上年度的367.97元下降至343.57元;人均消费支出明显下降。西藏作为全国五大牧区之一,拥有2200万头牲畜,人均10头以上,市场上牛羊肉、酥油供应紧张,被迫从青海调进牛羊肉,从北京、上海调进酥油供应市场需要。"六·五"期间人均国民收入与全国人均收入水平差距从1980年的差额117元缩小到1985年的35.83元,1986年重新拉大到191.98元。虽然从1987年重新强调了经济工作的中心地位,集中主要精力抓经济工作,但1987年发生的骚乱,又严重地干扰了西藏的稳定与现代化建设。

2. 全面推进"改革开放",建立农牧业生产经营责任制

党的十一届三中全会,制定了发展农业生产的一系列政策和措施,决心首先集中主要精力把农业搞上去。全会原则上通过了《中共中央关于加快农业发展若干问题的决定(草案)》。1979年1月11日,中共中央发出《关于加快农业发展若干问题的决定(草案)》和《农村人民公社工作条例(试行草案)》两个文件。《决定》指出,为了加快农业发展,必须统一全党对农业问题的认识,加强党和国家对农业的领导,关心农民的物质利益,保证农民的民主权利,切实加强国家对农业的物质和技术装备的支援。《决定》规定了包括建立生产责任制在内的发展农业生产力的具体政策措施和实现农业现代化的部署。《条例》强调:要切实保护生产队的所有权和自主权,任何单位和个人都不得任意侵犯和剥夺;要认真执行各尽所能、按劳分配的原则,坚决纠正平均主义;社员的自留地、自留畜、家庭副业和农村集市贸易是社会主义经济的补充,不能当作资本主义尾巴批判。这两个文件的下达,对于纠正农村工作中长期存在的"左"倾错误和调动农民的生产积极性,促进农业生产,改变农村面貌起了极大的作用。

为落实中央两个农业文件,全国各地从价格、税收、信贷和农副产品收购方面调整了农业政策,适当地放宽了对自留地、家庭副业和集市贸易的限制,特别是尊重生产队的自主权,因地制宜地发展多种经营,普遍建立各种形式的生产责任制,改进劳动计酬办

法,初步纠正了生产上的主观主义和分配中的平均主义。这些措施有效地调动了农民的积极性,使农业生产得到比较迅速的恢复和发展,绝大多数农民的收入有所增加,农村形势越来越好。

1979年4月3日,中共中央发出通知,同意批转国家农委党组报送的《关于农村工作问题座谈会纪要》。这个《纪要》是3月12日至24日,国家农委邀请我国七个省农村工作部门和部分县委的负责人,就传达贯彻三中全会精神和当时农村工作的一些问题进行座谈会后产生的。座谈会比较集中地讨论了建立健全生产责任制的问题。

1980年9月14日,在我国农村实行生产责任制一年后,中共中央召开各省、市、自治区党委第一书纪会议,着重讨论了关于加强和完善农业生产责任制问题。9月27日,中央印发了这次座谈会纪要《关于进一步加强和完善农业生产责任制的几个问题》。《纪要》指出,集体经济是我国农业向现代化前进的不可动摇的基础。我国的农业集体化虽然经历过一些曲折和发生过一些失误,但总的说来,成就是主要的。在我国现有的条件下,不能设想可以在一家一户的小农经济的基础上,建立起现代化的农业,实现较高的劳动生产率和商品率,使农村根本摆脱贫困和达到共同富裕。因此,农业集体化的方向是必须坚持的。

《纪要》又指出,在肯定农业集体化方向的同时,还要看到集体化运动中的缺陷。在当前,应当把改善经营管理,贯彻按劳分配,加强和完善生产责任制,作为进一步巩固集体经济,发展农业生产的中心环节,下苦功夫,抓紧抓好。《纪要》指出:在党的三中全会精神鼓舞下,两年来,各地干部和社员群众从实际出发,解放思想,大胆探索,建立了多种形式的生产责任制。生产责任制总起来可分为两类:一类是小段包工,定额计酬;一类是包工包产,联产计酬。生产责任制实行的结果是多数增产,并且摸索到一些新的经验。特别是出现了专业承包联产计酬责任制,更为社员所欢迎。

《纪要》指出,对于包产到户应当区别不同地区,不同社队采取不同的方针。在那些边远山区和贫困落后的地区,长期"吃粮靠返销,生产靠贷款,生活靠救济"的生产队,群众对集体丧失信心,因而要求包产到户的,应当支持群众的要求,可以包产到户,也可以包干到户,并在一个较长的时间内保持稳定。就全国而论,在社会主义工业、社会主义商业和集体农业占绝对优势的情况下,在生产队领导下实行的包产到户是依存于社会主义经济,而不会脱离社会主义轨道的,没有什么复辟资本主义的危险,因而并不可怕。在一般地区,集体经济比较稳定,生产有所发展,现行的生产责任制群众满意或经过改进可以使群众满意的,就不要搞包产到户。这些地方领导的主要精力应当放在如何把集体经济进一步加以巩固和发展。已经实行包产到户的,如果群众不要求改变,就应允许继续实行,然后根据情况的发展和群众的要求,因势利导,运用各种过渡形式进一步组织起来。今冬明春各省、市、自治区要把建立健全生产责任制和进一步搞好劳动计酬作为一项重要任务,同冬季生产和灾区的生产救灾工作统一安排,争取1981年农业的丰收。

1981年3月30日,为了进一步调动农民的生产积极性,发展农业生产,中共中央、国务院转发国家农委《关于积极发展农村多种经营的报告》。中央通知提出,要坚持决不放松粮食生产,积极开展多种经营的方针。开展多种经营,要发挥集体和个人两个积极性。不搞包产到户的地方,可以因地制宜,适当扩大自留地、饲料地。两者面积的最高限度可达生产队耕地总面积的15%。除农忙季节外,应允许一些半劳力和辅助劳力不出集体工,以便专心从事力所能及的家庭副业。农民在发展多种经营及其他各项生产中,由于技术水平高低和付出劳动多少不同而出现收入上的差别,因差别而出现竞争,是合理的。不应当把这种现象看成是资本主义的两极分化,更不应当由此导致打击、限制多种经营的错误做法。多种经营,综合发展,应当作为我国繁荣农村经济的一项战略性措施。

1982年1月1日,中共中央又批转了1981年12月召开的《全国农村工作会议纪要》。《纪要》指出,全国农村已有90％以上的生产队建立了不同形式的农业生产责任制,大规模的变动已经过去,现在转入了总结、完善、稳定阶段。我国农业必须坚持社会主义集体化道路,生产资料公有制长期不变,生产责任制长期不变;要国家、集体、个人三方面兼顾。《纪要》对改善农村商品流通、运用农业科学技术、提高经济效益、改善生产条件、加强思想工作和基层建设等方面,也都提出了符合实际的政策。十一届三中全会后,为将农业搞上去,加快农业发展步伐,在党中央的号召下,西藏也与全国各地一样,在制定发展农业生产的一系列政策和措施的过程中,逐步建立并完善了农业生产责任制。

1979年7月,为学习中央批转的国家农委《关于农村工作问题座谈会纪要》,西藏自治区农牧厅组织召开了全区人民公社经营管理座谈会,会议肯定了人民公社实行定额管理,建立生产责任制,是搞好经营管理、生产管理的一种行之有效的措施。同年8月西藏自治区党委批转《全区人民公社座谈会纪要》,提倡推广包工到组、联产责任制,要求已经实行责任制的地方,抓紧各项制度的落实,使之逐步完善,不断提高;没有实行的地方,先行试点,取得经验,逐步推广。1979年下半年,根据中央统一部署,结合当时西藏实际情况,西藏开始了对国民经济进行"三年调整"的工作。1979年11月,西藏自治区党委颁发了《关于国民经济三年调整有关问题的要点(草案)》,确定在全党工作重点转移后,用三年时间贯彻中央以调整为核心的"调整、改革、整顿、提高"国民经济的八字方针。西藏经济调整的首要任务是:把农牧业国民经济的基础搞好,平衡农牧业和地方工业失调的比例,打好农牧业基础;围绕农牧业,相应地发展地方工业和商业、交通、财贸、基本建设、文教卫生等其他事业,把西藏的经济纳入按比例地稳步发展的轨道。

西藏在对国民经济发展的方针进行调整的过程中,强调从西藏实际出发,根据西藏的自然条件和农牧业经济结构的特点制定方针政策。要求从西藏农牧区地域辽阔、经营分散这一实际出发,制定了"宜农则农,宜牧则牧,农、林、牧、副、渔全面发展"①的总方针。经过调整后的具体方针是:在农区实行"以农为主,农牧林结合,因地制宜,全面发展的方针"。在抓好粮食生产的同时重视牧业生产,做到以农养牧,以牧促农;在牧区实行"以牧为主,围绕畜牧业生产,发展多种经济"的方针。在半农半牧地区实行"以牧为主,牧农结合,发展多种经济"的方针。农牧业生产方针调整后,有关部门又制定了一系列相应的配套政策,允许各地区根据自己的客观条件、群众生产生活习惯,扬长避短,发挥自己的优势,组织生产和发展经济;给生产队下放经营自主权,调高农畜产品价格,调减征购任务;放手让社员经营自留地,发展自留畜和其他家庭副业生产;对公有土地、畜群实行联产计酬,增产、增收,这些政策和措施极大地激发了农牧民发展生产的积极性。

从1980年起,西藏各级政府对农区不再下达指令性的生产计划和种植计划,由生产队、组根据当地的自然条件、群众需要和社会需要安排作物种植,适合种什么就种什么,种多种少,采取什么生产措施,全由农民自主决定;在牧区积极扶助牧民发展个体牧业,自留畜养什么,养多少全由牧民自己决定,对集体畜群实行借本还本,公有私养,仔畜归己政策;在林区,下放林山经营权,将一部分国有林山划归集体经营,收入归队所有,凡是县、区经营的国有林场,下放给社队经营,收入归社队所有;在边境地区,开放边境贸易,允许境内外边民进行出入境易货交换,取消原规定的贸易金额限制;在流通领域,开放集市贸易,允许社、队、组、户的农、牧、副

---

① 丹增主编:《当代西藏简史》,当代中国出版社,1996年9月第1版,第305页。

业产品和手工业产品上市议价交易。

从1980年起,为了使西藏农牧民增加收入,尽快富裕起来,中央对西藏农牧区取消计划收购,免征农牧民应向国家交纳的农牧业税;取消向社队计划派购、收购粮食、油菜籽、酥油任务;免征城乡集体经营的民族手工业、建筑业、运输业、服务性行业和群众个人产品上市交换营业税收;对县、区、社队的农牧民民用汽车、拖拉机免收养路费。随着休养生息政策的落实,农牧区的生产关系和经营体制逐步得到调整。从1980年起,各地便开始实行以承包为主导的多种形式的生产经营责任制。到1982年,全区就有93%的生产队不再坚持集体出工,平均分配;有82%的生产队实行包产到户。在牧业生产上,已不再限制牧民自留畜数量,政府通过贷款,公有牲畜借给牧民喂养仔畜归户等形式,帮助牧民发展自有牲畜,后来又对公有牲畜推广家庭承包,把生产队经营时期注重牲畜存栏数量改变为质量、数量并重,提倡合理淘汰宰杀以提高牲畜出栏率,提高大牲畜和母畜比例,增强畜产品商品生产。农牧区经济体制的初步调整,进一步解放了生产力,取得了显著的成效。

1983年5月2日,据有关部门统计,西藏牧区有95%的生产队实行了大包干和包产到户的牧业生产责任制。农业方面,在1982年底,全区已有99%的生产队建立了多种形式的生产责任制,其中实行包产到户的队占总队数的82%,农牧业这些不同形式的生产责任制,极大地调动了农牧民生产积极性。

3.1980年中央西藏工作座谈会,给西藏社会经济发展带来新的契机

1980年3月14日、15日,为了帮助西藏全面落实党的十一届三中全会的路线、方针和政策,迅速开创西藏工作的新局面,中共中央在北京召开了第一次西藏工作座谈会,中央书记处部分领导和中央统战部等有关部门负责人参加了会议。座谈会上,西藏自治区党委几位负责人向中央书记处汇报了西藏工作;参加座谈会

的人员根据十一届三中全会精神,座谈讨论了西藏地区的工作,进一步明确西藏面临的任务及需要解决的方针政策问题,并将讨论意见写成《西藏工作座谈会纪要》。这次会议坚持实事求是的思想路线,一切从西藏实际出发,从指导思想上拨乱反正,确定了西藏一个时期的工作任务和方针政策。这次西藏工作座谈会是继西藏和平解放、民主改革之后,实现西藏历史性转折的一次重要会议。

1980年4月7日,中共中央批转了《西藏工作座谈会纪要》。《纪要》明确指出在新的历史条件下,西藏自治区的中心任务和奋斗目标是:以藏族干部和藏族人民为主,加强各族干部和各族人民的团结,调动一切积极因素,从西藏实际情况出发,千方百计地医治林彪、"四人帮"造成的创伤,发展国民经济,提高各族人民的物质生活水平和文化科学水平,建设边疆,巩固国防,有计划、有步骤地使西藏兴旺发达、繁荣富裕起来。

1980年4月,为保证第一次西藏工作座谈会确定的任务和奋斗目标得以实施,中央在批转的《西藏工作座谈会纪要》中特别强调从西藏实际情况出发制定方针政策。对中央和中央各部门制定的方针、政策和制度,发往全国的文件、指示和规定,凡是不适合西藏实际情况的,西藏党政领导机关可以不执行或变通执行,但重要的问题要事先请示,一般的问题要事后报告。在《纪要》中指示西藏自治区党委,认真总结过去的工作,发扬成绩,克服缺点,纠正错误。重新审订全区经济建设规划,在发展农、牧业生产,对外贸易,经济管理体制,自留地、自留畜、家庭副业等一系列政策问题上纠正各种"左"的偏向。让群众休养生息,发展生产,改善生活。在落实党的农牧业、财贸、文教、民族、宗教、统战等各项政策上,经过认真调查研究,制定具体的实施方案;抓紧解决迫切需要解决的问题,力争在短期内取得比较显著的成效。

1980年西藏工作座谈会和中央对西藏工作指示的中心内容,

就是从西藏实际出发,采取特殊政策让农牧民休养生息,发展生产,尽快富裕起来。西藏自治区党委和人民政府率领全区各族人民,认真贯彻座谈会的精神和中央指示,在统一思想的基础上,经过深入调查研究,从西藏实际出发,坚持以经济工作为中心,实行改革开放,制定了一系列休养生息、治穷致富的具体政策,所以第一次西藏工作座谈会议给西藏经济、社会的发展带来了新的契机。

西藏在贯彻1980年西藏工作座谈会的精神过程中,各级党政部门更加重视抓经济工作,在确立以经济工作为中心的战略思想的基础上,1981年自治区有关部门草拟了"六·五"计划草案。提出"六·五"计划的任务是:在不断提高经济效益的前提下,继续贯彻"调整、改革、整顿、提高"的方针,狠抓农牧业基础建设,加快能源、交通基础设施建设和教育、科技的发展,促进人民群众物质文化生活水平的提高。在具体安排上,本着实事求是,量力而行的原则,力求做到积极稳妥,留有余地。计划到1985年全区工农业总产值达到8.86亿元,比1980年增长18.4%,平均每年递增3.4%。

1982年6月,自治区召开全区农牧工作会议,贯彻《全国农村工作会议纪要》精神。重点研究了"六·五"计划指标和20年实现工农业总产值翻两番的经济发展战略初步设想及实施步骤。1982年9月,党的第十二次全国代表大会,向全党发出"全面开创社会主义四个现代化建设的新局面"的伟大号召,提出到本世纪末实现工农业的总产值翻两番,人民生活达到小康水平的战略目标。这对西藏制订"六·五"计划和长期规划是一个极大的鼓舞,也是一个重大鞭策。

1982年12月,西藏自治区在传达贯彻十二大会议精神时,进一步研究了6月农牧工作会议提出的20年战略设想与"六·五"期间经济发展计划。为了把战略目标初步设想建立在可靠基础上,这20年分两步走,前10年为第一步,后10年为第二步;前10

年又分为"三年一小变"、"五年一中变"(后合并到六·五计划)、"十年一大变"三个具体实施阶段。"三年一小变"即从1980年的农牧民人均年纯收入的185.90元到1982年达到220～230元;"五年一中变"就是到1985年即"六·五"计划完成时农牧民人均年纯收入达到280～300元;"十年一大变"就是到1990年农牧民人均年纯收入达到400～500元。前10年为后10年做准备打基础,后10年进入高速度发展阶段。

西藏实现工农业总产值翻两番战略目标的要点是:在不断提高经济效益的前提下,工农业总产值从1980年7.46亿元(按1980年不变价格,下同)到世纪末达到30亿元左右,工农业总产值平均每年的增长速度为7.2%。预计实现了这个目标,届时西藏人民的物质文化生活水平将有很大提高,居住条件、交通状况、食品热摄取量、农牧民衣着以及文化教育、卫生保健条件,将有较大的改善,达到小康水平,在某些方面将超过全国平均水平。

1982年底确定的20年战略初步设想最后审定时,西藏实行免征免购、休养生息政策已经三年,生产得到恢复,经济有一定的发展。虽然自然经济仍占主导地位,基础薄弱,起点较低,自然灾害频繁。但是,由于有中央财政的大力扶持和内地各省、市的积极支援,加上西藏自身得天独厚的自然资源和中央给予的特殊政策和灵活措施,西藏自治区坚持从实际出发,坚持四项基本原则,坚持改革开放,坚定不移地贯彻以经济建设为中心的基本路线,随着农牧区各项政策的全面落实,农牧民发展生产的积极性得到充分发挥,多种经营全面发展,到1984年工农业总产值全面增长,农牧民人均年纯收入达到300元,提前一年完成计划目标。全区专业户、重点户和经济联合体成倍增长,勤劳致富的典型大批涌现,工业、副业、运输业、商业、建筑业、旅游业迅速发展。1984年底统计,全区从事加工业者有1.25万户,农牧民从事营运的汽车、拖拉机达7800多台,仅那曲地区副业收入,当年即达850万元。

为加快农牧民发展生产、勤劳致富的步伐,区党委于1985年2月召开了全区勤劳致富先进个人、先进集体经验交流大会,传递致富信息,介绍致富经验,探索劳动致富、富了再富的新路子。表彰了一批先进集体和先进个人,重奖了69个靠劳动已经致富的重点户和先进个人。这是一次动员全区人民,发展生产、搞活经济、敢于致富、勇于冒尖的鼓劲大会,是催人上进、劳动致富的大会,对当年的农牧业生产起了极大地促进作用。至1985年底即"六·五"计划结束,社会总产值从1980年的9.71亿元增长到1985年的22.27亿元(含中央补贴);工农牧业总产值从1980年的7.71亿元增长到1985年的8.90亿元;农牧民人均年纯收入从1980年的185.9元增长到1985年的364.13元;粮食总产量达到5.3亿公斤,超过历史上最好年景。加上43项工程陆续竣工,全区主要城镇一幢幢新落成的学校、医院、宾馆、饭店、厂矿拔地而起,各族人民看在眼里,喜在心里。平等、团结、互助的新型民族关系得到进一步加强,党政军同人民群众的关系更加密切,全区政通人和,各行各业欣欣向荣。

1980年西藏工作座谈会以后,广大农牧区逐步摆脱"一大二公",集体干活,平均分配的模式,试行多种形式的生产责任制,对农牧区生产关系和经营体制进行了初步调整与改革。但就西藏整个经济体制来说,仍然是封闭式自然经济和供给型计划经济结构占主要地位,商品经济很不发达。农牧业生产还不能提供更多的剩余新产品;地方国民收入、财政收入水平十分低下;大量的财政支出长期靠国家补贴;西藏经济内部,一方面是农牧区的自然经济;另一方面是城镇亏损企业;在供给型计划经济体制下,国家救济补贴资金很难调动西藏经济自身发展潜力,实现城乡良性循环;不仅城镇职工吃国家"大锅饭",一部分贫困地区的农牧民也依赖国家救济过日子。因此,要实现城乡良性循环,更好地治穷致富,必须进一步放宽政策,改革体制。

第二节 "改革开放"使西藏社会主义现代化建设进入了历史新时期

党的十一届三中全会确定了在我国实行改革开放的重大战略决策后,西藏自治区积极响应党的号召,在西藏广大农牧区开始进行有领导、有计划的体制改革。随着西藏农牧区改革的不断深入,社会各种矛盾不可避免地暴露,西藏的改革需要进一步加大力度。在这种情况下,党中央及时召开了第二次西藏工作座谈会,会议给予西藏许多特殊优惠政策。在对这些特殊优惠政策的具体落实过程中,西藏自治区政府结合西藏实际,灵活地运用党中央的政策,加大了西藏改革开放的力度和步伐,从此西藏社会主义现代化建设进入了一个全新时代。

一、1984年中央西藏工作座谈会,极大地促进了西藏社会经济的发展

正当西藏人民沿着治穷致富的社会主义现代化建设道路不断前进的时候,中共中央书记处召开了第二次西藏工作座谈会。第二次西藏工作座谈会为西藏制定了一系列改革开放的方针政策,给西藏经济的发展注入了新的活力,极大地促进了西藏经济、社会的发展。

1. 1984年中央西藏工作座谈会,给西藏一系列特殊政策

1984年2月至3月,为了全面了解西藏情况,听取各方面意见、统一思想,使西藏经济能有较快的发展速度,加快改善人民生活的步伐,中央书记处在北京召开了第二次西藏工作座谈会。参

加会议的有中央和中央有关部门负责人,以及西藏自治区党政军负责人和各地市委负责人。会议期间,中央领导听取了西藏党政领导工作汇报和有关领导的发言,检查和总结了1980年以来的西藏工作,从认识论的高度对西藏的特殊性进行了一次再认识,从西藏实际出发研究了进一步放宽经济政策,让西藏人民尽快富裕起来的问题。会议对1980年以后的西藏工作成绩作了肯定,根据新情况制定了一系列符合西藏实际的经济政策和改革开放政策。决定为庆祝西藏自治区成立20周年,组织9省、市帮助西藏建设43项工程,组织西藏干部到沿海发展较快的地区参观学习等。会议经过认真座谈讨论,形成了1984年《西藏工作座谈会纪要》,提出西藏工作在今后相当长的时期内的主要任务是:大力开发能源,发展交通运输业;进一步放宽政策,促进农牧林业和民族手工业发展;努力办好教育事业,发展和繁荣文化艺术;对外开放,对内加强交流;高度重视和切实做』好统战、民族、宗教工作;认真培养民族干部,提高思想、工作水平等。

1984年4月下旬,中共西藏自治区委员会在拉萨召开三届二次全委扩大会议,认真传达贯彻第二次西藏工作座谈会精神。会议要求各级党政领导机关和主要领导干部切实按照西藏工作座谈会精神,把自己的主要精力集中到三个方面。第一,按照不断发展的西藏新情况,修订具体政策,进行经济体制改革,千方百计地把经济搞上去,使西藏人民尽快富裕起来;第二,尊重和继承西藏固有的优良传统,大力发展藏族的语言、文学、史学、艺术、医学等,建设具有西藏民族特点的社会主义精神文明;第三,高度重视统战工作、民族工作和宗教工作,特别重视团结上层代表人物,同他们开诚布公、真诚合作,发挥他们的积极作用。围绕这三方面的工作,区党委研究制定了进一步放宽经济政策等方面的一系列具体措施,及时发出《西藏自治区党委关于农牧区若干政策规定(试行)》。4月27日,即扩大会议结束的当天,自治区人民政府就将中央指示精神和区党委颁布的《规定》精神概括为九个方面下发《布告》立即执行。《布告》第一条宣布免征农牧业税政策延长到1990年;第二条规定土地、牲畜的承包期30年不变,集体果树、集体林木、荒山、荒滩、荒地的承包期50年不变,可以转包。荒山、荒滩、荒地的开发性经营,允许继承。区党委《规定》和人民政府《布告》在全区范围内传达公布以后,受到广大农牧民、各行各业、各界人士的热烈欢迎。

1984年8月,中央领导人到西藏视察工作。他们深入实际进行广泛的调查研究之后,认为在党的十一届三中全会以来,特别是1980年以后,西藏工作发生了历史性的转折,各项工作取得了明显的成绩。同时,为实现西藏经济发展的良性循环,他们与自治区领导人在座谈、讨论、总结经验的基础上,认为:要解决西藏经济结构不合理,经济发展存在严重依赖性、供给性、封闭性、效益不高的问题,必须从指导思想上实现"一个解放、两个转变",增强西藏经济的自身活力,从被动局面中摆脱出来,走上健康发展的轨道。土地、牲畜承包期与其30年不变不如长期不变,好让农牧民放手发展生产。并在给中央写的《赴西藏调查研究的报告》中,明确提出"一个解放"、"两个为主"、"两个转变"、"两个长期不变"[1]的方针。

"一个解放",即解放思想,放开手脚,一切从西藏实际出发,从有利于调动广大农牧民和职工发展生产的积极性出发,充分发挥西藏自身的优势,制定符合西藏实际的方针、政策。凡是不符合西藏实际的,有碍于调动群众积极性、不利于发展生产力的一切旧观念、老套套,坚决破除。

"两个为主",即按照西藏生产发展水平和群众意见,在坚持土

---

[1] 丹增主编:《当代西藏简史》,当代中国出版社,1996年9月,第1版,第325页。

地、森林、草场公有制的前提下,实行以家庭经营为主,以市场调节为主的生产经营方针。

"两个转变",即逐步从封闭式经济转变为开放式经济,增强自身活力,逐步实现西藏城乡经济的良性循环;逐步将供给型经济转变为经营型经济,以提高经营者的积极性,提高经济效益。

"两个长期不变",即牧区已开始实行的"牲畜归户,私有私养,自主经营,长期不变"的政策和农区实行的"土地归户使用,自主经营,长期不变"的政策,政府长期不予变更,实行什么样的经营方式由群众自愿选择。

1984年下半年,西藏自治区各级党组织、人民政府根据第二次西藏工作座谈会和《赴西藏调查研究的报告》精神,进一步解放思想,组织各种力量在农牧区广泛宣传和执行"一个解放"、"两个为主"、"两个转变"、"两个长期不变"的方针和政策,使西藏经济得到迅速的恢复和发展。有专业户、重点户4600多户,各种经济联合体600多个。勤劳致富的典型不断涌现,工业、副业、运输业、商业、建筑业、旅游业、服务业迅速发展。

西藏从中共中央召开十一届三中全会以来,特别是第一、二次西藏工作座谈会以来,通过贯彻中央对西藏工作的一系列指示,拨乱反正,放宽政策,坚持改革、开放、搞活的方针,人们的观念开始更新,经济工作的指导思想更加明确,生产力水平有了一定提高,经济基础比过去有所加强。这一切都为西藏从封闭型经济向开放型经济、从供给型经济向经营型经济、从自然经济向商品经济转变创造了条件,也使人们增强了继续坚持改革、开放、搞活的信心和勇气。

2. 43项工程,大大改善了西藏基础设施建设

43项援藏工程是1984年中央第二次西藏工作座谈会中确定的,由北京、上海、天津、江苏、浙江、福建、山东、四川、广东等9省、市按照西藏提出的要求,在短期内帮助西藏建设的工程项目。43

项援藏工程完成总建筑面积23.6万平方米,总投资4.8亿元。这批项目包括能源7项、交通2项、建材2项、饲料加工1项、商业4项、文体9项、教育2项、卫生4项、市政建设2项、旅游8项,其他2项,共43个项目,数十种行业,这些项目涉及到西藏经济、文化事业的各个方面。援建项目在不到两年的时间内除停建1项,缓建两项外,全部建成并交付使用。

43项援藏工程项目确定后,为保证43项工程按期完成并交付使用,帮助西藏安排好工程项目,制订长远建设规划,中央于1984年3月5日决定成立西藏自治区经济工作咨询小组。小组的具体任务是:帮助西藏提供决策方案,组织推动全国各地方和中央各部门的援藏工作,协助党中央、国务院审查并落实好庆祝西藏自治区成立20周年的建设项目。参加1984年西藏工作座谈会的自治区主要领导回到拉萨后,迅速组织力量落实西藏承担工程项目具体任务,成立了43项工程指挥部,抽调干部、工程技术人员组成办事机构,协助承建工程的省、市进行施工工作。各承建省、市迅速组成援藏施工队伍,4月10日第一批施工人员到拉萨,5月15日43项工程中大型项目之一的西藏体育馆破土动工,其他项目亦先后进入施工阶段。

中共中央、国务院对西藏43项工程建设十分关心,中央一些主要领导人不仅亲自参加援藏工作会议,部署任务,提出要求,中共中央办公厅、国务院办公厅还及时颁发文件,调整项目,解决定额取酬标准等施工中遇到的多边问题。国家计委、经委、财政部、国家物资局、冶金部、铁道部、交通部、水电部、国家建材局、民航总局、人民解放军空军、总后勤部等部门,采取各种措施,重新调整已作出了的计划安排,调拨物资,安排运输力量,从各个方面支援工程建设,保证了急需的进藏人员、施工机械、建筑材料及时到达分布在西藏全区各地、市的施工地点。

承担有援建任务的9省、市党、政领导十分重视中央下达的援藏任务,各省(市)都成立了由省、市长或副省、市长任组长的援藏领导小组,全面负责本省、市的援建任务。在援藏领导小组统一指挥下,成立援藏办事机构,具体组织施工队伍,筹集物资,调动施工机械,并先期派出勘测设计、施工管理人员到工程所在地作前期准备。为保证质量,按时完成任务,9省、市派出的是政治思想、工程技术都过硬的建筑队伍,他们把自己承担的建设项目,既视为一项政治性很强的施工任务,也作为在西藏这一特殊条件下,展示自己的组织才能、技术水平、经济效益的战场。在施工过程中,各省、市发扬全面动员、统一指挥、前后方一齐上的大协作精神,施工中有许多干部、工程技术人员和工人用他们的辛勤劳动与模范遵守民族政策的实际行动同藏族人民结下兄弟情谊,谱写了一曲曲民族团结的凯歌。

　　西藏自治区党委和人民政府对各项工程进行了全面领导。区党委和区人民政府通过会议、电话或到工程施工现场协调解决施工中的重要问题,并逐项审查设计方案,制定施工章程。自治区直属部门和各地、市有关单位,围绕43项工程建设的需要,在计划管理、施工管理、物资供应、交通运输、人员培训和调配物资、水电供应、安全保卫、医疗卫生以及生活用品供应等各方面都作了有力配合。人民解放军驻藏部队派出大批车辆为工程运送物资,民航和军航加派飞机,增加航班,及时接送施工人员和空运急需物资,全力地支援了工程建设。西藏经济工作咨询小组在工程建设过程中,及时了解情况,沟通信息,以最快的速度,抽调专家、工程技术人员,组成工程设计、建筑材料、施工定额、交通运输、综合考察等不同类型的工作小组,深入现场实地考察,提出指导性的设计、施工意见。

　　43项工程建设,既是西藏自治区各族人民政治经济生活中的一件大事,也是社会主义祖国大家庭各兄弟民族互相帮助和深化改革开放的丰硕成果。工程的投入使用对当时仅有198万人口的西藏来说,建设规模之大、施工时间之短、现代化程度之高都是史无前例的,在国内也不多见。工程项目的建成,充分体现了全国各族人民对西藏人民的关怀和支援,为进一步发展西藏经济、文化教育事业提供了重要物质条件,鼓舞和增强了西藏各族人民建设新西藏的信心。

43项工程建成投入使用为西藏提供了一批促进经济和社会发展的基础设施,改变了工程项目所在地的城镇面貌,鼓舞了西藏各族人民建设社会主义新西藏的信心和决心,使西藏各族人民更加体会到党中央、国务院对西藏的关怀。只有在祖国大家庭中和兄弟省、市的支援下,才能有这样高速度、高质量的工程项目建设。建设团结、富裕、文明的社会主义新西藏,任何时候都离不开党的领导和兄弟省、市、自治区的支援。43项工程对西藏计划、经济、建筑等各部门和各行业是一个很大的启示,加深了对外开放的理解,工程援建队伍进藏,带动了内地省区的人力、运力、物力和技术的进藏,活跃发展了西藏经济,增强了西藏设计施工部门的紧迫感和竞争意识。各援建省、市在援建中严密的组织、科学的管理、先进的技术给西藏有关部门、施工队伍提供了经验,有的已被采用。所有这一切,都将在西藏经济建设中产生深远的影响。

二、西藏社会主义现代化建设全面展开

1984年的第二次西藏工作座谈会以后,在坚持中央对西藏采取特殊政策和灵活措施的原则下,自治区党委和政府又制定了一系列配套政策,对西藏的经济体制进行了大规模地改革,加快了西藏建设步伐。从此,西藏社会主义现代化建设在经济、政治、文化等多个领域全面展开。

1. 进一步放宽农牧业经济政策,加快农牧区经济体制改革步伐

农牧业经济是西藏经济的主体,西藏经济体制改革是从农牧

区开始的。在西藏农牧业经济方针政策上,前后进行过三次调整:一是在人民公社的基础上,把实行的"以粮为纲,全面发展,因地制宜,适当集中",调整为"宜农则农,宜牧则牧,农牧林副渔全面发展";二是在免征免购、休养生息的同时,以牧为主、牧农林结合,因地制宜,多种经营,发展商品生产。对在牧区试行的借畜还畜,仔畜归户政策,调整为建立牲畜作价归户,私有私养的生产责任制;三是1984年明令宣布"两个为主"、"两个长期不变",农牧区有了经营自主权,极大地调动了农牧民的生产积极性。在生产关系相对稳定的前提下,农牧区经济得到稳步发展。

1984年4月16日,自治区党委召开了贯彻中央第二次西藏工作座谈精神的三届二次全委扩大会议,发出《关于农村牧区若干政策规定》(试行)。规定指出:在西藏坚决贯彻执行"以牧为主,牧农结合,因地制宜,多种经营,发展商品经济"的总方针,[①]进一步完善农牧区已经实行的联产计酬生产责任制,通过方针政策的调整,调动了农牧区自主发展的积极性,以逐步实现农牧业发展的良性循环。

1984年8月,西藏自治区党委通知,调整全区农牧业生产责任制。对牧业生产责任制规定:可以借畜到户,仔畜归己,自主经营;也可以牲畜作价归户,分期偿还;某些地区也可以实行分畜到户;可以牲畜归户,私有私养,自主经营,长期不变。对农业生产责任制规定:一般可实行借地到户,自主经营。在调整生产责任制时,要坚持大稳定、小调整的原则。要落实草场承包制,首先把冬春草场的使用权承包到户、联户或自然村,30年不变。10月,区党委又进一步调整农业生产责任制,将原来的"借地到户,自主经营",改为"土地归户使用,自主经营,长期不变"。

[①] 丹增主编:《当代西藏简史》,当代中国出版社,1996年9月,第1版,第324页。

1985年2月,自治区党委作出了《关于农牧区若干政策的规定》,1987年5月自治区党委、政府又发出《深化农牧区改革的若干意见》。《规定》和《意见》在总结过去农牧区改革的经验基础上,对农牧区生产责任制的发展又进行了进一步的完善和补充。[①]

一是重视农牧业,加强对农牧业的领导

各级领导把指导思想转到以农牧业为基础的轨道上,集中精力抓农牧业。有的地、县实行干部任期目标责任制,领导深入农牧业生产第一线,帮助群众排忧解难,掌握主动权,提高指挥组织生产的水平。

二是稳定、完善农牧区生产责任制

1984年12月,西藏农牧区以家庭经营为主、自主支配产品的生产责任制已占主导地位。这种以户为单位"大包干"的生产责任制调动了农牧民的生产积极性,经济效益明显提高。但是,这种家庭自主经营制是在坚持土地、草场、森林公有制的前提下,实行所有权和经营权分离的一种经营形式。农牧民担心这项政策时间长了国家会不会收回去,因而比较重视维持简单再生产,不重视农田、草场建设的投入和扩大再生产。为了让农牧民放手发展多种经营,自治区组织试行了多种经营形式与办法,其中牲畜私有私养,自主经营的形式,很受牧民欢迎,促进了牧业的发展。自治区党委和政府在总结筛选各地经验的基础上,从西藏地区特点出发,在所有制关系上,进一步放宽政策,大力提倡发展集体和个体经济,并在《规定》和《意见》中,在计划调节和市场调节的关系上,确立了农牧产品由农牧民自主支配,自由购销,实行市场调节的主导地位,大力发展商品生产。对已经归户使用的土地和归户饲养的牲畜,在力求稳定的原则下,在牧区实行"牲畜归户,私有私养,自

[①] 丹增等主编:《当代中国的西藏》(上),当代中国出版社,1991年,第1版,第414页。

主经营,长期不变"的政策;在农区实行"土地归户使用,自主经营,长期不变"的政策。对不尽合理的部分,本着"大稳定,小调整"的原则,进行完善,落实到户,长期不变。对不愿分户经营的,尊重群众意见,无论实行那种生产责任制,都由群众决定,允许采取不同的经营方式。允许土地转包,允许牲畜正常买卖。农民向土地投资提高地力后,在转包时可以收取一定的补偿。西藏农牧区的经济体制改革十分注意从西藏各地实际情况出发,尊重群众首创精神,避免一刀切、一个模式到处套的作法。在体制改革过程中,退回到互助组,分地承包单干。只要群众自愿,政府不加干涉,均由自便。对坚持集体经营的队、组,主要是完善内部经营管理,克服吃"大锅饭"、平均主义的弊端。

三是依靠科技兴农,大力推广农牧科学技术

西藏在深化科技体制改革,加强农牧科技机构和推广服务体系的建设中,采取了许多优惠措施,吸引更多人才到农牧区工作。对于在农牧业生产上采用先进技术取得优异成绩者给予重奖,推广科技承包,鼓励科技人员与农牧民直接挂钩,对农牧业生产实行科技承包。1989年,全自治区参加联产承包的技术人员、行政干部、农民技术员达1000多人,承包面积70万亩,占全区总播种面积的25%,都取得了明显的增产效果。同时,各级农牧部门每年还举办各种科技培训班,对农牧民进行现代农牧业科技知识培训。

1986年至1989年,仅昂仁县就培训了畜牧兽医技术人员150人。在群众中大力推广优良品种,1989年,全区良种推广种植面积达180万亩,有的地区建立了良种丰产试验田,有的乡镇使用了种子精选机选种。日喀则市1989年落实高产模式栽培区域化种植面积4.6万亩,麦类作物平均单产比一般大田增加75公斤。同时还大力加强植保工作,各地、县有针对性地抓好病、虫、草综合治理,对种子、土壤进行药物处理,进行化学灭草,提高播种质量,保证出苗率。1988年全区下拨疫苗10.1万毫升,驱虫药13.5吨,

有效地控制了主要传染病的流行。那曲地区的一些县、乡实行兽医有偿服务责任制,签订合同,为发展牧业生产提供技术服务。1989年西藏牧区虽然遭受了严重的自然灾害,但由于继续坚持畜种改良和品种选育,畜群结构得到优化。以农业为主的山南地区,实行"丰收计划",宰杀当年育肥的1万只公羊,获得显著的经济效益。1989年西藏粮食生产达到50.8万吨,走出了十年徘徊的局面,对促进现代化的农牧业生产发展起了重要的作用。

四是改革农业投资,提高投资效益

增加农牧业投入,改善生产条件,是保证农牧业稳定发展的基础。西藏采取国家、地方、集体、个人一起上的多层次、多渠道的集资办法,增加对现代农牧业生产的投资,实行资金有偿使用与无偿使用相结合,资金和商品粮、商品畜挂钩等办法。国家支农资金注意选择经济效益较好的项目,重点用于改变生产条件和开发性建设,支持农牧民发展商品经济。对于一些群众直接受益的小型基本建设,则鼓励农牧民用自筹资金和劳务积累的办法解决,或者采用信贷资金,用贴息办法解决。各级政府还改革支农资金的管理体制,克服管钱与管生产相互脱节的弊病,改善重要农用物资的供销管理,建立服务责任制。

由于对农牧业的投入逐步增加,到1989年西藏用于农牧业基本建设的资金达4100万元,比1985年增加了9倍多,其中大部分用于商品粮和畜产品基地建设。这笔资金主要来自地方财政拨款、国家部门补助和国外援助。此外,有的地、县还根据国家、集体、个人"三管齐下"的原则,筹集资金解决急需。在增加资金投入的同时,各地、县都投入很大劳力进行农田水利基本建设,加强田间管理,建立农牧业的服务体系,动员各行各业支援农牧业。

五是加强领导,完善现代管理体制

西藏农牧区自1984年底开始实行"两个长期不变"以来,为了弥补家庭经营的不足之处,各地在自愿的基础上,自发地建立了一些松散型的互助合作形式。有的是亲戚朋友在农忙季节开展互助合作,有的是在原来的生产小组内实行换工互助,有的是一个自然村实行牲畜集中轮流放牧,有的手工业户实行轮流采购原料和推销产品。随着经济的发展,这种松散型的互助合作形式也在不断发展和完善。

家庭经营在使用现代农业机械、水利管理、植物保护等方面都有一定的困难,经济发展客观上要求有一个"统一经营"的配合。西藏不少地方在发挥家庭经营积极性的同时,正确处理了"分与统"、"放与管"的关系,把"分户经营"的长处和"统一经营"的长处适度地结合起来。实行"两个长期不变"不是"长期不管",也不是完全否定过去的集体经济。对原来集体经营的耕地、林卡、小型电站、大型农机具等,都需要加强管理,对集体原来积累的资金需要合理使用,扩大再生产,当时的村民委员会实际上起到了管理原有集体经济的"地域经济组织"的作用。随着经济的发展,在坚持"两个长期不变"的同时,建立健全了现代化的农牧业生产社会化的服务体系,完善了农牧区双层经营体制,进一步促进和发展了农牧业生产。

六是加强草场管理,完善草场责任制

草场属于国家所有,由集体经营。但在牲畜实行私有私养后,为了克服乱牧、抢牧、过牧和草场退化的现象,西藏各地都加强了对草场的管理,完善了草场责任制。贯彻《草原法》,坚持以草定畜、增草增畜的原则,确定合理的载畜量,实行科学的存栏和出栏比例,提高了经济效益。有计划地使用草场,实行分季分片放牧,以保证草资源的合理利用,提高了牲畜膘情和抗灾能力。将草场固定到乡或组,特别是将冬春草场固定到自然村、联户或户,实行谁使用、谁建设、谁受益、谁管理,长期不变,大部分草场责任制都以合同形式加强确认,调动了牧民合理利用草场、管理草场、建设草场的积极性。

在部分县、乡建立草场管理委员会,负责对草场的统一保护、统一建设、统一管理和统一利用的规划,并组织实施和监督。鼓励牧民在经过批准后,采取户、联户、自然村等多种形式和办法围建草场,使用权长期不变。经过县、乡人民政府批准,鼓励农牧民在荒山、荒滩、荒地上种树种草种饲料,实行谁种谁有,长期不变,产品自主处理,使用权长期不变,可以继承或折价转让。

七是改善林业经营,加强对森林资源的保护、利用和开发

国有森林在所有制不变的前提下,经林业主管部门和县人民政府批准,划出了一定范围的林区给当地群众集体经营。在国家计划的指导下,实行防、保、采、育、管相结合的经营方式,对林区野生资源实行综合开发。对国有的小片林卡和经济林、集体成片的林卡,在坚持所有制不变的情况下,承包给群众,实行联产承包,定期更新,收益分成。承包期长期不变,允许转包。对集体小片林卡和四旁零星树林以及分散的果园、茶园允许作价归户,自主经营,长期不变。

八是调整产业结构,大力发展商品经济

根据农区"以农为主,因地制宜,多种经营",牧区"以牧为主,因地制宜,多种经营",半农半牧区"农牧并举,因地制宜,多种经营"的方针,①逐步调整农牧区产业结构。在大农业内部合理安排种植业和养殖业的比例;在种植业内部又注意调整好粮食作物和经济作物的比例、冬播作物和春播作物的比例;在养殖业内部,逐步调整好大小畜、适龄母畜、优良种畜的比例;调整农牧业和多种经营的比例,逐步改变单一农牧业的经济结构。大力发展现代的加工业、建筑业、运输业、商业、饮食业、修理服务业等多种经济,形

---

①丹增等主编:《当代中国的西藏》(上),当代中国出版社,1991年4月,第1版,第416页

成农、牧、林、副、渔和多种经营协调发展的新的现代产业结构,实行农工贸、牧工贸、林工贸、产供销一条龙经营方式。

同时,积极发展现代的乡镇企业,支持合法经营的专业户、重点户和各种经济联合体,在信贷上给予优惠,在设备上给予照顾,积极为他们提供信息、技术培训。各地还充分发挥民间能工巧匠的作用,对传统手工业技术进行发掘改造,大力发展现代民族手工业,发挥民族技能优势,提高产品质量,促进农牧区商品经济的发展。据1985年不完全统计,全区有各类专业户1.2万多户,其中运输专业户就有1300多户,拥有运输机动车辆1200多台。随着农牧区多种经营、乡镇企业和民族手工业的发展,初步改变了农牧区经济结构过于单一的状况,农牧业的现代化水平得到了迅速提高。1989年农牧区多种经营和乡镇企业的收入达到了3.04亿元,占全区工农业总产值的三分之一左右。

九是发展市场,疏理流通渠道

西藏改革的实践表明,农牧区市场"没有主渠道不稳,没有多渠道不活"。所以,西藏在疏通农牧区的流通渠道方面,坚持国营商业和农牧区供销社的主渠道作用,大力发展集体和个体商业。坚持计划经济与市场调节相结合的方针,积极发挥市场经济的作用,大力发展农村集市贸易。为了进一步解决农牧民买难卖难的问题,大部分国营商业和供销社充分发挥主渠道作用,积极为农牧民开辟财源,搞好农畜产品和土特产品的收购,及时组织工业品下乡,举办物资交流会,沟通城乡流通渠道,保证生产资料和生活资料的供应。不少基层供销社还延伸部分代购代销网点,改进经营方式,逐步完善服务体系。

国营商业和供销社的联营商业在搞好批发、活跃市场方面也做了大量工作,鼓励集体和个体商业长途贩运、走乡串户、扩大购销。各级政府还鼓励农牧民集资搞小集镇建设,发展固定的农贸市场。1980年以前,西藏个体商户和集市贸易很少,只有传统的几个城镇市场,到1989年底,城镇面貌发生了显著变化,农村集市贸易市场已发展到120个,其中有设施的贸易市场48个,集市贸易成交额达到5.48亿元,个体工商户达到3.58万户,拥有资金1.47亿元,与1984年相比有成倍的增长。改革的不断深入,使西藏集贸市场兴旺,商品供应充足,广大农牧民的衣食、住宿条件有了明显改善。此外,还开始出现了一批私营企业。

由于经济体制的改革,西藏经济得到较快发展。1989年全区国民生产总值21.1亿元,国民收入16.7亿元,分别比1979年增长了97.64%和324.36%(含中央巨额补贴);人均收入397.25元,比1979年的159元增长了149.8%。农牧业总产值按1980年不变价格计算,由1978年的5.02亿元增加到1989年的7.56亿元,增长了50.59%,平均每年递增4.59%。农村经济结构得到改善,1988年农业总产值与农村工、交、商和建筑业总产值之比为91.8∶8.2,比差开始缩小。在农业总产中,种植业由1978年的36.7%下降到30.1%;畜牧业由1987年的54.3%上升到57.2%;副业由1978年的8.2%上升到10.9%;林业和渔业由1978年的0.8%上升到1.8%。农业商品率有所提高,1979年农业商品产值占农业总产值的1.3%,到1988年上升为24.1%。

随着经济的发展,在全区范围内出现了一些治穷致富步伐较快的地区和县。西藏最西部的阿里地区,1988年人均收入704.99元,比1979年的199.03元增长254.2%,全地区70%的农户盖了新房,30%的牧户换了新帐篷,10%的牧户定居盖了新房。1988年人均银行存款87元,温饱问题已基本解决。素以"西藏粮仓"著称的山南地区,1988年人均收入415元,比1979年的141元增长了近2倍。藏北草原腹地的文部办事处(县级),十年改革带来巨大变化,1979年人均收入180元,1988年人均收入696元。牧民的住宿条件得到了很大改善,1979年以前,85%以上的牧户没有固定的住房,1988年45%以上的牧民有了固定住房。文部办事处有12个乡、2个区和90％以上的村都通了公路。文部办事处医疗卫生事业得到很快发展,1988年医院设有内科、外科、妇产科、儿科、眼科,有医护人员52人。1989年办事处税收增长了176.5％,镇上修建了影剧院、地面卫星接收站等。

江孜县是西藏自治区著名的产粮区。自1980年以来,农业生产稳步发展,连年丰收。1989年,全县粮油总产达4500万公斤,十年间向国家提供商品粮5240万公斤。人均收入由1979年的127元上升到1989年的699元。这个县在不断完善生产责任制的同时,还在全县范围内推行"四统一"、"五保证"的生产经营管理措施。所谓的"四统一"就是:统一灌水、统一机播、统一防治病虫害和统一轮作倒茬,提高了现代农业的生产水平;所谓的"五保证"就是:保证播种时间、保证播种面积、保证播种质量、保证物资投入和保证当年增产措施落实到位。与此同时,这个县还花大力气进行以修建水利设施为重点的现代农田基本建设。到1989年,全县共修干渠33条,山沟水渠22条,全长260公里。江孜县有一支60多人的农、牧、林、水专业技术人员队伍,并通过多种形式培训了农牧技术员357名。县委书记平措等领导干部带头学科学、讲科学、用科学,在自家承包地里搞良种试验田,推广良种和科学管理,取得了明显的增产效果。在改革过程中,江孜县还出现过两家建筑联营户,分别组织四、五百人的民工队伍,承包各类建筑工程,建立了一套管理章程,互相展开竞争,其中一家还兼营农业,带动了很多人走上了富裕道路。

农牧业10年改革,使一部分农牧民先富了起来。1984年,林芝县米瑞区的农牧民靠科学种田养畜、承包果园、经营运输及其他副业生产,有35户收入超万元。当雄县牧民土登一家,1980年从公社分得24只羊和21头牦牛,经过三四年的精心放牧,牦牛和羊增加到180头(只),盖了新房,添置了现代化农具。喜马拉雅山下的亚东县珠居村群众,发挥山区旅游优势,1986年全村75户年收入达36.16万元,人均收入1234元。全村75户有74户盖了新房,40户人家建起了自己的温室,不少人家培植了花园。

2. 进一步深入体制改革,加快工业发展

西藏和平解放后,陆续建立的中小型地方工业企业,由于交通线长,能源、原材料、技术力量和产品销路等方面的原因,大多数都处于严重亏损状态。"文革"期间为备战进行的"小三线"建设,尤其是那些原料无来源,产品无销路的"填空白"企业和管理制度遭严重破坏的企业,每年都要靠国家大量补贴过日子,多数处于瘫痪、半瘫痪状态,难以为继。因此,在1979年的下半年,西藏自治区决定调整工农牧业布局,加强农牧业基础地位,按照围绕农牧业办工业的方针,对已有企业分为发展、维持和关、停、并、转等三种类型进行调整:

一是继续发展电力、燃料、建材、采矿业以及有利于群众生产、生活和外贸创汇的手工业;二是对群众需要,又有条件进行生产的毛纺、火柴、造纸、粮油加工、商品酥油等产业,进行整顿,加强管理,降低成本,提高质量,实行维持生产的方针;三是对不具备生产条件的农机、制糖、化肥等36个产业,实行"关、停、并、转"。使根本没有条件生产的企业,坚决停下来,能并、转到其它企业的并、转到其它企业,发挥人员、设备的作用。经过一段时间的调整和整顿,基本上形成了以农牧业为基础,按照农牧业、交通、电力的顺序安排计划、组织生产。到1982年,在贯彻执行中共中央、国务院《关于对国营企业进行全面整顿的决定》中,关于"调整、改革,整顿、提高"[1]的方针时,西藏关、停、并、转了33个长期亏损的国营企业,并在企业生产计划管理、分配制度、用人制度等方面扩大了自主权。

---

[1] 丹增等主编:《当代中国的西藏》(上),当代中国出版社,1991年4月,第1版,第419页。

1985年1月,西藏自治区党委和人民政府在调查研究、广泛征求各主管单位领导、专家意见的基础上,制订出台了《关于改革经济体制,加快经济发展的意见》,开始了以搞活企业为中心环节的城市经济体制改革。《意见》在计划体制、价格体系、管理体制和劳动人事工资制度等方面,提出了制定政策的重要指导原则。自治区各主管厅、局根据自治区党委和自治区人民政府的统一部署,分别制定了部门和行业系统改革计划。自治区人民政府先后批转了计划体制、财政信贷、税收、价格、商业、劳动工资、经营管理等部门单项改革报告,使城市经济体制改革进入有计划、有步骤地全面协调的轨道。

　　一是进行计划体制改革

　　1984年后对农牧业生产不再下达指令性计划,农畜产品全部实行市场调节,国家所需的农畜产品实行议购、换购或合同定购办法。工业产品除水泥、木材实行指令性计划外,其他均实行市场调节。交通运输方面实行指导性计划。商业、外贸只对关系人民生活的主要品种实行指令性计划。对社会商品销售总额、进出口总额只下达指导性计划。对基本建设、全民所有制单位固定资产投资,相应地下放了建设项目审批权,简化了审批程序,推行了投资包干和招标制。

　　二是进行价格改革

　　价格改革按照"放调结合,分步前进"[①]的方针进行。1984年以来,全部放开了集市贸易价格和畜产品的购销价格。地方工业产品除水泥、木材、铬矿石、电价外,全部放开,并对水泥、木材价格作了适当调整。日用必需品除茶叶、盐等商品外,陆续放开了内地调进的一般工业品、副食品、478种三类小商品和饮食、服务、修理

[①] 丹增等主编:《当代中国的西藏》(上),当代中国出版社,1991年4月,第1版,第420页。

等行业的价格。在"放"的同时,先后制定了粮油收购的最高限价和最低保护价,调整了农区返销粮和供应牧区粮食价格。改革了医药作价办法和收费标准。制定了公路货运的最高限价。这些改革措施,使价值规律在调节供求方面的作用得到加强。

三是进行税制改革

民主改革以后,西藏各地陆续建立了税务机关。1980年以前,农牧区只是象征性地征收了爱国公粮、牧业税,本着"税收从轻、手续从简、区别对待、合理负担"[1]的原则,在税收上实行了一系列特殊的政策。农牧业税从1980年起免征到1990年。从1980年至1983年减免了农牧区集体、个体的工商税。从1986年1月起,对旅游业免征工商税两年。从1985年起大多数国营企业实行了第二步利改税,小型企业实行八级额累进税,还提高了大中型企业和小型企业的划分标准,体现了轻税政策。对外省、市、区的集体、个体来藏从事工商及服务业经营的,按本区税法,一视同仁。对在西藏投资的中外合资、合作、独资企业,按照低于全国的西藏自治区工商税法的规定交纳工商税,并只收10%的所得税。据1985年测算,西藏每年免征牧业税约1000万元,工商税约400万元。而且第二步利改税多给企业留利达1000万元以上。所有这一切,对于休养生息、搞活经济、促进生产都起到了积极作用。

四是进行财政、金融体制改革

西藏财政主要由中央补贴。1980年中央对西藏实行"划分税种、核定收支、分级包干、每年递增10%"[2]的财政预算管理体制后,自治区对地、市、县也实行了"划分收支、分级包干"的财政管

---

[1] 丹增等主编:《当代中国的西藏》(上),当代中国出版社,1991年4月,第1版,第420页。

[2] 丹增等主编:《当代中国的西藏》(上),当代中国出版社,1991年4月,第1版,第421页。

理。对行政事业单位实行了"预算包干,超支不补,结余留用"的办法;对商业、粮食、农机、外贸系统,改变了过去全区统一核算、统负盈亏的办法,对政策性亏损的企业,实行"超亏不补,减亏全留"的办法。通过"分灶吃饭"和"盈亏包干"的办法,调动了地方和企业的积极性,企业吃国家"大锅饭"的状况有所改变,资金使用效益有所提高。

在金融方面,扩大了信贷规模和范围,放宽了现金管理,开办了邮政储蓄,配合住房制度改革,新开了建房储蓄。1985年9月以前,为了支持企业发展,实行了免息、低息贷款。1985年9月后,为了提高资金使用效益,适当调整了利率。同时,进行了农牧区信用社的改革,支持了农牧区经济的发展。

五是进行劳动、工资改革,推行各种形式的用工制度

1984年西藏开始实行合同制工人的用工制度,受到了企业和用工单位的欢迎。1988年全区各种合同制工人占全区职工总人数的20%以上。工业电力厅、自治区劳动局和区教委还举办了职业高中和技工学校,培训各类专业技术工人。各个行业在用工制度上也采取了一些新的办法,建筑施工、公路养护、矿山开采、森林采伐等企业多采用季节工、临时工、轮换工,国营工交企业和国营商业逐步增加了合同制工人的比重。企业职工的工资形式采取了劳动报酬与经济效益挂钩的办法,有些企业在定员、定编、工资总额包干的前提下,采用了浮动工资、工种工资、计件工资、结构工资等多种形式和奖励办法。

六是进行商业和外贸体制改革

根据1984年10月西藏自治区人民政府批转的《商业厅关于商业体制改革的意见》,进行了商业体制改革。在充分发挥国营商业主渠道作用的同时,积极发展集体和个体商业,实行多形式、多渠道、少环节的流通体制。改革批发体制和批发渠道,加强基层供销社的建设。

外贸体制改革是在坚持统一对外的原则下，下放了对邻国贸易的经营权和地市外贸企业管理权，实行进出口代理制。为了充分调动地市和边境县发展外贸的积极性，地市和离对外开放口岸较近的边境县成立了外贸公司。在自治区经贸厅统一计划下，申请进出口许可证，从事进出口经营。对边境互市贸易和小额贸易，实行国家、集体、个人一齐上的方针和加强管理的办法。1989年全区对外贸易进出口总额完成3067万美元，比1984年增加了近一倍。邻国互市贸易总额达7500多万元，比1984年增加了一倍。

七是深化对企业的改革

1984年6月，贯彻中央第二次西藏工作座谈会精神，运用中央给西藏的特殊政策，西藏自治区人民政府制定了《关于进一步扩大企业自主权的暂行规定》。为进一步调动企业的积极性，提高企业素质，提高经济效益，从企业生产计划管理、用工制度、分配制度、资金使用、产品销售、技术改造等13个方面进一步扩大企业的自主权，使企业责、权、利相结合。自治区选择了15个企业进行改革试点，探索改革的路子，总结改革经验。试点企业突破旧的计划体制，自主安排生产，起到了试点和先行作用。非试点企业也纷纷效仿政企分开，扩权让利，企业管理体制下放，改革企业领导体制，实行厂长负责制。较早进行改革试点的交通运输、建筑、内外贸易、森工等4个行业扩权以后，转变经营机制，走向市场，参加竞争，取得显著成绩。

西藏运输部门是多年亏损企业，靠国家补贴运营，在实行车辆租赁承包责任制，开放营运市场，把车辆投入竞争机制以后，由运力不足转为运力过剩，逐步扭亏为盈。拉萨运输公司是西藏最大的运输企业，长期靠政策补贴经营，运量越大，国家补贴越多，亏损越大。1980年亏损1400万元。改革后，1984年下降到817万元，1986年下降到500万元，1987年开始出现扭亏为盈的好势头，运量越大，盈利越多，成为良性循环自我发展的国有企业。

西藏国营建筑业,也是多年亏损的企业。扩权试点以后实行政企分开,开放建筑市场,运用招标承包机制,工期平均缩短3%,成本下降8.4%,三分之一的建筑队,1984年即开始盈利。内外贸易部门被列为扩权试点单位以后实行政企分开,下放权力,改革核算、经营体制,大力发展集体、个体商业,社会商品零售总额1984年比1983年增长1.39倍,外贸总额增长2.46倍。全区迅速出现了2700个集体商业,1.3万家个体商业户。森林工业在扩权试点过程中,推行岗位责任制,放宽林业政策,促进森林工业发展。1984年原木砍伐比上年增长6.29%,锯材增长13.09%。扩权试点企业自主经营时间虽然不长,但取得了明显的经济效益和社会效益。

1987年4月,自治区人民政府召开了全区首次企业改革会议,部署了全面推行厂长(经理)负责制和全面推行承包经营责任制的企业改革任务,同时,相应进行各项配套改革。企业承包是按照"两包一挂"(即包上交利润,包技术改造,实行工效挂钩)的原则,采取了"包死基数,确保上交,超收多留,欠收自补"的办法进行承包。承包的形式有:(1)上交利润递增包干;(2)上交利润基数包干,超收全留或分成;(3)亏损企业减亏(或补)包干,节亏全留或分成,超亏不补;(4)微利企业上交利润包干;(5)行业或企业主管部门先与财政进行总承包,主管部门再与下属企业承包;(6)全员风险抵押承包;(7)自选承包基数,分别奖惩的承包。此外,在少数企业中,还试行了租赁制和股份合作制以及企业兼并等改革。把技术进步的各项指标纳入承包合同和厂长任期目标,依靠企业技术进步和科学管理,进一步提高劳动生产率和产品质量。同时,允许企业开展"一业为主,多种经营",以克服部分企业暂时缺乏定型产品和产品无销路的困难。通过几年的改革实践,一批善经营、会管理、坚持社会主义方向的企业经营者,特别是一批少数民族的企业经营者逐步成长起来。为了给企业改革创造必要的外部环境,

1987年自治区人民政府在财政资金困难的情况下,还拨出部分经费支持实行职工离退休费用,统筹解决了离退休职工一次性安家补助费和企业办学经费,减轻了企业的负担。

由于西藏的企业基础差,设备陈旧,技术落后,职工文化水平低,多数企业无定型产品,市场狭小,资金周转慢,全员劳动生产率只有内地职工的一半。企业改革要从过去的供给型的产品经济转向经营性的商品经济,难度是相当大的,也需要一个过程。全区的企业经过几年改革,初见成效。阿里地区1986年企业亏损606万元,从1987年到1989年的3年承包经营中,共实现利润5552万元,上交利润3077万元,基本上消灭了经营性亏损。1989年底,西藏全区有全民所有制企业511户(预算内全民所有制企业389户),已实行承包经营责任制的企业达到50%。在全民所有制企业中,盈利企业占企业总数的56.6%,比1987年推行经营责任制前提高了10%。经营性亏损企业占企业总数的13.3%,比1987年下降了10%。政策性亏损的企业占企业总数的30%。全区税收1989年比1984年增长163.8%。企业职工人均收入,1984年为1807.28元到1989年为2685.79元,增长了48.6%。到1988年西藏有30%的企业实行了厂长(经理)负责制和各种形式的承包责任制,企业全员劳动生产率达7470元,比1987年提高3.9%。1989年加快了承包进程,年底各类企业承包面达80%。

经过城市经济改革,以及在计划、价格、税收、财政、金融、劳动人事等方面的配套改革,企业不仅有了而且还扩大了生产、经营的自主权,西藏城镇的经济效益有了明显的提高。1988年全区城镇社会总产值达9.9亿元,比1979年增长56.15%,平均每年递增5.08%;国民收入达3.63亿元,比1979年增长1.17倍,平均每年递增8.99%。在改革过程中,通过宏观控制,保持了各行业按比例协调发展。1988年全区城镇工业总产值占社会总产值的23%,比1978年增长了24.1%;城镇建筑业占社会总产值的19%。但是到了80年代后期,拉萨发生的多起骚乱事件,破坏了西藏安定团结的政治局面,干扰了社会主义现代化建设。在骚乱期间,自治区党委和人民政府认真贯彻中央对西藏的一系列指示,一手抓稳定局势,一手抓社会主义经济建设,把西藏经济的发展作为整个社会稳定的基础,保证了西藏局势的基本稳定,使西藏经济建设在平息骚乱的斗争中仍保持了较好的发展速度。

3. 全方位对内对外开放,加强经济文化交流

西藏在历史上是一个长期封闭的封建农奴制社会,即使在和平解放后的一段时间内,为了稳定西藏社会秩序,减轻运输压力,除国家统一调派帮助西藏建设的干部职工、科学技术、文教卫生人员进藏外,严禁非经批准人员进入西藏。外贸和横向经济联系基本上也只有国营贸易部门这一主渠道,西藏需要的粮食由国家统一计划调运,需要的工业品由计划、贸易部门在京、津、沪三大城市组织货源,国家贴补运价供应西藏。对国外的人员交流也只限于政府公职人员、外交公事和新闻记者的交流。十一届三中全会以后,西藏逐步实行改革开放政策。1984年西藏工作座谈会明确提出对外实行开放,对内加强交流的指导方针。

对外开放,是在国家有关部门统一安排下,同外国发展经济、文化交流与合作,开办旅游业。对国外开放从最初的友好访问,旅游探亲,逐步形成以政治、经济、教育、文化、卫生、体育等为内容的多层次、多形式的对外交流与合作。1986以后,西藏开办的对外合资企业和引进项目,取得了较好效果。西藏接受了国外援助项目41个,资金2418万美元,联合国世界粮食计划署援助的拉萨河谷农业综合开发3357工程和联邦德国援助的拉萨皮革厂技术改造项目、羊八井地热建设项目都已实施。对外贸易也有较大发展,沿中印、中尼等边境地区已正式开放五个边境通商口岸,发展与邻国政府间贸易和边民互市贸易。同时,通过沿海开放城市对外窗

口,发展对外贸易,对外贸易进出口总额最高年份达3021.9万美元。1989年西藏又落实了双边、多边国际援助项目5个,外援资金达1641万美元。

加强对内经济文化交流,是按平等互利,互通有无的原则进行的。同国内邻近的省区加强经济文化交流,开通了正常的经济、文化、技术交流的渠道。1986年参加了四川、云南、贵州、广西、重庆、成都五省区七方经济协调会,同时还和青海、甘肃、新疆邻省区发展经济联合与协作。在对内加强交流发展横向经济联系的同时,加强了区内各地、市、县之间的经济协作和技术协作,拆除关卡,打破封锁,利用民族传统节日举办物资交流会,商品展销会,发展集市贸易,疏通地、市、县之间的商品流通渠道。内地各省区大批国营、集体和个体工商户也到西藏开办商业、服务业、建筑业、运输业和加工业,一批科技、手工艺人也到西藏施展自己的专长,区外客商通过长途贩运,将大批西藏紧缺的货物,群众日常生活用品运到西藏,活跃了市场,方便了群众生活。区外进入西藏的企业,发挥技术专长,重视经营管理,多数取得了较好的效益。

西藏实行的对外开放,加强了对国内外的交流,扩大了与国内外的经济技术合作,为西藏引进了大量的技术、资金、人才和管理经验,加快了西藏资源的开发和技术进步,促进了传统观念的更新,提高了企业的经营管理水平,繁荣了市场,活跃了经济,方便了群众,改变了西藏长期封闭的局面,为西藏经济的良性循环开辟了一条重要通道。1989年全区外贸出口总额3067万美元,边贸成交总额7500万元,比1979年有了很大增长。

4. 开发旅游资源,发展旅游经济

西藏有极其丰富的旅游资源,素有"世界屋脊"、"地球第三极"之称。雄踞世界之巅的西藏自治区,具有得天独厚的自然景观和人文景观。由于西藏特殊的地质构造,形成了神奇、独特的高原自然景观。西藏的人文景观也很丰富多彩,藏族的衣食住行、生活习

俗和风土人情独具高原特色。遍布全区的寺庙、古建筑等历史古迹魅玮多姿,音乐、藏戏、舞蹈等灿烂的民族文化使人迷恋忘返。这些作为旅游资源的自然景观和人文景观,不仅是一个旅游、登山爱好者、探险家向往的好去处,也是自然科学家探索高原自然奥秘,社会科学家、藏学家从事人文科学研究的好地方。开发旅游资源发展旅游经济,对西藏的社会主义现代化建设具有重要意义。随着改革开放方针的确立,旅游业作为第三产业在西藏逐渐被重视起来,并成为西藏自治区六大支柱产业之一。

西藏的旅游业起步于十一届三中全会以后,1979年成立西藏自治区旅游局(筹备处),开始有了办理旅游业务的专门机构。自治区人民政府把旅游业作为西藏的重要产业,在创办初期提出"打好基础,创造条件,积极发展,稳步前进"的方针[1]和坚持国营、集体、个人一起上的原则,1984年确定的43项工程中有8项是旅游设施。

80年代初,西藏着手进行旅游资源的开发和旅游设施建设,先后建成以拉萨为中心的辐射东、西两条陆地线路,拥有不同档次标准的旅游饭店、宾馆、旅行社和部分机关招待所、民办住宿点,有日接待数千人的服务能力。为了有计划、合理安排旅客到西藏旅游观光,西藏在北京、西安、成都开设了宾馆、饭店,接待出入境的游人。旅游部门已拥有各种类型旅游车辆,有一支翻译、导游、管理和服务人员队伍。经国家和自治区批准已开放市、县5个,山峰22座,国家级风景区1个,历史文化名城2个,国家重点文物保护项目11处,旅游参观景点40余处。旅游线路除国内航线外,还开辟了中尼(尼泊尔)航线。旅游活动随着旅游业的发展逐步由单项观光旅游,扩展到登山、探险、科学考察、徒步旅游等多种项目。为

---

[1] 丹增等主编:《当代中国的西藏》(上),当代中国出版社,1991年4月,第1版,第430页

旅游服务的行、游、住、吃、购、娱等六大要素的配套设施,日臻完善,千年沉睡的西藏旅游资源已得到初步开发利用。从 1980 年到 1989 年的十年间,西藏旅游业从无到有,从小到大,逐步发展,建成了一批初具规模的旅游设施和网点,十年间接待国内外旅游者 12 万人次,收入 1.9 亿元人民币。

1986 年随着旅游业发展的需要,西藏自治区成立了旅游局,统一领导管理全区旅游业务。拉萨、日喀则、山南、林芝等地市也相继成立旅游机构。自治区实行大力扶持旅游业的政策,凡新办的旅游企业,无论国营、集体或个体,一律免征营业税两年。经批准增建的旅游设施和服务项目,银行贷款从优。机构的建立和一批旅游设施建成投产,使旅游业迅速兴盛起来。1986 年区党委提出西藏经济以旅游业为中心,当年接待游客 3 万多人,旅游收入 1740 万元。1987 年接待游人 4.35 万人,收入 3100 万元。

旅游业是一项综合性的社会经济事业,旅游者每到一地的行、游、食、住、娱等活动都包含着政治、经济、科学、文化多方面的内容,旅游业的发展除自身经济效益外,必然伴随着社会综合效益。西藏旅游业的发展使区内一些地区和部门看准了势头,为满足游客购物需求,开始大力发展民族手工业商品生产,到 1986 年就能生产具有西藏地方特色的旅游商品花色品种 738 种,销售收入 550 万元。一些地方和单位还在旅游点和沿旅游热线村镇筹建民族手工业生产基地,设立商品销售点或旅游商品门市部。随着旅游业的发展,西藏邮电、交通、民航也扩大了业务范围,增加了收入,仅邮电、交通在 1986 年就创汇 60 万美元。旅游业的发展,为西藏城镇扩大了就业机会,1986 年至 1987 年,拉萨、日喀则等重点城市的待业人员纷纷从事旅游业服务。随着中外游客的进出,西藏这片被认为神奇、奥秘的圣地,为越来越多的人所了解。古老的西藏开始以崭新的姿态面向世界。新兴的旅游业以它良好的经济效益和文化交流,逐渐成为西藏自治区的重要产业。

5. 民主政治建设进程步伐加快

由于我国是一个统一的多民族社会主义国家,所以,在我国社会主义民主政治建设过程中,中国共产党在我国各民族聚居的地区主要实行的是民族区域自治制度,并以此作为解决我国国内民族问题的基本政策。在中华人民共和国宪法第四条中规定:"各少数民族聚居的地方实行区域自治,设立自治机关,行使自治权。各民族自治地方,都是中华人民共和国不可分离的部分"。国家和自治地方的关系,是中央和地方的关系。四十多年来的实践证明,民族区域自治政策完全符合西藏的实际,是成功的。随着改革开放政策在西藏的落实,西藏经济体制改革和政治体制改革的不断深化,西藏的社会主义民主政治建设进程也逐步加快,民族区域自治制度也得到逐步完善。

一是进一步完善各级人民代表大会制度

1977年10月,西藏自治区第三届人民代表大会第一次会议召开。这次代表大会是在革命委员会的建制基础上召开的,有一定的局限性。1979年8月,根据全国人民代表大会地方组织法的规定,召开了自治区三届二次人民代表大会,选举产生了以阿沛·阿旺晋美为主任的自治区人大常务委员会,决定了以天宝为主席的自治区人民政府人选。1983年4月和1988年8月,在完成县级直接选举的基础上,召开了西藏自治区第四届一次和第五届一次人民代表大会。这两届的人民代表都是由基层直接选举产生的,以藏族为主体的少数民族代表人数占县人大代表总数的95%以上,占自治区人大代表总数的82%以上。

通过选举,公民行使了当家作主的权利,广大群众受到社会主义民主和法制教育,增强了当家作主的责任感。自治区五届人大选举时,据那曲、日喀则、林芝、山南、拉萨5地市统计,共有选民784754人,参加投票选举的736740人,参选率达93.88%。新选出的县级人大代表和国家机关领导人员的知识结构、年龄结构都有改善,参政议政能力有了很大提高。新产生的基层政权组织带领群众发展生产,治穷致富,在群众中有较高的威信。

西藏自治区第四届人民代表大会常务委员会组成人员11名正副主任中,藏族9人,汉族2人;30名委员中,藏族20人,汉族4人,白族、珞巴族、回族、锡伯族、僜人、夏尔巴人各1名。在自治区人民政府6名正副主席中,5名藏族,1名汉族(副主席)。自治区高级人民法院院长、人民检察院检察长均系藏族。

西藏自治区第五届人民代表大会当选的11名正副主任中,仍维持了四届人大藏、汉族的比例,即藏族9人,汉族2人;26名委员中,藏族17人,汉族3人,白族、珞巴族、门巴族、回族、僜人、夏尔巴人各1名;在自治区人民政府8名正副主席中藏族5人,汉族3人(副主席);自治区高级人民法院院长、人民检察院检察长均系藏族。这两届人民代表大会民主选举产生的常委会组成人员中,政府、法院、检察院的主要领导人员中藏族占大多数,充分体现了民族地区的特点和藏族作为主体民族在民族区域自治地方和其他少数民族、汉族一道行使当家作主的权利。

1983年自治区人大四届一次会议后,全区除墨脱县外,普遍进行了社改乡的工作。至1985年底,全区(不含墨脱)共设立了2055个乡级人民政权机构,结束了人民公社体制,建立了乡级人民政权。1987年,中共西藏自治区委员会和自治区人民政府作出了《关于加强基层政权建设的决定》,撤区并乡,调整乡的区划,对区、乡设置进行了较大的调整,从1986年的436个区调整为71个区,2078个乡调整为895个乡,9个镇调整到30个镇,区乡分别比原来减少84%和57%,镇增加2倍多。在基层政权建设中,为了使区内其他少数民族更好地行使当家作主的权利,在门巴、珞巴、纳西等少数民族聚居的乡,分别建立了8个民族乡。

自治区人大常委会十分认真地履行法律赋予的监督职权,历届自治区人大常委会运用多种形式加强监督工作。每届人大常委会主任、副主任委员,都抽出时间分别到各地、市、县视察工作,对群众生产生活、基层政权建设、民族区域自治法贯彻实施情况进行视察和调研。全国人大副委员长、西藏自治区人大常委会主任阿沛·阿旺晋美不顾年近八十高龄,坚持深入那曲地区视察工作,其他副主任、委员也不断深入基层视察工作。自治区人大常委会还经常派委员和常委会的工作人员进行专题调查和研究,对视察或调查中发现的涉及全区性的重大问题通过各种形式及时加以处理。人大常委会还通过定期听取政府工作和两院工作报告、审查财政预决算、不定期地听取专题工作报告、受理申诉案件、处理人民来信来访等形式,监督法律实施情况,监督政府、法院和检察院的工作,发挥地方权力机关的作用。

自治区人大常委会注意行使决定权和人事任免权。凡涉及自治区的重大事项,人大及其常委会都及时进行研究作出相应的决议、决定。1987年10月,针对少数分裂主义分子在拉萨制造分裂祖国的骚乱事件,自治区人大常委会四届六次会议及时作出了《维护祖国统一,加强民族团结,反对分裂的决议》。自治区人大十分认真地行使人事任免权,九年来共任免国家机关工作人员795名,其中政府组成人员119人,法院干部261人,检察院干部415人。各级人大常委会加强了自身的建设,相继健全了地区人大联络处。经过自治区各级人大的努力,西藏的法制建设和人民代表大会制度正逐步完善。

二是进一步完善民族区域自治制度

为充分体现人民当家作主的区域自治权利,1980年西藏开始起草自治区自治条例,这部条例包括了政治、经济、文化、卫生、教育、科学、民族、宗教各个领域。经过征求意见,多次讨论修改,完成了《西藏自治区自治条例(草案)》的草稿,这是西藏贯彻《民族区域自治法》的一个实际步骤。

根据《中华人民共和国宪法》赋予的权利,自治区人大常委会十分重视西藏民族地区地方性立法工作,在维护国家法律的完整和统一的前提下,坚持与西藏实际相结合,制订西藏的地方性法规,或制订变通执行国家法律的条例和实施办法。为了适应立法工作的需要,1980年11月自治区三届人大常委四次会议决定成立自治区人大政法小组办公室。1983年7月,四届人大常委二次会议决定成立西藏自治区人大常委会政法委员会,之后,又通过了《西藏自治区地方性法规制定程序》。自1979年3月至1988年8月的9年间,自治区人大及其常委会积极开展立法工作,共制定各方面的法规22件,其中属于政法方面的10件、财经方面的5件,文卫方面的5件,民族方面的2件。自治区五届人大常委会通过了西藏自治区五年立法规划,规定在任期内需要制定和批准制定的地方性法规34件。1988年底至1989年底,又先后通过了《西藏自治区劳动安全暂行条例》、《西藏自治区人民代表大会议事规则(试行)》、《西藏自治区人民代表大会常务委员会人事任免办法》、《西藏自治区电力设施保护办法》、《西藏自治区保障和发展邮电通信的暂行规定》等。西藏地方性法规的制定和颁布执行,充分体现了西藏民族地区的特点。如《关于实行〈中华人民共和国婚姻法〉的变通条例》,就是一部很有民族特色的地方性法规。这个条例为解决西藏民族地区历史上产生的一些特殊问题提供了法律依据,体现了民族区域自治的自主权。

为了维护国家法律的统一性,在四届人大四次会议召开后,对西藏过去制定的法规进行了清理。四届人大常委会第十七次会议作出了不得引用、执行未经全国人大常委会批准的《西藏自治区关于实施〈中华人民共和国刑事诉讼法〉的(草案)》和《西藏自治区实施〈中华人民共和国刑事诉讼法〉的变通条例(草案)》的决议;废止了《西藏自治区实施〈中华人民共和国治安管理处罚条例〉暂行办法》。

三是充分发挥法院、检察机关的职能作用

1977年11月自治区三届一次人大会议以来,自治区各级人民法院得到了加强。各级人民法院根据宪法和法律的规定,独立行使审判权,依法审判刑事、民事、经济和行政案件。1979年至1982年底,各级法院集中力量,复查纠正了一大批"文化大革命"造成的冤假错案,重新审理了一批历史遗留案件;在刑事审判方面,各级人民法院严厉打击严重危害社会治安的犯罪分子,保卫了人民生命财产和社会的安全;各级法院严格执行法律规定的公开审判、辩护、上诉、复核等程序制度,依法保障诉讼参与人特别是被告人的诉讼权利,保障各民族公民都有使用本民族语言进行诉讼的权利;各级法院坚持惩办与宽大相结合,严格执行区别对待和坦白从宽、抗拒从严的政策,对具有法定从重情节的罪犯,坚决依法重判,对罪大恶极、不杀不足以平民愤的,坚决杀掉,对具有法定从轻或减轻情节的,依法给予从轻或减轻处理,对认罪态度好、能坦白交待的犯罪分子或检举其他犯罪分子,确有立功表现的,在量刑时给予从轻、减轻或宽大处理;各级法院在审理宣判案犯过程中,对少数民族中的犯罪分子,坚持实行"少捕、少杀、处理适当从宽"的政策;在使用死刑上,严格把关,慎之又慎。各级人民法院在严厉打击严重刑事犯罪分子的同时,还进行各种法制宣传教育活动,如通过公开审判和宣判的典型案例进行法制宣传教育;举办法律学习班、办壁报、张贴布告、组织法律知识考试,举办法制宣传月活动;加强对人民调解委员会的业务指导,减少民事纠纷转化为刑事犯罪,减少刑事案件发案率;协同有关部门,积极开展"扫黄"工作,运用报刊、广播、电视进行法律知识教育,加强了法制宣传教育;做思想疏导工作,预防犯罪和减少犯罪等,从根本上预防或减少发案源的滋生。

各级人民法院坚持"依靠群众,调查研究,着重调解,就地解决"的民事办案方针,克服"重刑轻民"思想,及时审理民事案件。在审理民事案件时,对于那些由于商品经济不发达等原因发生的案件,充分注意民族地区的特殊性、民族风俗习惯,从有利于祖国统一、民族团结、社会主义经济建设出发,既坚持原则,又照顾少数民族地区的特殊情况。西藏县一级未设置司法机构,基层调解委员会的领导管理工作由基层法院承担,法院还对全区2021个基层人民调解委员会进行业务指导。1987年基层调解简易民间纠纷4000多件,有效地防止了一部分民事纠纷激化成刑事案件。

西藏开展经济审判工作起始于80年代初,随着改革开放和自然经济向商品经济的转化,横向经济联系业务范围的扩大,人员交往增多,经济案件迅速增加。1983年至1988年,平均每年以170.3%的速度增长。面对这一形势,各级人民法院成立了经济审判庭,对符合立案受理条件的经济纠纷案件及时立案审理。通过经济审判,依法保护了国家、集体和公民的合法权益,维护了社会主义经济秩序。

自治区各级人民法院十分重视法院、干警队伍的建设。各级法院贯彻"从严治院、从严治警"的精神,要求干警忠实于法律制度,忠实于事实真相,忠实于人民的利益,坚持有法必依、执法必严、违法必究、有错必纠的原则,严格执行最高人民法院规定的《法院干警守则》。为了提高司法干警的业务水平,自治区高级人民法院举办了法院业余法律大学西藏分校,同时举办了审判干部业务培训班,培训审判员和书记员,邀请最高人民法院和兄弟省法院的审判人员给西藏司法干警开办《民法通则》、《经济法》讲座,提高干警的业务水平。

西藏自治区人民检察院于1978年6月重建,经过四年的努力,于1983年4月在全区建立了79个检察机构。在重建期间,坚持一边充实力量,一边开展工作,积极创造条件开展各项检察业务。各级检察院认真执行宪法和法律,围绕西藏自治区经济建设和改革开放的总任务,在绝不放松打击严重刑事犯罪的同时,把打击严重经济犯罪作为主要任务。1987年9月,拉萨发生有组织、有计划的旨在分裂祖国的骚乱事件以后,检察院加强了对骚乱犯罪活动的侦破和打击工作。

四是进一步加强民族干部队伍的建设

在民族区域自治的地方,大力培养使用少数民族干部,是民族区域自治制度建设的一个重要方面,是解决民族问题的关键。中共十一届三中全会以后,内地进藏的汉族干部两次大批内调,藏族干部在干部队伍中的比例进一步增大,大批符合"四化"(革命化、年轻化、知识化、专业化)标准、德才兼备的藏族及区内其他少数民族干部走上领导岗位。1985年自治区成立二十周年时,藏族干部占全区干部总数的62.3%,1989年底统计,全区有少数民族干部37238人,达到干部总数的66.6%。

自治区党委为建设一支以藏族干部为主体的干部队伍,采取了一系列重大措施。

(1)制订规划,建立阵地。1981年自治区党委研究制定了《关于干部队伍建设的五至十年规划》,以各级党校为阵地,对干部进行有计划、有步骤的轮训、培训提高;请中央党校代办西藏班,重点培养自治区和地级党政领导干部;委托区外大专院校代办藏族班培训干部;区内自办专科学校、成人高考、业余大学、函授大学等,对干部进行培养提高。从1983年到1989年七年间共培训3.5万人,使干部的政治思想、业务水平有明显提高。

(2)各级党政部门在选拔任用干部时,坚持干部"四化"标准,培养具有共产主义觉悟的干部队伍;在使用干部时,综合考察干部的政治立场、思想品质和领导、业务水平,把维护祖国统一和民族团结作为培养干部的最基本内容;对干部进行系统的马克思主义理论教育,特别是马克思主义民族观、宗教观的教育,教育他们增强政治责任感和事业心,发扬艰苦奋斗的优良传统和作风,全心全意为西藏人民服务。

(3)大批调出进藏干部。1980年8月6日中共中央、国务院批转自治区党委和人民政府《关于大批调出进藏干部、工人的请示报告》,并向全国发出通知,要求在进藏的干部、工人中,除留一部分领导干部和技术骨干继续在西藏工作外,大部分内地进藏人员分期分批调回内地工作或离退休。中共西藏自治区党委和自治区人民政府根据中央通知精神,迅速组成内调工作组,本着"走者愉快、留者安心"的精神,制定干部内调的具体政策措施。从1980年至1981年底,分两批先后内调进藏干部2万余人;1986年又决定内调1.7万名干部、工人(包括一部分离退休干部、工人)回内地。大批进藏干部内调之后,西藏干部领导层的结构有了很大变化。一批少数民族干部走上各级领导岗位,成为西藏革命和建设事业的骨干力量。到1989年12月,少数民族干部在自治区级干部中占72%,在地级干部中占68.1%,在县级干部中占61.2%,全区各地、市、县级行政主要领导人都由藏族干部担任,7个地、市党委中的6个由藏族任书记,75个县(含县级办事处、区、市、口岸)党委书记中有63个由藏族干部担任,体现了以藏族干部为主的西藏干部队伍结构特点。但是,由于大批汉族干部的内调,特别是大批技术干部的内调也给西藏的社会主义建设事业带来了巨大损失。

(4)对藏族干部和藏族技术人员进行多种形式的专业培训。至1989年底,全区有少数民族各级各类专业技术干部17029人,占全区专业技术干部的62.1%,各个专业技术领域都有了一定数量的藏族专业技术人员。藏族专业技术人员被聘任高级专业技术职称的有269人,有的还被评为国家级专家,被聘任中级专业技术职务的有2262人,被聘任初级专业技术职称的有7872人,分别占全区这三类被聘任专业技术职务人员的41.32%、52.3%和72.8%。

五是废除干部终身制,实行离、退休制度

1980年以来,自治区有关部门根据国务院规定,结合西藏的实际情况,制订干部离休、退休有关规定,给符合离休、退休的干部职工办理离、退休手续。至1989年底全区共办理干部(包括科技、教师、卫生医务人员)、职工离休手续1384人,退休手续7332人,两项合计共8716人。对离、退休人员的生活待遇、住房安置、服务管理等,自治区有关部门多次发文作出具体规定,使长期在西藏工作的区内外各族干部职工老有所归,安度晚年。

六是西藏广大人民群众的根本利益得到保护和充分体现

政府规定:(1)在没有战争支前等特殊情况下,国家建设项目需要劳动用工禁止摊派,采用合同制,按工付酬;原由社队负担的部分民办小学教师,绝大多数改为公办教师待遇,对少数未转入公办教师的工资费用,从1980年7月起,全部改由国家负担;乡、村干部的生活补贴大部分由国家财政补贴的地方财政开支,不向群众摊派。(2)在粮油、农副产品实行议价购销后,为确保不降低城镇居民职工生活水平,原计划供应口粮标准不变,价格不变;因价格上涨而产生的进销差价亏损部分由国家财政补贴。免征农牧业等税收以后,各地、市、县财政包干减收部分,由自治区财政补贴。(3)国家每年都要拨出巨款开展救济性的扶贫工作。农牧区的部分贫困社、队长期依赖国家救济生活,免征农牧业税收,减轻群众负担政策实施以后,一部分较贫困的地区和社队,一时还难以从根本上摆脱贫困的境地。因此,政府每年继续拨出巨款,向群众提供启动资金,扶持农牧副业和乡镇企业生产;同时,政府对散居在全区的孤寡老人实行"五保"(保吃、保穿、保医、保住、保葬)制度,对孤幼儿实行社会救济。(4)1983年西藏遭受到百年不遇的大旱灾,灾情发生后,自治区政府召开紧急会议,部署救灾任务。会后,自治区党委、政府领导带头组织工作组深入灾区指挥抗灾斗争。自治区机关和各地、市先后派出工作组,奔赴灾区组织群众抗灾自救,有力地支援了灾区群众的抗灾斗争。在党和政府大力支援和精心组织下,灾区人民全力投入抗灾斗争,减轻了灾害带来的损失,大灾之年不仅没有发生饿死、冻死人的现象,而且通过开展生产自救,战胜灾害,顺利度过难关。

1983年的严重自然灾害,充分证明了农田水利建设的重要性。有的地方农田水利建设抓的不好,群众饮用水都发生了困难,农畜损失严重。年楚河沿岸的江孜等县,农田水利工程建设在抗旱斗争中,发挥了重要作用,大灾之年不但没减产,在县委强有力地组织领导下,夺得了当年粮油大丰收。自治区党政领导和各地(市)、县领导从对比中总结教训,决心把坏事变好事,当年秋冬和第二年春,组织投入大量劳力、物力和财力,再次组织大规模的群众性的农田水利建设,为以后的农牧业发展打下了基础。

6. 民族传统文化得到继承和发展

西藏社会主义现代化建设的重要内容之一,就是根据党的"百花齐放,百家争鸣"的文化建设方针和政策,以"扬弃"态度对待民族文化遗产,发展和繁荣民族文化事业,保护和继承民族传统文化。从1980年以来西藏在进行社会主义现代化建设的过程中,不仅在政治、经济方面进行了大量推进社会主义现代化建设进程的一系列工作,而且在文化建设上也作了大量工作。

一是对传统的优秀文学作品以及藏医学典籍进行抢救、整理、出版。西藏戏曲、歌舞、唐卡艺术得到大力的扶持,传统剧目得到继承和发展,一批藏医典籍名著得到整理翻译,一些藏医临床教材也得以出版。

二是对丰富多彩的西藏文物古迹进行保护。从1980年开始,国家拨出巨款,修复了"文化大革命"期间被破坏的甘丹寺、雍布拉康等著名寺庙,逐步维修了年久失修、自然腐损的桑耶寺、夏鲁寺等一批文物古迹。1988年4月,有关单位组织专家对闻名世界的布达拉宫进行实地勘察,并向国务院呈报了布达拉宫年久残损情况的报告。同年10月国务院《关于维修布达拉宫的批复》下达,决定由中共中央政治局委员、国务委员李铁映担任维修领导小组名誉组长,并在1984年以来已拨的正常维修经费的基础上,再拨款

3500万元用于布达拉宫维修事宜。1989年8月,李铁映亲率专家、工作人员到西藏视察工作,同自治区人民政府联合召开现场办公会,与西藏统战、民族、宗教界代表人士和文物、古建筑专家共商维修布达拉宫事项,确定了"保持原貌"、"整旧如旧"的原则。并强调维修中要尊重科学、尊重传统、尊重民族风格、尊重宗教需要。至1989年底,完成了维修工程开工前的行业勘测任务和单项部分的绘图工作,整体维修设计方案已接近完成。从中央到地方如此重视布达拉宫的维修工作,体现了中共中央、国务院对西藏人民的关怀。

三是藏族语言文字得到进一步尊重和广泛使用。1980年4月,中共中央颁发《批转〈西藏自治区党委关于汉族干部、职工学习藏语文的意见〉的通知》,在这以后,中共西藏自治区党委和自治区人民政府又多次颁发关于机关干部学习使用藏语文、学校使用藏语文授课、出版发行藏文刊物的指示或通知。自治区人大通过的决议、法规、法令,自治区人民政府下达的正式文件、发布的布告,都用藏汉两种文字。《西藏日报》不断改进藏文版的出版和发行,西藏人民广播电台、电视台和各地市自办的广播、电视节目都用两种语言播出。为了使群众看好电视、电影,有关部门组织力量译制了一批藏语配音电影拷贝、录像带。自治区机关出版发行的主要理论、文学艺术刊物都有藏文版。自治区人民出版社编辑出版的图书中,藏文图书占70%。全区中小学除汉族班外,都使用藏文版教材。藏族专任教师已占教师总数的83.6%。西藏大学设有藏文系,中、小学均把藏文作为教学主课。就是在内地开办的西藏中学、西藏班,也把藏文列为学生的必修主课。全区城市、街道、机关的名牌,绝大多数都是藏、汉文两种文字书写。各种群众参加的大型会议都使用藏文。公、检、法拘留、审判、宣判时对藏族使用藏语文。

为了进一步推进学习、使用、发展藏语文的工作,1987年7月

9日,自治区四届人大五次会议根据阿沛·阿旺晋美、班禅额尔德尼·确吉坚赞两位副委员长,关于西藏自治区学习、使用和发展藏语文的若干规定的建议,通过了《关于〈西藏自治区学习、使用和发展藏语文的若干规定(试行)〉的决定》(共十六条)。自治区人民政府根据自治区人大的《决定》精神,组织专家和有关人员拟订出《关于发布〈西藏自治区学习、使用和发展藏语文的若干规定(试行)〉的实施细则》,并于1988年12月29日颁布施行。自治区人民政府发出的《细则》共十三章六十一条,对自治区县级以上党政机关行文、会议、标记,各级各类学校教育、教材、教学,科学技术部门、文化艺术团体、新闻出版发行部门、企事业和服务行业,公安、检察、司法、法院等机关团体,学习、使用藏语文和发展藏语文都作了具体详细规定。新成立的在自治区党委和自治区人民政府领导下的西藏自治区藏语文工作指导委员会,负责监督和检查全区学习、使用和发展藏语文工作情况,研究制定有关方针政策。

为了更好地使用藏语文,加强藏汉文件互译,自治区建立健全翻译机构,增加自治区编译局的编制,地、市建立处级翻译机构,县设立翻译科,自治区各厅局根据需要都设立翻译机构。各级翻译机构均为事业单位,并给翻译工作人员评定相应的专业技术职称。

西藏自治区除重视组织区内学习、使用、翻译出版藏文版的图书、画册以外,还大量发行国家机关、大专院校和青海、四川出版发行的藏文版图书、画报、报纸、杂志。为照顾西藏读者,藏文报刊、书籍绝大部分由国家补贴亏本出版发行。

三、"拉萨骚乱"及西藏人民的反分裂斗争

正当西藏人民坚持改革开放,以经济建设为中心,大力发展生产的时候,国内外分裂主义势力互相配合,内外呼应,于1987年9月27日开始在拉萨制造多起以"西藏独立"为目的的骚乱事件。

1. "西藏独立"是国外敌对势力分裂中国的图谋

近百年来,西方敌对势力肆无忌惮地支持西藏境内外分裂主

义势力搞"西藏独立"活动,从来没有停止过。早在19世纪末20世纪初,帝国主义两次出兵入侵西藏,在西藏上层集团中豢养了一股分裂主义势力。这股势力集团背叛中国人民,包括西藏人民在内的根本利益,从事制造"西藏独立"、分裂祖国的活动。这伙人中的绝大多数,出身于旧西藏的贵族豪门,是西藏封建农奴制度的维护者,他们代表极端残酷、黑暗的旧制度,反对任何改革和社会进步。50年代初,他们在外国敌对势力唆使下,策划阻止人民解放军解放祖国领土西藏的活动,1959年公开撕毁《十七条协议》,发动全面武装叛乱。他们在两次黩武失败后,只得麇集在外国领土,继续进行分裂祖国的罪恶活动,组织伪"西藏人民代表大会",拼凑"流亡政府",炮制伪"宪法",训练"特种边境部队",打着"宗教"、"民族"、"独立"和"民主"、"自由"、"人权"的旗号,准备长期与祖国人民为敌,他们的头面人物就是十四世达赖。他多年来东游西说,乞求境外敌对势力的支持。

1987年在拉萨发生的严重骚乱事件,是境内外分裂主义分子在外国敌对势力支持下,破坏祖国统一,妄图实现"西藏独立"的阴谋在新形势下的突出表现。1987年9月21日,到美国访问的达赖在美国众议院人权小组会议上发表讲话,坚持分裂祖国的反动立场,提出旨在搞"西藏独立"的"五点计划"。为了策应达赖在美国的分裂活动,隐藏在境内的分裂主义势力马上行动起来。1987年9月27日、10月1日,以少数僧人打头阵的分裂主义势力,呼喊着破坏国家统一、民族团结的口号,在八廓街、宇拓路一带游行,并在大昭寺广场向围观人群发表煽动和威胁性演说,声称达赖在国外争"西藏独立","西藏人都应跟着他,谁不上街游行就砸谁的家"。有的暴徒诱骗青少年说:"谁向武警扔一块石头,就给谁六角钱"。[①] 一群从事分裂活动的僧人、暴徒砸商店、抢枪支、砸烧汽

[①] 丹增等主编:《当代中国的西藏》(上),当代中国出版社,1991年4月,第1版,第448页。

车、烧房屋,冲击自治区领导机关。少数分裂主义分子不顾国家法纪和人民政府发布的有关通令、通告,多次制造有组织、有计划的骚乱,并使事件愈演愈烈。

1989年3月8日,为反对分裂、维护祖国统一,中央采取了制止骚乱的果断措施,对拉萨实行戒严。对此,美国国会参议院、欧洲议会于3月16日分别通过所谓的西藏问题和关于西藏人权的决议,粗暴地干涉中国内政,并公然就所谓西藏问题向中国政府施加压力。但是,在外来势力的压力和干涉下,中国人民和中国政府始终坚持维护祖国统一、反对外来干涉的严正立场,中国人民反分裂的立场和态度得到世界许多国家政府和人民的赞赏。

2. "拉萨骚乱"给西藏人民的生命财产带来了严重的损失

1988年3月5日,一伙骚乱分子乘拉萨传召大会迎请强巴佛仪式之机,突然发出"西藏独立"的嚎叫,向执勤的公安干警投掷预先准备好的石块,围攻指挥传召活动的领导人,冲击自治区佛协传召办公室,砸毁价值270万元的电视转播车,捣毁商店、餐馆、诊所,残酷地杀害了值勤藏族武警战士袁石生,这一天有299名武警战士、公安干警在骚乱中被分裂主义分子打伤住院。

骚乱分子在拉萨主要街道进行打砸抢烧,使国家财产和拉萨人民的生命财产蒙受重大损失。中共西藏自治区党委和人民政府依照《宪法》和《民族区域自治法》赋予的权力,对闹事者采取劝阻、驱散、带离现场、收容审查等应急措施,制止骚乱。但是,骚乱闹事分子把政府的克制宽宏视为软弱可欺,目无国法,不断使骚乱升级,直至开枪杀人,放火烧房,打砸商店,劫掠市民财物。

1989年3月,距西藏上层反动集团于1959年全面发动武装叛乱有30周年了,分裂主义分子在这时又连续制造大规模的骚乱闹事事件。这次骚乱闹事事件使拉萨的机关不能正常上班,商店关门,市区学校被迫停课。一些繁华的街道、农贸市场和宗教活动场所,均遭暴徒砸抢、洗劫,造成了国家和人民财产的重大损失。

严重的骚乱闹事持续了3天,拉萨几条繁华街道的商店、机关和公共设施遭到骚乱分子的多次打、砸、抢、烧。据统计,受到骚乱分子打、砸、抢、烧的机关、学校24个,个体工商户99家,汽车20多辆,三轮车、自行车50多辆。1988年刚落成的甘藏贸易中心损失达100万元。全市直接和间接损失近1000万元。在骚乱中有900多名公安干警、武警指战员被打伤,直接经济损失共2000多万元。

3."拉萨骚乱"的平息

在拉萨骚乱已经发展得越来越严重的情况下,中央采取了制止骚乱的果断措施。1989年3月7日,国务院总理李鹏签署命令:"鉴于少数分裂主义分子不断在西藏自治区拉萨市制造骚乱,严重危害社会安全,为了维护社会秩序,保障公民人身、财产的安全,保护公共财产不受侵犯,根据宪法第89条第16项的规定,国务院决定,自1989年3月8日零时起在拉萨市实行戒严,由西藏自治区人民政府组织实施,并根据实际需要采取具体戒严措施"。[①] 为贯彻执行国务院戒严令,西藏自治区人民政府主席多吉才让发表电视讲话。多吉才让在讲话中着重说明,对拉萨市区实行戒严,是打击分裂主义分子的措施,是保护人民群众的措施,也是更快更好地稳定西藏局势的重大措施。

实行戒严,决不意味着西藏的政策要改变。中国共产党的统战政策、宗教信仰自由政策、民族政策,以及其他一系列受到群众欢迎的政策,将坚定不移地贯彻执行。西藏自治区人民政府为执行国务院戒严令,从3月7日至8日,两天内发布第1号至第6号政府令。《西藏自治区人民政府令》(第1号)宣布:自1989年3月8日零时起,对拉萨市区及达孜县拉木乡以西、堆龙德庆县东嘎乡以东地段实行戒严;戒严期间,严禁集会、游行、罢工、罢课、请愿和

[①] 丹增等主编:《当代中国的西藏》(上),当代中国出版社,1991年4月,第1版,第449页。

其他聚众活动;戒严区实行交通管制措施;非经许可,外国人不得进入戒严区;对非法持有枪支弹药一律收缴;对制造骚乱的嫌疑分子和可能隐藏罪犯的处所及其他可疑的地方,公安机关和执行戒严任务的人员有权进行搜查;对于抗拒或煽动他人抗拒执行戒严措施者,依法从严处罚。2号至6号政府令对执行1号令的具体办法作了一系列补充规定,并责令所有公安武警和人民解放军执勤人员严守纪律,一切行动听指挥;坚守岗位,忠实履行职责,坚决执行政策,坚持文明执勤;严格执行《人民警察使用武器和警戒的规定》;切实保护公物和人民群众生命财产的安全。

　　西藏的公安、武警部队和人民解放军驻藏部队,坚决执行国务院戒严令和自治区人民政府命令,克服困难,按时到达规定地点,实施戒严。各执勤部队严守纪律,文明执勤。为了不给连日受骚乱分子骚扰的市民增添麻烦,在戒严最初几天里,部队全部露宿街头。执行戒严任务的中国人民解放军部队在上岗之际,发布《致西藏各族人民的公开信》:"西藏是我们的第二故乡,我们对西藏人民怀有特殊深厚的感情。我们是老十八军的一支部队,曾在西藏战斗、工作和生活了近二十个春秋。部队这次奉命来拉萨执行戒严任务,旨在同西藏人民一道,维护西藏特别是拉萨地区安定团结的政治局面。我们的行动口号是:'护国执法护民众,稳定拉萨建新功'"。① 戒严部队严格执行民族、宗教政策,保护宗教设施,保护群众正常的宗教活动,在拉萨街头日以继夜坚守岗位、执行纪律,这些模范行动,深深教育了拉萨群众,许多市民主动走上街头慰问子弟兵。

　　拉萨各机关、企事业单位分别召开会议,与会者对拉萨骚乱暴行表示极大的愤慨,一致表示要把各项工作做好,以实际行动贯彻国务院命令。一批藏族学者举行会议,用大量历史史实批驳"西藏

---

①丹增等主编:《当代中国的西藏》(上),当代中国出版社,1991年4月,第1版,第450页。

独立"的谬论,坚决拥护国务院和自治区人民政府命令。远在祖国内地学习的数千名藏族学生,通过写信、发报、开座谈会等形式表示拥护国务院决定在拉萨戒严、惩治骚乱分子暴行。

拉萨戒严制止了骚乱,一批为首的刑事犯罪分子被拘留,局势很快得到了控制,拉萨逐步恢复平静。中共西藏自治区党委和人民政府召开会议,及时通报各地,要求排除拉萨骚乱带来的影响,消除一切不安定的因素,抓好各项工作,安排好春季农牧业生产。3月8日以后,各机关、企事业单位逐步恢复正常工作。3月10日,拉萨市城关区吉日、八廓等6所小学复课。9日清晨,虔诚的佛教徒像往常一样,沿着林廓路转经,大昭寺门前,善男信女们双手合十,叩头念经,佛事活动正常进行。国营、集体、个体商店开门营业,拉萨市内传统的冲赛康市场和布达拉宫东侧新兴的农贸市场,由于骚乱分子的破坏,一度萧条冷落。戒严以后,区党委主要领导亲自过问市场供应,有关部门紧急组织货源,改善供应,加强了对价格的管理,市场重新活跃起来。从4月15日起,拉萨市物价局对拉萨市冲赛康等六个主要农贸市场的蔬菜、肉食等主要副食品实行最高销售限价,猪、牛、羊肉以及各种新鲜蔬菜纷纷上市。

4. 西藏人民反分裂、反骚乱的斗争

1987年9月27日之后,少数分裂主义分子多次在拉萨制造骚乱的罪行,遭到了西藏各族人民的强烈反对和谴责。广大干部、职工、农牧民、爱国人士和爱国僧尼纷纷集会,愤怒声讨少数分裂主义分子在拉萨制造骚乱的罪行。全国人大常委会副委员长、西藏自治区人大常委会主任阿沛·阿旺晋美,于1987年9月28日发表谈话说:"这伙人的目的是妄图分裂祖国统一,破坏西藏的安定团结。"[①]在1989年4月1日举行的中外记者招待会上,阿沛·阿旺晋美副委员长进一步指出,拉萨多次发生的骚乱,既不是民族

[①]丹增等主编:《当代中国的西藏》(上),当代中国出版社,1991年4月第1版,第452页。

问题,也不是宗教问题,更不是人权问题,而是分裂主义分子蓄意制造的分裂祖国的暴力行为,这样的分裂行为是任何主权国家都不能容忍的。拉萨戒严,制止骚乱,完全是中国的内政。1987年9月拉萨发生骚乱时正在青海省视察工作的全国人大常委会副委员长、全国佛教协会名誉会长班禅额尔德尼·确吉坚赞发表讲话,严厉谴责少数分裂主义分子破坏祖国统一的罪行。他指出:"应依照法律严惩首恶,深挖幕后操纵者。西藏和其它藏区的人民,一定要为维护祖国统一和安定团结作出贡献。"①全国政协副主席帕巴拉·格列朗杰自1987年9月27日拉萨发生骚乱以后,多次发表讲话,指出:"西藏永远是中华人民共和国的西藏,永远是西藏人民的西藏"。他说,为了维护社会秩序,保障公民人身、财产的安全,保护公共财产不受侵犯,国务院及时下达拉萨实行戒严的命令,是非常及时的坚决措施,受到了群众的拥护。

1987年10月3日,在连续两次骚乱之后,在拉萨的爱国上层人士举行座谈会,自治区人大常委会副主任生钦·洛桑坚赞、江中·扎西多吉、桑顶·多吉帕姆,自治区人民政府副主席吉普·平措次登,自治区政协副主席丹增加措、霍康·索朗边巴、唐麦·贡觉伯姆、贡巴萨·土登吉扎、恰巴·格桑旺堆等在座谈会上纷纷发言,他们引用大量历史文献资料说明西藏自古以来就是中国领土不可分割的一部分。一致表示,要坚定不移地维护祖国统一、反对分裂,并强烈要求政府依法严惩分裂祖国、破坏安定团结大好局面的少数分裂主义分子及幕后策划者。广大群众更是旗帜鲜明地反对骚乱,拉萨八廓街服装店店主次仁说,我们四个人合伙开了这个服装加工店,每天纯收入100元以上,生活过得很不错,我们坚决反对任何分裂祖国的活动。日喀则市农牧民代表在集会上说:"旧社会我们过的是不堪忍受的奴隶生活,现在这伙人闹'西藏独立',

---

① 丹增等主编,《当代中国的西藏》(上),当代中国出版社,1991年4月,第1版,第453页。

是妄想把西藏从祖国领土里分裂出去,破坏民族团结,把西藏拉回到旧社会,恢复三大领主的统治,我们农牧民坚决不答应,坚决反对到底!"[1]各界人民一致要求人民政府制止分裂主义分子的破坏活动,维护社会治安,保障人民正常生产、生活的权利。《人民日报》、《西藏日报》多次发表社论或评论员文章,并刊登各族各界声讨、揭露少数分裂主义分子的阴谋活动和犯罪行为的文章。

八廓街办事处是反对骚乱的坚强堡垒。八廓街是环绕大昭寺的一条繁华的商业街道,也是重要的佛事活动场所之一。然而,在骚乱的日子里,暴徒们却在光天化日之下在这里施暴杀人,疯狂地进行打、砸、抢、烧。八廓街办事处的9名藏族干部身处虎口险境,始终立场坚定,团结协作,与分裂主义分子进行了坚决斗争。在骚乱过程中,暴徒们12次围攻袭击办事处,放火烧毁了办事处和干部住房,抢走财物,使国家和个人直接蒙受经济损失27万元。9名干部坚守工作岗位,深入民宅做广大居民的工作,昼夜轮流值班,组织民兵和治保人员协助公安部门和戒严部队巡逻。他们克服自身困难,为戒严部队解决住房,向部队介绍情况,使部队得以顺利执行戒严任务。

布达拉宫前面的雪居委会,居住的大部分是旧社会为三大领主服劳役的农奴、奴隶及其后代。居委会党支部书记罗桑,常在群众中用自己亲身经历进行新旧社会对比,揭露分裂主义分子借民族、宗教问题掩盖他们分裂祖国活动的政治阴谋。在他的带领下,雪居委会1800名群众,除1987年9月有两人被骗参加过一次游行外,以后没有一人参与骚乱闹事。拉萨各党政机关、人民团体、各族各界人民群众,在一年多的反对分裂、维护祖国统一的斗争中,经受住了血与火的考验,更加坚定了跟着共产党建设社会主义的决心和信心。

---

[1] 丹增等主编:《当代中国的西藏》(上),当代中国出版社,1991年4月,第1版,第453页。

第五章 中央关心、全国支援，使西藏社会主义现代化建设跨入快速发展的新阶段

1987年9月27日西藏地方出现了骚乱，严重地破坏了西藏社会主义现代化建设的历史进程，在这关系西藏社会主义现代化建设前途和命运的关键时刻，党中央召开了政治局常委会，形成了《中央政治局常委讨论西藏工作纪要》，并且于1994年和2001年分别召开第三、四次西藏工作座谈会，制定新时期西藏工作的指导方针和工作任务，确定了中央关心、全国支援的大局，从此西藏社会主义现代化建设跨入了快速发展的新阶段。

第一节 新时期西藏社会主义现代化建设的历史性转折

1987年9月27日西藏地方出现的骚乱，不仅严重地破坏了西藏社会主义现代化历史进程，而且使西藏面临着严峻的政治、经济形势，能否稳定政局，恢复经济，关系到西藏社会主义现代化建设的前途和命运。党中央对此十分关注，召开了政治局常委会，制定了新的治藏方略，使西藏社会主义现代化建设出现了新的历史性转折。

一、20世纪末,西藏社会主义现代化建设面临严峻考验

1. 国际风云与国内风波,对西藏社会主义现代化建设形成严重干扰

我国由于按着马克思主义民族、宗教理论,制定了一整套符合实际的民族、宗教政策,使我国民族地区长期保持了政治稳定、经济发展、民族团结、社会进步的大好局面。但是到了80年代末、90年代初,由于以美国为首的西方帝国主义反华势力,推行"和平演变"战略,不仅搞垮了苏联,结束了美苏的冷战,而且使社会主义阵营出现了严重的政治动荡,社会主义运动受到严重挫折。以美国为首的帝国主义势力,疯狂叫嚣"要把社会主义消灭在20世纪"。为此,在搞垮苏联和东欧,使其发生演变之后,就把攻击的主要矛头对准了中国。

苏联解体、东欧巨变之后,中国成了世界上仅存的社会主义大国,中国连续呈现出政治稳定、经济高速发展的态势,展示着中国特色社会主义的强大生命力,在一定程度上中国代表着世界社会主义的希望。西方反华势力对此是如骨鲠喉,非欲祛之而后快不可。在他们看来西藏在三个方面是我国的薄弱环节:第一,由于历史、社会、地理等原因,西藏经济基础薄弱,发展落后于全国,是中国社会主义制度的薄弱环节;第二,由于西藏地广人稀,交通不便,远离内地,是中国国家安全方面的薄弱环节;第三,由于民族、宗教方面的特殊性,又是我国国家统一和民族团结方面的薄弱环节。因此,他们通过多种渠道对中国进行政治渗透,施加政治影响,培植国内的反对派,妄图搞垮中国的社会主义社会。

在西方敌对势力加紧推行"和平演变"战略的时候,中国正处在改革开放的关键时期。在改革开放的过程中,由于缺乏借鉴的经验,在大力发展经济的同时,对坚持四项基本原则缺乏一贯性,

在一定程度上忽略了党的自身建设和社会主义精神文明建设,思想政治工作受到了严重削弱,特别是在经济的诱惑下,在党内一部分干部中滋生了比较严重的腐败现象,严重损害了党在群众中的威望和社会主义在人们心目中的形象,致使一度收敛的资产阶级自由化思潮再度泛滥。

1989年,极少数资产阶级自由化分子,利用群众对改革开放所带来的利益调整和物价上涨的不满以及对一些干部中存在的腐败现象的憎恨,煽动反对共产党的领导,反对社会主义制度,掀起一场有计划、有组织、有预谋的政治动乱,使我国社会主义建设遭到了重大损失。

2. 以达赖为首的民族分裂势力的分裂破坏活动及其对西藏社会主义现代化建设的破坏

以美国为首的西方反华势力,为搞垮中国的社会主义制度,颠覆社会主义政权,一个重要的手段就是利用逃亡国外的以达赖为首的民族分裂势力,进行分裂破坏活动,为此,他们不惜出重金收买流亡境外的达赖集团,合力支持达赖分裂势力在西藏地区制造骚乱活动,以此来破坏和干扰西藏社会主义现代化建设。

1959年3月,达赖集团叛逃国外后,一头扎进西方反华势力的怀抱,变本加厉地从事分裂祖国的罪恶活动。成立流亡政府,公开颁布所谓的"西藏"独立宣言。他们在美国情报机关的帮助下,培训特工人员,组织数以千计的武装叛匪,秘密或公开地回窜境内进行抢劫、破坏和颠覆活动。同时,他们还向西方国家游说献媚,乞讨国际反华势力的施舍和支持,大肆叫嚣"西藏独立",甘当西方反华势力的忠实工具。

"西藏独立"本来就是西方殖民主义,为实现其侵略中国西藏地方的野心,而炮制出来的反动口号。西藏作为中国不可分割的一部分,是中华民族在长期的政治、经济和文化交流中自然形成的,是多元一体发展的客观产物。英帝国主义在侵占中国以后,以印度殖民地为跳板,大举向中国西藏用兵。由于遭到中国中央政府和西藏各族人民的强烈抗议和反击,英帝国主义不得不改变手法,拉拢西藏少数上层,培植亲英势力,妄图以亲英势力做内奸,把西藏从中国分割出去。"西藏独立"这个口号从一开始就渗透着帝国主义搞阴谋诡计的狼子野心,成为"分裂中国、霸占西藏"的同义语。十四世达赖逃亡国外后出于他妄图复辟封建农奴制度的阶级本性,在西方反华势力的豢养下,把近百年来英帝国主义偷偷摸摸干的勾当推向前台,演出一幕幕为世界和国人所不耻的丑剧。

  90年代达赖集团的分裂活动,进入了有明确纲领的历史阶段。1992年1月,达赖集团起草了《未来西藏的政治路线及宪法的基本特征》,宣称在未来的西藏要实行三权分立的资本主义政权。并允诺"三不"政策,即对现任西藏干部待遇不变,现有的权力不变,不追究过去,以此对我搞策反宣传。1990年在达兰萨拉召开国际会议,同年在伦敦召开西藏问题国际协商会,这两次会议通过的宣言,成为他们把西藏问题推向国际化的总纲领。他们的打算是:(1)利用西藏人权做文章,提出西藏自决权问题;(2)力图把西藏问题同巴勒斯坦、南非问题等同起来;(3)扩大同东欧、波罗的海三国民族主义势力的联系,与我国新疆、内蒙的分裂分子合作,成立所谓东土耳其斯坦、大蒙古、大西藏的独联体。(4)歪曲诋毁我国的国际形象,以争取得到三四个国家的首先承认。

  随着我国的改革开放,以及对流亡在外藏民实行极其宽松的来去自由政策,达赖集团一方面在把西藏问题国际化的同时;另一方面加紧向国内藏区的渗透活动。他们认为国内藏族群众的宗教信仰和民族感情可供利用,不断地打着"民族"、"宗教"的旗号,向藏族群众灌输"畏神"意识,煽动宗教狂热,在西方谋士的策划下,有预谋、有准备地走霍梅尼式宗教夺权道路。同时,还派遣大批活佛和宗教上层人士回国,贯彻其"控制一个寺庙,就等于控制了共产党一个地区"的企图,从国外遥控认定境内藏区的活佛转世,妄图用神的力量蛊惑群众,达到"教"为"政"用的目的。宣称谁喊了一声"西藏独立",叫了一句"达赖万岁",就等于念了1亿次嘛呢经;谁帮助散发一本达赖的书,死7次都不下地狱;同时还明目张胆地篡改释迦牟尼的教义,伪造佛教经文,把教徒为"西藏独立"而献身就是"爱国"作为宗教信条。① 这一切充分表明达赖已不是一个虔诚的宗教领袖,已经完全蜕变为一个分裂势力的政治代表。

近年来,达赖集团为了同我们争夺接班人,极力煽动诱惑青少年出境到他们创办的学校学习。据统计在境外上学的青少年已达6000多人,小小的樟木镇,在达赖集团创办的学校上学的就有150多人。他们还发展地下组织,大力向农牧区渗透,散布大量反动的策反传单,以此扩大分裂势力的影响。同时,他们为了达到"西藏独立"的目的,一方面调整机构,组建"西藏大会党",加大分裂活动的力度;另一方面他们继续四处游说,通过广泛出访来引起国际社会的关注。几年来平均每年出访20多个国家,范围从欧美扩大到非洲、中东等地,但至今也无法取得实质性进展,世界上没有一个国家公开承认西藏是"独立国家"。

尽管达赖到处活动,中央仍然没有放弃争取的机会,反复告诫达赖停止"西藏独立"的活动,希望他回国,在有生之年做些有益于祖国和西藏人民的事情。邓小平在同美联社记者谈话时明确表示:"达赖可以回来,但他要作为中国公民"。邓小平还通过嘉乐顿珠转告他:"只要达赖公开承认西藏是中国的一部分,就可以与中央对话,爱国不分先后。根本问题是,西藏是中国的一部分,对与不对,要用这个标准来衡量。"②鉴于达赖逃亡国外已20余年,中

---

① 沈开运等主编:《透视达赖——西藏社会进步与分裂集团的没落》,西藏人民出版社,1997年版,第385页。

② 沈开运等主编:《透视达赖——西藏社会进步与分裂集团的没落》,西藏人民出版社,1997年版,第385页。

央同意达赖派人回来看看，了解情况。但是，参观团"醉翁之意不在酒"。他们回国不是来了解西藏社会发展变化，通过这次难得的对话缓和同中央的关系，而是东奔西窜到处聚集群众发表讲演，煽动宗教狂热，宣扬"西藏独立"的反动思想，联络和鼓动个别僧人和社会渣滓与中央对着干。胡说"达赖喇嘛是藏人的救星，来世的希望，只要是吃糌粑的，就要为西藏独立事业和自由献身"。历史的事实证明，参观团联络和鼓动的这批僧人和社会渣滓都成了达赖地下组织和拉萨骚乱中的骨干分子。几批参观团回去以后，他们拼凑出一部达16小时的录相，歪曲事实，攻击中央的对藏政策，散布谣言欺骗世界舆论。

他们把拼凑的录相片向西方媒体广为散发，以增加向中央要求"独立"讨价还价的筹码。同时去西方加紧游说，编造谎言，诬蔑"中国在西藏侵犯人权，毁灭文化"，自以为可以得到西方国家对"西藏独立"的公开支持。

同时，达赖还通过1984年10月派的3人代表团向中央传递信息，表示自己愿于1985年回国参观访问。可是，达赖为了欺骗世界舆论，并没有在1985年末履约回国。正当双方进行会谈安排他回国的具体条件和行程时，达赖却在印度、日本等国说：当前形势相当复杂，如果此行对西藏600万人（?）不会有什么帮助，他将取消拟定在1985年8月进行的访问。这表明达赖根本就没有与中央缓和与对话的诚意，他要求的"谈判"，不过是为图谋"西藏独立"，对中央玩弄的一场政治游戏。他所说的：当前形势相当复杂，一是中央对"西藏是中国的一部分"这条原则坚定不移的坚持；二是苏联和东欧社会主义国家陷入经济困境，西方反共势力活跃，达赖妄图在"西藏独立"问题上得到西方国家的强力支持；三是达赖集团联络和鼓动的一批反动僧人、流氓正密谋在拉萨制造骚乱。他正打着一个如意算盘：一旦国内闹起事来，不仅可以提高他在世界上的政治影响，而且有利于增加与中央谈判的筹码。

1987年9月21日,达赖在西方反华势力的操纵下,公然登上美国国会人权小组委员会的讲坛,发表了鼓吹"西藏独立"的所谓"五点和平计划"。随后,1987年9月27日,隐藏在拉萨的分裂主义分子就与之遥相呼应,在拉萨呼喊反动口号,疯狂地进行打、砸、抢、烧、杀等暴力破坏活动,开始了一起又一起严重的政治骚乱事件,气焰十分嚣张,手段十分凶残,一直延续到1989年3月。拉萨出现的骚乱,严重破坏了社会的正常秩序,造成机关不能正常上班,学校不能正常开课,商店不能正常营业,工厂不能正常生产,市民们惊恐不安。

事实证明,这一系列骚乱事件有其深刻的国际国内背景,是从帝国主义入侵西藏以来长期存在的分裂与反分裂斗争的继续,是境内外分裂势力在国际反华势力支持下,掀起的旨在分裂祖国、反对共产党、颠覆社会主义制度的严重政治斗争。这场斗争使西藏社会主义现代化建设,面临着严重考验。

在拉萨骚乱越来越严重的情况下,中央采取了制止骚乱的果断措施。1989年3月7日,国务院总理李鹏签署了《中华人民共和国国务院关于在西藏自治区拉萨市实行戒严的命令》。参加戒严的公安、武警部队和人民解放军驻藏部队,坚决执行国务院戒严命令和自治区人民政府的命令,克服困难,按时到达规定地点,实施戒严。各执勤部队严守纪律,文明执勤。戒严有效地制止了骚乱,局势很快得到控制,拉萨逐步恢复平静。经过戒严部队和社会各界一年多的共同努力,社会秩序井然,人民群众安居乐业,全市一派欣欣向荣的繁荣景象,实现了戒严所要达到的目的。1990年4月30日,李鹏总理签署国务院命令,决定从1990年5月1日起解除对西藏自治区拉萨的戒严。稳定的社会秩序,为西藏的社会主义现代化建设提供了良好的社会环境。

由于以达赖为首的分裂主义集团的破坏捣乱,使西藏社会主义现代化建设遭到了严重破坏,不仅使国民经济增长速度大大减缓,甚至在1986、87和88年连续出现了负增长的态势。这种状况说明,在西藏搞社会主义现代化建设没有一个稳定的政治局势和社会环境不行,不可能在地震上面搞建设。因此,认真做好稳定局势工作,深入开展反分裂斗争,是西藏社会主义现代化建设的首要任务。

二、中央制定新时期西藏社会主义现代化建设的指导方针

1. 中央对西藏的工作方针

拉萨的骚乱严重干扰了西藏的局势稳定和经济发展,引起了党中央和全国各族人民的广泛关注。在此关键时刻,党中央派中央政治局常委、中纪委书记乔石一行于1988年6月15日至29日到西藏考察工作。他们先后到拉萨、日喀则、山南、林芝等地农村、工厂、机关、学校、驻藏人民解放军和武警部队进行调研,听取意见,全面了解西藏情况。12月1日,在西藏政局稳定和经济建设处于危机时刻,胡锦涛同志又临危受命,任西藏自治区党委书记。党中央在大量调研的基础上,于1988年12月24日发出了《当前西藏工作的几个问题》的指示,明确了西藏工作的大政方针。其主要内容有:

(1)**继续抓好反分裂斗争**。在西藏地区存在的分裂与反分裂斗争是长期的,我们同国内外分裂主义分子的斗争是一场严肃的政治斗争,是事关祖国统一,事关全国各族人民也包括西藏人民在内的根本利益的重大问题。在这个根本原则问题上,必须旗帜鲜明,绝不能有半点含糊。在西藏进行的反分裂斗争,完全是同敌对势力的斗争,是敌我性质的矛盾;民族、宗教问题,基本上是人民内部的矛盾。这两个问题即互相联系又互相影响。分裂势力打着民族、宗教的旗号,利用民族、宗教问题制造事端,进行分裂活动,使民族、宗教问题复杂化。但是,分裂问题和民族、宗教问题是两个

不同性质的问题,我们必须把他们分开,保持清醒头脑,而且要采取不同的态度。在西藏这是一个重大的政策原则问题,也是一个重大的斗争策略问题。

要有效地进行反分裂斗争,必须充分发挥各级党组织和政权组织的作用,必须紧紧依靠西藏各族广大干部和群众,他们是反分裂斗争的主力军。驻藏部队、进藏干部和几十年来我们自己培养的藏族干部,是我们的骨干力量。同时要继续坚持广泛的爱国统一战线,团结一切可以团结的力量,共同对付分裂势力。

(2)维护和增强民族团结是各族干部和人民的神圣职责。在西藏不断加强藏汉等各民族团结、军政团结、军民团结、干群团结是非常重要的。当前特别要加强各级领导班子的团结,首先是自治区党委、政府等几大班子的团结和领导机关的团结。

(3)继续做好经济工作。西藏要稳定要发展,根本的一环就是要发展社会生产力,扎扎实实地抓好经济建设。经济工作上不去,长治久安就没有基础。

(4)西藏的干部队伍是好的。各民族干部,包括各个时期进藏的干部和解放以后培养起来的藏族干部,在自然环境和物质生活都很差的条件下,发扬艰苦奋斗的光荣传统,积极努力地工作,在保卫边疆建设西藏的伟大事业中,做出了很大成绩,是有功劳的,是可信赖的。今后西藏各项事业的发展和进步,要以这些经过考验和锻炼的干部为骨干,要继续搞好干部队伍的建设,进一步提高干部的思想和业务素质,增强事业心和责任感,切实树立全心全意为西藏人民服务的思想,把工作做得更好。同时要对在西藏工作的干部给予更多地关心,对他们中存在的一些实际困难,要根据可能的条件,尽力帮助解决。

(5)继续抓紧解决落实政策的遗留问题。自治区在落实政策方面做了很多工作,取得了很大成绩,今后对一些遗留问题要抓紧解决,要本着宜粗不宜细的原则,着重从政治上解决,经济上适当补偿,达到团结一致向前看的目的。

(6)**统一战线工作是西藏工作的一个很重要的方面,在西藏有特殊重要的意义。**要特别注意发挥阿沛、班禅两位副委员长和帕巴拉副主席等同志的积极作用,坚持同他们长期合作共事。要继续做好民族宗教界上、中层人士的统战工作。在统战工作中,要坦诚相待,树立长期合作共事的思想。对有影响的民族宗教上、中层人士,从中央开始,各级党委都要关心和爱护,帮助他们成长和进步,和他们交知心朋友,认真听取他们的意见和建议。总之,建立一种以诚相待的关系,该发挥作用的发挥作用,该支持的要支持,该帮助的要帮助,该批评的要批评。

对寺庙中的活佛也要坚持不懈地做好工作,争取在宗教界中有更多人靠拢我们,这对我们在西藏的工作是有利的。

(7)**要切实加强党的建设和基层政权建设工作。**西藏现有6万多名共产党员,是我们团结和带领群众进行各项工作的核心和骨干。要继续加强基层党组织建设,不断提高各级党组织和广大党员的党性观念,加强同广大群众的联系,充分发挥他们在维护祖国统一、民族团结、建设新西藏中的先锋模范作用。

胡锦涛同志主持西藏工作以后,根据中央指示,紧紧依靠干部和群众,发挥爱国人士的作用,做了大量制止骚乱的工作。提出了"一手抓稳定局势,一手抓经济建设"的两手抓方针,坚持在稳定中求发展,在发展中促稳定。针对境内外分裂主义势力的反动宣传和干部、群众中存在的模糊认识,提出了用"四个理直气壮"来指导宣传舆论工作。即:理直气壮地宣传西藏是祖国领土不可分割的一部分;理直气壮地宣传民主改革以来特别是党的十一届三中全会以来西藏经济文化和社会发展方面取得的伟大成就;理直气壮地宣传中国共产党、人民解放军的伟大历史功绩;理直气壮地宣传西藏只有在中国共产党的领导下走社会主义道路,才有光明的前途。以此来增强人民群众对党和社会主义的向心力和凝聚力。

2. 党中央召开政治局常委会讨论西藏工作,形成新的治藏方略

面对当时西藏所处的复杂形势和困难局面,以江泽民同志为核心的第三代中央领导集体,创造性地继承第一代、第二代中央领导集体关心西藏、关怀西藏人民的优良传统,高度重视西藏工作,为西藏的稳定和发展倾注了极大的心血,开创了西藏工作崭新的局面。

1989年10月19日,江泽民同志亲自主持召开中央政治局常委会议。会议听取了时任西藏自治区党委书记胡锦涛同志关于西藏工作的汇报,讨论了西藏的工作,形成了《中央政治局常委讨论西藏工作纪要》。

中央政治局常委会认为,以胡锦涛同志为首的西藏自治区党委,在拉萨地区发生骚乱、全国部分地区发生动乱等复杂情况下,始终坚持执行中央指示,统一全区各族干部、群众的思想,坚持一手抓稳定局势,一手抓经济建设,保持了形势基本稳定,经济上保持了一定的增长速度,取得了明显成效,中央是满意的。指示西藏始终要紧紧抓住两件大事,即政治局势的稳定和社会经济的发展。

中央在谈及西藏工作成就和干部队伍时指出,西藏自和平解放以来在中国共产党的领导和全国人民的支援下,全区各族干部、群众和驻藏人民解放军紧密团结,共同奋斗,经过平息反动集团发动的武装叛乱,实施民主改革,建立民族区域自治政权,进行社会主义建设和改革开放,使西藏的政治经济都发生了翻天覆地的历史性变化。几十年来,西藏自治区党委和各级党组织以及广大党员,团结带领各族人民群众,为西藏的发展繁荣做了大量工作。应充分肯定西藏各方面的工作进展,同时要看到党在西藏的工作中有过失误,包括文化大革命那样的严重错误,对这些错误我们通过拨乱反正、落实政策已基本纠正,遗留问题应在今后实践中继续解决。一定要不断改进工作,稳步地发展经过几十年艰苦奋斗取得的伟大成果,切实加强党的领导核心地位,增强党与西藏人民的凝

聚力和号召力,确保西藏的长期稳定和发展。

西藏和平解放四十年来,在党的培养下成长起来的以藏族为主的当地的民族干部,从内地进藏的各族干部以及军队干部都是西藏革命和建设的骨干。他们在党的领导下忠于职守,艰苦奋斗,为西藏的革命和建设事业做出了重要贡献。这支干部队伍是我们党完全可以信赖的依靠力量。西藏各级党政组织应充分信任他们,关心爱护他们并帮助他们不断提高政治素质和业务能力。要教育他们增强政治责任感和事业心,要发扬艰苦奋斗的优良传统和优良作风,全心全意为人民服务。

要坚持党管干部的原则。提拔使用干部,应当全面理解和掌握干部队伍的"四化"标准,始终把革命化放在首位。在西藏维护祖国统一和民族团结,是干部革命化标准中最基本的内容。要注意选拔任用在反分裂斗争中表现优秀的干部。西藏的干部队伍应以藏族干部为主,同时要保持一定数量的汉族和其他民族干部。这是维护祖国统一、加强民族团结的需要,是西藏稳定和发展的需要。

关于拉萨骚乱的性质和戒严后的任务问题。中央指出:实行戒严后,保持社会局势的稳定,巩固和发展安定团结的政治局面,是西藏第一位的政治任务。拉萨地区发生的骚乱有其深刻的国际国内背景,是从帝国主义入侵西藏以来长期存在的分裂与反分裂斗争的继续,是境内外分裂势力在国际反华势力支持下,掀起的旨在分裂祖国、反对共产党领导、颠覆社会主义制度的反动活动,不能把骚乱简单地说成是长期"左"的结果。当前国际反华势力和达赖集团活动猖獗,顽固坚持"西藏独立"的立场,形势仍然严峻。他们一方面在国内藏区策划煽动骚乱;另一方面紧密勾结,妄图使西藏问题国际化。我们必须做好长期斗争的思想准备,坚定不移地带领广大群众采取果断措施,把反分裂斗争进行到底。在西藏只有有效地开展反分裂斗争,才能保证政治形势的稳定,为发展经济、改善人民生活创造良好的社会环境和政治、经济生活秩序。

关于反对分裂、稳定局势的依靠力量问题,中央指出:反对分裂、稳定局势,必须坚定地依靠农牧民、工人、知识分子和其他劳动者在内的广大劳动人民群众。他们是反分裂斗争和建设西藏的主力军,始终是我们的基本依靠力量。同时,要充分相信长期与共产党真诚合作共事,在西藏革命和建设中做出重要贡献的各族各界爱国人士,切实发挥他们在反分裂斗争中的积极作用,为维护祖国统一和建设西藏作出重要贡献。

关于加强民族团结,完善民族区域制度问题。中央认为:我们是一个统一的多民族的社会主义国家,民族团结是我们国家兴旺发达的保证,促进各民族团结、进步是我们民族工作的根本任务。民族区域自治是中国共产党运用马列主义原理解决我国民族问题的基本政策,是具有我国特色的一项重要政治制度,必须始终一贯地、全面地加以坚持。要按照《宪法》和《民族区域自治法》的规定,结合西藏的实际,进一步完善民族区域自治制度。要定期检查执行《民族区域自治法》的情况,切实保障西藏人民行使当家作主、管理自己内部事务的权利。要大力发展民族教育,弘扬优秀民族文化,尊重民族风俗习惯,重视使用藏语言文字。

要高度警惕帝国主义和分裂势力利用民族问题进行分裂祖国、破坏民族团结的活动。达赖集团鼓吹的所谓"西藏独立"、"高度自治",其实质是反对共产党、反对社会主义,分裂祖国,妄想恢复他们在西藏的统治地位。一定要旗帜鲜明地维护祖国统一,坚决抵制和反对西藏独立、半独立或变相独立的一切主张和行为。宣传民族区域自治,要遵守《宪法》和《民族区域自治法》的规定,注意防止与达赖集团的主张混淆起来。

关于全面贯彻执行党的宗教政策问题。中央认为:尊重和保护宗教信仰自由,是党对宗教问题的基本政策,必须认真贯彻。党的十一届三中全会以来,在中央正确方针政策指导下,西藏自治区党委和政府在落实宗教信仰自由政策、平反冤假错案、清退寺庙资产、修复开放寺庙和其他宗教活动场所等方面做了大量工作,基本满足了信教群众正常宗教生活的需要。今后应当继续全面正确地贯彻落实党的宗教信仰自由政策,切实尊重和保护信教群众正常的宗教活动。

要建设好寺庙民主管理委员会,把寺庙的领导权真正掌握在爱国守法的僧尼手中。群众对寺庙和僧尼的布施,必须完全自愿,禁止任何团体和个人向群众摊派和勒捐。寺庙必须服从政府的领导,宗教活动必须在宪法和法律规定的范围内进行,严格禁止利用宗教进行危害祖国统一、破坏民族团结、干扰生产建设、损害公民健康、妨碍国家兴办教育等行为的发生。绝不允许恢复已经被废除的宗教特权和宗教压迫制度。对僧尼和广大信教群众要经常进行爱国主义和法制教育,增强他们的爱国观念和法制观念。同时,努力提高群众的科学文化知识水平,使信教和不信教的群众共同为建设团结、富裕、文明的社会主义新西藏服务。

关于稳定局势和改革建设的关系问题。中央认为:社会稳定和发展的基础是经济的稳定和发展。在反分裂斗争中,要处理好发展、改革、建设和稳定局势的关系,始终坚持以经济建设为中心,大力推动西藏经济持续、协调、稳定地发展。西藏的经济发展,关键是要从西藏的实际出发,发挥自己的优势,提高资源开发,逐步增强自我发展能力。中央、国务院有关部门要继续帮助西藏研究落实经济和社会发展战略的有关工作。

《中央政治局常委讨论西藏工作会议纪要》是在新的历史条件下,综合分析国际、国内形势,立足西藏实际,从西藏的长远发展和当前工作出发做出的一系列重大决策。它深刻阐述了同达赖集团斗争、干部队伍、依靠对象、民族宗教问题等十个事关西藏工作中一些重大原则问题,初步形成了党的第三代领导集体的治藏方略。它纠正了西藏工作中一度出现的认识偏差,确立了正确的方针政策,为西藏的社会稳定和经济发展明确了指导思想和工作思路,实现了新时期西藏工作具有历史意义的重大转折。

3. 江泽民到西藏考察作出重要指示

中共中央总书记江泽民同志继1989年10月主持中共中央政治局常委会听取西藏工作汇报,作出重要指示后,又于1990年7月20日至26日,亲临西藏考察指导工作。随同前来考察的有中共中央政治局候补委员、书记处书记丁关根,中央军委委员、解放军总参谋长迟浩田以及中央有关部门的领导同志。

江泽民同志在西藏考察期间,不顾长途跋涉的辛劳和高原缺氧的反应,除了听取西藏干部汇报工作和自治区党委领导讨论西藏经济等重大事情外,用大量的时间深入到农村牧区、工厂、电站、学校、医院、部队、寺庙,同各族各界人士广泛接触,体察民情,详细询问和了解各方面的情况,发扬了我党密切联系群众的光荣传统,在广大干部群众中留下了深刻的印象和美好的回忆。

江泽民同志在西藏考察过程中,对西藏工作作了一系列重要指示,为做好西藏工作进一步指明了方向。1990年7月24日,他在自治区党员领导干部及地(市)、县委和区直单位负责同志大会上的讲话中,充分肯定了西藏和平解放以来的近40年中,在政治、经济、文化、教育、科技等方面取得的举世公认的成就。指出西藏只有在中国共产党的领导下,只有在祖国大家庭的怀抱中,走社会主义道路,才有光明的前途和美好的未来。他热情赞扬西藏的广大共产党员、各族干部群众、驻藏人民解放军和武警部队指战员以及各界爱国人士,在西藏革命和建设中所建立的不可磨灭的功绩。他说:近40年来的实践证明,西藏的各级党组织是坚强有力的,是经得起考验的;西藏的广大党员和各族干部是具有高度觉悟和奉献精神的;西藏的人民解放军和武警部队指战员是保卫祖国、献身人民的忠诚卫士;西藏的各族群众是坚定地跟党走社会主义道路的勤劳、勇敢、智慧的人民;西藏的各族各界爱国人士是同我们党肝胆相照、荣辱与共的亲密朋友。对刚刚闭幕的自治区党的第四次代表大会,总书记给予了高度评价。他表示,党中央、国务院对西藏的稳定和发展充满信心,对西藏的各族人民寄予很大希望。

关于西藏今后的工作,江总书记指出:"我赞成你们区党代会提出的指导思想,即:坚持以经济建设为中心,紧紧抓住稳定局势和发展经济两件大事,确保全区社会的长治久安,确保经济的持续、稳定、协调发展,确保人民群众生活水平的明显提高"。他强调要实现这"三个确保",必须进一步抓好以下五项工作:

一是继续把稳定局势的工作放在首位

他强调西藏局势稳定与否,决不仅仅是西藏的问题,它关系到边防的巩固和中华民族的统一。稳定西藏局势必须坚定地依靠各族人民群众。广大农牧民、工人、知识分子是我们的基本力量,是稳定局势、进行反分裂斗争的主力军,也是我们的力量源泉和胜利之本。要把分裂祖国的问题同民族宗教问题严格区别开来,既要坚决地同分裂主义势力作斗争,又要尊重群众的民族感情和信教群众的宗教感情;既要严厉打击顽固坚持反动立场的少数分裂主义分子和严重刑事犯罪分子,又要团结一切可以团结的人,调动一切积极因素。

二是努力加快经济建设的步伐

江总书记指出:西藏的经济建设,在当前和今后一个较长的时间内,主要是做好打基础的工作。第八个五年计划期间西藏经济建设的重点,要突出强调三件事:一要集中精力办好农牧业;二要加强以能源、交通为重点的基础设施建设;三要稳步发展加工业和旅游业。

三是积极培养人才,加快民族干部队伍建设

江总书记强调指出:要确保西藏社会的长治久安,加快经济建设的步伐,使人民群众尽快富裕起来,必须大力培养坚定地维护祖国统一和民族团结,密切联系群众,具备马克思主义民族观、宗教观,有革命事业心、责任感和一定业务能力的少数民族干部。加快人才培养,必须抓好教育。

四是继续全面正确地贯彻执行党的民族、宗教、统战政策

江总书记强调指出:西藏是一个边疆少数民族自治区,当前正处在稳定局势、发展经济的关键时期。全面正确地贯彻党的民族、宗教、统战政策,对于加强民族区域自治,团结各族各界人士,调动一切积极因素,实现西藏的长治久安,促进国民经济的发展至关重要。西藏作为一个藏族群众占绝大多数的民族自治区,各项工作都与民族工作密切相关。其中,要特别注意抓好民族区域自治制度的完善工作,要进一步维护和加强民族团结,这是做好西藏工作,发展各项事业,取得反分裂斗争胜利的基本保证。他说:西藏的各族各界爱国人士,在过去近40年的革命和建设工作中,同我们党合作共事,经受了种种考验,是完全可以信赖的一支重要力量。当前,在维护祖国统一反对分裂和各项建设事业中,他们继续发挥着应有的积极作用。我们要坚定不移地团结他们,支持他们参政议政,尊重和发挥他们在政治协商、民主监督中的作用。

五是坚持党的领导,加强党的建设

江总书记强调指出:坚持党的领导,是西藏革命和建设事业取得胜利的根本保证,也是包括西藏人民在内的全国各族人民,在长期斗争实践中的正确选择。西藏各族人民从翻身解放和生活水平提高的亲身经历中深切地体会到,没有中国共产党的领导就没有社会主义的新西藏,没有中国共产党的领导就没有他们的富裕幸福,这已经成为全国各族人民的共识。

最后,江总书记在大会上宣布:为了加快西藏的经济发展,党中央和国务院将继续对西藏实行特殊政策和灵活措施,过去中央和国务院以及中央各部委为西藏制定的政策,凡是实践证明有利于促进西藏经济发展、有利于西藏人民治穷致富的政策一律不变。

江总书记一行在藏考察期间,参观了拉萨地毯厂、堆龙德庆县农村牧区、羊八井地热电厂、自治区藏医院住院部、拉萨市第一小学、西藏自治区档案馆等单位,还亲切看望了在边防哨卡工作的解放军干部战士、武警部队及公检法干警,并检阅了解放军驻藏部队。江总书记为自治区公安厅、武警西藏总队、拉萨市公安局分别作了"高原人民警察,祖国忠诚卫士"、"高原武警,忠诚卫士,戍边为民,再立新功"、"为维护民族团结、社会安全再立新功"的题词,在日喀则亲切接见了国防部命名的"查果拉高原红色边防队"的官兵,书写了"雪山红旗,永放光彩"的题词。

江泽民到西藏考察,给西藏各族人民带来了党中央、国务院、中央军委的亲切关怀,带来了全国各族人民的深情厚谊,充分体现了党中央对西藏工作的高度重视,揭开了全国支援西藏的序幕,同时也为西藏社会主义现代化建设和发展注入了新的活力。

三、全面贯彻落实《会议纪要》精神,实现西藏现代化建设的历史性转折

1. 认清形势,统一思想,明确任务

20世纪80年代后期,西藏工作遇到前所未有的机遇和重大挑战。一方面,全国正在全面改革开放,经济加快发展;另一方面,西藏工作受到了民族分裂主义分子制造的骚乱的严重干扰,经济建设迟滞不前,社会安定局面遭到重大破坏,西藏的发展建设遇到复杂的局面和重大困难。在这关键时刻,自治区党委、人民政府认真贯彻落实中央关于西藏工作的指示,统一认识,稳定局势,确保了社会主义现代化建设事业的顺利发展。

1989年12月,自治区党委召开了三届八次全委扩大会议,这次会议的主要任务是传达、学习和贯彻党的十三届五中全会精神和《中央政治局常委讨论西藏工作会议纪要》及《中共中央关于进一步治理整顿和深化改革的决定》。胡锦涛同志代表区党委在会议上作了报告。报告从八个方面对西藏工作作了全面的总结和客

观分析,共同协商解决问题的对策。

(1)正确分析形势,明确指导思想

胡锦涛同志指出,我区的政治经济形势从总体上来说是好的。自治区党委和自治区人民政府围绕中央《关于当前西藏工作的几个问题》的指示和党的十三届四中全会精神,结合西藏实际,坚持"一个中心,两个基本点",突出地抓了反分裂斗争、稳定局势和深化改革、经济建设这两件大事,夺取了反分裂斗争的初步胜利,使全区经济保持了一定的增长速度,加强了社会主义精神文明建设和党的建设。

但是,在肯定成绩的同时,也要清醒地看到困难和问题。我们面临的突出问题和困难是:第一,反分裂斗争形势仍很严峻;第二,我区的经济基础脆弱,生产的发展仍不适应人民生活改善和社会发展的需要;农牧业生产徘徊不前,能源短缺,交通运输困难,通讯设施落后,财政十分薄弱,严重地制约着我区经济的发展,加之经济生活中存在的混乱现象,经济效益不佳等问题,使经济生活中的困难更加突出。

(2)稳定局势仍是我区第一位的政治任务

胡锦涛同志指出,稳定局势仍然是我区第一位的政治任务,其中心环节就是有效地开展反分裂斗争。有效地开展反分裂斗争,首先要认清骚乱的性质和根源。拉萨骚乱既有其深刻的国际、国内背景,又有深刻的社会历史根源。1987年9月27日以来,拉萨多次发生的骚乱闹事事件,是境内外分裂主义分子在外国敌对势力的支持下,有计划、有组织、有预谋的活动,其实质是分裂祖国、反对共产党、颠覆社会主义制度,是西藏长期存在的分裂与反分裂斗争的继续,也是国际敌对势力同社会主义国家之间的渗透与反渗透、颠覆与反颠覆、"和平演变"与反"和平演变"斗争的重要组成部分。把拉萨的骚乱简单地说成是长期"左"的结果,既不符合历史事实,又严重搞乱了广大干部、群众的思想,给处置骚乱造成了很大的困难。现在党中央已经在《纪要》中对此作出了明确的指示,澄清了是非,希望广大干部、群众,把各级领导干部的思想统一到中央的精神上来。

实现局势的稳定,必须同达赖集团作彻底的斗争。首先,要理直气壮地揭露达赖集团破坏祖国统一、破坏民族团结、破坏社会安定的种种罪行,使广大群众认清达赖集团的反动面目;其次,在西藏的广大农牧民、工人、知识分子和其他劳动者是反分裂斗争和建设新西藏的主力军,是党深厚的阶级基础,始终是我们的基本依靠力量。同时搞好反分裂斗争,还要充分相信同我党真诚合作共事、在西藏的革命和建设中做出过重要贡献的各族爱国人士,确实发挥他们的积极作用;再次,在国际反动势力同社会主义国家进行的渗透与反渗透、颠覆与反颠覆、"和平演变"与反"和平演变"的现实斗争面前,在西藏分裂与反分裂斗争的严峻形势面前,人民民主专政不仅不能削弱,而且必须加强。要严格区分两类不同性质的矛盾,团结教育大多数,孤立打击极少数分裂主义分子和严重刑事犯罪分子。

(3)把治理整顿和深化改革作为我区经济工作的重点

胡锦涛同志指出:经济的稳定和发展,是整个社会稳定和发展的基础。任何时候都不能忘记经济建设是一切工作的中心,各项工作都要服务于这个中心。结合我区的实际,主要有六个方面的工作:一是西藏的经济发展,关键是要从自己的实际出发;二是加快能源、交通等基础建设,搞好主要工业产品的生产;三是要进一步整顿流通领域里的经济秩序;四是深入开展"双增双节"运动;五是扎扎实实地办好教育;六是坚定地执行对外开放政策。

(4)进一步完善民族区域自治制度,全面正确地贯彻党的民族、宗教、统战政策

胡锦涛同志指出:全面正确地贯彻执行党的民族政策,最重要的就是必须按照《宪法》和《民族区域自治法》的规定,结合西藏实

际,进一步完善民族区域自治制度,保证西藏各族人民充分行使民族自治权利。同时,必须旗帜鲜明地维护祖国统一,坚决抵制和反对独立、半独立或变相独立的一切主张和行为。特别要对达赖集团鼓吹的所谓"西藏独立"、"高度自治"等主张,保持高度的警惕,决不能偏离《宪法》和《民族区域自治法》,去另搞一套,否则,很容易被帝国主义和分裂势力所利用。

(5)加强民族团结,巩固和发展平等、团结、互助的社会主义民族关系

胡锦涛同志指出:我区自和平解放以来,党领导各族干部严格执行民族政策,尊重西藏民族的风俗习惯,以实际行动消除历史遗留下来的民族隔阂。全区各兄弟民族在各个革命历史阶段,结成了社会主义的新型民族关系。特别是50年代、60年代,各族干部群众亲密无间,团结战斗,在十分困难的条件下,维护大局,维护稳定,维护各族人民的大团结,表现出了很高的觉悟。在很长的时间里,西藏的民族团结,军民、军政团结,干部之间的团结都很好。但是,由于"文革"的影响和我们工作中某些失误,特别是由于境内外分裂主义势力,为实现分裂祖国的罪恶目的,极力挑拨民族关系,破坏民族团结,使我区的民族关系、民族团结也出现了值得重视的问题。

(6)加强精神文明建设,为治理整顿提供强有力的政治保证

胡锦涛同志指出:社会主义既要实现经济繁荣,还要实现社会全面进步。坚持社会主义物质文明和精神文明一起抓,是我们的基本方针。

全区的宣传、思想工作要以学习贯彻党的十三届五中全会精神和中央政治局常委对西藏工作的重要指示精神为中心,紧紧围绕稳定局势和发展经济两件大事来进行,各级党委要认真做好部署,加强领导,狠抓落实。新闻宣传工作是社会主义精神文明的重要战线。要坚持党性原则,坚持一切从实际出发,实事求是的思想

路线,不断提高新闻宣传队伍的素质,严肃新闻宣传纪律,使报纸、广播、电视等真正成为党和政府的喉舌,成为维护祖国统一、反对民族分裂、增强民族团结的重要工具之一,成为两个精神文明的宣传阵地,为治理整顿提供有力的政治保证。

(7)加强干部队伍建设和领导班子建设

西藏和平解放近40年来,在党的培养下成长起来的当地民族干部,从内地进藏的各族干部以及军队干部,都是西藏革命和建设的骨干。他们在党的领导下,忠于职守,艰苦奋斗,为西藏的革命和建设事业做出了重要贡献。这支干部队伍是我们党完全可以信赖的依靠力量,也是西藏各项事业取得巨大成就的重要组织保证。西藏各族干部队伍的成长和形成表明了我们党的干部路线在西藏取得了巨大的成绩。但我们也必须清醒地看到由于多种原因,近几年来我们在干部工作上也发生了这样那样的失误,在繁重的任务面前,我们的干部队伍无论是在思想、理论,还是在业务、作风方面都存在着不适应的问题。因此,加强干部队伍建设的问题既十分重要,又非常紧迫。必须全面理解和正确贯彻干部"四化"方针,始终把革命化放在首位。注重政治立场、思想品质,注重实践经验和领导才能,克服和纠正重才轻德及片面强调年龄和文凭的偏向。继续重视培养大批具有共产主义觉悟、热爱社会主义祖国,密切联系群众,有一定业务能力的藏族和其他少数民族干部,是西藏稳定发展和繁荣进步的需要和保证。必须坚持"两个离不开"的原则,西藏的干部队伍应以藏族干部为主,同时要保持一定数量的汉族和其他民族干部。必须坚持党管干部的原则。

(8)加强党的领导和党的建设

几年来反分裂斗争的实践考验证明,我区的绝大多数党组织是坚强的,有战斗力的,绝大多数党员是好的或比较好的。但在坚持四项基本原则、反对资产阶级自由化、开展反分裂的斗争中,在思想和工作作风方面,也暴露出一些值得重视的问题。对此,报告提出,要对党员进行马克思主义基本理论的再教育,掌握科学的世界观、方法论;要加强对党员进行全心全意为人民服务的再教育;党组织要严格实行民主集中制的原则;要重视基层党组织的建设;要加强党的集中统一,严格党的政治纪律,一切行动听指挥,保证做到有令必行、有禁必止,决不允许搞上有政策、下有对策。每个党员特别是党的领导干部要自觉把思想、言论、行动统一到党的路线、方针、政策和指示上来,与中央保持高度一致。当前就是把思想统一到稳定局势上来,统一到对国民经济形势的看法和治理整顿、深化改革的目标上来,统一到正确认识治理整顿和改革开放的关系上来,统一到树立全局观念和"一盘棋"的思想上来,坚持在大局下行动,局部利益服从全局利益,地方利益服从国家利益,以求得经济环境的根本改善,努力实现我区国民经济的长期持续、稳定、协调发展。

胡锦涛在报告的最后说:尽管我们面临的稳定局势、治理整顿和深化改革的任务十分繁重,但党中央为我们指明了继续前进的方向,只要我们紧密地团结在以江泽民同志为核心的党中央周围,统一思想,同心协力,艰苦奋斗,励精图治,就一定能够把西藏的事情办好,夺取新的更大的胜利。

与会同志一致表示,坚决拥护中央的指示,认为中央的这些指示是当前和今后一个时期西藏工作的指导思想,对促进西藏局势进一步稳定和各项工作顺利进行,具有非常重要的现实意义和深远的历史意义。同时赞同胡锦涛的报告,一致表示要用《会议纪要》的精神和这次全委扩大会议的精神,统一思想,提高认识,继续一手抓稳定局势,一手抓经济建设,实现西藏的长治久安和经济的持续、稳定、协调发展。

2. 中共西藏自治区第四次代表大会,全面部署西藏现代化建设任务

1990年7月11日,中国共产党西藏自治区第四次代表大会

在拉萨隆重召开。会议的任务是深入贯彻党的十三届四中、五中、六中全会和党中央对西藏工作的重要指示精神,回顾总结自1983年1月自治区第三次党代会以来7年的工作,部署今后5年社会主义现代化建设的主要任务,组织全区广大党员,动员全区各族人民,坚持党的基本路线,为实现西藏的长治久安和繁荣进步而奋斗。胡锦涛同志向大会作了题为《团结全区各族人民,坚持党的基本路线,为实现西藏长治久安和繁荣进步而奋斗》的报告。

胡锦涛同志在报告中总结自1983年以来的工作经验时指出,我区工作一定要坚持"五个必须"。即:必须全面正确地贯彻党的"一个中心、两个基本点"的基本路线,坚持"两手抓"的方针;必须坚持历史唯物主义,全心全意依靠广大人民群众;必须一切从实际出发,正确处理普遍性与特殊性的关系,继续贯彻慎重稳进的方针;必须巩固和发展社会主义新型民族关系,加强各方面的团结;必须坚持思想政治工作的生命线地位,发扬艰苦奋斗的革命精神。

胡锦涛同志的报告在遵循党在社会主义初级阶段的基本路线的基础上,结合我区的实际,指出了我区各项工作的基本指导思想是:在党的领导下,团结全区各族人民,凝聚各方面的力量,以经济建设为中心,紧紧抓住稳定局势和发展经济两件大事,确保政治局势的稳定,确保经济持续、快速、协调地发展,确保人民群众生活水平有明显提高,即"一个中心,两件大事,三个确保"。根据这一指导思想,今后5年的主要任务是:在保持局势稳定的前提下,大力发展社会生产力,大力发展社会主义商品经济,大力发展教育科技文化,进一步加强党的建设,进一步全面正确贯彻党的民族、宗教、统战政策,进一步做好各方面的基础工作。全区各级党组织,全体共产党员,必须同心同德,齐心协力,带领和团结全区各族人民,为完成任务,为建设团结、富裕、文明的社会主义新西藏而努力奋斗。并在六个方面对今后的工作进行了全面安排部署。

(1)依靠全区各族人民,进一步做好稳定局势工作

西藏局势的稳定,代表了全区各族人民的根本利益,是压倒一切的大局。西藏局势的稳定,最根本的取决于群众的稳定,人心的稳定,这是西藏社会长治久安的基石。为了实现长治久安,必须旗帜鲜明地开展反分裂斗争,深刻揭露达赖集团分裂祖国、破坏民族团结的阴谋。稳定局势,保持社会的长治久安,必须实行综合治理,动员全社会共同来做。驻藏人民解放军、武警部队和民兵是稳定我区局势的坚强柱石和重要依靠力量。

(2)努力实施经济发展战略,进一步繁荣我区经济

今后5年,我区经济发展的指导思想是:深化改革,继续开放,综合开发,重点突破,注重效益,稳步发展。根据这一指导思想,我区经济发展必须坚定不移地以农牧业为基础,以能源、交通、邮电通信和教育、科技为重点,大力发展有地方特色的加工业、矿业、旅游业和内外经济贸易,发展社会主义有计划的商品经济,不断提高人民的物质文化生活水平。

经济发展的主要目标是:到1995年工农业总产值达到26.63亿元,平均每年递增4.3%;国民生产总值达到26.1亿元,平均每年递增3.3%;国民收入达到20.2亿元,平均每年递增3.2%;粮食总产量达到60万吨,平均每年递增1.9%;肉类总产量达到11.2万吨,平均每年递增4.5%;农牧民人均收入达到550元。

(3)继续坚持改革开放,促进我区经济持续、稳定、协调发展

西藏要改变贫穷落后的面貌,实现从自然经济向开放型经济转变,必须坚定不移地继续改革开放。今后5年,我区经济体制改革的主要任务是:以发展社会主义商品经济为主题,稳定、完善已经出台的各项改革措施;积极进行各项改革试点,为进一步深化改革进行探索;逐步建立与西藏生产力水平相适应的计划经济同市场调节相结合的经济运行机制;认真抓好治理整顿工作,逐步建立健全宏观调控体系;继续深化农牧区改革,完善和发展企业承包经营责任制;积极扩大对外开放和经济技术交流。

(4)切实加强教育、科技、文化、卫生等工作,进一步提高全民族的科学文化素质

重视智力开发,发展教育、培养人才,提高西藏各族人民的科学文化素质,是我区一项长期的战略任务。要按照重点加强基础教育,优先发展师范教育,大力发展职业技术教育,积极开展成人教育,巩固提高高等教育的原则,首先办好现有中小学。在今后5年内,基本解决全区中小学危房问题,使全区儿童入学率、巩固率和合格率有明显提高。培养什么样的人,始终是教育战线的根本问题,必须认真做好人才的培养工作。要重视科学技术,促进经济建设发展。今后五年,我区科技工作的重点要转移到经济建设的主战场上来,要转移到支持农牧业的发展上来,科学研究的重点要转移到开发应用和引进推广为主的轨道上来。医疗卫生事业要认识贯彻以"预防为主"的方针,切实把工作重点放到农牧区,逐步改变缺医少药的状况。全区宣传理论、文学艺术、新闻出版、广播电视、体育等部门都要坚持为人民服务、为社会主义服务的政治方向,贯彻"百花齐放,百家争鸣"的方针,反对资产阶级自由化,以高度的社会责任感和饱满的政治热情,努力为人民提供又多又好的社会主义精神食粮,丰富人民群众的精神文化生活,倡导健康文明的生活方式。

(5)认真做好民族工作,进一步加强民族团结

我区是一个边疆少数民族地区,必须高度重视民族问题,切实做好民族工作。坚持四项基本原则,维护祖国统一,加强民族团结,是民族工作的一项根本任务。实现各民族的平等、团结和共同繁荣,是我党在民族问题上的根本方针。实行民族区域自治,是中国共产党运用马克思列宁主义基本原则解决我国民族问题的基本政策,加强民族团结,必须坚持"汉族离不开少数民族,少数民族离不开汉族"的原则;必须加强马克思主义民族观的教育;必须正确认识和处理民族之间发生的问题;必须广泛开展拥军优属、拥政爱

民活动。

(6)努力发展最广泛的爱国统一战线,全面正确地贯彻党的宗教政策

统一战线历来是党的总路线、总政策的重要组成部分。我区统一战线的指导思想和任务是:高举爱国主义、社会主义的旗帜,团结一切可以团结的力量,调动一切积极因素,紧密围绕党的中心任务,维护祖国统一,增强民族团结,反对分裂倒退,为大力发展社会生产力和商品经济服务,为大力发展科技、教育、文化服务,为确保社会的长治久安服务。必须提高对统一战线工作重要性、必要性和长期性的认识,坚定不移地贯彻"长期共存,互相监督","肝胆相照、荣辱与共"的方针,坚持不懈地做好我区的统一战线工作。

统一战线的本质是团结大多数,孤立敌人。各级党委要加强对统一战线工作的领导。政治协商会议是统一战线的重要组织形式,是我们党发扬民主,联系各界党外人士的重要渠道。全面贯彻党的宗教政策,正确处理宗教问题,对于发展我区安定团结的政治局面,抵制国外敌对势力的渗透,促进两个文明建设,都有不可忽视的重要意义。

对待宗教工作,要处理好四个方面的问题:一是要按照马克思主义的宗教观,加以正确引导,既不能采取行政手段,人为地去消灭宗教,也不能人为地去促进宗教的发展;二是要正确全面地贯彻党的宗教信仰自由政策,维护信教群众和不信教群众的合法权益,保护正常的宗教活动,同时决不允许宗教干预国家行政、司法、教育,决不允许恢复已被废除的封建特权和封建压迫制度,决不允许利用宗教进行诈骗或危害人民群众生命财产安全的非法活动,更不允许打着宗教旗号进行分裂祖国的活动;三是既要充分发挥爱国宗教组织宣传贯彻党的宗教信仰自由政策、反映信教群众意见和要求的桥梁作用,搞好寺庙的民主管理,使寺庙的管理权牢牢掌握在爱国守法、有宗教学识的僧尼手中;又要加强对寺庙的领导,建立健全各级政权组织管理寺庙的制度和措施,保证一切宗教活动都在宪法和法律允许的范围内进行;四是在保障公民信仰自由的同时,必须进一步加强思想政治工作,加强科学文化知识和法律知识的普及工作,努力改善群众的物质文化生活,教育引导群众特别是青少年做有理想、有道德、有纪律、有文化的社会主义新人。

(7) 坚持党的领导,加强党的建设

胡锦涛同志在报告中谈到坚持党的领导,加强党的建设时指出:中国共产党是领导中国革命和建设事业的核心力量,也是领导西藏革命和建设的坚强核心。西藏和平解放以来,我们党团结和带领全区各族人民,经过艰苦卓绝的斗争,使西藏永远结束了遭受帝国主义侵略和欺凌的屈辱历史,社会面貌发生了翻天覆地的变化。历史已经证明,没有共产党的领导,就没有社会主义新西藏,坚持党的领导,是西藏革命和建设事业取得胜利的根本保证,也是包括西藏人民在内的全国各族人民在长期斗争实践中的正确选择。要使全区各级党组织真正成为领导全区各族人民建设社会主义新西藏的坚强核心,重点要抓好五方面的工作:A. 加强党的思想建设,充分发挥党的政治优势。党的思想建设是党的建设的首要任务,是组织建设和作风建设的基础。思想政治工作是党的优良传统,是贯彻党的基本路线的可靠保证,是凝聚全民族力量的重要途径;B. 加强领导班子建设,做好干部工作;C. 加强党的基层组织建设,提高广大党员的素质;D. 恢复和发扬党的优良传统和作风,密切党同人民群众的血肉联系;E. 坚持不懈地加强党风建设和廉政建设,进一步开展反腐败斗争。

中国共产党西藏自治区第四次代表大会,认真贯彻了1989年10月江泽民总书记主持的中央政治局常委会对西藏工作的指示精神,制定了西藏工作"一个中心,两件大事,三个确保"的指导方针,为西藏政治局势的稳定和经济的持续发展奠定了基础。

3. 加快西藏社会主义现代化建设，实现历史性转折

以平息拉萨骚乱为标志，西藏各族人民的反分裂斗争取得了一系列重大胜利，有力地扼制了民族分裂势力，锻炼了广大干部和群众，社会局势日趋稳定。但是，区党委也清醒地看到，不稳定的因素依然存在，境内外分裂势力一刻也没有放弃"西藏独立"的图谋，他们在国际上，借所谓"人权"、"环保"、"计划生育"等问题，大造"西藏独立"的舆论，与国际反华势力相勾结，欺骗国际社会，对我在政治上、经济上施加压力；他们在国内，强化对农牧区的反动宣传和渗透，把分裂活动向农牧区蔓延，企图破坏农牧区的稳定；利用我区改革开放中出现的问题，欺骗和煽动不明真相的群众，企图挑起事端，制造混乱；加强对机关、团体和学校的渗透，采取各种手段拉拢我们的干部职工，妄图瓦解我们的干部队伍，特别是加紧与我争夺青少年，培养他们搞分裂活动的后备力量，他们还千方百计地引诱拉拢寺庙。出现的这些分裂主义活动的新动向，充分说明分裂与反分裂斗争的严峻性和尖锐性。

针对存在问题，区党委要求各地各部门增强反分裂斗争的意识，把开展反分裂斗争，维护祖国统一，增强民族团结当作一件十分重要的大事常抓不懈。经常分析本地区、本部门稳定局势工作的新情况、新问题，研究分裂主义势力的新动向，牢牢掌握斗争主动权。不论在什么时候，不论在城市还是农牧区，一旦发现分裂主义势力策划闹事，就要果断处置，坚决打击，绝不能心慈手软，姑息养奸。要充分依靠广大人民群众，坚持群防群治，打防并举，标本兼治，重在治本的原则，落实社会治安综合治理的各项措施。要加强自身队伍建设，不断增强干部职工队伍的对敌斗争意识和能力，增强抵制境内外分裂势力渗透的能力。

全区各级党政组织，广大人民群众，在区党委的正确领导下，坚持"两手抓、两手都要硬"的方针，群策群力，使我区政治局势逐步走向稳定，为西藏社会主义现代化建设，创造了良好的社会

环境。

自治区党委政府根据中央的指示精神,自1988年11月起,先后采取八条措施,治理经济环境,整顿经济秩序,取得了明显成效。[①]

第一,广泛、深入地开展税收、物价和财务大检查。本着自查从宽、被查从严、实事求是、宽严适度的原则,查处了一批偷漏税金、滥发钱物、贪污公款、乱收费等违法乱纪案件,查获金额2287万元,收缴国库1826万元,制止了违反国家规定哄抬物价的行为,有效地整顿了经济秩序。1989年物价上涨幅度明显低于1988年,收到了平抑物价、稳定市场的良好效果。

第二,严格控制消费基金增长,压缩社会集团购买力。针对预购高级进口小汽车之风,自1988年第四季度开始,停止未控商品审批,1989年不买小汽车、越野车。压缩精简了会议,统一规定会议开支标准,超标准会议财政不批预算,银行不拨款。1989年比1988年压缩社会集团购买支出20%以上,有效地遏制了乱攀比、乱花钱之风。

第三,控制基建规模,清理在建项目,压缩非生产性建设。为控制基建项目,建立了严格的审批制度,凡未作好前期工作的项目不列入计划,不安排新的投资、施工。同时推行工程招、投标制度。对在建的64万平方米、571个基建项目进行了全面清理,控制了计划外工程,刹住了基建工程中行贿受贿等不法行为。

第四,严格控制货币投放,稳定金融秩序。为了使经济稳定发展,防止物价上涨过猛,加强了对货币和信贷的严格管理。为控制货币投放,开办了保值储蓄,大力吸收存款,回笼货币。1989第一季度财政收入比上年同期增长了26.9%,财政支出完成年度预算的21.5%,比上年同期增长了11.2%。

[①] 单增主编:《当代西藏简史》,当代中国出版社,1996年版,第370页。

第五,清理整顿公司,惩治"官倒"。为使商品流通领域进入正常轨道,对各类公司进行了清理整顿,严肃处理了政企不分、官商不分、转手倒卖、牟取非法暴利等问题。禁止在职或离退休干部利用权力关系进行商业经营活动和金融活动。经过清理整顿,在全区新建的294个公司中,取缔和撤销了5个,与政府和企业主管部门脱离关系的有4个,12名县级的党政干部辞去了在公司兼任的职务。

第六,整顿和建立重要产品和统购物资的流通秩序,加强了宏观管理。在流通环节,发挥国营商业主渠道作用,既要搞活,又要节约,既要开放,又要管理。为此,自治区人民政府下发了6个暂时管理规定,基本扭转了流通环节上的混乱现象。

第七,不准向企业乱摊派。为了增强企业活力,保护企业的合法权益,禁止任何单位、个人以任何形式要求企业提供财力、物力和人力等摊派抽头和盘剥行为。

第八,搞好生产、组织货源、保证市场稳定。西藏市场上流通的商品,绝大多数是区内不能生产而依靠内地供应的。为稳定市场,解决供需矛盾,在大力发展区内有生产能力的商品生产企业的同时,积极组织区外货源的调运,保证了市场供应。

经过两年多的治理整顿,基本上达到了预期的目的,稳定了经济运行的秩序,有效地扼制了经济下滑的趋势,为进一步深化改革,促进社会主义现代化发展创造了良好的社会环境。

在狠抓治理整顿的同时,各级党政领导坚定不移地推行改革开放,首先注重深化农牧区的经济体制改革。1988年以后,在农牧区主要是稳定和完善"两个为主"和"两个长期不变"的政策,逐步建立社会服务体系。同时大力推广农牧科学技术,增加对农牧业的资金投入,提高农牧业的科技含量,从多方面推动农牧业生产的发展。

随着这些政策措施的落实,进一步完善了统分结合、以家庭责任制为基础的双层经营体制,进一步完善了科技为农牧业服务的体系。科技人员承包农田面积,到1992年达到130万亩,占西藏农田总面积的1/3以上;良种推广面积,到1992年达到215万亩,品种30多个,化肥施用量每亩超过12公斤。科技人员对承包田的劳动者,进行了科技知识培训,至1993年西藏在基层单位已培养出一支2000人左右以藏族为主的农牧业科技队伍和一万多名农牧民技术员,建立了10个商品粮基地县和10个科技示范县,100多个农业技术推广站。

与此同时,国家扩大了对农牧业的投入,从1988年至1992年的5年间,国家对农牧业投资累计达9.5亿元,以蓄水灌溉为龙头的农田水利建设全面展开,新增加大中型农田水利设施4900处,新增加保灌面积23万亩,使全区农用有效灌溉面积达到120万亩,占全区耕地总面积的40%。另外,还改造低产田35万亩,大大促进了农业生产的迅速发展。

由于政策放宽,科学技术的推广,农业投入的增加,使西藏农业开始走上持续、稳定、协调发展的道路。1988年,西藏自治区在建设江孜、白朗、日喀则、贡嘎、乃东、琼结、达孜、曲水、堆龙德庆、波密等10个县为商品粮基地和当雄、安多两个县为畜产品基地的基础上,大面积实施"丰收计划"、"麦类作物高产栽培"、"旱作农业示范"、"种子基地建设"等农业科技推广项目。全区累计实施"丰收计划"600万亩,平均增产15%,出现了一批"百亩千斤"、"千亩千斤"的连片高产田,农业生产连续获得丰收。1991年粮食产量就突破6亿斤大关,部分农业地区出现存有万斤粮的农户。畜牧业生产经过畜群结构调整和抗灾基地建设,牲畜存栏头(只)数基本稳定在2200万头(只)左右。大牲畜比例逐步增加,畜产品量有较大幅度增长。1992年综合商品率比1987年增长9.54%。农牧区多种经营和乡镇企业得到较快发展,其收入占农牧区经济总收入比例有较大增长。农牧民人均收入按1980年初不变价格计算,到1992年达到485元,人均粮食、肉类、奶类的占有量有较大提高。农牧业的恢复和发展,为改善人民生活、稳定局势和加速现代化建设奠定了物质基础。

城市经济在治理整顿的基础上,这几年的改革主要是促进供给型经济向计划商品经济和社会主义市场经济转变。各地坚持以"市场调节为主",积极扩大开放,培育市场,紧紧抓住增强企业自身活力这一中心环节进行体制改革,扩大企业自主权。帮助企业改善经营环境,增强活力,提高经济效益,走向市场,加入以市场调节为主的竞争行列,这些改革措施有力地推动了城市工商业的全面发展。

1988年至1992年的5年间,西藏国民经济的发展速度明显加快,5年累计实现国民生产总值129.79亿元,国民收入104.68亿元,工农业总产值达到116.78亿元,按可比口径计算,比1988年前5年分别增长44.6%、40.4%和22.4%。

增长较快的是工业、交通运输业。工业5年累计产值18.92亿元,比1988年前5年增长65.9%;铬矿石、水泥、木材、发电量等主要产品产量分别比前5年增长117.6%、128.7%、18.3%和49.8%;社会公路货运总量560万吨,客运648万人次,分别比前5年增长62.6%和43.05%。

基础设施建设投资增加,全区固定资产投资5年累计达到40.8亿元,其中用于农业、交通、能源、邮电、通讯等方面建设的投资达到20.59亿元,占总投资额的50.5%,新增固定资产39.25亿元,改造、整治公路750公里,新增发电装机容量5.4万千瓦,新增电话7000户。

财政收入从1988年后结束连续20年净亏损局面,到1992年实现财政收入突破亿元大关,达到1.0218亿元;银行支持经济建设,5年累计贷款达到78.02亿元。

城市商业空前活跃,商业改革从流通领域入手,实行国家、个体、联合经营一起上的政策。1988年以来,已有数十万人往返国内外、区内外从事商品经销活动,多种经济形式、多种经营方式、多种流通渠道的流通格局基本形成。至1992年,自治区商业系统有从业人员2.01万人,从事商业经营活动的集体、个体工商户4万余户、5万余人,个体私营经济迅速增长,活跃了商品流通,方便了人民生活,弥补了公有制经济的不足。

　　商品经济在西藏的兴起,是西藏继民主改革之后,又一项重大深刻的社会变革。商品经济不仅冲破了自然经济的藩篱,而且推动了城乡群众特别是长期困守在自然经济上的农牧民,摆脱传统观念和习惯势力的束缚,投入商品经营活动的行列中。他们中一些人不再满足于自给自足的生产经营活动,而是追求更大的商品生产和经营利润,不断扩大生产经营规模,成为促进西藏社会生产力发展的带头人。一批已经先富起来的农牧民和城镇居民,十年前把手表、收音机、缝纫机视为三种"奢侈品",而今是彩电、录相机、摩托车,甚至汽车已开始进入千家万户,先富起来的人尽管是少数,但榜样的力量是无穷的,靠天、靠佛、靠国家救济生活的人比以前少了,靠自己的聪明才智,永不满足,不断追求的人越来越多。靠自己的双手不断增加财富改善生活的观念,正激励着西藏各族人民为西藏经济的发展不断探索前进。

　　对外开放进一步扩大,旅游业走出1989年的低谷,横向经济联合有新的发展。1988年至1992年,对外贸易取得突破性进展,全区进出口总额5年累计达1.8亿美元,出口创汇5985万美元,分别比前5年增长1.12倍和1.14倍。对外经济合作取得可喜成绩,利用外资2510万美元,引进了一些先进技术和管理经验。旅游业1989年拉萨戒严之后,逐年呈现良好的发展势头,营业、经营利润、创汇收入三年累计分别达到3.38亿元、4300万元和3400万美元,比前五年分别提高28%、58.9%和78.2%。国内横向经济合作与协作进一步扩大,省区间、行业间、企业间多种形式的经济联合,对口支援、物资串换、资金融通等均有新的进展,全面推进了西藏社会主义现代化建设。

在西藏实行改革开放以后,乡镇企业迅速发展起来。西藏乡镇企业的大规模发展,起始于80年代初。当时从经济指导思想上已经明确,处于自然经济的农牧业可以稳天下,但要富天下,必须发展工商业,特别是要发展农牧区的乡镇企业。从那时起,政府对乡镇企业实行了扶持、鼓励、重奖政策,贷款从优,免减税收,帮助组织原材料,扩展产品销路,使乡镇企业从少到多,由小到大,逐步发展壮大。乡镇企业已成为振兴西藏农牧区经济,加速西藏社会主义现代化建设,改变西藏落后面貌,提高农牧民生活水平的重要支柱之一。乡镇企业的发展使农牧区的产业结构发生了明显变化,在原有的种植业、养殖业、捕捞、采集、加工业的基础上,新发展了交通运输、商业、饮食、服务、建筑、建材、轻纺、皮毛等多种行业。在经营方式上也由最初的社队统一经营管理发展到集体承包、家庭承包、个人承包、联合经营、入股合作等多种形式。拉萨市创造了乡办、村办、联户办、个体办的"四轮驱动"发展模式,并逐步向乡办、村办、联户办、个体办、联营、入股办的"六轮驱动"的方向发展。1992年全市乡镇企业收入达到3424万元,成为农牧区经济收入中的重要组成部分。山南地区的乃东县是全区发展乡镇企业较好的县之一,1992年全县有乡镇企业48家,收入已占到全县当年国民经济总收入的37%。过去被称为"无人区"的藏北草原双湖办事处(县级建制),运用在改革开放过程中国家给的优惠政策,于1985年集体集资40万元,在那曲镇开办西亚尔公司。他们从开办旅馆、饭店起步,艰苦创业,依靠自身经营积累和多方筹资,实行滚动式发展,扩大经营规模,由单一住宿、饮食服务业,逐步发展为铺面出租、汽车运输、代购代销农畜产品、日用百货等多种经营业务的企业。他们以农牧区为市场,以农牧民需要为经营宗旨,动用公司的资金、汽车,开发当地丰富的食盐资源,到农林区进行盐粮、盐林(木材)交换,以满足牧民对粮食、建房用材的需要,生意越做越活,效益不断提高。到1992年公司已拥有固定资产187万元,累计营业总收入1942万元,实现利润222万元,上缴利税138万元,一跃成为全国优秀乡镇企业之一。

西藏乡镇企业的迅速发展,无论从总收入、给各级财政提供的税收,还是满足农牧民生产、生活需要,活跃农牧区市场,都已成为一支重要的经济力量。

西藏继1985年43项工程竣工之后,于80年代末期,在一手抓稳定局势,一手抓经济建设的方针指导下,再次组织了以农牧业、能源、交通为重点的一批工程项目建设,国家拟投资40多亿元。经过成千上万名藏汉族工程技术人员和施工人员的共同努力,规定的项目建设全面展开,并取得了重大进展,有些项目已在西藏社会经济发展中开始发挥效益。

(1)"一江两河"开发工程

"一江两河"是指雅鲁藏布江中段、拉萨河和年楚河。开发工程主要集中在中部流域地区,位于西藏自治区中南部。这一地区南至藏南谷地,北达冈底斯山——念青唐古拉山南坡地带,东起桑日县,西至拉孜县,长约500多公里、南北宽约220公里的狭长河谷地带。包括山南、日喀则、拉萨市三个地市的18个县(是拉萨市的城关区、达孜、林周、墨竹工卡、堆龙德庆、曲水和尼木县;山南地区的贡嘎、扎囊、琼结、乃东和桑日县;日喀则地区的日喀则市、江孜、白朗、拉孜、南木林和谢通门县)、231个乡(镇)、1890个村,总人口79.86万人,占全自治区总人口的三分之一。开发总面积6.65万平方公里,占全区总面积的5.41%。这一地带是西藏自治区人口最密集,工农业最发达,矿藏资源和草场资源较丰富的地区。现有耕地面积264万亩,占全区耕地总面积的79.29%,农、牧、副业产值分别占全区总产值的51%、22%、48%。计划开发投资20亿元,20世纪末21世纪初建成。由于这一区域的地理位置、气候条件、水土资源、对外交通等综合因素相对优越于西藏其它地区,自古以来它便是西藏的腹心地区和粮食主要产区,也是藏民族的发祥地。至今,"一江两河"中部流域地区的基础设施、经济文化、科学技术等方面在西藏仍具有一定的优势。

"一江两河"中部流域,以其独特的区位、资源和经济优势,早在60年代就引起了区人民政府有关领导的高度重视。经过长期的酝酿准备,在70年代,区人民政府的几届领导和广大科技工作者和干部群众就着手进行"一江两河"中部流域开发的各项准备工作。经过长期大量的调查研究和科学论证,在作出比较完整的开发方案的基础上,区党委和区人民政府曾多次向党中央和国务院进行汇报申请开发此项目。1989年,党中央明确表示,西藏的经济建设应首先抓好"一江两河"中部流域的开发。1990年,江泽民总书记考察西藏工作时,专门听取了自治区关于开发"一江两河"情况的汇报,并亲自到部分项目区去视察,在充分肯定"一江两河"开发效益后,明确指出:"自治区提出的'一江两河'综合开发,是一项很有远见的重大工程,这一区域基础好、潜力很大,综合开发这一区域,是发展西藏农牧区,加快西藏发展的突破口。要调动和依靠西藏各族人民建设社会主义的积极性,使人人都来关心、支持、投入一江两河的开发,为搞好这一项造福子孙后代的事业献计献策,出力建功。"1990年10月,区人民政府向国务院正式呈报《关于一江两河中部流域综合开发若干问题的请示》。1991年5月,国务院正式批复"一江两河"综合开发规划,并提出要求用10年左右的时间,国家投资10亿元,通过兴修水利,改造中低产田,改造草场和植树造林等,使粮食增产1.5亿公斤,肉类0.24亿公斤,逐步成为西藏的商品粮、农副产品、轻纺手工业、科技示范推广四大基地。

"一江两河"综合开发,由国家投资、区内投资、受益群众劳务投入和争取国际援助等多渠道筹集资金。早在1987年国务院就将拉萨河的开发,列入1989—1990年中国接受世界粮食计划署粮食援助计划项目。1989年10月,世界粮食计划署批准立项,工程编号为3357号。并于1988年5月派团到西藏进行实地考察评估,同年12月正式批准由计划署提供价值6775万美元用于拉萨河谷开发。综合开发总面积为6672公顷,草场建设578公顷,造林面积2095公顷,新建和改建水渠581公里,渠系建筑770处。这是"一江两河"全面开发工程的起步工程的重要组织部分。3357工程立项26个,东起墨竹工卡县,经达孜、拉萨市城关区,西至堆龙德庆等共三县一区,总面积5164平方公里,涉及58个乡、363个村、12575户、65726口人,工期五年完成。工程建成后,预计粮食产量将由1986年的25768吨提高到28271吨,每年增收粮食3100多吨,增加收入263.4万元。森林覆盖面积由现在的3.62%提高到9%左右。

"一江两河"总体开发工程要达到的主要目标是:增产粮食1.5亿公斤,油料2500万公斤,肉类2080万公斤,酥油752万公斤,水利工程总控制水量3亿立方米,农田保灌面积52万亩,建成稳产高产田160万亩,改造中低产田119万亩,开垦荒地11万亩,人工种草27万亩,人工造林63万亩,改善运输条件,延长公路至各乡、镇,建立起三地市18个县的科技推广农业生产服务体系。工农业总产值增加12亿元,农牧区人均增加收入1000元。

为确保"一江两河"开发成功,自治区人民政府不仅成立了"一江两河"开发委员会,而且组织各方面专家进行过多次讨论和论证,并先期派出中国科学院青藏高原综合科学考察队进行实地考察评估。在开发区内有近千名区内外专家、工程技术人员参加项目规划和勘察设计工作。到了1990年6月,国家计委正式批准"一江两河"农业、工业、交通三个方面的综合开发项目,并列入国家"八五"计划和十年规划。整个项目建成投产,每年将新增产粮食1.7亿公斤,油料、肉类、酥油、蔬菜等产量也将在现有基础上大幅度提高,年净收益将达到1.7亿元。高原生态环境将得到更好地保护。"一江两河"项目的全面实施,大大推进了西藏农业和农村社会主义现代化水平。

从1989年开始,西藏自治区在雅鲁藏布江、拉萨河、年楚河和尼洋河流域的10个县,组织实施了"麦类作物丰产模式化栽培技术"的示范研究。3年累计实施面积115.19万亩,共增产粮食10167.43万公斤,平均亩产提高88.27公斤,新增产值8484.5万元。1990年自治区又组织实施了以江孜、日喀则、贡嘎、林周4县为中心的"农业科技示范县工程",并实施了多项实用技术的组装配套综合应用和组织管理措施,当年就增产粮食3010.2万公斤,平均增长24.6%。1991年,在总结4县经验的基础上,又增加了白朗、乃东、扎囊、堆龙德庆、芒康、波密6个县为农业科技示范县。与此同时,自治区又相继在全区确定27个农业技术推广县、3个高产优质高效农业示范县、10个丰收工程示范县和5个科技扶贫示范县,使农业科技现代化水平得到了大大提升。

(2)能源工程建设

"羊湖电站"工程。电力是社会主义现代化建设的先导产业,是发展国民经济的重要保证。旧西藏自1924年开办电业,到1951年西藏和平解放,只建起拉萨北郊夺底沟装机92千瓦的小型水电站一座,向达赖驻地和少数贵族家庭供电。1955年进藏部队在原址基础上改建为660千瓦,只向机关部队和少数上层人士供电。1958年开始筹建拉萨东郊纳金电站,1960年竣工,装机容量7500千瓦,之后相继建成了昌都电厂、八一电厂、沃卡电厂、606电厂、塘河电厂、拉萨西郊电站、火电厂、羊八井地热电站和遍布广大农牧区的小水电、风能、太阳能发电机组等,共拥有各类发电设施装机总容量15万多千瓦。

随着工农业的发展和人民生活的需要,西藏缺电现象十分突出。为了进一步开发西藏丰富的水能资源,早在"文化大革命"前,西藏自治区党委就有开发羊卓雍湖水利的设想。1973年西藏在研究电站选点时,经专家评估认定利用坐落在西藏南部浪卡子县境内面积800平方公里,离拉萨86公里,海拔4400米,与雅鲁藏布江一山之隔,直线距离只有9.5公里,湖面与江面高差840米的羊卓雍湖建设抽水蓄能发电站,具有投资省、建设周期短等巨大的水能优势。1974年3月,国家水电部成都水利电力设计院派出工程技术人员到现场实地勘测设计,历经4年艰苦努力完成了电站建设的初步设计工作。又用4年时间,完成了施工设计方案。经过反复考察、论证、勘察、设计决策机关讨论,羊湖电站开工建设已具备条件。1985年国务院正式批准羊湖电站工程上马,投资6亿元。开工不久,西藏上层人士中有人仍担心生态平衡没有保障,提出停建羊湖电站,改建其他能源项目,1986年7月工程停建。这时已投入4000多万元,有关部门和设计单位,为确保生态环境不受影响,一方面研究其他能源项目建设的可行性,另一方面深入进行羊湖电站的勘察、论证工作。又用两年的时间对仙水蓄能电站的选样、开发、利用进行设计论证。根据与其他多种方案的对比研究,建设羊湖电站仍是最佳方案。为确保生态环境维护正常系数,把电站建成既是发电站也是抽水站。安装四台从奥地利进口的抽水蓄能机组和一台常规机组,每台机组2625万千瓦,共装机容量9万千瓦。前后设计用了13个年头。1989年8月,国务院批准正式复工,这对解决西藏用电和促进工业化的发展起到了重要作用。

"阳光计划"工程建设。西藏迄今尚未发现可供开采的大型煤、油、气田,广大农牧区仍未结束烧牛粪做饭、点酥油灯照明的历史。能源紧缺长期制约着西藏经济的发展,但被视为"太阳神"的阳光能源却极为丰富,西藏年均日照3000个小时,总辐射量年均每平方厘米190大卡以上,比同纬度的平原地区高出三分之一到一倍。随着科学技术的进步,开发利用太阳能的实用技术逐渐成熟,开发利用太阳能填补西藏常规能源不足的问题,日益受到科技部门和自治区领导的重视。

80年代初,西藏自治区科委成立太阳能研究所(后改为西藏太阳能研究中心),首先在拉萨市、那曲地区试点。不断总结经验,开始有计划、小规模地开发利用太阳能资源。那曲地区最早建起太阳能暖房,起到了示范作用。一批科技人员携带太阳灶走遍广大农牧区,向农牧民宣传、表演示范使用太阳能灶的优越性。起初由于受封建迷信的影响,有些群众认为"太阳神"不可侵犯,不能屈尊为人烧水做饭,推广使用太阳灶十分艰难。经过科技人员的示范诱导,太阳灶与烧牛粪的优劣,被越来越多的人所接受,从太阳灶不再是"异物"开始,逐步推广了多种应用项目。

1990年,经国内部分太阳能专家提议,国家计委组织西藏自治区人民政府立项的"西藏阳光计划"开始实施。计划10年投资1.5亿元,分三阶段进行。即1990~1992年为第一阶段;1993~1995年为第二阶段;1996~2000年为第三阶段。利用10年时间完成5项计划指标,可达到年节约能源7万吨标准煤,年效益5000万元的能源建设规模。至1992年底,第一阶段三年计划五项指标均已全部完成。其中推广太阳灶16664台,太阳能采暖房30400平方米,各种太阳能温室40550平方米(历年累计80万平方米),地面接收站光电电源系统25套,户用光电电灯2905套。经过多年的努力,太阳能器具也随之发展,太阳能利用已形成西藏能源的重要组成部分。拉萨有40多家经营太阳能设备安装的单位,太阳能采暖房、太阳能光电灯、太阳能鱼池、多种形式的太阳能热水器、开水器、塑料大棚采暖种菜等太阳能的开发利用,已遍及城乡,连寺庙的僧尼也要求使用太阳能设备,为自己的生活服务。此外,在阿里地区的无电县革吉和改则县,先后建成10千瓦、20千瓦乡级光电站各1座。西藏第一个太阳能综合利用示范县——江孜县的太阳能推广应用成绩显著,1992年底已推广太阳能灶

3400台,普及率达38.6%,建成太阳房3000平方米,各乡光电灯也基本配齐。

第一阶段推广的各类太阳能设施每年可节约的能源折合标准煤2.6万吨,价值1300万元。3年投放的资金总额2255万元,不到两年即可全部收回。

地热资源的开发和利用。西藏除有丰富的水能、太阳能资源外,地热资源也很丰富。中外专家对西藏高原地热能进行了长期考察研究,已发现水热区600多处,其中掌握科学资料的354处。水热活动类型除常见的温泉和热泉外,还有大量活动激烈的水热爆炸、间歇喷泉、喷气孔、沸泉、沸喷泉等高温显示类型。有的热储温度在摄氏200～240度之间。60、70年代,西藏自治区已开始重视地热资源的开发和利用,弥补常规能源的不足。1977年羊八井第一台地热发电机组开始发电,现已建成羊八井地热试验电站和阿里朗久地热电站,共设机组9台,装机总容量26000千瓦,羊八井地热电站每年向拉萨送电5000万度。

西藏地热电站的开发和利用,受到联合国、日本、美国、意大利近10个国家的专家、学者的青睐,近几年来,每年都有几十个、上百个外国专家到西藏进行地热研究和援助工作。

(3)交通邮电工程建设

西藏交通主要依靠公路、航空、邮电三大支柱产业。进入80年代,全区公路通车里程近22000公里,已建成当雄、和平、贡嘎三座机场和布满全区的邮电通信网络。随着改革开放和各项事业的发展,交通运输"瓶颈"问题日趋突出。80年代后期,为解决阻碍扩大改革开放的"瓶颈"问题,在国家财政大力支援下,加快扩建或新建以公路为主的综合运输基础设施,一批重点建设项目已陆续竣工交付使用。

西藏公路运输网络以拉萨为中心,由青藏、川藏、新藏、滇藏、中尼五条干线和贯通全区主要城镇的315条支线组成。1987年至1992年国家投资3.6亿元,陆续将曲水到日喀则路面改建为沥青路面,使拉萨至日喀则的行车时间由原来的13小时缩短为4小时。担负进出藏物资运输任务85%的青藏公路,冻土层整治工程列入国家"八五"重点工程。1992年国家决定投资8.5亿元,对青藏路全线进行整治。川藏公路继中坝段水毁工程和部分地段泥石流整治之后,1992年国家计划投资10亿元,对全线分两期进行整治,二郎山隧道已经开挖。1990年国家投资1亿元,整治黑昌公路,使之成为三级砾石公路。

邮电通信基础设施建设发展迅速,进入80年代,西藏邮电通信企业,运用国家邮电部门的优惠政策,依靠科学进步和社会各方支持,以及邮电干部、职工发扬艰苦奋斗精神,使西藏邮电通信业务得到长足发展。1992年已实现固定资产投资2亿多元,相当于1980年以前投资总额的5倍。邮电业务总量以年均12.3%的速度增长;邮电业务收入年均增长17.8%;全员劳动生产率按业务总量计算年均增长13.2%;通信装备水平接近世界80年代末水平,"八五"计划实施以后,邮电通信基础建设进一步加快,头两年即完成固定投资1.327亿元,占原定"八五"投资总金额的80.5%,其中基础建设投资1.08亿元,建成了拉萨S1240程控电话工程和拉萨邮政通信枢纽大楼,使西藏的邮政通信达到了全国的先进水平;同时,61座卫星通信地球站工程已进入安装调试阶段,全区长途电话电路增长62.4%,市话交换总容量达到20995门,邮政电话普及率提高到80.88%,基本上可以实现全区县县通长途电话的目标。新建邮电局所123处,73.9%的乡和80%的行政村实现了通邮。西藏邮政通讯事业的超前发展,不仅使全区的邮电通信能力大大加强,科技含量大为提高,而且也极大地促进了西藏地方经济的快速发展。同时,也极大地推动了西藏社会主义现代化建设的进度,实现了工业化与信息化同步发展的客观要求。

第二节 中央第三次西藏工作座谈会,西藏社会主义现代化建设进入快速发展的第一个里程碑

进入 90 年代,西藏迎来了历史上最好的发展时期,在短短的几年内,全区上下在邓小平同志南巡讲话的鼓舞下,在党的十四大精神的推动下,乘全国改革开放的东风,勇于开拓,乘势而上,全面改革,扩大开放,加速了西藏社会主义现代化的建设。1994 年召开的中央第三次西藏工作座谈会,为西藏的稳定和发展注入了新的活力,伴随着全区经济发展、政治稳定的大好形势,西藏社会主义现代化建设进入了新的发展阶段。

一、加快西藏发展的重大部署和一系列举措

1992 年 2 月,中央印发了邓小平同志在武昌、深圳、珠海、上海等地的谈话要点。在谈话精神的指导下,全党全国人民进一步解放思想。从沿海到内地,从腹地到边疆,人们的思想空前活跃,闯禁区,拓新路,大胆尝试,开拓进取,全国呈现出一派加快发展热气腾腾的局面。西藏自治区党委、政府为贯彻邓小平同志谈话精神,全面推进西藏社会主义现代化建设,做出了重大部署和采取了一系列措施。

1. 以邓小平南巡讲话为指导,提高对社会主义本质的认识

邓小平的南巡谈话是在深刻总结国际共产主义运动成功与失败经验的基础上,在面对国内风波和国际变局,全面分析国内外形势发展和我们面临的时机和挑战的情况下提出来的。他深刻阐述

了"什么是社会主义和怎样建设社会主义"这个基本问题,从理论上作出了新的回答,解决了在社会体制和经济形式等方面长期困扰人们的一些重大问题,高度精辟地概括了社会主义的本质,明确提出了计划和市场不是社会主义与资本主义的本质区别,并提出了"三个有利于"的判断是非标准,使人们对社会主义本质的认识提高到一个新的阶段。

中央文件下发之后,区党委首先在省级党员干部中进行了传达学习,在学习中逐步认识到西藏与全国发展的距离越拉越大,如不及时迎头赶上,就会丧失历史赋予的机遇。一定要用邓小平同志的南巡谈话精神和关于改革开放、坚持四项基本原则等一系列重要论述,来统一思想,开阔视野,拓宽我区改革开放的思路,加深对社会主义本质的认识。

为了贯彻落实邓小平南巡谈话精神,提高广大干部的认识,规范人们的思想,为加速全区的改革开放和社会主义现代化建设,创造一个良好的思想基础,自治区党委于1992年7月25日在拉萨召开了地专级以上党员干部大会。主持自治区党委工作的陈奎元同志代表区党委作了重要讲话。会后,区党委在认真总结西藏十多年来改革开放经验的基础上,结合邓小平同志南巡讲话精神,形成了加速西藏改革开放的共识。

关于对社会主义的理解和认识问题。首先要看到社会主义在发展过程中,要想保持蓬勃生机,就要不断地进行自我改革,自我完善,敢于和善于抛弃过去那些经实践证明不能体现和发挥社会主义制度优越性的观念和制度,逐步探索走出一条有中国特色社会主义建设道路。贫穷不是社会主义,社会主义的历史使命就是消灭贫穷。当然,社会主义制度不光是贫和富的概念,还有更丰富的内涵,是生产力与生产关系、经济基础与上层建筑、物质文明和精神文明等诸多因素的统一体。贫穷不是社会主义,但富裕也不能直接导致社会主义。因此,在改革开放过程中,必须注意社会主义的经济基础和上层建筑、生产力和生产关系、物质文明和精神文明等多种内涵。对社会主义本质的认识，邓小平在南巡谈话中已经明确，不能再说我们还不知道什么是社会主义。我们不能闭目塞听，不要让"左"的观念、姓"资"姓"社"的陈腐思维充塞于头脑之中，从而贻误党的事业，损害人民群众的切身利益。

关于加快西藏发展的问题。根据邓小平同志一贯倡导的"发展才是硬道理"的精神，西藏必须从现在起进入新的历史起点，以前所未有的动力和速度向现代化迈进。西藏要发展，就要从实际出发，深刻分析西藏现状，要讲辩证法，不应只见困难，不见有利条件。有些条件我们永远改变不了，如海拔高、缺氧等气象、地理条件，有些条件不利，如人口密度低、市场狭小、不通铁路、能源不足、资源类型不全等。但西藏也有许多有利条件，如资源丰富、人口少，人均占有量大等，问题是如何去利用这些有利条件，因此，在指导思想上要树立勇于开拓进取之精神，不可过于求稳定而放慢发展速度。

关于改革开放问题。要真正认识到在西藏不改革将是死路一条的道理。如果对改革的意义没有充分的理解，就不可能坚定地、自觉地排除各种干扰，积极促进改革。贻误了改革，就是贻误了发展，就是贻误了西藏的事业。寻求加速西藏发展的途径，必须在开拓和搞活市场上做文章，尽力克服历史遗留下来的相对封闭的状态，要扩大开放，即对所有国家和地区开放，对国内各方面开放。要搞好西藏的改革开放，必须深入学习邓小平同志南巡谈话精神，主要解决四个思想问题：一是西藏经济体制必须改革，必须改掉现有的旧的高度计划经济体制。不论有多么特殊，这第二次革命是不能回避的；二是西藏经济体制可以改革，因为西藏与内地实行的是同一的经济体制和政治体制，旧体制的弊端束缚了内地的发展，西藏也深受其苦，其他省区在加速改革，西藏不能甘落人后。改革与发展不同，经济发达地区或不发达地区都可以走在前面；三是西藏的改革开放要有紧迫感。旧的经济体制使生产力发展缓慢,这在西藏更突出。如不加快发展,将会使西藏与全国的差距越拉越大;四是加快改革开放,将有利于民族进步和社会发展,有利于民族团结,有利于与分裂势力的斗争。

关于两手抓和有"左"反左、有右反右的问题。强调必须坚持两手抓、两手都要硬的方针。邓小平同志提出的新时期党的基本路线就是"一个中心,两个基本点"。西藏制定的"一个中心、两件大事、三个确保"的工作方针,就是党的基本路线在西藏的具体化,就是坚持两手抓,两手都要硬。在反分裂斗争中要坚决有力,这只手不能软,软了就不能巩固祖国的社会主义江山,就不能为改革开放提供安全的外部环境。同时要加快改革开放的步伐,改革开放不能停步,更不能放松。"左"和"右"都违反党的基本路线,都可以葬送革命事业。当然,在不同时期,"左"和"右"都有不同内涵和不同表现。在不同的时期,主要危险倾向是哪一种,要作具体分析。阻碍西藏改革开放的主要问题是"左",小平同志对"左"的表现和危害论述很深刻,很明确,切不可在警惕"右"和防止"左"的问题上纠缠历史旧账,不可把同志们在理解上的差异当成"左"或"右"来批。对"左"的和"右"的错误倾向,都要真抓实防,放松任何一种错误倾向都不行。过去有些人犯错误,不是没有讲,而是他们在实际工作中只抓了一手,或一手硬一手软。西藏同全国一样也有"右"的东西,也有"左"的东西,还有旧的东西,改革开放的思想障碍主要来自"左"和"右",这些东西由来已久,有经济的根源,也有社会历史根源。所以经济体制这一场改革,必须以思想上的改革作先导,同时也必须有社会的改革与之相伴而行。如果以为经济体制的根本变革可以顺水推舟,那就是低估了改革的困难。

同内外敌对、分裂势力的斗争。在注意防"右",旗帜鲜明地坚持四项基本原则的同时,坚决打击蓄意破坏民族团结和企图分裂祖国的罪恶活动。民族分裂活动从来都是外国侵略势力策动的,民族分裂主义分子从来都是外国侵略势力割取我国边疆领土的内应力量。与他们的矛盾斗争是敌我之间的生死搏斗,以放弃原则,对敌对势力采取妥协退让求团结、求统一是天真的幻想。西藏和平解放以来,特别是近几年的情况都证明,只有坚决反击敌对势力才有安定可言。对敌斗争,不存在"左"的问题。

区党委对邓小平南巡讲话特别是对改革开放和稳定发展的认识,统一了人们的思想,结束了多年困扰着人们的关于"姓资""姓社"的争论。继学习邓小平同志的南巡谈话后,全区又学习了邓小平同志《立足民族平等,加快西藏发展》的重要论著。在这篇论著中,邓小平同志明确指出:"我们帮助少数民族地区发展的政策是坚定不移的"、"西藏是人口很稀少的地区,地方大得很,单靠二百万藏族同胞去建设是不够的,汉人去帮助他们没有什么坏处。如果以在西藏有多少汉人来判断中国的民族政策和西藏问题,不会得出正确的结论。关键是看怎样对西藏人民有利,怎么才能使西藏很快发展起来,在中国四个现代化建设中走进前列。"

邓小平同志的南巡谈话及对西藏工作的一系列指示,为加快西藏发展,保持社会稳定指明了方向。通过学习,全区上下加深了认识,统一了思想,为其后一系列改革开放和社会稳定的举措的出台提供了思想与政治保证。

2. 进一步深化农牧区经济体制改革,加快农牧区经济的发展

在全区认真学习邓小平同志的南巡谈话,深刻领会其精神的同时,为进一步深化农牧区经济体制改革,自治区推出了一系列新的举措。其目的在于进一步加强党对农牧区工作的领导,加速农牧业经济发展,为西藏的全面改革开放创造有利条件。

西藏是一个农牧业经济占重要地位的地区。当时,西藏农牧业产值占全区工农业总产值的80%以上,农牧区人口占全区总人口的80%以上,没有农牧区的稳定和全面进步,就不可能有全区

社会的稳定和全面进步;没有农牧区的经济发展,就不可能有全区经济的发展。自治区党委和人民政府从全面推进改革开放,维护祖国统一,增强民族团结,保持社会稳定,巩固西南边防的高度,深刻认识到西藏农牧业和农牧区工作的重要性,决心花大力气搞好农牧区工作,为全面改革开放打下一个坚实的基础。

加强农牧区工作是从两个方面进行的,第一是稳定和完善党在农牧区的基本政策,进一步深化改革,继续调整农牧区产业结构,增强综合生产能力,加强农牧业基础设施建设,重点开发农业资源,依靠科技教育兴农兴牧,提高农牧民整体科学技术水平;第二是广泛深入地进行农牧区社会主义思想教育,加强农牧区基层组织建设,推进农牧区社会主义精神文明向前发展。

1992年1月15日,中共西藏自治区四届三次全委会通过了《进一步加强农业和农牧区工作的决定》。决定指出,西藏经过十多年的改革开放,长期封闭的经济格局正在打破,自然经济开始受到冲击,经济发展速度在加快,农牧民的生活、居住条件有了较大改善,生活有了明显地提高。干部、群众的商品观念日渐增强,农牧区的面貌发生了显著变化。农牧区人心稳定,政治稳定,社会稳定,经济稳定。农牧区的稳定和发展为全区的稳定和发展奠定了基础。但是,农牧区的发展尚不平衡,存在着诸多制约因素和不少问题。农牧业基础还比较脆弱,抗御自然灾害的能力较差,发展后劲不足;双层经营体制很不完善,社会化服务水平很低,集体经济薄弱;商品流通渠道不畅,人才匮乏,精神文明建设和民主法制建设也比较落后。加强农牧区工作仍是全区党员干部和广大人民群众的重要任务。

根据对农牧区工作情况的分析,区党委首先制定了推动农、牧区经济发展,推进改革开放的一系列措施,这些措施概括起来主要是:(1)在继续实行以家庭经营为主的前提下。稳定和完善农牧区统分结合的双层经营体制;(2)积极发展农牧区社会服务化体系,深化农牧区经济体制改革,调动一切可以调动的力量,促进农牧业经济的发展;(3)积极稳妥地发展集体经济,逐步壮大集体经济实力,增强集体的凝聚力和抵御重大自然灾害的能力。走共同富裕的道路,巩固党在农村的社会主义阵地;(4)加快农牧区脱贫致富的步伐,重视防灾抗灾工作,帮助贫困地区搞好生产自助,由单纯的依靠救济扶助生活转变为增强自身造血功能,解决贫困地区长期靠国家,靠扶助的贫困根源;(5)深化农畜产品价格和流通体制改革,按照计划经济和市场调节相结合的原则,根据价值规律和农畜产品的特点,慎重稳妥地进行改革;(6)发展多种经营和乡镇企业,增加农牧民收入,繁荣农牧区经济;(7)加强农牧业基础设施建设,搞好科学种田和农田水利建设,采取工程、技术、生物等配套措施,增加农牧业的产出和质量,稳定农牧业经济;(8)搞好重点开发和基础建设,主要是抓好重点农牧业工程、商品粮基地和畜产品基地,以示范工程和基地建设带动农牧业全面发展;(9)依靠科技和教育兴农兴牧,增加农牧业生产的科技含量,搞好科普教育,培养农牧业科技人才,提高农牧民的科学文化素质;(10)增加对农牧业的投入,增强农牧业经济的发展后劲。这十条措施基本上包括了农牧业经济发展的方方面面,是 90 年代西藏农牧业经济改革与发展的指导性文件。

为了推动农牧区工作的全面发展,在搞好经济发展的同时,自治区非常注重农牧区的精神文明建设和基层组织建设,分期分批进行了社会主义思想教育。社会主义思想教育使干部群众的思想觉悟明显提高,许多群众摆脱了旧的习惯束缚,走上了发展市场经济,依靠科技发展生产力的道路。同时,社教促进了农牧业生产的发展,推动了农牧区改革的步伐。经过一年半的社教工作.在邓小平同志南巡讲话和党的十四大精神的鼓舞下,西藏农牧区工作发生了可喜的变化。1993 年,西藏农牧业经济取得了可喜的成果,全区农牧业总产值达到 22.99 亿元,粮食总产量首次突破 6.722

亿公斤,平均亩产达到232.7公斤;牲畜存栏达到2319.88万头(只),生猪出栏数达到9.66万头,农牧民人均纯收入达到757元。

农村经济的发展变化不单单体现在数量上,最大的变化是农村经济结构在迅速发生变化,(1)一大批乡镇企业在农村迅速兴起,制革、榨油、磨面、纺织、运输、农村小水电、木业加工等一批小型乡镇企业迅速地发展起来;(2)农业经济的科技含量正在增加,一改广大农牧民过去靠天吃饭、自然经营的状况,依靠科技进步振兴农业的观念逐步深入人心;(3)农产品的商品转化率在提高,农村由单纯的粮食生产向精制食品、肉、蛋、禽多种生产转化。牧业由单一的屠宰向皮毛加工、肉类加工、奶类加工方面转化;(4)以统分结合为基础,农村生产经济责任制在逐步完善,农田水利基本建设也掀起了热潮。在社教工作队的帮助下,农村新建、修复了一大批农田水利基本设施,建成了一批农业生产基础设施,为农牧区的全面改革开放打下了坚实的基础。

加强农牧区工作是在邓小平同志南巡谈话发表之后,全国上下加快改革开放步伐和发展的大环境下开展的,所采取的一切举措均体现了深化改革、加快发展的精神。所以西藏农牧区工作以南巡谈话和党的"十四大"为新起点,并取得了丰硕的成果。

3. 全面贯彻十四大精神,为西藏经济发展作出重大部署

1992年以党的十四大为标志,中国的改革开放进入到比较成熟的时期,建设中国特色的社会主义理论,已成为指导改革开放社会主义现代化建设的指导思想,建立社会主义市场经济体制已成为经济体制改革的总体目标。

十四大召开后,全国呈现出抓改革、促开放,争速度、促发展的大好形势。1992年12月1日,陈奎元同志调任西藏自治区党委书记。12月25日至28日,自治区党委四届四次全委扩大会在拉萨召开,这次会议既是西藏自治区贯彻十四大精神,力促改革开放

的动员会,也是各级领导干部更换脑筋,转变观念,进一步统一思想,提高认识的大会。会上,陈奎元同志向大会作了《努力贯彻十四大精神,抓紧抓实改革开放,促进我区国民经济再上新台阶》的报告。报告共分三个部分。一、解放思想,更新观念,全面贯彻党的十四大精神;二、坚持改革开放,真抓实干,增强国民经济活力,力争经济发展再上新台阶;三、加强党的建设,提高党的领导水平,保证改革开放和两个文明建设的顺利进行。

自治区四届四次全委扩大会议着重从认识上入手,认真清理了存在的阻碍改革开放的难点问题。指出了影响西藏发展的诸多因素,主要表现在:(1)受长期计划经济体制的影响,使人们对搞市场经济缺乏足够的认识和兴趣,甚至以计划和市场来区分姓"资"姓"社";(2)用一些过时的甚至是被扭曲的所谓社会主义理论来衡量当前生动活泼的社会主义改革开放的现实,用以前的旧体制、旧模式束缚自己的思想和手脚;(3)在经济活动中,行政命令、长官意志、主观主义严重,跳不出计划经济模式的框框;(4)不按价值规律办事,财政包袱越背越重;(5)由于长期的封闭型经济意识影响,使人们在经济活动中视野不开阔,目光短浅,对先进的管理经验麻木不仁,对开放存在恐惧心理,对进来的,怕别人赚了西藏的钱,占了自己的位,对走出去的又怕肥水外流,对到区外投资认为是花了自己的钱,肥了别人的田。这些因素严重地阻碍着西藏改革开放和社会主义现代化建设的步伐。

如何解决这些问题,区党委四届四次全委扩大会议从五个方面提出了明确的思路:

其一,要正确理解和掌握邓小平同志建设有中国特色社会主义的理论。这个理论,第一次比较系统地初步回答了在中国这样的经济文化比较落后的国家,如何建设社会主义,如何巩固和发展社会主义的一系列基本问题,用新的思想、观点继承和发展了马克思主义,是马克思列宁主义基本原理与当代中国实际和时代特征相结合的产物,是对毛泽东思想的继承和发展,是当代中国的马克思主义,是引导我国社会主义的事业不断前进的指针,它为党和国家奠定了夺取社会主义现代化建设胜利的理论基础。全区各级党组织和党的领导干部,都要以建设中国特色的社会主义理论为武器,解放思想,更新观念,学会用这一理论思考问题,指导实际工作。

其二,全面正确地理解和贯彻党的基本路线。党的"一个中心,两个基本点"的基本路线,是建设中国特色社会主义理论的基本组成部分。基本路线是决定全局,指导全局的。因此,全区各级党政组织和党员干部必须坚持党的基本路线毫不动摇,特别是坚持以经济建设为中心不动摇。在西藏,无论何时何地,都要一心一意地抓好经济工作,各级党组织都要重视研究经济工作,制定本地区经济发展的蓝图和规划。要确定本地区合理的产业结构,研究通过科技进步促进生产力发展的政策和任务,积极引导本地区开展内引外联工作,做好对于重大经济建设项目的论证把关工作。在经济工作中,要坚持从西藏实际出发,探索符合本地区实际的经济发展的路子。全面正确地理解党的基本路线,必须把握一个中心和两个基本点的有机结合。在西藏要把政治上稳定、反分裂斗争和通过改革开放增强经济活力及加快经济建设步伐有机地结合起来,时刻不忘两手抓。坚持以经济建设为中心,坚持改革开放,必须保持社会政治局势的稳定。因为,西藏面临着境内外分裂势力经常的干扰,只要达赖集团不放弃分裂祖国的图谋,就必然置西藏人民的幸福富裕和西藏的繁荣发展于不顾,明里暗里干扰破坏西藏的经济建设和政治稳定。所以,全区各族人民和广大党员干部必须经常保持高度警惕,及时挫败他们的破坏活动,坚决打击分裂祖国和其他严重刑事犯罪活动,为改革开放和经济建设提供一个稳定的社会环境。

其三,正确理解经济体制改革的目标是建立社会主义市场经济体制。进行经济体制改革,其核心就是要改变传统的、高度集中的计划经济体制和运行机制,充分发挥市场的调节功能。让市场在资源配置中起基础性作用,这是经济体制改革不可动摇的目标。西藏地区受自然经济、供给型经济的影响很深,要转变到搞社会主义市场经济上来,无论在认识上,还是在实践上;无论是在领导层,还是在企业和基层都会遇到严重的障碍。因此,各级党委和党员领导干部要认真学习邓小平同志关于社会主义市场经济的理论,解除思想上的各种禁忌。同时,要学习了解研究沿海和内地走向市场的实践经验,按着允许试、允许闯的精神,鼓励各地区、各部门大胆实践,推动西藏经济走向社会主义市场经济之路,与全国乃至国际市场联系起来,最终把生产、交换、分配、消费都纳入市场经济的轨道。

其四,进一步加深理解解放思想的重要性和紧迫性。解放思想,主要是让人们的思想符合正在发展着的客观实际,而不是只看走过的小路,固守先前的经验。解放思想,实事求是,就是要求人们适应新形势,研究新问题,探索新思路,开创新篇章。在西藏,各级党组织和党员领导干部都要用邓小平同志建设中国特色的社会主义理论改造思维方式和行为方式,把"三个有利于"作为一切行动的准则和判断是非的标准。使自己的思想从过去对社会主义的一些被扭曲的错误观念中解放出来;从囿于姓"社"姓"资"的争议中解放出来;从安于现状、无所作为、不求有功、但求无过的精神状态中解放出来;从供给型、封闭型经济的束缚中解放出来;从等、靠、要的依赖思想中解放出来。树立敢闯、敢冒、敢为天下先的精神,坚决扫除一切阻碍经济发展的思想、体制和规章制度,在改革开放和社会主义现代化建设的大潮中开创新的业绩。

其五,认清形势,抓住机遇,加快西藏的改革开放步伐和经济发展速度。邓小平同志南巡谈话后,特别是党的十四大的召开,沿海及内地各省区的国民经济先后腾飞,进入了高速发展的时期,西藏经济也有了很大变化。但是,由于内部活力和外部环境没有发生根本性变化,与兄弟省区的差距正在进一步迅速拉大,各级党组织和全体共产党员必须清醒地认识到这一点。要鼓起勇气,奋起直追,动员全区各族人民,团结一切可以团结的力量,促进西藏经济建设的腾飞。

根据十四大加快发展的精神,自治区人民政府及综合部门对发展速度进行了重新测算。经过与会代表的认真讨论,区党委四届四次全委扩大会议将"八·五"计划后3年的发展速度由以前的5.8%提高到年均增长8%。其中,第一产业预计年均增长5%;第二产业预计年均增长9.8%;第三产业预计年均增长10.7%。实际上其后几年的发展速度均已超过了这一指标。

二、深化改革开放,促进西藏经济社会全面发展

根据邓小平同志南巡谈话和党的十四大会议的精神,自治区党委政府陆续推出了一系列改革开放的新举措,至此,西藏社会主义现代化建设进入了全面加速发展的历史新时期。

1. 几个重大决定的出台

1992年7月14日,自治区党委、自治区人民政府首先推出了《关于深化改革,扩大开放的决定》,这一重大决定显然是学习邓小平同志南巡谈话,加快改革开放步伐的具体体现,标志着西藏全方位改革开放的开始。

《决定》指出:全区共产党员和各族人民,特别是各级领导干部,要认真学习和领会邓小平同志建设中国特色社会主义的理论及其精神实质,充分认识西藏加快改革开放步伐的一切有利条件,以敢为天下先的胆略和只争朝夕的精神,紧密结合本地区、本部门的实际,放开手脚,排除各种干扰,抓住有利时机,用好、用活、用足中央为西藏制定的一系列特殊政策和灵活措施,大胆实践,开拓进

取,勇于探索发展我区社会生产力的新途径,把改革开放和经济建设提高到一个新的水平。

《决定》从十个方面对改革开放的重大问题作出了部署:[①]

(1)实行全方位开放,积极引进内资和外资,努力扩大对外经济技术合作与横向经济联合。

(2)走出区门,积极在内地、邻国兴办独资、合资、合作企业。各地市、各部门要继续利用内地特区、开放城市和经济开发区的优惠政策和经济环境优势,在沿海和经济开发区兴办联营或独资的经济实体。现有经营点要不断扩大经营范围,鼓励区内企业或联营企业利用区内、区外的原材料、半成品、技术设备在邻国兴办独资或联营企业,产品全部外销,以扩大出口量。

(3)进一步发展和扩大对外贸易,主要是充分运用中央给予西藏的特殊政策和灵活措施,扩大和发展远洋贸易。以国际市场为导向,开拓和组织出口货源;搞活进口,调整进口商品结构;鼓励出口创汇,合理分配利益;对出口货源较为富裕的地、市、县,其所属的外贸企业,在进出口业务上,按自治区外贸公司的分公司对待,享受有关外贸政策。

(4)搞活同邻国边境贸易,以边境贸易为突破口,制定通贸兴边政策,抓好边境地区的经贸工作,促进全区经济发展;利用现有口岸,扩展边境贸易的地域范围和商业内涵;鼓励各地市、各部门、区内企业在安排好区内市场的前提下,参与边境贸易;建立健全适应边贸发展的管理体制,下放管理权限,转变管理方式,改进管理办法;实行优惠政策,鼓励边贸发展。同时,加强口岸建设和对边贸的管理。

[①]中共西藏自治区委员会党史研究室:《中国共产党西藏历史大事记》,第1卷,中共党史出版社,2005年版,第624页。

(5)开发旅游资源,开辟旅游市场,大力发展旅游业。主要是采取优惠政策,加强国际、国内旅游市场的开发,鼓励对旅游资源的开发,开辟新的航线,加强航空运输建设。

(6)以转换企业经营机制为重点,全面推进经济体制改革。主要是转换企业经营机制,把企业推向市场,使企业成为自主经营、自负盈亏、自我发展、自我约束的商品生产者和经营者。允许企业以一业为主,多种经营,鼓励工业企业开办第三产业。继续推行和完善厂长(经理)负责制和承包经营责任制,全心全意依靠工人阶级,充分调动各方的积极性,发挥企业的整体优势;调整企业的组织结构,打破部门和地域界限,推进企业联合;积极培育市场,加大物资、商业体制改革的份量;进行城市综合改革试点,加快计划、财税、金融、价格、科教体制,以及住房、养老、失业保险等社会保障制度改革的步伐。

(7)深化农牧区经济体制改革,加快科教兴农、兴牧的步伐。

(8)大力发展乡镇企业,促进农牧区经济的全面发展。

(9)重视培养、使用、引进适应改革开放所需要的人才。鼓励和支持党政机关、事业单位的技术、管理及有专长的人员从机关分离出来,承包、租赁企业,领办、创办乡镇企业。

(10)充分发挥资源优势,积极发展资源工业,加快西藏经济建设的步伐。

《决定》以文件形式公布后,在全区引起了巨大反响,各地区、各部门和企业单位积极行动起来,按照决定的要求,学政策、放权限、试办工业企业,招商引资,形成了一股改革开放的热潮。为了将改革开放引向深入,自治区又陆续出台了一系列具体的改革开放政策。其中比较重要的有《西藏自治区人民政府关于鼓励国内外来藏投资的若干规定》、《西藏自治区人民政府关于大力发展乡镇企业的决定》及《西藏自治区人民政府关于加快发展第三产业的实施意见》。

1992年7月西藏自治区人民政府推出了《关于鼓励国内外来藏投资的若干规定》。[1] 它反映了西藏对外扩大开放的决心,表现出了自治区改革开放的胆识和魄力。"若干规定"共有23条,其主要内容有鼓励国内外的企业、公司、其他经济组织或者个人来藏投资,兴办经济实体和各项经济事业及社会事业;依法保护投资者的合法权益,对投资者的资产不实行国有化,投资者自愿向国家有偿出让或者国家根据公共利益的需要,对投资企业实行征收的,依照法律程序进行,并给予相应的补偿;国内外来藏投资不受地区、部门、行业的限制,投资和经营方式可按政府规定的八项规定办理;国内外来藏投资项目在计划安排、立项审批、配套资金、开工建设、企业设定、注册登记等方面优先安排和办理;区内矿产资源依法实行有偿开采,除国家规定的指定矿藏资源以外,其他矿藏资源开采,经自治区人民政府批准,客商可以合资经营、合作经营和独资经营的方式进行勘探开采;内地各级人民政府组织其所属企业来藏兴办的联合企业,总产值可按投资比例划回原地统计,客商分成利润的所得税,可回原地交纳。客商在投资定额内进口本企业建设用的机器、设备、建筑材料、零部件、元器件等,免征进口关税和工商统一税;客商投资企业从境外聘请的技术和管理人员,可以申请办理多次出入境证件;无偿援助西藏经济、社会事业的国内外人士,自治区人民政府将颁发荣誉证书,以资鼓励。援助重大项目者,报请国务院批准,由国家颁发荣誉证书和在西藏设立永久性纪念标志。

《关于大力发展乡镇企业的决定》,[2]为发展西藏农牧区经济

---

[1] 中共西藏自治区委员会党史研究室:《中国共产党西藏历史大事记》,第1卷,中共党史出版社,2005年版,第625页。
[2] 中共西藏自治区委员会党史研究室:《中国共产党西藏历史大事记》,第1卷,中共党史出版社,2005年版,第627页。

提供了机遇和途径。《发展乡镇企业的决定》共十一个部分,各部分思路清晰,认识明确,措施得当,政策对路,对促进西藏乡镇企业的发展有着极其重要的作用。这十一个部分是:一是进一步提高对自治区乡镇企业重要地位和作用的认识;二是明确发展乡镇企业的方针;三是明确方向,合理确定产业、产品和区域发展重点;四是坚持优势互补,广泛开展横向经济联合;五是放开经营,简化办事程序;六是实行免税的优惠政策;七是大力引进、培养人才,推进企业技术进步;八是广筹资金,千方百计增加投入;九是明确产权关系,完善经营机制;十是进一步加强对乡镇企业的领导;十一是动员全社会力量支持乡镇企业。

大力发展第三产业,是西藏自治区发展经济的一个重要部署。根据国内外现代化发展的经验,第三产业在国民经济中应该占据重要位置。鉴于西藏第三产业长期依靠计划经济体制,依靠国营商业主渠道和国家重点投资的状况,自治区决心大力发展第三产业,改变第一产业、第二产业和第三产业比重不协调的局面。在自治区加快发展第三产业的实施意见中,确定了第三产业的发展目标:就是在"八·五"期间和90年代,第三产业平均年增长速度要快于第一、二产业,力争达到10%左右。到"八·五"末和2000年,按1990年可比价计算,第三产业增加值达到16.7亿元和26.9亿元,使其占国民生产总值的比重由1990年的3.9%增加到38.1%和41.8%。从业人员的比重由1990年的15.4%上升到20%和25%左右。根据这一目标,自治区经济的总体水平会大大提高,国民经济总量也会有效地增长。

自治区关于加快改革、扩大开放的一系列决策,为全方位改革提供了政策保证,其后,一系列改革的重大活动基本上是在这些重要决策指导下进行的。

2. 进一步深化经济体制改革,全面推进经济建设

1993年1月,自治区六届人大一次会议在拉萨召开。这次会

议的主要议题是讨论通过旨在进行全面改革开放、加速西藏经济发展的《政府工作报告》,并把区党委、区人民政府关于加快经济体制改革、扩大对内对外开放的精神贯彻到实际工作中去,贯彻到农牧区基层,使西藏社会主义现代化建设,开始全方位地推开。最先出台的改革措施,就是自治区贯彻《全民所有制工业企业转换经营机制条例》的实施办法。在这套实施办法中,政府对落实企业经营自主权,企业自负盈亏的责任,企业的变更和终止,企业和政府的关系以及企业应负的法律责任都作了详细的规定。从给予的企业经营自主权看,这次改革是较为彻底的。

1993年3月,自治区给企业下放了一系列权力:企业对国家授予其经营管理的财产,享有占有、使用、依法处理的权力,并依法行使经营权;企业根据自身发展需要可以自主选择采取承包经营责任制、经济目标责任制、租赁制、合资、合作经营制、股份制和国家法律允许的其它经营形式;企业享有生产经营决策权;企业享有产品、劳务定价权、产品销售权;企业享有物资采购权、进出口权、投资决策权;企业享有留用资金支配权、资产处置权;企业享有兼并权、劳动用工权;企业享有人事管理权、工资奖金分配权;企业享有机构设置权、拒绝摊派权;企业经营自主权受法律保护。这些条例的实施对深化企业改革,将企业推向市场起到了巨大的推动作用。

影响最大的是自治区人民政府对计划管理体制的改革,这一改革涉及到方方面面,其中关系到西藏经济发展全局的有《关于改革我区计划管理体制的意见》、《关于改革投资体制和基本建设管理的意见》、《关于改进工业、矿业生产计划和调度管理的意见》、《关于改进公路计划和调度管理的意见》、《关于加快价格改革的意见》、《关于深化全民所有制企业劳动制度改革的意见》。

这些改革计划管理体制的举措,冲破了以往行政管理体制中最主要的部分,为计划经济体制向市场经济体制过渡提供了政策保证。改革计划管理体制主要是通过放宽或完全放弃计划管理权限而进行的。

在农业生产方面,由原来的全部指令性计划改变为(如森林采伐、粮食耕种面积和育林、造林面积等)指导性计划,其他实行市场调节。这就给广大农民更多的经营自主权,充分调动了他们劳动的积极性。

在工业生产和交通运输方面,由原来的基本上实行指令性计划改为发电量、原木、黄金的生产实行指令性计划,其余产品由企业按市场需要组织生产经营。走市场的产品中铬矿、水泥、硼镁石等,由自治区计划部门下达指导性计划,引导企业的生产经营活动;公路货运总量及进藏、出藏分运指标实行指导性计划管理,放开运输市场,让国有运输企业与集体、个体开展平等竞争,公路客运实行市场调节。

在商业、物资、外贸等方面主要是深化流通体制改革,拓宽流通渠道,逐步打破商业、物资、外贸的界限,进一步破除地区封锁、部门分割和行业垄断。大力发展商品市场,特别是重要农畜产品批发市场和生产资料市场。商业纳入自治区计划管理的品种由18个减少为6个;物资由计划直接调配转向市场调节;外贸的进出口总额实行指导性计划管理,出口创汇为指令性计划。进出口项目,按现行办法办理有关手续。

从西藏经济体制改革的要点看,西藏的改革已从重点突破进入到全面推进阶段。从改革的内容上看,几乎涵盖了西藏经济发展的各个领域。主要体现在:(1)全面贯彻实施《全民所有制工业企业转换经营机制条例》,落实企业经营自主权,切实转换了企业经营机制;(2)积极进行产权制度的改革,逐步建立了现代企业制度;(3)调整了农牧业产业结构,提高了整体经济效益;(4)深化了流通体制改革,积极培育和发展了各类商品市场;(5)逐步转变了政府职能,搞好了宏观调控领域的经济体制改革;(6)建立健全了社会保障体系;大力推进了住房制度改革;(7)大力推进科技体制与经济体制的配套改革,全面发展了科技教育事业。

自1992年至1994年,西藏的经济体制改革和社会主义现代化建设进入了一个全新时期,而1993年是按照党的十四大确立社会主义市场经济体制目标进行改革的第一年,在这一年中,改革的任务之重,力度之大是前所未有的。实际上,这一年推出的改革措施,为建立社会主义市场经济新体制打下了坚定的基础,促进了西藏国民经济朝着健康、快速、高效的方向发展。

3. 建立社会主义市场经济体制,促进了西藏经济的深刻变革

在西藏建立社会主义市场经济体制,始于1992年邓小平南巡谈话之后,以区党委、区人民政府关于加快改革开放的几个决定为标志而正式开始。从当时全国的势态来看,建立社会主义市场经济体制,是在党中央、国务院的统一部署下进行的,对于发达地区,向市场经济的转轨并不那么困难,而对于少数民族地区特别是后进的西藏地区来讲,向社会主义市场经济体制转轨是艰难的,这主要是因为面临着一些难以在短期内克服的困难:一是生产力水平低下,物质生产能力差,经济综合指数在全国位于最末一位;二是商品生产不发达,工业企业始终在不景气的低谷中徘徊。农牧业发展虽然良好,但农畜产品的综合商品率仅为28%;三是虽然经过自80年代以来的改革开放,促进了商品经济的蓬勃发展,但由于受到生产力水平和自然地理、交通条件的制约,西藏的商品经济总体水平既有局限性又很脆弱;四是市场体系不健全,市场功能微弱;五是流通渠道单一,自治区、地、(市)县三级市场及边贸市场未形成有机高效的流通网络。这些情况更要求对传统的、高度集中的计划经济进行有效而深刻的变革和调整。从变革的内容和范围来讲,基本上遵循了总体上与全国框架一致,体制衔接,积极稳妥,循序渐进,适当变通的原则。

1993年以后,西藏向社会主义市场经济体制转轨的速度明显加快,这种势态一方面是来自于全国对西藏经济发展的影响;另一方面还由于西藏经济内部运行机制的变化所致。从社会和个人的经济行为看,在全国都转向社会主义市场经济体制的情况下,西藏不可能保留一个独特的计划经济模式。向市场经济体制转轨是全方位进行的,而重要的变革是来自于农牧区。其主要任务是:继续稳定和完善"两个长期不变"的政策;巩固以家庭自主经营为主、统分结合的双层经营体制;建立健全农村社会化服务体系;抓好县级综合试点,坚定不移地贯彻落实《西藏自治区人民政府关于大力发展乡镇企业的决定》;毫不动摇地落实自治区关于在农牧区建立社会主义市场经济体制的一系列举措。

农牧区变革的主要内容突出在政策、结构、体系三个方面。

(1)政策方面:

西藏农牧区经济发展的政策基础是"两个长期不变"。这一政策一直延续了十多年,其中一些实际内容显然已不适应市场经济发展的需要,而另一些则需要根据时间的变化进一步完善。对此,自治区人民政府采取了以下措施:A.为避免土地的频繁变动,实行"增人不增地、减人不减地"的办法,这就是说保持土地使用权的相对稳定,鼓励群众对现有土地的投入和经营;B.鼓励农牧民按照统一规划,进行开发性建设。对农民开垦的土地、荒滩、荒坡、种粮、种草、种树,继续坚持"谁种谁有谁受益"的原则。对其经营权允许有偿转让和继承,长期不变;C.在坚持土地、草场等主要生产资料集体所有、用途不变的前提下,对从事非农业产业有稳定收入的农牧民,经乡镇人民政府批准,允许耕地、人工草地、人工林地的使用权依法有偿转让。进一步落实草场责任制,做到使用与保护、经营与建设、权利与责任的有机统一。很明显,这些政策对调动广大农牧民生产积极性发挥了重要作用。除此之外,政府还强调了把稳定"两个长期不变政策"与完善统分结合的双层经营体制结合起来,建立健全农牧区生产、流通及农牧产品转化的一条龙服务体系,为农牧区经济适应社会主义市场经济提供政策基础。

(2)结构方面:

这在向市场经济的转轨中尤为重要,在西藏经营机制的运行中,结构的变革显然是指根据市场需要,调整和优化农牧区经济结构和产出结构。对此自治区人民政府有明确的结构调整要求:A. 从当地资源和社会经济的实际出发,使资源优势逐步转化成经济优势;B. 以市场需求和群众生活需要为取向,确定主导产业,既要立足当前市场需求行情,也要着眼于市场和供求发展变化趋势;C. 实现最佳经济效益、社会效益和生态效益,提高农牧民收入;D. 促进各产业之间的产业内部生产结构互相衔接;E. 有利于区域经济的形成和发展,特别是注意农牧区经济与城市经济的结合,农业、非农业产业的结合;F. 有利于集体经济的发展与壮大,促进小城镇的建设。这些要求显然是为了适应建立和发展社会主义市场经济体制的需要。

(3)流通和市场方面:

在向社会主义市场经济体制转轨过程中,流通体制的变革幅度非常大。与以前明显不同的是,这次变革是朝着现代化的模式发展。A. 尽快使商品流通体制转移到市场经济的轨道上来,鼓励和支持其他行业及集体、个体商户和私营企业从事商品流通,建立以国有企业为主导、多种经济成份参与的商品流通体系;B. 形成完善的商品市场体系,建成以农牧区综合性、基础性初级市场为依托,与城镇中高级综合型批发市场、专业市场相结合的功能齐全、辐射能力强的商品市场体系;C. 建立现代流通企业制度,发展企业集团、连锁店、综合商社的流通企业;D. 建成适应市场经济要求的商品流通宏观调控体系;E. 推进供销合作社改革,发挥其在农牧区商品流通中主渠道作用;F. 培育农牧区批发市场,加快市场基本建设,加强市场立法,完善市场制度,实行规范化管理;J. 推进内外贸结合,发挥边贸有利条件,鼓励群众及流通企业参与边贸和对外进出口活动;H.改善各类流通设施,保证农牧区商品流通顺畅无阻,减少中间环节。

农牧区经济的变革还表现在对原来一直由国家控制特需产品的价格予以放开,使其根据市场的供求变化而决定自己的价格。这些产品包括粮食、民用茶叶、食用油、化肥、农牧产品、农机及农用油料等。这说明农牧区经济已经拥有对市场经济的适应力和承受力。

西藏农牧区改革的成功,使西藏这个农牧业占据重要地位的地区开始向社会主义市场经济体制过渡,加上城镇体制改革和国营企业改革措施的逐步贯彻落实,西藏基本上与全国经济体制改革的总机制接轨,至1995年社会主义市场经济体制在西藏基本上建立起来。

从西藏农牧区经济体制改革所产生的效果来看,可证明西藏建立社会主义市场经济体制的尝试是较为成功的。据1994年的统计数据表明:全区实现国民生产总值41.7亿元,按可比价格计算,比上年增长8.6%。其中第一产业19.5亿元;第二产业6.4亿元;第三产业15.8亿元;平均增长4.3%、11.44%、13%,一、二、三产业的比例为46.8∶15.3∶37.9。1994年的农业总产值23.29亿元,工业总产值5.35亿元,固定资产投资规模20.25亿元,全区进出口总额完成3.57亿美元。

从1994年的统计数据看,改革开放和内引外联效果明显。在中央的优惠政策支持下,全区进出口总额比上年增长2.5倍,其中出口2000万美元,比上年增长33.07%,进口3.37亿美元,比上年增长2.8倍。全年批准内引外联项目19个,引进资金10.2亿元人民币和2109万美元。全区共接待海内外游客2.8万人次,比上年增长12.9%,营业收入1.17亿元,实现利润2200万元,分别比上年增长25.8%和59.8%。这些成绩的取得显然是由于社会改革幅度加大,以及社会主义市场经济体制的运行所提供的宽松环境所致。

三、1994年中央第三次西藏工作座谈会,给西藏现代化建设开辟了一个新时代

20世纪90年代初,在党中央的支持和亲切关怀下,自治区召开了第四次党代会,确定了"一个中心、两件大事、三个确保"的工作方针。自治区党委、政府为进一步稳定局势,坚持改革开放,促进社会经济持续、稳定、协调发展,结合实际,解放思想,出台了一系列促进局势稳定、发展经济的方针、政策和措施,带领广大干部群众扎实工作,取得了显著的成绩。但是,由于西藏特殊的自然地理条件和社会历史因素,加之达赖分裂主义集团的长期干扰破坏,社会经济发展仍然明显落后于内地,并且差距正在逐步拉大。中央对此十分关注,决定召开西藏工作座谈会,全面指导西藏工作,从而使西藏的社会主义现代化建设进入了一个新的转折点。

1.1994年中央召开第三次西藏工作座谈会

20世纪80年代末到90年代初,祖国内地抓住改革开放的发展机遇,以1992年邓小平同志南巡讲话为动力,进一步加快了改革开放和建立社会主义市场经济的步伐,国民经济连续几年实现了两位数增长。而西藏的经济增长速度却还大大低于全国的平均水平,贫穷落后的面貌还没有得到根本性改变。1983年至1992年,全国生产总值年平均增长9.58%,而西藏自治区为5.9%,低3.61个百分点。1992年民族自治地方的农民人均纯收入达到783.93元,而西藏自治区只有490元,低293.93元。西藏地方财政自给率仅为6%,全区有18个贫困县,占全区总数的25%,有20%的农牧民尚未脱贫。特别是在全国加快向市场经济过渡的情况下,自治区的经济生活中又出现了一些新的困难和问题,中央在计划经济条件下为西藏自治区制定的一系列优惠政策的积极作

用,在经济体制改革过程中,有些已经或正在消失。

自治区党委为了贯彻党的十四大精神,深入改革,加快发展,促进稳定,对西藏自治区存在的困难和问题进行了分析研究。1993年9月,时任西藏自治区党委书记的陈奎元同志代表区党委、人民政府,向在广州主持中南、西南10省区会议的江泽民总书记就西藏工作情况作了全面汇报,提请中央召开第三次西藏工作座谈会,当即就得到了总书记的肯定并指示中央有关部门抓紧进行筹备工作。

为了开好中央第三次西藏工作座谈会,党中央在1994年2月专门召开西藏工作座谈会筹备会议。会上,江泽民总书记、李鹏总理、李瑞环主席等中央领导人就中央第三次西藏工作座谈会的意义、目的和会前准备工作作了明确指示。筹备会议表明:中央有决心帮助和支持西藏经济社会健康发展,能够促进西藏人民同兄弟省、市、自治区一道进入小康社会;中央也有决心指导西藏社会保持政局稳定,领导西藏胜利地进行反分裂斗争。按照筹备会议的部署,中央立即派出了由罗干和王兆国同志带队的、大规模的工作组到西藏,就经济发展状况和社会稳定情况进行深入细致的调查研究。国务院各部委先后派出由100多人组成的10个专业调研组先后抵达西藏,就相关问题到有关地、市和厅、局、委听取汇报,了解情况。通过实地调查,与社会各界人士座谈,全面、详细地了解西藏经济的发展状态和社会稳定情况,为党中央第三代领导集体制定治理西藏的大政方针,加快西藏发展提供了科学的决策依据。

1994年7月20日至23日,中共中央、国务院在北京召开了中央第三次西藏工作座谈会。所有在京的中央政治局常委和党中央、国务院领导同志出席了会议,中央国家机关有关部门的负责同志和人民解放军、武警总部的负责同志,各省、自治区、直辖市及有关计划单列市的党政负责同志,西藏自治区党政负责同志及各地、市和自治区直属机关的主要负责同志等共90余人参加了座谈会。

江泽民总书记、李鹏总理和李瑞环主席在会上作了重要讲话。江泽民总书记指出：中央对西藏工作始终是十分关心和重视的，在西藏革命和建设的每一个重要历史阶段，都及时作出了重要决策。党的十一届三中全会以后，中央两次召开西藏工作座谈会，制定了一系列有利于西藏发展的特殊政策和灵活措施，对促进西藏的改革开放和现代化建设起了重要作用。从现在起到本世纪末，是西藏经济社会发展的关键时期。他要求西藏的同志要以这次西藏工作座谈会为契机，抓住机遇，深化改革，扩大开放，加快发展，提高人民生活水平，确保社会局势稳定。

关于西藏工作的重要性，江泽民指出："西藏的工作在党和国家的工作中居于重要的战略地位。全党同志特别是各级党委和政府的主要领导干部必须清楚看到：西藏的稳定涉及国家的稳定；西藏的发展涉及国家的发展；西藏的安全涉及国家的安全。重视西藏的工作实际上就是重视全局的工作；支持西藏工作就是支持全局的工作"。[1] 总书记后来再次强调指出："为进一步推动西藏的发展进步，中央制定了特别优惠的政策，各兄弟省区市大力支持。中央作出这样的决策是有战略考虑的。首先要从战略上统一认识，西藏在我国政治经济和文化的发展全局中具有重要地位，是我国重要的国防前哨和战略要地之一。喜马拉雅山是个天然屏障。加快西藏地区的经济、社会发展，保持那里安定团结的局面，对国家安全具有重大意义"。[2]

关于发展问题，江泽民指出：加快西藏经济社会发展，关键是把中央的大政方针同西藏具体实际结合起来。无论经济社会发展，还是改革开放，都要从国家的大局和西藏的实际出发，实事求

---

[1] 乔元忠主编：《全国支援西藏》，西藏人民出版社，2002年版，第45页。
[2] 乔元忠主编：《全国支援西藏》，西藏人民出版社，2002年版，第45页。

是,这是做好西藏工作的一条基本原则。当前和今后一个时期内,西藏发展的重点,要放在加强农业,搞好交通、能源、通讯等基础产业和基础设施上,以利于增强自我发展的活力和后劲。要立足发挥本地优势,建立切合西藏实际的经济结构和产业结构。在促进西藏经济发展的同时,要特别重视教育、科技、文化、卫生等项事业的发展,促进社会的全面进步。既要注意弘扬民族传统的优秀文化,又要注意吸收其他民族的优秀文化,使优秀的传统文化同现代文化成果结合起来,以利于在西藏更好地发展社会主义新文化。西藏发展的动力来自深化改革、扩大开放。从经济体制改革的目标来说,西藏和全国其他地方一样,都要建立社会主义市场经济体制。

关于稳定问题,江泽民指出:西藏的稳定,是保证西藏各项事业持续发展和人民生活水平逐步提高的前提。没有稳定,一切都谈不上。西藏的稳定,对全国的改革、发展和稳定,也具有重大意义。总的看,西藏的局势是稳定的,各民族人民是团结的。但也存在一些不稳定因素。我们与达赖集团的分歧,不是信教与不信教,自治与不自治的问题,而是维护祖国统一与反分裂的问题。对达赖喇嘛,我们的态度是,只要他放弃西藏独立的主张,停止分裂祖国的活动,随时欢迎他回来。但搞独立不行,搞变相独立也不行。西藏广大干部和群众,是维护民族团结和稳定的基本力量、基本保证。

关于民族宗教问题,江泽民指出:西藏是藏族人口占总人口比例最高的自治区,藏传佛教在广大群众中有很久很深的影响,做好民族工作和宗教工作,对于维护稳定,促进发展,有着非常重要的意义。因此,无论从事哪方面的工作,都要高度注意民族宗教问题,关心和支持民族宗教工作,使党的民族政策和宗教政策以及国家的有关法律,在西藏的政治、经济、文化等各项工作中,都能得到认真的贯彻和体现。民族区域自治制度,是我们党解决包括西藏在内的我国民族问题的基本制度。西藏和其他民族区域自治地方的长期实践证明,它完全符合我国国情,具有强大的生命力,在今后的工作中必须坚定不移地继续实施这一制度。

西藏是群众性信仰喇嘛教的地方,存在众多的寺庙和僧侣,必须全面、正确地贯彻党的宗教信仰自由政策,保护正当的宗教活动。同时,按照政教分离原则和政府有关法规,加强对寺院的管理。对于广大的信教群众,我们既要保护他们宗教信仰自由的权利,又要加强社会主义思想政治教育和科学文化知识教育,信任和依靠他们搞好各项事业。对于僧侣,也要加强教育和管理,只要爱国家、爱社会主义,就要团结他们,鼓励他们多为群众做好事,多为维护祖国统一和社会主义建设出力。

李鹏总理在会上就如何抓住有利时机,团结奋斗,加快西藏经济社会发展问题,也作了重要讲话。他指出:我们必须加快西藏发展,我们有信心、有能力、有条件加快西藏发展。共同富裕是社会主义的基本目标,民族平等、团结、互助是党和国家的基本政策,有党的基本理论、基本路线的指引和党中央的正确领导,这是加快西藏发展的政治保证;我国国民经济持续发展,综合国力不断增强,这是加快西藏发展的坚强后盾;贯彻党的十四大精神,建立社会主义市场经济体制,必将给西藏社会经济注入强大的活力,这是加快西藏发展的体制条件和动力;西藏有一支经过考验,立场坚定,有艰苦奋斗传统的干部队伍,有各族人民渴望尽快改变落后面貌,建设团结、富裕、文明的社会主义新西藏的强烈愿望,这是加快西藏发展的社会基础。

同时,他提出了西藏经济社会发展的指导思想和战略目标,这就是:从西藏的实际出发,加快西藏经济社会发展,在大的方面要把握三点:第一,必须坚持以经济建设为中心,一手抓发展,一手抓稳定,两手都要硬;第二,加快改革开放步伐,逐步建立新体制,为经济发展提供强大动力;第三,发挥全国支持西藏和西藏自力更生两个积极性,下决心把基础设施稿上去,带动经济增长,增强发展后劲。

全国政协主席李瑞环在座谈会上作了总结发言,他强调指出:解决西藏的困难和问题,实现西藏的伟大振兴,归根结底要依靠西藏各族人民。中央召开这次会议,为西藏制定了一些优惠政策,并动员全国支援西藏,为西藏加快发展,维护稳定提供了十分有利的条件和难得的机遇。西藏各级干部和广大群众应当认清形势,乘势而上,振奋精神,团结奋斗,把多项工作推向前进。必须进一步搞好改革开放,在建立社会主义市场经济体制的进程中,扩大同内地的合作与交流。必须采取各种措施,吸引各类人才到西藏服务。必须搞好党的组织建设、领导班子建设、干部队伍建设,这是实现西藏社会稳定和经济发展的根本保证。

中央第三次西藏工作座谈会是党中央、国务院在新的历史条件下,召开的新时期西藏工作的重要会议。以江泽民总书记为核心的党的第三代领导集体在全面、深刻、科学地总结前两次中央西藏工作座谈会以来,西藏经济在社会稳定与发展的历史经验的基础上,继承和发扬老一代革命家的治藏思想,以邓小平建设有中国特色社会主义理论和党的基本路线为指导,紧紧围绕西藏的发展和稳定两件大事,研究新情况,解决新问题,明确了加强西藏工作的指导思想,制定了从20世纪90年代中期到21世纪初期西藏经济社会发展的重大战略决策。初步形成了党的第三代领导集体的治藏方略,使新时期西藏社会主义现代化建设进入到第一个里程碑。

2. 中央确定的西藏工作指导方针和一系列优惠政策

中央第三次西藏工作座谈会,是西藏发展史上具有里程碑意义的一次极为重要的会议,它为开创西藏社会主义现代化建设的新局面指明了方向,对西藏的社会稳定、经济发展与繁荣产生了重大而深远的影响。

这次会议从西藏实际出发,在全面总结了西藏新时期工作经验的基础上,确定了西藏工作的指导方针,这就是:"在邓小平同志建设有中国特色社会主义理论和党的基本路线指引下,在全国各族人民的支持下,依靠西藏各族人民,抓住机遇,迎接挑战,深入改革,扩大开放。以经济建设为中心,紧紧抓住发展经济和稳定局势两件大事,确保西藏经济的加快发展,确保社会的全面进步和长治久安,确保人民生活水平的不断提高。"①这就是后来概括的"一个中心,两件大事,三个确保"的工作方针。同时,会议还明确指出:新中国没有民族歧视,实现了民族平等。判断中国西藏问题,关键是看怎样对西藏人民有利,怎样才能使西藏很快发展起来,这是人民根本利益所在,是衡量西藏工作的根本标准。

这一指导方针和根本标准,科学地反映了西藏经济社会发展的规律,正确地处理了西藏工作中稳定与发展的辨证关系,准确地抓住了西藏工作的关键和本质所在。在这一指导方针和根本标准的指引下,西藏的建设和发展取得了举世瞩目的成就。

这次会议针对达赖集团的分裂、复辟活动,确定了鲜明的反分裂斗争的方针和措施。会议明确指出达赖集团的分裂活动是影响西藏稳定的主要根源。我们与达赖集团的斗争不是信教不信教、自治不自治的问题,而是维护祖国统一和反分裂问题,是敌我性质的斗争。要坚决保卫民主改革的成果,保卫改革开放的成果。会议确定了对达赖集团斗争的方针,针对达赖集团分裂破坏活动的特点和手法,明确提出要高举保护人民利益、维护法律尊严的旗帜,坚决依法打击分裂活动,全面加强反渗透斗争,针锋相对,打防并举,主动出击。这一系列方针、措施,有力地统一了全区各族干部群众的思想,牢牢地掌握了反分裂斗争的主动权,改变了一段时间存在的被动局面,较好地维护了社会政治局势的基本稳定,为西藏的发展创造了一个相对稳定的政治局面。

这次西藏工作座谈会,全面分析了在社会主义市场经济条件

---

① 乔元忠主编:《全国支援西藏》,西藏人民出版社,2002年版,第46页。

下西藏经济社会发展的特殊困难和有利条件,制定了切实可行的发展目标,给予我区一系列优惠政策和扶持措施。会议提出:西藏在优化经济结构、提高经济效益的前提下,国民生产总值年均增长10%左右,到2000年力争国民生产总值比1993年接近翻一番,基本完成脱贫任务,多数群众达到小康水平;国民经济和社会事业的整体水平有较大幅度的提高,为下个世纪的更大发展奠定基础、创造条件。同时明确,中央过去给西藏的特殊政策和灵活措施,能够继续运行的予以保留,因情况变化失效或需改变的政策措施,国家将采取新的优惠政策和特别的扶持措施予以替代。

  为了积极支持西藏经济实现持续、快速、健康发展,中央给予了西藏八大优惠政策。[①] 这八大优惠政策包括:(1)财政税收政策:中央对西藏实行"核定基数、定额递增、专项扶持"的财政补贴政策。地方税种的开征以及减免税的权力由自治区掌握。对西藏进口的自用商品,实行先征后返的办法;(2)金融政策:继续实行优惠的贷款利率和保险改革。自治区的贷款规模由中国人民银行单独安排;(3)投资融资政策:对西藏的能源、交通、通信以及综合开发等大中型骨干项目和社会发展项目,由国家给予重点支持。对建设周期长的,实行动态投资。对西藏的固定资产投资项目,国家在资金上给予优先保证。对不需要国家综合平衡的外商投资项目,可由西藏自治区政府审批;(4)价格补贴政策:为了保证社会稳定,使人民生活有所提高,对中央出台的重大调价措施在西藏的影响,由国家财政给予补贴;(5)外贸政策:对西藏现行外贸管理方面的优惠政策不变,并实行"放宽政策、扩大开放、加快发展"的政策。由西藏自行组织出口的配额商品可不限制商品产地,其他出口商品,西藏分开经营。放宽西藏地、市设立外贸公司的条件和商业、物资企业外贸经营审批权;(6)社会保险政策:国家帮助西藏逐步

[①] 乔元忠主编:《全国支援西藏》,西藏人民出版社,2002年版,第48页。

建立健全离退休养老保险、失业保险、医疗保险和工伤保险体系；(7)农业和农村政策：国家继续实行"两个长期不变"政策，继续免征农牧业税。在土地、草场公有的前提下，鼓励个人开垦农田、荒滩、荒坡，实行"谁开发，谁经营，谁受益，长期不变，允许继承"的政策。农用生产资料实行财政补贴，国家将逐步增加化肥供应和农用柴油指标；(8)企业改革政策：分期分批解决国有企业的历史包袱问题，优先解决效益好的企业。给予西藏免征乡镇企业所得税的优惠政策。并在安排扶贫专款"以工代赈"的资金时，对西藏实行倾斜政策。

另外，根据西藏基础设施薄弱的状况，会议还决定为西藏安排62个建设项目，由中央有关部委和所有省区市分别承担，总投资为23.8亿元。62项工程是继43项工程后，规模最大、投资更多的全方位支援西藏的宏大工程，其投资规模之大在西藏历史上是前所未有的。主要目的是要把西藏潜在的资源优势转变为现实的经济优势，造福于西藏人民。这些项目的建成，必然产生良好的经济效益和社会效益，必将大大增强西藏地方的物质基础和经济实力。

会议还确定了"分片负责、对口支援、定期轮换"的援藏方式，明确全国15个省市(后增加重庆市)对口支援西藏7个地市、中央各部委对口支援西藏自治区各部门。中央各部委和全国15个省市在援藏工作过程中又落实援助、合作项目668个，资金达8.8亿元。①

中央第三次西藏工作座谈会，是在西藏经济社会发展的关键时刻召开的一次极为重要的会议。这次会议全面研究了新形势下的西藏工作，科学地制定了西藏工作的大政方针，系统地解决了西藏工作存在的特殊困难和问题，是西藏和平解放以来社会发展的

---

① 乔元忠主编：《全国支援西藏》，西藏人民出版社，2002年版，第49页。

一个新的里程碑。中央给予西藏的这些优惠政策,为西藏经济社会的发展提供了极为有利的外部环境,体现了社会主义制度的优越性。中央关心西藏,全国人民支援西藏,充分表明,祖国大家庭是西藏发展的坚强后盾,显示了中华民族大家庭的巨大凝聚力。

四、西藏社会主义现代化建设进入快速发展的历史新时期

中央第三次西藏工作座谈会以后,自治区党委、人民政府认真学习领会座谈会精神,结合实际制定了一系列方针政策,采取了有力措施,创造性地开展工作。在党中央、国务院的关心和领导下,在中央有关部委、各省市和全国各族人民的大力支援下,西藏社会主义现代化建设进入了快速发展的历史新时期。

1. 社会局势逐步稳定,经济建设环境大为改善

为了学习、领会中央第三次西藏工作座谈会精神,清理思路、坚定信心、统一思想,开创西藏工作的新局面。自治区党委、政府按照中央第三次西藏工作座谈会确定的反分裂斗争的方针、政策、原则,为维护社会局势的稳定和经济建设环境的改善,狠抓了以下几方面的工作。

(1)公开揭批达赖,提高广大干部群众的思想认识

针对达赖集团分裂祖国,破坏西藏社会局势稳定,干扰经济建设的活动以及不少干部群众思想上存在的模糊认识,区党委、政府按照中央对达赖本人及同达赖集团斗争的定性的原则,在全区深入开展了公开揭批达赖祸国、祸藏、祸教的罪恶活动,撕掉了达赖披着"宗教领袖"的外衣,打着民族旗号,从事分裂破坏活动的伪装。以大量的事实揭穿了他的欺骗性和虚伪性。

通过对广大干部群众的教育,彻底改变了藏族群众一面反对分裂主义,一面却慎言达赖,甚至供奉、崇拜分裂主义头子的状况。使多数干部群众认清了达赖分裂祖国、充当反华势力工具,破坏西

藏稳定,破坏正常宗教秩序的真实面目,明辨了是非,提高了思想认识,削弱了达赖在西藏的社会基础。

(2)针锋相对,严厉打击分裂主义的渗透破坏活动

中央第三次西藏工作座谈会后,为了促进社会局势的进一步稳定,落实座谈会确定的多项任务,加快经济发展,区党委、人民政府按照"旗帜鲜明、针锋相对"的方针,依靠公安政法队伍、武警部队的力量,对危害国家安全的犯罪活动,果断处置,露头就打。陆续打掉了一批地下反动组织,侦破300多起严重危害社会安全的犯罪案件,有力地打击了分裂势力的嚣张气焰,稳定了正常的生产、生活秩序。从1994年冬天开始,先后以城镇为重点,此后在全社会收缴清除以达赖像为代表的反动宣传品,有力地遏制了反标、反动宣传单案件上升的势头。在各方面的有力配合下,坚决取缔了为十四世达赖祝寿祈福的"冲拉亚岁"等非法活动。加强了边境管理,加大了堵截非法出入境的力度,打击了达赖集团的派遣、渗透等阴谋破坏活动,分裂分子气焰嚣张的局面已不复存在。

(3)积极开展寺庙爱国主义教育,建立正常的宗教秩序

寺庙、僧尼一直是达赖集团渗透、煽动的对象。他们扬言"控制一座寺庙就等于控制了共产党的一个地区",妄图将寺庙变成分裂主义势力从事分裂破坏的堡垒。区党委深入分析了拉萨几个寺庙发生的闹事事件的原因及背景,决定对全区寺庙开展爱国主义教育,建设正常的宗教秩序。

在中央支持下,1990年6月,自治区党委、政府经过周密部署,从拉萨最具影响的"三大寺"进行突破,对69座重点寺庙进行教育整顿试点,并于1997年初在全区全面铺开。从1998年到1999年,三年中全区抽调干部组成寺教工作组,对寺庙和僧尼分批进行了教育整顿,清除了一批混在寺庙里的分裂主义分子和不法分子,使僧尼受到了有一定力度和深度的爱国主义教育和法制教育。建立健全了寺庙民管会和下属各级组织,废除了各寺庙之间的隶属关系,明确按照属地管理的原则将寺庙置于各级政府的管理之下。积极稳妥地对寺庙进行了定编定员,改变了一度存在的乱建寺庙、滥招僧尼的混乱状况。寺庙教育整顿触动了达赖分裂集团的根基,取得了一定成效,明显遏制了闹事事件和反标案件,建立了正常的宗教秩序。

(4)全面贯彻党的民族、宗教政策,做好民族、宗教、统战工作

民族、宗教、统战工作是民族区域自治工作的重要组成部分。区党委、人民政府认真贯彻中央第三次西藏工作座谈会精神,坚持江泽民同志提出的"汉族离不开少数民族,少数民族离不开汉族,少数民族之间也相互离不开"的原则,高举爱国、团结、进步的旗帜,在广大干部群众中加强马克思主义民族观和党的民族政策宣传教育,及时、正确地处理人民内部矛盾,粉碎了民族分裂主义势力借机制造事端的企图。召开全区民族团结进步表彰大会,大力表彰典型,通过对口支援,加强了与全国各兄弟民族之间的交流,形成了以民族团结为荣的社会舆论和社会风气,巩固和发展了平等、团结、互助的社会主义新型民族关系。

全面贯彻执行党的宗教政策,在保障公民宗教信仰自由的同时,依法加强了对宗教事务的管理,在引导宗教与社会主义社会相适应方面进行了积极的探索。在党中央的直接领导下,区党委、人民政府周密部署,扎实工作,粉碎了达赖擅自非法宣布"班禅转世灵童",制造分裂、祸藏乱教的图谋,圆满完成了第十世班禅转世灵童的寻访、认定、坐床这一佛教盛事。

区党委强调,要划清正常宗教活动与达赖分裂主义集团利用宗教从事分裂破坏活动的界限,划清共产党员不得信仰宗教与非党员群众宗教信仰自由的界限,掌握政策,做好工作。强调各级党组织、特别是党员领导干部必须坚持唯物论和无神论,尽到引导群众崇尚科学文明、追求社会进步的责任,引起了积极的反响。加强了党对统一战线的领导,提出了"统一"与"分裂"是西藏最大的政治分野;坚持以对社会主义和维护祖国统一的态度与贡献为标准,加大了对知识分子、非公有制经济人士、境外藏胞、党外人士的统战工作。强调统战工作要为反分裂、维护祖国统一、维护社会稳定服务,为实现经济社会的跨越式发展服务,为建设社会主义新西藏服务。团结一切可以团结的力量,为实现社会局势的进一步稳定,打下良好的政治基础。

(5)"治乱"、"治愚",加强社会主义精神文明建设

针对达赖分裂主义集团渗透所造成的思想认识上的混乱,针对西藏长期政教合一的封建农奴制的思想残余、陈规陋习和宗教消极影响对人民群众的思想束缚,区党委提出:西藏精神文明建设必须坚持破立结合、"治乱"、"治愚"。强调社会主义精神文明建设要为反分裂斗争,要为维护社会稳定服务,鲜明地提出了与达赖集团斗争的重要战场在精神领域。要求通过加强社会主义精神文明建设,清除达赖在社会上的反动影响,抵制达赖在思想领域的渗透。积极倡导科学精神,倡导有利于祖国统一、民族团结、经济发展、社会进步的思想道德。经过努力,全区干部群众的思想道德素质和科学文化素质有了明显提高,为深入开展反分裂斗争创造了较好的舆论氛围和社会环境。

中央第三次西藏工作座谈会至中央第四次西藏工作座谈会前的七年,区党委、政府认真贯彻中央第三次西藏工作座谈会确定的反分裂斗争和维护稳定的各项方针、政策,实施主动治理,与人民解放军驻藏部队、武警部队协同配合,初步掌握了反分裂斗争的主动权,在较长时期里保持了社会局势的稳定,为经济的快速发展和人民生活水平的提高创造了良好的社会环境。

2.62项工程顺利实施,基础设施建设大为改观

中央第三次西藏工作座谈会以后,中央有关部委和各省市都把中央支援西藏的建设任务,当作重要的政治任务来完成,认真组织落实。中央有关部委和各省市接到援藏任务后,迅速组成以主

要负责人为组长的援藏领导小组,并派出强有力的工程技术人员组成援藏建设指挥部,进藏实地考察,进行科学论证,制定详细的工程建设规划,使各项工作落到实处。同时,有的省市还主动增补设计漏项、缺项,及时追加投资。有的还就项目建成后发挥功能的完整性和软件配置、人员培训、后续管理等方面,提出建设性意见和措施,使建设项目更加完善科学。

62项工程具有投资大、门类多、分布广、基础设施及生产性项目比重大的特点,其中农牧林水项目13个;能源项目17个;工业项目6个;交通、邮电、民航项目7个;文教、卫生、广播项目12个;市政建设及其它项目10个。工程项目几乎遍及西藏所有的县,仅太阳能广播电视接收站一项,就涉及74个县、493个乡和57个道班。在任务安排方面,中央、国家机关各部、委、办和全国29个省、市、区及6个计划单列市均安排了援藏项目,充分体现"中央关心西藏,全国支援西藏"的精神,形成了全国支援西藏的热潮。

62个项目计划投资23.8亿元,其中中央和国家有关部委承担30个项目,安排投资18.02亿元,占总投资额的75.7%;各省、市、区和6个计划单列市承担32个项目,安排投资5.78亿元,占总投资额的24.3%。建设项目涉及能源、交通、通讯、工业、农业、牧业、林业、水利、文化、教育、卫生、广播电视和市政建设等方面,生产性建设项目占总投资额的73.2%。[①]

为保障62项工程顺利进行,中央和国家有关部委及各兄弟省市派出了150多个工作组进藏,深入调研了解情况,制定计划和具体措施。有的省市和部委还专门召开援藏工作会,协调关系、落实资金、组织力量,使援藏工作向纵深发展。到1995年西藏自治区成立30周年前夕,40项大庆工程全部竣工投入使用。其中具有

―――――――――
① 乔元忠主编:《全国支援西藏》,西藏人民出版社,2002年版,第57～58页。

重大政治意义和历史意义的布达拉宫广场改造,国家投资1.1亿元,总面积达24万多平方米。广场现代化设施完备,成为西藏高原向世界开放的窗口、古城拉萨现代化的象征。截止1998年底,62项工程已有60项交付使用,实际投资已达39.82亿元,超过计划投资总额的67.3%,工程优良率达70%。①

1995年至1998年底,中央和国家有关部委及各兄弟省市在62项工程之外,又落实援助、合作项目668个,援助资金8.8亿元,两项合计投资达48.62亿元。这些项目的建成,极大地提高了西藏的经济发展水平,增强了可持续发展的后劲。从62个项目全部交付使用的情况来看,对于改善西藏交通、能源、通讯等基础设施严重滞后的局面,发挥资源优势,提高人民生活水平起了重要作用。农牧林水项目的建成,使西藏1994年至1997年共增产粮食45万多斤。农牧业生产基础条件得到明显改善,增强了防灾抗灾能力,保证了部分农田的高产稳产,农牧业生产能力得到了大幅度提高。能源项目的建设完成,新增装机容量37400千瓦,若加上未完工的满拉水电站,新增装机容量将达到57400千瓦,年可新增发电量2.98亿千瓦。不仅使山南、昌都、阿里地区电力供应紧张状况得到明显缓解,使巴青、丁青、米林、措美、芒康、申扎、聂荣等县彻底摘掉无电的帽子,而且,还为农牧业生产以及农牧产品加工,发展第三产业,开发优势资源等提供了基本的能源保障。工业项目建成后,新增面粉年加工能力35万斤,菜子油加工能力300万斤,新增水泥生产能力8万吨,年增产值2500万元;1997年、1998年分别年产黄金620公斤、800公斤,分别实现年利润3130万元和4038万元;年产铬铁矿2万吨,年创产值1600万元。这些项目的建成投产,使西藏工业总产值从1994年的7.62亿元增加到2000年的18.3亿元,增长了2.4倍。为全区经济的快速发展

---

① 乔元忠主编:《全国支援西藏》,西藏人民出版社,2002年版,第58页。

提供了新的增长点和支撑点。

交通、邮电、民航项目的建成,大大提高了西藏的交通运输能力和邮政通讯能力,加强了与外界的交流与沟通,改变了封闭落后的状况。改造和新增黑色路面 124.95 公里;新增格尔木至拉萨输油管线首部油库库容量,降低了运输成本;改善了拉萨至日喀则以及沿线的通讯条件,还建成了拉萨与 12 个县(场)的卫星接收站,增强了通讯能力。文教、卫生、广播电视事业项目的建成使用,使全区新增招生能力 4900 人,新增病床 400 张,结束了西藏无传染病专业医院的历史,广播、电视覆盖率分别达到 65% 和 55%,基本实现了乡乡有广播电视接收站,大部分群众能够收听收看广播电视节目,及时了解党的路线、方针和政策,极大地促进了全区精神文明建设的健康发展。市政建设项目的完成使用,不仅使城镇面貌焕然一新,发生了巨大变化,而且也较大地改善了部分居民的饮水和机关职工的工作、生活条件,同时也极大地增强了西藏的旅游接待能力。特别是市政建设的标志性工程——布达拉宫广场的建成,不仅给拉萨增添了一道优美壮观的风景线,而且也为拉萨市民提供了一个良好的活动、休闲和娱乐场所。

3. 经济实力明显增强,各项事业迅速发展

中央第三次西藏工作座谈会后,全区各族人民在自治区党委、政府的领导下,在全国人民的大力支援下,认真贯彻第三次西藏工作座谈会精神和会议确定的"一个中心,两件大事,三个确保"的新时期西藏工作的指导方针,正确处理改革、发展和稳定的关系,积极推进经济体制和经济增长方式的转变,使西藏的经济建设和各项社会事业取得了令人鼓舞的成就。

国民经济呈现前所未有的良好发展态势。根据中央关于加快西藏发展的要求,西藏自治区党委、政府制定了《西藏自治区国民经济和社会发展"九五"计划和 2010 年远景目标纲要》,确定了"九五"计划的奋斗目标和各项具体任务。

目前,西藏的宏观经济环境得到了明显改善,经济运行质量有一定提高,国民经济已步入快速发展的轨道。2000年国内生产总值达到117.46亿元,增长速度连续7年高于全国的平均水平。财税收入稳定增长,2000年全区地方财税收入5.38亿元,比1993年增长2.5倍。[①]

农牧区经济全面发展。根据中央关于加快西藏发展的要求,西藏自治区党委、政府高度重视农牧区经济发展问题,坚持把农牧业放在经济工作的首位,按照农牧业增产、农牧民增收、农牧区稳定的总体要求,加强组织领导,加大工作力度,狠抓政策、科技、投入三落实,实施农牧业综合开发,狠抓农牧业基础设施建设,面向市场调整结构,深化农牧区生产经营方式的改革,使农牧区经济出现了喜人形势。农牧业的现代化就是实现农牧业生产经营的科学化、集约化、市场化和社会化。1995年以来,西藏农牧业以"种子工程"、"沃土工程"、"农机化工程"为龙头,在全区广泛实施科技兴农兴牧战略,农牧业得到了持续高速发展。到1998年,全区建立"一二五"良种繁育体系种子田18万亩,种子胞衣面积达到60万亩,统一供种面积达到25万亩,良种推广面积230万亩;全区改造中低产田55万亩,改治坡地14万亩,农田灌溉面积达到225万亩;农业机械总动力达到65万千瓦,机耕、机播、机收面积分别达到120万亩、150万亩和40万亩;农业生产的科技含量达到28%。截至2000年农业生产连续获得第13个丰收年,粮食总产量达到96.22万吨,牲畜总数达到2266万头(只);农业总产值51.22亿元,比1959年增长了5.6倍。多种经营和乡镇企业的发展充满生机,发展势头强劲,极大地促进了农村经济结构的调整和优化。

西藏牧区经济在国家及各省市的大力支援下,也得到了快速发展。在国家农业部的指导和帮助下,建成了藏西北绒山羊基地,

[①]《西藏年鉴》,2000年,西藏人民出版社,2001年版。

项目区域涉及日土、革吉、改则、尼玛、班戈和申扎6县,总投资800万元。共完成建设绒山羊原种场2个,扩繁场4个,牧工宿舍、技术操作用房和办公室2755平方米,羊舍2851.65平方米,羊圈11277.4平方米,围墙884平方米,围栏草场67040平方米,人工种草2155亩,人畜饮水井5眼。扶持示范养羊户676户,拥有绒山羊113783只,户均种公羊5.7只,基础母羊99只。目前,经过建设项目区白绒山羊已达到106万只,比建设前的75万只增长了41.33%。绒山羊个体产绒量也由建设前的148克增加到建设后的187.15克,增长了19.84%,投资收效率达到25.6%。同时,为改善牧民生产生活条件,促进畜牧业和牧区经济的持续发展,1995年国家发展计划委员会、农业部共同帮助西藏自治区建立了12个县级牧区开发示范工程(措勤、安多、聂荣、仲巴、尼玛、班戈、革吉、嘎尔、昂仁、申扎、双湖、巴青),总投资4185万元。经过4年建设,共完成人工种草2.8万亩,改良草地18.625万亩,围栏草地40.08万亩,建设乡级兽防站80个,培训技术人员3086人次,开发利用草场630万亩,牧民定居1083户,引进良种畜2204头(只)。项目涉及乡镇54个,受益群众约11万人。牧区开发示范工程建设,产生了显著的经济、社会、生态效益,不仅提高了草场生产能力,缓解了草畜矛盾,增强了防灾抗灾能力,也在很大程度上促进了牧民观念的更新和生产生活方式的转变,对于增加群众收入、脱贫治富及社会进步发挥了示范效应和引导作用。2000年与1990年相比,整个项目区农牧业生产条件、交通能源状况、农牧民生活水平等都有了一个较大的改善和提高,综合生产能力和现代化水平跨上了一个新的台阶。

工业保持较快增长。改革开放以来,特别是进入90年代,国有企业不断加大改革力度,坚持以市场为导向,坚持以效益为中心,在结构调整和加大技改力度的基础上,逐步形成了具有西藏地方特色的现代工业体系。在工业发展过程中,坚持从西藏的资源优势和市场需求出发,培育和扶持支柱产业和特色产业,工业经济实力日益壮大,在国民经济中的地位逐步提高。按照建立现代化企业制度的要求,坚持"抓大放小、扶优扶强"的方针和"三改一加强"的原则,坚定不移地走"鼓励兼并、规范破产、下岗分流、减员增效、实施再就业工程"的新路子,大胆利用一切符合市场导向和经济规律的经营方式,打破条块分割,推行以资本为纽带,组建跨地区、跨部门、跨所有制的企业集团,促进了资源的合理流动和优化配置。国有企业改革的进一步深化,经营管理水平的进一步提高,使经济效益得到了明显回升,西藏的工业已经逐步建立起了以电力、矿业、建材、制药、制革、机修、毛纺、食品、印刷等为主的现代工业体系,培育出拉萨啤酒、奇正藏药、诺迪康和西藏矿业等一批全国知名的企业品牌。截止2000年,西藏第二产业产值达到27.15亿元,较1978年的1.84亿元增长1475%。全区有5家企业改组上市,有700个高新技术项目正在与内地省市合作建设。传统民族手工业也得到很大发展,现有民族手工业企业100多家,总产值达到上亿元。特别是"九五"时期,第二产业年均增长率达到14%以上,占区内生产总值增长率的3.9个百分点,对区内生产总值增长的贡献率达到36.5%。

第三产业发展迅速。第三产业中的交通运输、邮电通信、旅游、金融保险及多种商业、服务业的持续发展,对经济增长的拉动作用尤为明显。交通运输以公路为建设重点,航空、管道运输协调发展,形成了以拉萨为中心的四通八达的交通运输网络,全区公路通车里程达2.53万公里,基本实现了县县通公路,80%以上的乡通公路。建成贡嘎、邦达两个民用机场,开辟了拉萨至北京、成都、重庆、昆明、西安、西宁等国内定期航班和至加德满都的国际航线。建成了世界上海拔最高,总长达1080公里的格尔木至拉萨输油管道。随着改革开放的不断深入,西藏第三产业的发展速度持续超过第一、第二产业。据西藏1999年国内生产总值数字显示,国内生产总值为105.61亿元,其中第一产业34.19亿元,第二产业24亿元,第三产业47.42亿元,三产比重由1997年的0.38∶0.22∶0.40调整到1999年的0.32∶0.23∶0.45,形成了一个逐步走上良性发展的现代化轨道。

邮电通讯建设适度超前发展,不仅实现了全区所有地、市、县电话交换程控化,全部进入国内国际长途直拨网。而且在传输手段上,相继建成了全区7地市的SCPC形式的卫星通信地球站,建成了73座VSAT地面接受站;新建了兰州——西宁——拉萨和拉萨至日喀则、山南、林芝、昌都的光缆线路,开始应用大通路、快速高效的长途通信手段,结束了西藏不通光缆的历史,基本适应了国民经济和社会发展的需要,达到了较高的现代化水平。到2000年,完成邮电业务总量3.84亿元,农牧区投递路线总长度为4.2万公里,程控交换机已装容量17.02万门,市内电话用户达10.5万户,移动电话用户达5.72万户,因特网注册拨号达3309户。从1995年至2000年,全区邮电业务总量年均增长43.57%,业务收入年均增长45.32%。目前,西藏通讯事业开始进入卫星、光缆、程控交换的全新时代,形成了以拉萨为中心,覆盖全区,由光缆、卫星传输,集程控交换、卫星通信、移动通信于一体,达到当代现代化先进水平的通信网络;西藏旅游业以独特的自然景观和人文景观,成为国内外游客最想往的地区。旅游业的接待能力和服务水平也不断提高,旅游人数逐年上升。到2000年接待海内外游客14.89万人次,营业收入6.75亿元;第三产业的迅速发展,对于发展经济、繁荣市场、方便人民生活、扩大劳动就业、提高城乡居民收入发挥了重要作用。

基础设施和重点工程建设成效明显。1994年至2000年,累计固定资产投资完成288.88亿元。农牧林水、交通、邮电、电力、教育等基础产业和基础设施建设增长较快,为国民经济的持续快速发展奠定了基础。1998年以来,自治区坚持贯彻实施积极的财政政策和稳健的货币政策,进一步加大了固定资产投资力度,安排债券25.1亿元,安排地方预算内资金和机动财力10.6亿元,放大政府资金规模效用,带动地方、部门、企业投入40亿元,加上中央财力支持和对口援藏省市的援助,共筹集建设资金161.1亿元,使"九五"期间全社会固定资产投资累计达到230.73亿元,比"八五"时期增长1.3倍。其中2000年固定资产投资66.47亿元,比上年增长17.4%。"九五"期间共改造中低产田184.2万亩;完成公路整治、改建、新建3224公里;光缆铺设5200公里;完成电站建设20个,新增装机15万千瓦;城网改造63个县(市);城市道路建设115公里;新增城市日供水能力近6万吨,基本解决了全区67个县26万城镇人口的引用水问题;新增校舍70万平方米,大大改善了中小学的办学条件。目前,全区发电装机容量达到36万千瓦,公路通车里程2.5万公里,邮电业务总量达到3.84亿元。所有这些,极大地改善了我区交通、能源、通信等基础设施落后面貌,大大提高了西藏基础设施的社会主义现代化水平。

人民生活水平显著提高,各项社会事业全面进步。经济的发展,使西藏城乡居民的生活明显改善。2000年,农牧民人均纯收入达到1331元;城镇居民人均可支配收入6448元。农牧区的交通、饮用水状况、医疗卫生条件、接受文化教育条件都有了较大的改善。以解决贫困人口温饱问题为重点,全区扶贫工作已转为以扶贫开发为主,各种以种、养、加为重点的扶贫开发项目已经启动并逐步扩大规模,扶贫工程取得明显成效,到2000年底,农牧民没有解决温饱的人口从1978年的87万人下降到14.7万人。一部分群众过上了小康生活,群众生产、生活条件进一步改善和提高。

教育事业快速发展,"科技兴藏"战略已成共识。全区已形成较完备的现代教育体系,教育普及程度不断提高。2000年,西藏自治区共有各级各类学校965所,在校生38.56万人,小学学龄儿童入学率达到85.8%,初步实现了县县有中学、乡乡有小学的"两有八零"目标。青壮年文盲率比西藏和平解放前下降了41个百分点,教育事业为西藏的繁荣和发展做出了新的贡献。科技事业迅速发展。全区现有22个科研院所,60多个三级农技推广站,各类专业技术人员3.47万人,群众性科技团体54个。"科技兴藏"战略的实施,加快了科技成果向现实生产力的转化,经济发展中的科技含量明显提高,其中农牧业科技贡献率提高到1998年的28%以上,科技产业快速兴起并成为经济发展的重要增长点,科学技术作为第一生产力在西藏现代化建设中日益显现出来。

第三节 中央第四次西藏工作座谈会,西藏社会主义现代化建设进入跨越式发展的第二个里程碑

进入新世纪,随着国际国内政治经济形势的变化,西藏工作也面临着一些新的情况。为了进一步做好西藏的发展和稳定工作,促进西藏实现跨越式发展和长治久安,以江泽民总书记为核心的党的第三代领导集体把握大局,在西藏和平解放50周年之际,召开了中央第四次西藏工作座谈会,提出了新世纪初西藏发展、稳定工作的重大方针、政策和措施。

一、西部大开发与西藏工作面临的新情况

为了进一步加快西部地区经济社会发展,缩小东西部之间的差距,实现各地区之间的同步发展,共同富裕和繁荣,1999年,中央作出了实施西部大开发的战略决策。为了研究在西部大开发中如何抓住机遇,进一步加快发展,维护稳定,做好工作,2001年6月,中央又召开了第四次西藏工作座谈会。会议进一步明确了新

世纪西藏工作的指导方针和"一加强、两促进"的历史任务,并决定把西藏作为西部大开发的重点地区之一。正如江泽民总书记指出的:"西藏的发展、稳定和安全,事关西部大开发战略的实施,事关民族团结和社会稳定,事关国家安全和祖国统一,事关国家形象和国际斗争。"

1. 西部大开发与西藏工作面临的新形势

进入新世纪后,西藏社会经济发展还面临着一些突出的问题,反分裂斗争出现了一些新动向、新特点。具体表现在:西藏和平解放50年来,特别是中央第三次西藏工作座谈会以来,虽然西藏社会经济发生了巨大变化,但是,由于历史、自然、社会等原因,西藏总体上仍属于欠发达地区,经济起点低、基础差、总量小、财政自给率低、缺乏自我积累和自我发展能力,在经济体制转换过程中困难突出。西藏地广人稀、市场发育不足、容量小,社会经济运行成本高;教育、科技基础薄弱,劳动力整体素质不高,人才匮乏;农牧业抵御自然灾害能力低下;基础设施"瓶颈"制约依然严重;生态环境脆弱,可持续发展面临着一系列严峻挑战。

(1)在西部大开发条件下西藏工作面临的反分裂斗争新形势

随着国际国内形势的变化,达赖集团在反华势力支持下,不断调整策略。具体表现在:其一是"谈判"骗术和"国际化"策略两手并用。企图以"谈判"为手段实现达赖回国,以"高度自治"为策略,夺取政权,以所谓"全民公决"为途径实现"西藏独立";其二是渗透策反和暴力恐怖两手并用。策反就是打着民族宗教的旗号,策动一部分有民族情绪的人反对共产党和社会主义制度,或者利用改革开发过程中出现的利益调整所代来的不满情绪,煽动闹事,扰乱社会秩序。恐怖是以暗杀、爆炸等手段制造社会动荡,以此引起社会混乱国际社会的关注;其三是达赖集团内部争夺"达赖之后"控制权的矛盾加剧,达赖策划以所谓"选举改革"、"在生转世"、"境外转世"等手段,来整合内部,解决其政教权力继承问题,企图将分裂活动长期化;其四是达赖集团还加紧与"台独"势力、其他民族分裂势力和"民运"分子相互勾结,从事分裂活动;其五是国际反华势力更加重视达赖的利用价值,提升"西藏问题"在对华战略中的地位,加大对达赖集团的支持力度。

事实证明,尽管达赖集团从事分裂活动的策略手段不断变换,图谋"西藏独立"的方式不断变化,但达赖分裂祖国、搞"西藏独立"的反动本质没有变,西方反华势力企图利用达赖集团遏制、搞乱乃至分裂社会主义中国的既定战略没有变。在与达赖集团和国际反华势力的斗争中,我们一定要充分利用反分裂斗争的有利条件,针锋相对,主动出击,标本兼治,掌握反分裂斗争全局的主动权。但也应该清醒地看到反分裂斗争仍然是长期的,并将进入一个更为尖锐复杂的历史新时期。

(2)党中央从战略全局的高度研究西藏工作

面对变化了的复杂的国际国内新形势,以江泽民同志为核心的党的第三代领导集体以政治家的智慧,以丰富的治国经验,从战略全局的高度,深入研究新世纪的西藏工作。

首先,中央充分肯定了中央第三次西藏工作座谈会召开七年来,西藏工作所取得的六项巨大成绩。它包括:一是经济发展速度加快,人民生活不断改善;二是社会主义精神文明建设成绩显著,社会全面进步;三是全国支援西藏力度加大,一大批基础骨干项目迅速建成,并发挥着重要作用;四是改革开放不断深化,市场配置资源的基础性作用得到增强;五是民族团结进一步巩固,社会局势基本稳定;六是党的建设不断加强,党组织的凝聚力和战斗得到提高。正如江泽民总书记评价的"西藏的改革开放和现代化建设取得了显著成就"。

其次,党中央深刻总结了近年来西藏工作的基本经验。这些经验归纳起来就是:A.坚持党在新时期西藏工作的指导方针,是西藏发展稳定的根本保证。B.加快经济发展、改善人民生活,是新时期西藏工作的中心任务。C.深入开展对达赖集团分裂活动的斗争,是维护西藏稳定的基本前提。D.全面贯彻党的民族和宗教政策,壮大爱国统一战线,是团结西藏各族群众的重要法宝。E.中央关心、全国支援,是加快西藏发展、维护社会稳定的战略举措。F.加强党的建设、领导班子建设和干部队伍建设,是做好西藏工作的政治保证。江泽民总书记强调指出:"在新世纪,我们要继续运用好这些成功经验,创造性地开展工作,努力开创西藏工作的新局面。"

其三,中央强调了西藏工作的极端重要性。江泽民同志指出:"西藏的发展、稳定和安全,事关民族团结和社会稳定,事关祖国统一和安全,也事关我们国家的形象和国际斗争。全党同志必须着眼于党和国家的工作全局,增强政治意识、忧患意识、大局意识、责任意识,深刻认识做好西藏工作的极端重要性。"朱镕基总理也指出:"进一步加快西藏经济发展,不只是局部地区的问题,而且是事关国家全局的战略问题,既有重要的经济意义,又有重大的政治意义。"中央要求全党要站在战略全局的高度,看待加快西藏经济发展的问题,增加使命感和责任感,共同努力,积极促进西藏经济的振兴和繁荣。

经过对新世纪国际国内政治经济形势,以及西藏工作的新特点和所面临的突出问题的深刻分析,中央决定在新世纪之初召开第四次西藏工作座谈会,进一步明确新时期西藏工作的指导思想和主要任务。

2.2001年中央第四次西藏工作座谈会,提出"一加强、两促进"的历史任务和实现跨越式发展的战略部署

(1)第四次西藏工作座谈会的召开和"一加强、两促进"的历史任务的提出

2000年9月,西藏自治区党委常务副书记郭金龙,向在西藏视察工作的中共中央政治局常委、国务院副总理李岚清汇报工作

时提出请求说:"世纪之交,在西部大开发的新形势下,为巩固发展西藏已开始形成的好局面,实现邓小平同志提出的'使西藏很快发展起来,在中国四个现代化建设中走进前例'的宏伟目标,按照江泽民同志'决不能让西藏从祖国分裂出去,也决不能让西藏长期处于落后状态'的指示精神,西藏自治区党委、政府请求中央召开第四次西藏工作座谈会。"

为了研究在西部大开发中如何进一步加快发展、维护稳定、做好西藏工作,经过充分的准备,中央决定在西藏和平解放50周年之际,于2001年6月25日至27日在北京召开了第四次西藏工作座谈会。会议总结了第三次西藏工作座谈会以来西藏工作的成绩和经验,分析了当前西藏面临的形势和任务,集中研究并提出进一步做好新世纪初,西藏发展、稳定工作的方针政策和具体措施。

江泽民总书记在会上发表了重要讲话,他强调指出,西藏的发展和藏族同胞的命运,历来与祖国和中华民族的命运紧紧联系在一起;全党同志必须站在党和国家工作大局的战略高度,扎扎实实地做好新世纪的西藏工作;要把国家对西藏的巨大投入同实现各民族群众的根本利益结合起来,把项目建设同农牧民的增产增收结合起来,在实践中走出一条随着国家援藏力度的不断加大,农牧民收入不断增加的新路子;要以生产生活方式的转变,促进生活水平的不断提高;在党中央和全国各族人民的大力支持下,经西藏广大干部群众的共同努力,解放思想,实事求是,艰苦奋斗,开拓创新,邓小平同志提出的要使西藏"在中国四个现代化建设中走进前列"的伟大目标,就一定能够实现。

会议全面肯定了第三次西藏工作座谈会以来西藏工作取得的重要成绩,总结了第三次西藏工作座谈会召开以来西藏工作的六条基本经验。会议决定加大对西藏的扶持力度和支持力度,要求西藏对现行的优惠政策,能够继续执行的要继续执行,需要完善的在完善后继续执行,还增加了一些新的优惠政策。另外,中央决定对口援藏工作在原定十年的基础上再延长十年,扩大对口支援范围,增加部分大型国有企业参加援藏工作,对原未列入对口支援的29个县,区别不同情况,以不同方式纳入对口支援的范围,适当增加对口支援干部数量,并对西藏实行"收入全留、补助递增、专项扶持"的财政补贴政策。同时,为推动西藏实现跨越式发展,决定支援西藏基础建设项目117个,建设项目涉及农牧林水、交通能源、文化教育、医疗卫生、广播电视、城镇建设等诸多领域,总投资达312亿元(含青藏铁路西藏段投资120亿元)。在实施中实际总投资达到379.79亿元,比原计划增加投资68.03亿元。

会议指出,今后五到十年,是我国发展的重要时期,也是西藏加快发展、维护稳定的重要时期。中央为促进西藏实现跨越式发展和长治久安,把新世纪初西藏工作的指导思想确定为:以邓小平理论和党的基本路线为指导,继续坚持以经济建设为中心,紧紧抓住发展经济和稳定局势两件大事,确保西藏经济加快发展和社会全面进步,确保国家安全和西藏长治久安,确保各族人民生活水平不断提高。同时,会议还提出了新世纪初西藏工作的历史任务是:紧紧抓住实施西部大开发战略和西藏社会局势基本稳定的良好机遇,着眼于西藏的繁荣进步和长治久安,集中力量解决事关西藏发展稳定全局的重大问题,切实加强党的建设,促进西藏经济从加快发展到跨越式发展,促进西藏社会局势从基本稳定到长治久安。这就是后来概括的"一加强、两促进"的历史任务。

朱镕基总理在会上也就如何发展西藏经济发表了重要讲话。他说,我们要站在战略全局高度,看待加快西藏经济发展的问题,增强使命感和责任感,共同努力,积极促进西藏经济的振兴和繁荣。西藏自治区党委负责同志郭金龙、热地在会上汇报了西藏的工作情况,李瑞环作了总结讲话,对贯彻落实会议精神提出了要求。他强调,现在中央关于今后一个时期西藏工作的大政方针、目标任务都已明确,关键是狠抓落实。

中央第四次西藏工作座谈会是党中央、国务院在新世纪开端之年和西藏和平解放50周年之际召开的一次十分重要的会议;是党中央关心西藏、全国支持西藏,全面实施西部大开发战略的重大举措;是西藏历史上具有重大历史意义的会议,是继第三次西藏工作座谈会以来新世纪西藏工作的第二个重要里程碑;是促进西藏从加快发展到跨越式发展,从基本稳定到长治久安的重要决策;是对西部大开发战略的重大部署;是维护祖国统一和国家安全的重要措施。会议充分体现了以江泽民为核心的党中央对西藏人民的深切关怀,体现了全党、全军、全国各族人民对西藏的大力支持。会议提出的"一加强、两促进"的历史任务,凝结着以江泽民同志为核心的党中央第三代领导集体的心血和智慧,是对党的第二代领导集体治藏方略的丰富与发展,是西藏今后一段时期内社会发展和维护稳定的行动纲领。

中央第四次西藏工作座谈会后,2001年7月5日,区党委、政府组织全区干部群众深入学习江泽民、朱镕基、李瑞环等中央领导同志的重要讲话和《关于新世纪初西藏发展稳定工作的意见》,深刻领会其精神实质。为进一步做好新世纪初的西藏工作,2001年9月,自治区召开了党的第六次代表大会,会议根据第四次西藏工作座谈会精神,结合前七年的工作,认真分析了西藏工作面临的形势,进一步明确了新世纪初西藏工作的指导思想、主要任务,并着重讨论了如何积极推进西藏经济社会的跨越式发展,实现西藏社会局势的长治久安,以及以"三个代表"重要思想为指导,进一步加强和改进党的建设这三个新世纪工作的基本任务。

(2)实现西藏经济社会跨越式发展的战略部署

跨越式发展,是人类社会发展的一个普遍规律。在人类社会发展的历史长河中,有许多国家、地区和民族,由于善于向外学习,注重吸收全世界人类创造的最新成果为我所用,所以使自己很快地由落后状态跨越到先进行列。这种跨越式发展,不仅仅表现在社会制度上的发展跨越,如某个国家、地区或民族,在特定条件下实现了跨越一个或几个社会形态或社会制度而进入一个新的社会形态或社会制度之中,这是在建立资本主义社会制度或建立社会主义社会制度过程中,经常出现的一种历史现象。而在经济发展过程中,这种跨越式发展也是十分普遍的。特别是在资本主义发展过程中,一些落后的资本主义国家,由于采用先进的生产技术和管理手段,实现了经济发展上的跨越,赶上或超过了先进的资本主义国家。这种经济发展上的跨越,是帝国主义争夺殖民地,激化内部矛盾,引起世界大战的重要根源,也是列宁提出的帝国主义发展不平衡理论的主要依据。

跨越式发展的理论基础,从经济学上来讲主要是后发理论和技术发展的跳越式理论。发展经济学认为,工业化进程的后来者能够具有先行者所不具有的后发优势。这种后发优势概括起来主要有这么几个方面:[①]一是技术的后发优势,也就是说后发者可以吸收和引进先行者的最新技术开发成果,实现技术的跳跃式进步,节省了技术研发阶段,少走了许多弯路;二是资本的后发优势,也就是说发达国家资本多,发展中国家市场大。后发者不用像先发者那样进行残酷的资本原始积累,可以吸收投资,直接扩大生产,而先行者由于有市场利益可图也乐意投资;三是劳动力的后发优势,后发者可不必化大力气办大学、专科学校培养人才,而可以直接靠借鸡下蛋式的培训,节约劳动力培养费用;四是制度的后发优势,后发者可以借鉴先行者的成功经验,包括制度经验和管理经验,从而避免走不必要的弯路,节约成本;五是结构的后发优势,主要指产业结构,不一定非走第二产业超第一产业、第三产业超第二产业的老路;六是资源的后发优势,后发者可以充分地利用国际国

---

① 牛治富主编:《西藏跨越式发展研究》,西藏人民出版社,2004年版,第13页。

内两个市场的资源为我所用等等。

总之,后发者强烈的赶超意识和欲望,能够激发各类群体共同奋斗,形成持久的赶超态势。而且这种经过比较选择的跨越式发展方式和赶超途径,可产生人们难以预料的巨大成效,进而实现西藏经济跨越式发展,是一个十分重要而又紧迫的现实任务,也是尽快使西藏改变落后面貌的迫切要求,是新世纪推进全国现代化建设的重要组成部分,是维护民族团结、祖国统一和国家安全的重要保证。我们必须从这样的战略高度来认识推动西藏实现跨越式发展,不仅是一个重大的经济问题,也是一个重大的政治问题。只有实现跨越式发展,才能尽快地缩短西藏与全国的差距,才能尽快地提高人民群众的生活水平,满足人民群众日益增长的物质文化需要;只有实现跨越式发展,才能实践我们党的根本宗旨,增强党组织的凝聚力和号召力;只有实现跨越式发展,才能巩固和发展平等、团结、互助的社会主义民族关系,巩固和增强民族大团结;只有实现跨越式发展,才能为深入开展反分裂斗争、维护祖国统一、保持社会局势稳定,提供更加坚实的社会基础。

实现跨越式发展,必须实现的目标是:到2005年,西藏国内生产总值年均增长12%以上,人均国内生产总值进入西部地区前列,全面实施小康工程,人民生活水平明显改善,基本消除绝对贫困,部分群众实现富裕;到2010年,力争人均国内生产总值达到全国中等水平,国民经济和社会事业的整体水平显著提高,西藏开始全面地由小康向富裕迈进;到21世纪中叶,实现邓小平同志提出的"在中国四个现代化建设中走进前列"的宏伟目标。朱镕基充分肯定了这一目标的可能性,他指出:"这样的发展目标是积极的、必要的,也是可以实现的。西藏自治区和全国多个方面要共同奋斗,努力达到这个目标,使西藏在新世纪实现跨越式发展。"

西藏实现跨越式发展,必须在以政府主导型的市场经济体制下,在全国各族人民的大力支援下才能实现。西藏发展的历史实践反复证明,在这样一个经济文化十分落后的地区,要想实现跨越式发展,没有共产党的正确领导,没有先进的社会主义制度作保证,没有全国各族人民的大力支援是根本办不到的。但是从唯物主义辩证法的观点来看,社会经济的发展,作为一种客观的物质变化过程,外在的辅助的因素虽然重要,但要通过内在的因素才能发挥作用。也就是说它必须建立在内在的、固有的、实实在在的物质基础之上,即资源、动力等客观物质条件之上,才能发挥作用。西藏的跨越式发展如果没有自身物质资源等作支撑,那么再有多好的外部条件也是无济于事的。而西藏实现跨越式发展具备了自身的优势条件,概括起来有五大优势十大资源:①

一是自然资源优势

首先是土地资源优势,西藏地处我国西部边陲,面积120万平方公里,占中国国土面积的八分之一,土地资源十分丰富。西藏的土地资源主要分布在东喜马拉雅南侧淋溶土、铁铝土林农牧区;藏东山地淋溶土、半淋溶土林农牧区;雅鲁藏布江中游潮土、山地灌丛草原土、亚高山草甸农牧区;藏南高寒草原与草甸土壤农牧区;藏北高寒草原土壤纯牧区;藏西北高荒漠境土壤农牧区;藏西北高寒荒漠土壤难以利用区。

第二是气候资源优势。西藏高原面积大,海拔高,除了有广泛的土地资源外,还有独特而丰富的气候资源。首先是独特的太阳辐射资源,西藏各地太阳年辐射值大多在 140~190 千卡/cm^2 之间,自东向西递增。高原上广大的地区年辐射值较高,都在 160 千卡/cm^2 以上。西藏是我国日照时数高值区,年平均日照数在 1500~3250 小时之间。这些太阳辐射资源目前利用率不高,将它转化为热能或电能,对解决我区地广人稀条件下农牧区能源问题

------

① 牛治富主编:《西藏跨越式发展研究》,西藏人民出版社,2004年版,第136页。

是非常经济而现实的。

　　第三是植物资源的优势。西藏气候类型复杂,植物资源丰富,仅高等植物就有6800多种,另有药用植物1000多种,约占全国的70%,其中有一些名贵药材,如灵芝、虫草、茯苓、松橄榄、雷丸、天麻等。

　　第四是生物资源优势。西藏生物资源也极其独特而丰富,西藏的森林覆盖面积为1亿多亩,林木蓄积量达20多亿立方米,居全国第一位。西藏树种繁多,有100多类300余种,其中有许多树种极具研究、开发价值。

　　第五是动物资源优势。据统计西藏有哺乳动物142种、鸟类488种、爬行类动物55种、两栖类45种、鱼类68种、昆虫类2305种。

　　第六是矿产资源的优势。西藏现已发现的矿产种类达99种,已获得资源量的有36种,其中已探明储量的19种,名列全国前十位的有9种。其中的铬铁矿、铜矿、硼矿、菱镁矿、硫矿、刚玉、白云丹等13种矿的储量都居全国前5名。铬铁矿是我国紧缺而急需的矿种,其储量和开采量都是全国第一位,现在产量占全国的90%以上。藏东的玉龙铜矿,是目前世界上最大的斑岩铜矿之一。西藏有各类盐湖2000多个,面积达6万平方公里。盐湖中的矿产资源高达几十种,仅日喀则地区的大扎布耶盐湖里的锂菱镁矿、天然碳酸锂矿、天然嗜盐菌、藻,其潜在的开发价值就高达数千亿元,被专家称为是"用金斗装金的金湖"。据统计,西藏锂资源的远景储量占世界的一半以上,三个硼矿带——扎莫卡、秋里南卡、基步茶卡进入硼矿开发期。

　　第七是农牧业资源优势。西藏是我国四大草原牧区之一,有天然草场12亿亩,其中可利用面积达8亿亩。西藏还是全国的五大牧区之一,近几年的牲畜存栏数达2300万头。其畜产品资源十分丰富,开发利用价值十分可观。

第八是能源资源优势。全区的水能资源天然蕴藏量约为2亿千瓦,占全国水能资源的30%,其中可供开发的有5600多万千瓦,约占全国的20%,现已开发利用的还不足可开发利用的0.5%,开发利用的潜力还非常大。

第九是地热资源优势。据《中国矿业报》2003年12月4日报道,西藏地热资源总量居全国第一,占全国高温地热资源总量的80%以上。西藏地热显示区706处,地表泉水温度大于80℃的有53处,可利用地热资源总量相当于标准煤315.25亿吨,可供发电利用的高温资源总量为298.8兆瓦。目前国家在羊八井、那曲、郎久3个地热田建设的地热发电厂总装机容量达28.18兆瓦。现已开发的羊八井地热电站是国内目前最大的地热电站。

第十是旅游资源优势。西藏历史悠久,地形特殊,被称为世界第三极。独特的人文景观和自然景观,无数的地质之谜,是科研、探险、旅游不可多得的地方。现在旅游业已成为我区的五大支柱产业,2000年全区接待国内外旅游者45.89万人次,其中外国游客13.61万人次,国际旅游外汇收入5226万美元。

二是区位优势

西藏地区位于青藏高原,处于世界第三极,是亚洲的中心,它与印度、尼泊尔、不丹、缅甸等国比邻,有利于发展对外贸易,有利于增进同邻国的文化、科技交往。2000年进出口总额达13029万美元,其中出口总额11333万美元,增长31%;进口总额1696万美元,下降78.8%。对亚洲出口增长33.7%,呈现了良好的发展势头。另外,西藏东临四川、云南,北靠青海、甘肃,随着青藏铁路的建设,同外界的思想、经济、科技、文化交流将更加方便快捷。

三是民族区域自治制度及政策的优势

西藏作为我国的民族区域自治地方,受到党中央和全国人民强有力地支持,政策上有较多优惠。在中央关心和全国的大力支援下,自1994年以来的8年,西藏GDP年均增长12.5%,高于全国平均增长速度,援藏工作有力地推动了西藏经济跨越式发展,是西藏实现跨越式发展的坚强后盾。

1980年以来,中央先后召开了四次西藏工作座谈会。1994年召开的第三次西藏工作座谈会,在总结历年援藏工作经验基础上,决定采取"分片负责、对口支援、定期轮换"的办法,从内地有关省市和中央国家机关选派干部对口支援西藏。2001年,中央第四次西藏工作座谈会决定将对口援藏工作延长10年,并加大对口支援力度,扩大对口支援范围。截至目前,全国18个省市、中央国家机关50多个部委和单位、15家国有重要骨干企业参与了对口支援,卫生、检察、教育等一些系统和行业的援藏工作也相继纳入对口支援。

承担援藏任务的各省市和中央国家机关、国有重要骨干企业,在选派干部进藏工作的同时,注重搞好两个结合。即选派干部与经济、技术全方位援藏相结合,以整体推进与突出重点相结合。在搞好受援地城镇建设的同时,努力将对口支援工作向农牧区推进,将工作触角延伸和辐射到农牧区的各个层面、各个角落。

对口支援西藏的省市、部门和单位大力开展智力援藏,积极推进人才兴藏战略的实施。据统计,2001年以来,通过对口支援关系,共为西藏培训各级各类干部7800人次,定向招收学生252人。经济学家认为,中央和各省市的大力援助,特殊的优惠政策,是一种资本、技术、人才等生产要素所不能替代的无形资源。西部大开发、西藏的跨越式发展,离不开国家的宏观政策的指导指引和特惠政策的投入。对中央出台的对西藏的特殊政策一定要用足、用活、用好,这是西藏发展的大好机遇和政策条件,也是其他省区无法比拟的。

四是人口总量少的优势

郭金龙书记在分析我区跨越式发展的有利条件时曾讲到,西藏人口少是我们的一大有利条件。全区261万多人,比起内地省区,是一个很大的优势。2004年,西藏国内生产总值达到211.54亿元,地方财政收入11.99亿元,城镇居民人均可支配收入8200元,农牧民人均纯收入1861元;人口基数少,为人均GDP的增加提供了有利的条件。这为我们实现跨越式发展,在"十五"末走在西部前列奠定了一个良好的前提。

五是后发优势

西藏地区由于经济发展落后,经济负担不重、历史包袱少,可径直采用最新技术应用到生产实践中去。西藏没有什么传统重工业,就是轻工业企业也是规模小生产技术水平低,便于升级改造。在科学技术飞速发展的今天,传统工业少、底子薄是弱势,但在新技术面前则又可以变为负担轻的优势。传统产业不发达,可以在较高的起点上直接发展高新产业,可以避免简单重复别人走过的路,可以借鉴国内外的经验和教训,生产力水平落后,可以用先进的科学技术来提升,这就是所谓的后发优势。另外,西藏地大物博,人均资源占有量高,这就为从资源优势转化成经济优势提供了后发优势。

西藏跨越式发展是一个不断发展的科学体系。如同由技术的跨越式发展到生产力的跨越式发展再到经济社会的全面跨越式发展,从经济社会协调发展到可持续发展再到以人为本、全面、协调的科学发展一样,西藏的跨越式发展,也是从生产力跨越式发展到经济社会跨越式发展,从人均GDP保持12%以上的增长速度再到经济社会的全面可持续发展。这里的"社会"不仅包括经济规模,而且包括各项社会事业,包括从医疗保险到各种社会保障制度、文化教育、医疗水平等的全方位进步。

(3)西藏实现跨越式发展的基础条件和主要目标

20世纪末21世纪初,是西藏社会主义现代化建设的重要时期,这期间中央先后召开了两次西藏工作座谈会,特别是第三次西藏工作座谈会后,西藏国民经济连续7年高速增长,2000年经济增长速度在西部12省区(市)中排名第3位,出现了经济超常规跨越式发展的态势,"是西藏历史上发展和稳定的最好时期之一",具备了实现跨越发展的基础条件。

在中央第四次西藏工作座谈以后,西藏各族人民在邓小平理论和江泽民同志"三个代表"重要思想的指引下,认真贯彻中央关于西藏工作的一系列指示精神,坚持以经济建设为中心,不断深化改革,扩大开放,抓住机遇,加快发展,使我区经济快速增长。到2001年,全区国内生产总值达到138.73亿元,较2000年增长12.8%,经济增长的质量和效益也明显提高。

全区的产业结构在发展中得到了一定程度的优化和调整,为经济总量增长和生产力的跨越式发展奠定了基础。基础产业进一步加强,特色产业和新兴产业得到了进一步重视和培养,产业结构呈现出新的活力。第一产业、第二产业、第三产业比重由1997年的0.38∶0.22∶0.40调整到2001年的0.27∶0.23∶0.50,第一产业占国内生产总值的比重下降了11个百分点,第三产业的比重上升了10个百分点,三产结构已不再是明显的"V"字型最不发达结构。

农牧区经济运行平稳,农业基础地位进一步得到加强。农牧区各项政策保持稳定,农牧业生产条件明显改善,农牧业进入了新的发展阶段。农业将获得第十个丰收年,2001年粮食总产达到98.25万吨,肉类16.01万吨,奶类23.06万吨,分别比1997年增长24.1%、31.8%和24%。乡镇企业有较快发展,全区现有乡镇企业1000余家,产值达到9.15亿元,多种经营收入达到11.27亿元。

第二产业稳步增长。工业企业和建筑业坚持以效益为中心,围绕国有企业脱困、国有企业改组、国有经济布局战略性调整三大目标,全面推进现代企业制度、股份制的建设,随着技改力度加大,经营水平提高,带动了产业和产品结构的调整,培植了一批名优特产品,生产经营状况明显好转,经济效益有所回升。2001年,第二产业增加值达到32.18亿元,按可比价格计算,比1997年增长74.4%,年均增长14.9%。

第三产业快速发展。在市场引导和政策鼓励下,第三产业发展速度加快,内部结构不断优化,吸纳就业作用突出。旅游、交通、外经贸等持续稳定发展。金融保险业发展迅速,多种经济成分的商业、服务业生机勃勃。2001年,全区第三产业从业人员达到26.1万人,比1997年增长13.1%,第三产业增加值69.08亿元,占国内生产总值的比重较1997年提高10个百分点,达到50%。

全社会固定资产投资增长较快,重点工程建设成效显著。从1997年到2001年的5年间,西藏自治区进一步加大了固定资产投资力度,在国家财力和对口援藏省市的大力支持下,集中力量建成了一批国民经济和社会发展急需的项目,举世瞩目的青藏铁路也于2001年开工建设。5年间西藏全社会固定资产投资累计完成达到286.1亿元,集中建设了一大批农业、能源、交通、邮电通信等重点项目,有效地改善了全区的基础设施条件。2001年,全区发电装机容量已达36万千瓦,公路通车里程已达3.5万余公里,邮电业务总量已达6.48亿元。在固定资产投资中,援藏建设项目在总体上发挥了较好的经济、社会效益,起到了经济社会发展的主体作用。这些项目涵盖了农业、工业、交通、能源、教育、文化、卫生、广播电视及市政建设等多个领域,分布全区各地市和几乎所有的县。它的建成使用极大地改善了西藏交通、能源、通信等基础设施落后面貌,改善了投资环境,发展了优势产业,提高了人民生活水平。不但有效的激活了存量资产,有力地促进了经济增长目标的实现,也为西藏实现跨越式发展奠定了一定基础。

各项改革稳步推进,国民经济市场化、社会化程度明显提高。西藏与全国同步进行了计划、财税、投资、外贸、金融、物价、流通等综合配套的经济体制改革,社会主义市场经济体制的框架基本形成。国有企业改革取得突破性进展,部分行业和地区的直属企业实现了扭亏为盈,国有企业改革的的"三二目标"基本实现。多种经济成份不断涌现,非公有制经济快速发展,已成为西藏国民经济的重要组成部分。多种所有制经济的共同发展,不仅增加了就业岗位,促进了经济增长,满足了人们的多样化消费需求,而且也在国民经济市场化过程中和小城镇的建设中发挥着不可替代的积极作用。

城乡人民生活继续改善,收入稳定增长。2001年,城镇居民家庭年人均可支配收入7119元,农牧民人均纯收入1404元,分别比1997年增加1984元和319元,年均增长8.5%和6.7%。居民消费结构显著改善,生活质量进一步提高。2001年全区居民食品类支出占消费总支出的比重为45.8%,比1997年下降9.8个百分点。扶贫力度加大,全区48万贫困人口已基本解决了温饱问题。经济的发展也极大地促进了全区各项社会事业的发展,在实施"科教兴藏"战略的推动下,科技事业迅速发展。各级政府把科技工作重点放在实用技术的引进、消化、推广、开发和利用上,加快了科技向现实生产力的转化。科技进步在促进产业结构优化升级和经济增长方式转变中的作用已开始显现。科技产业化发展开始起步,经济增长中的科技贡献率已达32%,出现了一批科技含量较高的产品和项目。在坚持优先发展教育的情况下,自治区加大了教育的投入,办学条件明显改善,基础教育、职业教育、中高等教育得到快速发展。2001年全区各级各类学校1010所,在校学生39.72万人,比1997年分别增长10.3%和14.2%。学龄儿童入学率达到87.2%,进一步巩固了县县有中学、乡乡有完全小学、学龄儿童入学率达到80%的"两有八零"目标。全区广播电视覆盖率也分别达到了77.7%和76.1%,比1997年分别提高了16.7和24.13个百分点。文化、卫生、新闻、出版、体育等各项社会事业全面发展,促进了整个社会的精神文明建设。反分裂斗争也取得了重大胜利,实现了从被动应急向主动治理转变。目前,西藏经济发展、社会稳定、边防巩固、民族团结，人民安居乐业，为实现经济社会的跨越式发展奠定了良好基础。

(4)实现西藏经济社会的跨越式发展的方针、任务和措施

要实现西藏经济社会的跨越式发展，必须立足于西藏各族人民的繁荣进步，以思路创新为先导，以体制创新为保障，以科技创新为动力，充分发挥市场配置资源的基础性作用，把握特色、推进开放、增强活力、追求先进这一促进西藏经济社会从加快发展到跨越式发展的总体要求，努力完成稳定发展第一产业、有重点发展第二产业、大力发展第三产业，繁荣各项社会事业的重要任务。为此，必须坚持以下六条方针：

一是要牢固树立发展是硬道理的思想，坚持用发展的办法解决前进中的困难和问题，努力实践江泽民"三个代表"的重要思想，坚持以经济建设为中心，增强忧患意识和紧迫感，紧紧抓住西部大开发的历史机遇，力争使西藏经济和社会实现快速发展，为逐步缩小地区差距，最终实现共同富裕。

二是积极推进经济结构的战略性调整。坚持速度和效益、数量和质量、规模和结构的统一，在加快发展中推进经济结构的调整，在经济结构调整中保持快速发展。通过发展壮大特色经济和推进科技进步，促进产业结构优化升级；加快小城镇发展步伐，逐步推进城乡经济一体化；大力发展非公有制经济，调整和完善所有制结构；积极推进经济社会信息化，发挥后发优势，实现经济的跨越式发展。

三是加快体制创新和科技创新。逐步完善社会主义市场经济体制，充分发挥市场在配置资源中的基础作用，推进国有经济布局调整和国有企业的战略性改组，使生产关系和上层建筑适应生产力和经济基础不断发展的要求；继续实施科教兴藏战略，加快科技进步和人才培养，充分发挥科学技术作为第一生产力的决定作用，积极发展高新技术产业，用先进适用技术和高新技术改造传统产

业，促进经济体制和经济增长方式的根本性转变，着力提高全区经济的整体素质和竞争力。

四是进一步扩大对外开放，发展开放型经济。要适应社会主义市场经济发展需要和国际经济通行规则，以更加积极的姿态参与国际国内竞争和国际大分工，充分发挥国内外两个市场、两种资源的作用，扩大对外贸易和对外经济技术交流与合作，进一步推动全方位、多层次、宽领域对外开放格局的形成。

五是坚持经济和社会协调发展。把物质文明建设和精神文明建设紧密结合起来，坚持"两手抓、两手都要硬"，切实加强社会主义精神文明和民主法制建设。

六是坚持主动治理，深入揭批达赖，旗帜鲜明地反对分裂，维护祖国统一、民族团结和社会稳定。

实现西藏经济社会跨越式发展，必须完成六大任务：

一是巩固和加强农牧业基础地位，调整优化农牧业经济结构，大力发展高原特色农牧业、乡镇企业和农牧业产业化经营，不断提高农牧业和农牧区经济增长的质量和效益，增加农牧民收入。

二是以国家投资为主，建立健全多元化投资体制。多渠道筹措资金，加强交通、能源、通信、水利和城乡公共设施建设。夯实大开放、大开发、大发展的基础。

三是实施特色追赶战略，大力发展旅游业、藏医药业、高原特色生物（含林下资源）产业和绿色食（饮）品业、农畜产品加工业和民族手工业、矿业、建筑建材业，带动和促进经济结构的战略性调整。

四是实施科教兴藏战略，优先发展教育，加大人才资源和科技资源的开发力度，以创新的科技解决经济社会发展中的突出问题，着力提高国民经济发展的整体质量和效益，促进经济增长方式的根本性转变。

五是实施可持续发展战略，加强生态环境保护和建设，促进环境、资源、人口和经济社会的协调发展。

六是以思路创新和体制创新为先导,打破封闭,深化改革,扩大开放,着力改善经济发展环境,规范市场经济秩序。

实现西藏经济社会跨越式发展,必须采取以下十四条措施:

一是强化农牧业基础地位,发展农牧业经济。要始终把农牧业放在国民经济的首位,以加强农牧业和农牧区基础建设为支撑,以农牧业和农牧区经济结构的战略性调整为重点,以增加农牧民收入为目标,稳定粮食生产,大力发展高原特色农牧业、乡镇企业和农牧业产业化经营,全面发展和繁荣农村经济,向小康和农牧业现代化迈进。

坚持和稳定党在农牧区的基本政策。继续实行休养生息政策,免征农牧业税。坚持和完善"两个长期不变"政策,进一步保护和调动农牧民的生产经营积极性。在保护和建设的前提下,对荒山、荒坡、荒地、荒滩统一规划,谁开发,谁经营,谁受益,允许继承转让,长期不变。因地制宜,加快推行草场责任制,把草场使用权和建设管理责任落实到经营单位。鼓励有条件的地方积极探索土地、草场使用权有偿转让、合理流转的有效形式,发展适度规模经营。坚持以家庭经营为基础,以增强社会化服务为纽带,进一步完善统分结合的双层经营体制,积极实践集体经济的多种有效实现形式。按照逐步建立起与社会主义市场经济体制相适应的农村经济体制和运行机制的要求,深化农畜产品流通体制改革和供销合作社改革,建立健全各种中介组织,鼓励发展多种形式的合作与联合,充分发挥联合农户与市场的中介组织的积极作用,搞活农畜产品流通,带动农牧民进入市场。

加强农田草场基本建设和农牧区基础设施建设,多渠道增加对农牧业和农牧区的投入,在积极争取国家投资的同时,自治区、地(市)、县的投入每年也要有所增加。以水利为龙头,以中低产田改造为重点,以基础建设、管理手段与技术措施相结合,不断加大农牧业综合开发力度,稳定提高农牧业生产能力和效益。按照"分级负责,民办公助,国家适当扶持"的原则,努力打通无公路乡的通道,提高现有乡村公路等级和通过能力。加快有水无电县的电站和农牧区电网建设,推广普及小型太阳能家用系统、小型风力和微水电站,多途径解决农牧民的生产生活用电问题。

按照"因地制宜,突出重点,农牧结合,协调发展"的方针,调整优化种植业和畜牧业结构。依靠科技提高粮食转化利用水平,积极扩大经济作物和草饲料作物的种植面积,提高单位面积产量和粮食品质,加快推进种植业"粮、经、饲"三元结构的形成。把畜牧业结构调整与落实草场责任制结合起来,稳定发展草原畜牧业,大力发展农区畜牧业,重点发展城郊畜牧业,优化畜群、畜种结构,形成合理的畜牧业区域布局和内部结构。

加大农牧业综合开发力度,发挥区域经济优势。在全区建立各具特色的三大农牧业综合开发区,即藏中农牧业综合开发区,重点发展种植业和农区畜牧业及相关加工业;藏北畜牧业综合开发区,重点发展草原畜牧业及相关加工业;藏东南林、果、茶、药材综合开发区,并发展相关加工业。

加快农牧业科技进步。把农牧业科技作为科技工作的重点,在项目和资金上优先安排。围绕发展高产优质高效农牧业,大力引进、推广先进实用技术,实施种子工程、农机化工程、畜种选育工程和人才培训工程,到"十五计划"末,农作物良种覆盖率达到90%以上,畜禽良种比重达到30%。重点推广优良品种、农牧结合的配套技术、节水灌溉和旱作农业技术、农畜和林副产品精加工技术以及干旱、风沙地区造林绿化技术。

二是加快交通建设。交通建设要统筹规划,以公路建设为重点,航空、铁路、管道运输协调发展,逐步形成四通八达、安全通畅的综合运输体系。提高公路等级,强化公路骨架,发展干线公路,增大路网密度,完善运输网络。继续按照建设"三纵两横,六个通道"骨架公路的设想,以整治、改建国道为重点,大力发展省道及重要经济干线,力争接通省道断头路,积极推进口岸公路和边防公路建设,加快建设县网公路和通过能力。有计划地建设部分高等级公路,提高干线公路和拉萨通往各地区的骨干公路等级,坚持建养并重,提高通行能力。

三是加强水利建设。以农田草场水利设施为重点,加快现有灌区改造,大力兴建骨干水利工程,搞好水利设施配套和经营管理,提高水利工程运营效率和效益。积极开展节水灌溉。加强人畜饮水工程建设,基本解决人畜饮水困难。重点加强拉萨市、6地区行署所在地以及重点县城的防洪工程建设。同时,抓好10个重点防洪县的防洪建设。在加强城镇防洪工程建设的同时,重视城镇排涝设施的建设。加大江河治理力度,对拉萨河、年楚河、尼洋河及雅鲁藏布江干流进行综合治理,提高河滩地的利用率。

四是强化能源建设。以水电为主,多能互补,积极开发利用太阳能、地热等新能源和可再生能源,重点建设骨干电源,同步建设输配电网,形成多元化能源结构。加快无电县的电站建设,分期分批改扩建县级水电站,搞好农牧区电网建设。积极实施"光明工程",大力发展太阳能和光电产业,积极推广节约和综合利用技术。

五是改善城镇基础设施条件。以供排水和城镇道路为重点,以完善城镇功能为目标,加快城市(镇)、边境地区和基层乡镇的基础设施和服务设施建设,切实改善城市(镇)、边境地区和基层乡镇的生产生活条件。大力加强拉萨和6个地区行署所在地的供排水设施建设,完善城镇路网,提高防洪设施标准和垃圾处理能力,以满足拉萨、日喀则两市发展的需要和其他5个地区行署所在地的市政建设要求。

六是壮大特色经济,促进产业结构调整、优化、升级。按照稳定发展第一产业、有重点发展第二产业、加快发展第三产业的原则,依靠科技进步,坚持市场导向,以培育和发展特色产业为重点,改造、培育、发展一批龙头骨干企业,形成新的经济增长点,推进产业结构的优化调整。

A. 加快发展旅游业。按照"大力发展国内旅游,稳步发展国际旅游,适度发展出境旅游"的方针,采取一切促销手段,实现与欧、美、日、韩、新、马、泰、尼泊尔、港澳台及国内其它主要旅游城市的旅游联网,加大在国际国内旅游市场上的占有份额。在加快旅游业的过程中,要树立精品意识,围绕西藏独特的人文景观和自然景观,深度开发旅游资源。以市场为导向,着力开发建设一批品牌形象突出、设施配套完善、服务档次高、创汇能力强的旅游产品,形成观光、探险、休闲、度假齐全的大旅游产业体系,从根本上改变西藏旅游资源粗放式开发利用的状况。

B. 壮大藏医药产业。把传统优势与现代科技和生产工艺结合起来,吸收先进的管理、营销经验,做大做强藏医药产业。坚持改善条件和内涵建设并重,突出藏医药特色与完善服务功能并举,继续加强藏医药人才培养,努力提高藏医药临床诊治水平和服务能力。进一步重视和加强藏医药科研工作,推进藏医药企业向规模化、集团化方向发展,提高藏医药研制、开发、生产的综合实力和整体水平。

C. 大力发展高原特色生物产业和绿色食(饮)品业。发挥生物多样性的优势,大力发展高原食用菌、红景天、人参果等具有高原特色的绿色食(饮)品加工业,充分利用西藏饮用水资源蕴藏量大、含微量元素丰富的优势,大力发展矿泉水、啤酒、植物保健品,建成国家级绿色饮料生产基地,力争在创出品牌、形成规模和提高市场占有率等方面实现大的突破。

D. 强化农畜产品加工业和民族手工业。依托特色农牧资源,大力发展牦牛、优质青稞等农畜产品深加工,延伸产业链,提高附加值。结合农畜产品结构调整,积极采取高新技术,提高农畜产品加工深度,通过产业化经营,扩大生产,形成规模经济。充分发挥民族手工技能优势,以出口地毯为拳头产品,以开发旅游纪念品为重点,大力发展民族手工业,扩大规模,拓展市场,提高竞争力。

E. 有重点地发展矿业。加大对地矿工作的投入,搞好地质勘查,进一步摸清西藏资源状况。围绕矿业发展和经济建设的重点,抓紧开展对优势矿种和国家紧缺矿种的地勘开采工作,保证西藏矿业发展有可靠的后备储量。

F. 加强建筑建材业。按照培育强势企业、规范市场行为、提高建筑建材质量的总体要求,加快发展建筑建材业。建材业重点抓好新型建筑材料开发、高标号水泥和特种水泥的生产。依靠科技进步,加大对现有建材骨干企业的改造,彻底关停一批污染大、效益低的小企业,采用成熟、先进、适用的工艺技术装备,合理利用资源,保护环境。

J. 加快发展服务业,拓宽服务领域。从满足人民生活需要和促进经济增长出发,以市场化、产业化和社会化为方向,积极发展现代服务业,改造提高传统服务业,开拓服务领域,提高服务业在国民经济中的份额。

七是适度超前发展通信业。坚持高标准、高起点、新技术和适度超前的原则,加速移动通讯网、数据网等基础网络建设,调整优化网络结构和布局,进一步提高网络覆盖面,形成方便、可靠、快捷的城乡通信网络体系。

八是加快城镇发展步伐,提高城镇化水平。发展小城镇,是改善投资环境,优化城乡经济结构,缩小城乡差别的重大措施,是带动农牧区经济社会发展的大战略。坚持科学规划、合理布局,借鉴传统、突出特色,规模适度、注重实效,广开投融资渠道,加快小城镇发展,走出一条在政府引导下依靠市场机制、群众参与建设的新路子。

按照将拉萨发展成为民族风格浓郁的现代化中等城市,将各地行署所在地发展成为小城市的要求,搞好城市规划,完善城市功能,发挥城市的辐射带动作用。形成以拉萨为中心、小城市为骨干、建制镇为基础的中小城市和小城镇协调发展的格局。积极培育小城镇的经济基础,加快小城镇的乡镇企业建设,引导乡镇企业合理集聚,把完善农牧区市场体系,发展农牧业产业化经营和社会化服务与小城镇建设结合起来,使小城镇不仅成为农畜产品加工基地、集散中心以及当地的信息、技术服务和文化中心,也为农牧民到小城镇从事二、三产业创造条件。

九是优先发展各级各类教育。坚持把"两基"教育放在重中之重的位置,加大义务教育的力度,加快扫除青壮年文盲。高度重视农牧区和边远贫困地区的教育工作,实施好"国家贫困地区义务教育工程"。大力发展中小学教育,积极发展师范教育、幼儿教育和特殊教育。基本普及六年义务教育,积极推进九年义务教育,扩大高中阶段教育的招生规模。积极推进"双语"教学,创造条件全面开设英语课程。进一步办好内地西藏中学和西藏班(校),适当扩大招生规模。

十是加大技术创新和科研开发力度。采取与国内外科研机构联合等方式,组建自治区级工程技术研究中心和重点实验室,着力解决制约西藏经济发展的关键性技术,力争在新能源、生物、医药、生态环境等应用领域取得重大突破。加快先进适用技术的引进、开发、推广,重点在农畜产品加工及转化、农作物新品种选育、牲畜品种改良、特色产业发展等方面取得进展,为产业结构调整提供技术支撑。积极运用先进适用技术和高新技术改造,提升传统产业。以市场为导向,以企业为依托,以科研为支撑,加快太阳能的产业化。为适应科技革命和知识经济快速发展的需要,加快发展高新技术产业。积极吸引国内外的科技人员与企业家进藏从事科研开发,指导和创办企业。

十一是加强生态建设,保护治理环境。加强生态环境保护和建设,坚持经济建设、城镇建设、生态建设同步规划、同步实施、共同发展,实现经济、社会、生态效益相统一。坚持"保护第一,积极建设,合理利用"的方针,切实扭转部分地方边建设边破坏的被动局面。坚决贯彻执行国家有关环境保护的法律、法规、政策,并抓紧制定符合西藏实际的配套法规。

以江河整治为基础,以小流域治理和草场荒漠化治理为重点,以建立比较完备的林业和草场生态体系为目标,搞好生态环境保护与建设。加大水土流失和荒漠化的综合治理力度,坚持不懈地开展大规模的植树种草,根据不同地区的情况,宜林则林、宜草则草,"乔、灌、草"结合,恢复和保护植被。实施好国家长江上游天然林保护工程,搞好拉萨市及周边地区造林绿化工程,加强自然保护区建设和管理。

十二是深化改革,完善社会主义市场经济体制。改革是发展的强大动力,必须按照建立和完善社会主义市场经济体制的要求,进一步深化各项改革。

首先,要深化国有企业改革,巩固国有企业改革成果,切实推进政企分开,使国有企业真正成为自主经营、自负盈亏的市场竞争主体。按照市场经济的要求,在产权多元化的基础上,对所有国有及国有控股企业进行规范的公司制改革,建立现代企业制度,建立健全企业法人治理结构机制。进一步深化企业内部改革,强化科学管理,建立健全行之有效的激励机制和约束机制。

其次,调整和完善所有制结构。坚持公有制为主体、多种所有制经济共同发展的基本经济制度。按照有进有退、有所为有所不为的原则,收缩战线,集中力量,加强重点,加快国有经济的战略性调整。

再次,深化宏观管理体制改革。进一步深化计划、投融资、财税、金融、物价体制改革,为实施大开发和跨越式发展创造良好的体制环境。政府投资的重点主要是基础性项目、公益性项目。对竞争性项目,在国家政策引导下,主要由企业自主决策投资。改革以行政审批为特征的投融资体系,取消非国家投资的一般性项目的审批权,实行项目登记备案制和投资信息发布制度。加强对有形建筑市场的建设和管理,全面推行项目招投标制度,建立项目建设决策责任、监督制度和风险约束机制,强化工程质量管理与监督。

十三是着力改善投资环境。根据我国加入世贸组织的承诺和我国经济社会发展的新形势,完善政策法规,提高服务质量,着力改革投资环境,进一步完善招商引资的政策、法规,简化审批手续,提高办事效率,增强服务意识,改进服务方式,为各类投资者提供优质高效服务。除国家明确规定外,取消对外商持股比例的限制。加快建立符合国际规范的外经贸服务体系,发挥中介组织的作用。深化外经贸体制改革,实行进出口经营资格登记制度。认真清理并坚决废止各种有碍经济社会发展的政策规定,创造各种所有制经济健康发展、各类资产自由流动的市场环境和政策环境,对外国企业和个体私营企业实行国民待遇。强化执法公正和执法监督,克服地方保护主义,依法保护各类投资者的合法权益。引导外资投向,进一步拓宽外商投资领域,扩大外资进入渠道,提高外资利用水平。积极实施"走出去"战略,制定优惠政策,鼓励、扶持具有竞争优势的企业实行跨省区和跨国界经营,积极参与国际国内大市场的竞争。

十四是改善人民生活,积极扩大就业,完善社会保障制度。扩大就业是促进经济发展和维护社会稳定的重要保证,完善的社会保障是社会主义市场经济的重要支柱,它关系改革、发展、稳定的全局。要采取有力措施,加大工作力度,认真做好就业工作,加快健全全社会保障制度。

积极扩大就业,就必须紧紧抓住西部大开发的历史机遇,充分利用各种有利条件,通过大力发展非公有制经济和第三产业等途径,保持经济的快速发展,创造更多的就业机会;培育和发展劳动力市场,加强劳务中介组织建设,完善就业服务体系,形成市场导向的就业机制;加强失业人员的培训工作,对在职人员实行多技能培训,增强适应性,稳定就业岗位;引导居民转变就业观念,鼓励自谋职业;鼓励用人单位招收下岗职工;鼓励企业拓宽生产经营门路,分流富余人员。建立阶段性就业制度,发展弹性就业形式,推广非全日制工作、临时工、小时工等灵活的就业形式;鼓励农牧区发展二、三产业,逐步形成农牧区剩余劳动力的转移机制。

继续完善社会保障制度,按照社会主义市场经济体制的要求,建立覆盖所有城镇劳动者的社会统筹和个人账户相结合的基本养老保险和基本医疗保险制度,鼓励职工、企业参加补充养老和医疗保险。在保证离退休人员基本养老金支付的基础上,逐步完善社会统筹基金与个人账户基金的分账管理,确保个人账户资金的有效积累。进一步完善失业保险制度,在试点的基础上,逐步把国有企业下岗职工纳入失业保险,并且扩大失业保险覆盖范围。建立和完善工伤、生育保险制度,逐步扩大覆盖面。按照国家统一部署,发展社会福利、优抚安置和社会互助等社会保障事业。加强和完善城镇居民最低生活保障制度,逐步提高城镇贫困人口救济补助标准。发展慈善事业,重视老龄工作,切实保障妇女、未成年人、老年人和残疾人的合法权益,支持残疾人事业发展,创造残疾人平等参与社会生活的条件。在发展经济和提高效益的基础上,要不断增加城乡居民收入,进一步提高居民吃、穿、用水平,改善居住和交通通信条件,丰富城乡居民的消费内容,优化居民生活环境,提高生活质量,加快建设小康社会。

3. 努力实现西藏社会局势的长治久安

江泽民在中央第四次西藏工作座谈会上指出,维护西藏稳定和发展,维护祖国统一和安全,是西藏工作的一项重要政治任务。要完成这一政治任务,必须按照"立足于维护祖国统一和民族团结"这一根本目的,坚定不移地反对分裂,揭批达赖。坚定不移地贯彻"旗帜鲜明、针锋相对、主动治理、强基固本"的方针,坚持标本兼治,重在治本。坚决依法严厉打击一切分裂破坏活动,切实加强基层组织建设和社会综合治理工作,巩固和发展新时期爱国统一战线。必须大力加强社会主义精神文明和民主法制建设,巩固我们的政治基础,促进西藏社会局势从基本稳定到长治久安。根据这一总体要求,要扎扎实实地做好以下几个方面的工作。

(1)是要深入揭批达赖,坚决打击分裂破坏活动

达赖是图谋西藏独立的分裂主义政治集团的总头子,是国际反华势力的忠实工具,是在西藏制造社会动乱的总根源,是阻挠藏传佛教建立正常秩序的最大障碍。我们同达赖集团和支持他们的国际反华势力的斗争,是近代以来中华民族反对帝国主义侵略斗争的继续,是中国人民反对霸权主义、强权政治斗争的突出表现,是当前维护祖国统一、反对分裂的严重的政治斗争和阶级斗争。江泽民总书记在讲话中鲜明地指出:"从根本上说,达赖集团代表的是腐朽没落的封建农奴制度,与时代进步是格格不入的,与西藏各族人民的根本利益是截然对立的。"对达赖集团的斗争要坚持"旗帜鲜明,针锋相对,主动治理,强基固本"的方针。坚决依法打击分裂破坏活动,大力加强基层党组织建设,大力加强意识形态领域的工作。决不让分裂主义侵蚀我们的思想和社会基础,决不让达赖集团在西藏制造新的动乱,决不让国际反华势力利用达赖集团分裂中国的阴谋得逞。

对达赖集团制造的各种分裂破坏活动,要针锋相对,果断处置,露头就打,坚决制止在萌芽状态。重点防范和严厉打击暴力活动,高度警惕达赖集团暴力活动上升的趋势。要加强隐蔽战线的工作,增强对敌社情的发现和控制能力,加紧侦破地下分裂组织和危害国家安全的案件,及时打掉分裂势力的掩护据点。加强对危害国家安全犯罪分子的教育和改造工作。加强边境管理,遏制非法出入境,抓好源头,堵住一线。对组织偷渡的"蛇头"和潜入潜出的分裂分子要坚决打击。

(2)是加强基层、基础和社会综合治理工作,不断巩固人民民

主专政

大力加强基层和基础工作,是实现长治久安的治本之策。要加强基层政权和基层干部队伍建设,健全县和重点乡镇政法机构,逐步增加人员编制,充实一线。进一步加强政法机关和基层政法队伍建设。坚持政治建警、从严治警、科技强警,落实从优待警的措施,提高整体素质,增强战斗力。建立政法部门经费保障机制,大力改善政法基础设施,提高装备水平。要认真落实社会治安综合治理的各项措施,把专门工作与群众工作相结合,严厉打击各种违法犯罪活动,维护正常的社会秩序、生产秩序、生活秩序和宗教活动秩序。

驻藏人民解放军和武警部队是保卫边疆、维护祖国统一、反对民族分裂的坚强柱石。要加强国防教育,强化人民群众的国防意识。支持驻藏人民解放军和武警部队建设,巩固军政军民团结,健全军警民联防体系,加强边境和边防建设,把祖国的西南边疆建设成为牢不可破的钢铁长城。

(3)是全面正确贯彻落实党的民族宗教政策,巩固和发展新时期爱国统一战线

要坚持和完善民族区域自治制度,全面贯彻落实党的民族政策,牢固树立"三个离不开"的思想,加强各民族之间的经济、文化交流,增强各民族之间的共同因素和社会主义的一致性,强调各民族利益同中华民族总体利益的一致性,强调尊重民族特点同维护国家统一的一致性,进一步巩固和发展平等、团结、互助的社会主义民族关系。

全面正确地贯彻党的宗教政策,依法保护群众的宗教信仰自由和正常宗教活动,积极引导宗教与社会主义社会相适应。划清正常宗教活动和利用宗教从事分裂活动的界限,划清群众有宗教信仰的自由和党员不得信仰宗教的界限,依法加强对宗教事务的管理。坚持宗教事务属地管理原则,宗教不得干预行政、司法、教育、经济建设,不得干扰和影响基层政权的工作。坚持寺庙"自养"的原则,不允许恢复封建宗教特权,不允许摊派勒捐、盘剥群众。要切实加强活佛转世工作的领导和管理,重视对爱国宗教人士的培养教育,引导宗教人士遵守"维护人民利益,维护法律尊严,维护民族团结,维护祖国统一"的基本行为准则。

要始终高举爱国、团结、进步的旗帜,顺应形势的发展,进一步巩固和壮大新时期爱国统一战线。要以反对民族分裂、维护祖国统一为根本政治标准,坚持大团结、大联合,最大限度地团结一切可以团结的力量,调动一切积极因素,争取人心,凝聚力量,为实现跨越式发展服务,为实现长治久安服务,为社会主义现代化建设服务。

(4)是大力加强社会主义精神文明建设,打牢发展和稳定的思想政治基础

加强社会主义精神文明建设,是实现我区跨越式发展和长治久安的思想保证。要坚持用马克思主义、毛泽东思想、邓小平理论和"三个代表"重要思想武装全体党员,教育人民,深入宣传和贯彻党的路线、方针、政策,把全区党员、干部、群众的思想和行动统一到中央第四次西藏工作座谈会精神上来,把西藏各族人民的力量凝聚到实现中央确定的发展和稳定的任务上来。

要紧紧围绕维护团结和祖国统一这个主题,坚持不懈地进行爱国主义、集体主义、社会主义教育和艰苦创业精神教育,坚持不懈地进行党的民族、宗教政策和法制教育。使广大干部群众真正懂得"团结是福,分裂是祸;稳定是福,动乱是祸"的道理,切实提高对达赖集团分裂谬论的识别和抵制能力,不断巩固和加强反分裂斗争的思想基础和群众基础。

宣传思想文化战线要牢牢把握正确的舆论导向,唱响主旋律。认真分析和研究当前西藏宣传思想工作的新情况、新问题、新特点,掌握西藏宣传思想工作的特殊性、规律性,增强宣传工作的针对性和有效性。要高度重视对外宣传工作,坚持以我为主,讲究策略,争取主动,积极开展群众性精神文明创建活动。

坚持破立结合,大力加强社会主义文化建设,要适应建设团结、富裕、文明的社会主义新西藏和增强中华民族凝聚力的历史要求,坚持正确方向,紧跟时代步伐,科学继承优秀传统文化,扩大同兄弟民族的文化交流与融合。大力普及科学知识,弘扬科学精神,破除封建农奴制残余思想、陈规陋习和宗教消极影响对人民群众的精神束缚,引导人民群众过健康、向上、文明的新生活。

(5)是依法贯彻"依法治国"方略,进一步加强社会主义民主法制建设

各级党委要切实重视和加强对人大、政协工作的领导。人民代表大会制度是我国的根本政治制度,要充分发挥人民代表大会及其常委会的职能作用。积极支持人大及其常委会履行立法、监督、任免和决定重大事项等职权,更好地发挥人大代表的作用,切实保障人民依法管理国家和社会事务的权利。中国共产党领导的多党合作和政治协商制度是我国的一项基本政治制度,要充分发挥人民政治协商、民主监督、参政议政的作用。继续推进人民政协工作的规范化、制度化,努力为政协开展工作创造条件。要继续深入开展法制宣传教育,逐步增强公民的法律意识和法制观念。要高度重视,加强领导,结合实际,积极稳妥地推进基层民主政治建设。

维护稳定、反对分裂是全党的一项政治任务,涉及方方面面,必须加强统一领导,分工负责,紧密配合。认真落实维护稳定工作领导责任制,建立健全反分裂斗争的工作机制,协调各方力量,共同做好维护稳定的工作。要加大反分裂斗争各项工作的投入,在机构、编制、经费和装备各方面给予有力的支持。

实现西藏跨越式发展,必须始终坚持新时期西藏工作指导方针,这是我们从胜利走向胜利的根本指针;必须牢固树立发展是硬道理的思想,始终把不断提高各族人民的生活水平作为一切工作的出发点和落脚点,这是解决西藏所有问题的关键;必须牢固树立稳定压倒一切的思想,坚决反对分裂,维护社会稳定,这是我们丝毫不能懈怠的首要政治任务;必须按照"三个代表"的要求,不断加强和改善党的领导,这是我们各项事业的根本保证。

二、建设小康社会,全面推进社会主义现代化建设

社会主义现代化建设是一个系统工程,它涉及社会发展的方方面面。为全面推进社会主义现代化建设,党中央在十六大提出了全面建设小康社会的奋斗目标,这是我国胜利实现现代化建设的重大部署,是实现中华民族伟大复兴的根本途径,是坚持以人为本,全面落实科学发展观和实现可持续发展的伟大实践,也是我国由发展型社会转向发达型社会的战略选择。认真贯彻落实党的十六大精神,积极实施西藏经济社会跨越式发展战略,努力实现全面建设小康社会的宏伟目标,是西藏面向二十一世纪的一项重要的战略任务。

1. 社会主义小康社会建设的目标及内涵

为实现新世纪社会主义现代化建设这一宏伟目标,有必要认真领会全面建设小康社会的丰富内涵、重大意义和基本途径。

据考证,"小康"一词,出自《诗经·大雅》,它指的是一种生活状况或生活水平,即"富有仍嫌不足,但温饱已经有余"。1979年,邓小平在会见日本首相大平正芳时,首次借用"小康"这一概念,描绘了中国式的现代化进程。他提出这个概念是为了纠正过去我们在社会主义现代化建设问题上的急于求成的倾向。建设繁荣昌盛的社会主义现代化国家,是毛泽东、周恩来等老一辈无产阶级革命家生前的愿望。但是,由于缺乏历史经验,对中国社会主义发展阶段还没有作出科学的界定,对中国建设社会主义现代化的艰巨性

和长期性认识不足。

1978年邓小平同志已经开始思考如何从中国具体国情出发研究"四个现代化"的问题,10月他就提出了"实事求是问题涉及四个现代化"的论断。在1979年3月党的理论工作务虚会上,他强调,要使中国实现四个现代化,至少有两个重要的特点是必须看到的:第一个是底子薄,第二个是人口多。中国式的现代化,必须从中国的特点出发。为此他使用了一个新的说法,叫做"中国式的四个现代化"。他指出:"我们要实现的四个现代化,是中国式的四个现代化,我们的四个现代化的概念,不是像你们那样的现代化的概念,而是'小康之家'。到本世纪末,中国的四个现代化即使达到了某种目标,我们的国民生产总值人均水平也还是很低的。要达到第三世界中比较富裕一点的国家的水平,比如国民生产总值人均一千美元,也还得付出很大的努力。中国到那时也还是一个小康的状态"。此后,小平同志又多次重申"小康"概念,并把中国现代化建设"三步走"战略目标的第二步,界定为达到小康社会。

中共十五大报告提出:"现在完全可以有把握地说,我们党在改革开放初期提出的本世纪末达到小康的目标,能够如期实现。在中国这样一个十多亿人口的国度里,进入和建设小康社会,是一件有伟大意义的事情。这将为国家长治久安打下新的基础,为更加有力地推进社会主义现代化创造新的起点"。2000年10月,中共十五届五中全会决议指出:"从新世纪开始,我国将进入全面建设小康社会,加快推进社会主义现代化的新的发展阶段","这是中华民族发展史上一个新的里程碑。"

在中共十六大报告中,正式提出全面建设小康社会的具体目标。这就是:"经过全党和全国各族人民的共同努力,我们胜利实现了现代化建设'三步走'战略的第一步、第二步目标,人民生活总体上达到小康水平。这是社会主义制度的伟大胜利,是中华民族发展史上的一个新的里程碑"。"我们要在本世纪头20年,集中力量,全面建设惠及十几亿人口的更高水平的小康社会,使经济更加发展、民主更加健全、科教更加进步、文化更加繁荣、社会更加和谐、人民生活更加殷实。"

全面建设小康社会目标的确立,意义十分重大,影响极其深远。集中力量,到建党100周年时,全面建成惠及十几亿人口的更高水平的小康社会,使经济更加发展,民主更加健全,科教更加进步,文化更加繁荣,社会更加和谐,人民生活更加殷实。这个目标的实现,是中国社会主义现代化建设第三步战略目标必经的承上启下的发展阶段,也是完善社会主义市场经济体制和扩大对外开放的关键阶段。经过这个阶段的建设,到本世纪中叶新中国成立100周年时基本实现现代化,把我国建设成富强、民主、文明的社会主义现代化国家,就有了坚实的基础,有了可靠的保证。

经过全党和全国各族人民的共同努力,我们虽然胜利实现了现代化建设"三步走"战略的第一步、第二步战略目标,人民生活总体上达到了小康水平。但我们必须看到,我们现在达到的小康社会还是低水平的、不全面的、发展很不平衡的小康。

所谓低水平,是指我国目前达到的小康,才刚刚迈入小康社会的门槛,也就是说刚刚"达标"。据测算:虽然截至2002年底,我国国内生产总值(GDP)已超过10万亿元(按现行汇率折算,下同),但人均GDP只有1000多美元;而全国居民的消费水平更低,不足500美元。

所谓不全面,是指我国目前达到的小康,基本上还处于生存性消费阶段,以教育、体育、文化、卫生为核心的发展性消费还没有得到有效满足,社会保障还不健全,环境质量还有待提高。比如,我国城乡居民总的消费支出中用于吃喝的比重仍然偏高(据统计,2001年我国城镇居民的恩格尔系数为37.9%,刚刚越过小康标准的底线向富裕型迈进;农村居民的恩格尔系数为47.7%,基本上界于刚刚"入围"小康标准),而用于发展性消费乃至享受性消费的比重仍然偏低。

所谓发展很不平衡,是指地区之间、工农之间和城乡之间以及不同的社会阶层之间,收入和生活水平还存在比较大的差距;在人民物质生活和精神生活的诸多方面,以及小康社会建设的各个领域,进展状况和达到的水平也是不平衡的。以地区差距为例,2001年排名第一的广东省的经济总量超过1万亿元,而排名最后一位的地区只有139亿元。在城乡居民收入差距方面,国家统计局日前指出,若考虑农民收入中的实物部分以及城市居民收入中的隐性部分,则城乡收入差距不是3∶1,而是5∶1乃至6∶1。另据国家统计局的研究,2000年末,全国初步达到小康水平的人口是75%左右。言下之意,即使是目前这种低水平的小康也还有四分之一的人口没有达到。截至目前为止,全国还有3000万农村人口的温饱问题没有完全解决,城镇还有将近2000万人生活在国家最低生活保障线以下。

党的十六大所确定的全面建设小康社会的奋斗目标,就是针对我国目前所达到的低水平、不全面和发展很不平衡的小康状态而言的。因此,全面建设小康社会的基本内涵可概括为三个"更",即"更高水平"、"更全面"和"更平衡"。

全面建设小康社会的目标,是中国特色社会主义经济、政治、文化全面发展的目标,是与加快推进社会主义现代化建设相统一的目标,是一个经济社会全面发展与进步的奋斗目标。

在经济方面,主要包括四个方面的内容:第一,经济总量方面的要求。到2020年,我国的国内生产总值要比2000年翻两番,按2000年不变价格计算,人均国内生产总值将超过3000美元。第二,经济制度方面的要求。我国将在2020年基本实现工业化,建成完善的社会主义市场经济体制和更具活力、更加开放的经济体系。在这里,把基本实现工业化与经济体制、经济体系联系起来作为一个统一的指标。第三,城市化水平方面的要求。经过20年的城市化建设,要使城镇人口的比重有较大幅度地提高,在城市化的道路上取得历史性的进展。第四,生活水平方面的要求。要使家庭财产普遍增加,社会保障体系比较健全,社会就业比较充分,让人民过上更加富足的生活。这体现了我们所要建设的是一个惠及十几亿人口的小康社会,让广大人民群众共享发展的成果。有关部门参照国际上常用的衡量现代化的指标体系,考虑我国国情,认为全面建设小康社会的基本标准包括了这样十个方面:

一是人均国内生产总值超过3000美元,这是建成全面小康社会的根本标志。2000年,我国人均国内生产总值为854美元,按照国内生产总值翻两番的发展速度测算,到2020年,我国人均国内生产总值将超过3000美元,达到当时中等收入国家的平均水平。

二是城镇居民人均可支配收入1.8万元(2000年不变价,下同)。过去20年,我国城镇居民人均可支配收入增长了3倍,预计今后20年,我国经济将继续快速发展,城镇居民收入水平能够保持过去20年的增长势头,到2020年达到18840元,可以稍微超过小康指标。

三是农村居民家庭人均纯收入达8000元。过去20年我国农村居民家庭人均收入增长了3.5倍,其中近10年增长1.6倍,到2000年为2253元。可以预计,今后20年,随着农村改革的深入和农业现代化水平的提高,农民收入有可能增长3.2倍,农村居民家庭人均收入达到7210元,基本实现小康目标,城乡居民收入差距也有所缩小。

四是恩格尔系数低于40%。近10年,城镇居民消费的恩格尔系数下降了15个百分点,农村居民消费正处于新的升级过程。2000年,全国恩格尔系数为46%,预计到2010年下降到40%,2020年前后下降到35%左右。

五是城镇人均住房建筑面积30平方米。近10年每人年均增加0.5平方米,2000年到19平方米。预计2020年可以超过30平方米。

六是城镇化率达到50%。我国近10年城镇化率年均提高1个百分点,2000年为36.2%。今后20年,我国将坚持城镇化发展战略,工业化也将进入加速发展阶段,城镇化率每年可以提高1个半分点,到2020年达到56%。

七是居民家庭计算机普及率为20%。2000年我国城乡居民家庭计算机普及率约为4.2%左右,其中城镇居民家庭计算机普及率为9.7%。这几年计算机普及率呈现加快提高的趋势,到2020年可以基本实现计算机普及率20%的目标。

八是大学入学率为20%。目前,我国大学入学率为11%。随着科教兴国战略力度的加大,社会力量参与办学,我国大学入学率2005年可以达到15%,到2020年有可能超过20%,达到25%。

九是每千人医生数为2.8人。2000年,我国达到每千人为2人,高于世界平均水平,到2020预计每千人超过3人。

十是城镇居民最低生活保障率95%以上。2001年,城镇居民最低生活保障率达到71.6%,预计到2010年就可以达到小康水平的95%。

在政治方面,党的十六大报告,把发展社会主义民主政治,建设社会主义政治文明,确定为全面建设小康社会的一个重要目标。十六大通过的新党章也作出了建设社会主义政治文明的规定,这是我们党在全国代表大会的文件中,第一次明确地对建设社会主义政治文明作出部署,并将它与建设社会主义物质文明和建设社会主义精神文明一起,确定为社会主义现代化建设的三大基本目标。我们要认真研究和积极落实十六大的这一战略部署,以进一步全面推进中国特色社会主义事业。

政治文明主要是健全社会主义民主,完善社会主义法制,全面落实依法治国方略。我们要充分发扬社会主义民主,健全人民代表大会制度、共产党领导的多党合作制度和政治协商制度、民族区域自治制度以及其他各项民主制度。不断丰富民主的实现形式,扩大公民的有序参与,保证人民依法实行民主选举、民主决策、民主管理和民主监督的权利。同时,大力加强社会主义法制建设,建设社会主义法治国家。为适应社会主义市场经济发展、社会全面进步和加入世贸组织的新形势,加强立法工作,提高立法质量,到2010年形成中国特色社会主义法律体系。全面落实依法治国的基本方略,积极推进依法行政,加强对执法活动的监督,维护司法公正,确保人民群众的政治、经济和文化权益得到切实尊重和保障。

在全面落实依法治国的方略的过程中,要特别加强基层民主制度建设,保证人民群众依法直接行使民主权利,管理基层公共事务和公益事业,对干部实行民主监督。加强社会治安综合治理,依法严厉打击各种犯罪活动,不断铲除各种社会丑恶现象,创造良好的治安环境,逐步形成一个稳定和谐的社会风气。

在文化方面,把促进人的全面发展作为中心任务,为此有三个方面的要求:第一,使人的综合素质明显提高。十六大报告不仅强调要提高人的思想道德素质和科学文化素质,而且首次明确提出要提高人的健康素质。这三大素质的明显提高,标志着我国在促进人的全面发展方面将迈上一个新的台阶。第二,提高人的素质要靠制度作保证。为此,十六大报告提出到2020年我国要形成比较完善的国民教育体系、科技和文化创新体系、全民健身和医疗卫生体系,这是发展文化事业和提高人的素质的基础性工程。第三,提高人的素质,教育是根本,必须把教育放在优先发展的地位。十六大报告在这方面提出了很高的要求,这就是要使人民享有接受良好教育的机会,基本普及高中阶段教育,消除文盲。同时,要大力发展成人教育、职业教育以及其他各种继续教育,构建终身教育体系,形成全民学习、终身学习的学习型社会。

在可持续发展方面,围绕改善人的生存环境问题有三个方面的要求:第一,不断增强我国的可持续发展能力,使资源的利用效率得到显著提高。我国是一个人口大国,人均资源水平较低,当前又处在加速工业化时期,经济发展与资源、环境的矛盾十分突出。提高可持续发展能力和资源利用效率,对促进我国经济的快速发展、改善人民的生存环境,具有十分重要的意义。第二,改善生态环境,促进人与自然的和谐。要加强对环境污染的治理,退耕还林和种树种草,搞好水土保持,防治荒漠化,为人民的生活创造良好的自然环境。第三,要走出一条生产发展、生活富裕、生态良好的文明发展道路。使生产发展为提高人民生活水平服务,为改善人们的生存环境服务。

全面建设小康社会,从本质上说就是要在经济发展的基础上,实现经济、政治、社会、文化和人类自身的协调发展,其本质是富民强国、民主进步、文明和谐,亦即全面建设社会主义物质文明、政治文明和精神文明,这也是社会主义现代化建设的本质要求。

2. 西藏建设小康社会的现状

在党中央、国务院的亲切关怀和正确领导下,在全国人民特别是对口援藏省、市(区)和各大企业的有力支持下,西藏各级党委和政府以"三个代表"重要思想和十六大精神为指导,积极贯彻中央第三、四次西藏工作座谈会精神。近几年来,全区各族人民求发展、谋跨越、奔小康的热情空前高涨,跨越式发展的势头十分强劲,全区生产总值连续三年保持了12%以上的增长速度。这为全面推进小康社会建设奠定了坚实的基础。

(1)西藏经济社会发展形势喜人

进入21世纪,西藏经济社会发展出现了更加可喜的态势,经济发展速度和市场化进程同时加快,硬环境和软环境同时改善,投资和消费的拉动作用同时增强,经济社会发展水平和人民生活水平同时提高,呈现出了全面发展的局面。

一是农牧业建设力度加大,农牧民增收步伐加快。2003年,自治区党委、政府紧紧围绕"统筹城乡经济社会发展,建设现代农业,发展农村经济,增加农民收入,全面建设小康社会"的宏伟目标,与时俱进,创新思路,以增加农牧民收入为中心任务,以调整农牧业结构为主线,加大对农牧业的科技投入,使农牧业经济发展呈现出良好的发展态势。2003年农牧业总产值实现58.63亿元,比上年增长3.2%。全区各级政府加强了涉农资金的整合,强化了"三农"工作的督促落实工作,努力为农牧民办实事。仅2004年一年,全区汇总落实30多亿元的资金,加大了农牧区通路、通广播电视、人畜饮水等方面的工作力度,新建乡村公路2190公里,新建小水电站60多座,解决了22.4万人的饮水困难。农牧区建设力度加大,改善了农牧区发展条件,促进了农牧民增收。

各地及有关部门紧紧抓住工程项目不断增多的机遇,通过组织引导、能人带动、技术培训等综合措施,使西藏去年的劳务输出又上了一个新台阶,全年农牧民劳务输出达40多万人次,劳务总收入5亿多元。据不完全统计,全区虫草产量约3万公斤,收入超过5亿元。2004年农牧民人均纯收入实现年初计划,达到1861元,比去年增长10.1%,连续两年呈现出双位数的增长势头。城乡居民收入差距有所缩小,由2002年的5.1:1变为2004年的4.4:1。在稳定和保护粮食综合生产能力的前提下,农牧业结构调整稳步推进,优质品种面积扩大,农区和城郊畜牧业、乡镇企业、多种经营发展加快,农牧业产业化经营迈出可喜步伐,农牧业的质量和效益不断提高。全区粮食总产量达到96.6万吨,连续4年保持在95万吨以上。肉类总产量达到19.01万吨,比上年增长10.4%。乡镇企业迅速增加,生产效益不断提高,2004年乡镇企业总产值达到15亿元,比上年增长20%,使农牧区产业调整取得可喜成绩。

随着援藏工作向纵深发展,18个对口援藏省、市(区)、15户中央直属大型国有重要骨干企业和中央国家机关有关部委在援藏项目规划和资金投向上，逐步向农牧区倾斜，向增加农牧民收入转变。除中央确定的对口援藏项目外，投向县及县以下农牧区的新增援藏资金约 8 亿元，农牧民群众得到了更多实惠。

二是重点项目建设进展顺利，固定资产投资大幅增长。2004 年西藏固定资产投资在前两年不断加大的基础上，继续保持了强劲的增长势头，全社会固定资产投资 168.44 亿元，比去年增长 21.5%，民间固定投资 21 亿元，比去年增长 90%。投资规模大幅增加，为西藏经济保持 12% 以上增长速度提供了有力支撑。

在国家的大力支持下，重点项目建设进度明显加快。青藏铁路西藏段建设全线铺开，2004 年西藏段完成投资 57 亿元。拉萨火车站、直孔电站、金河电站、拉萨至贡嘎机场公路等一批重大项目相继开工。中央第四次西藏工作座谈会确定的"117"项目，已建成 83 个，在建 32 个，累计完成投资 257.53 亿元。2003 年中央确定的 70 个对口援藏项目，累计竣工 69 个，完成投资 10.3 亿元；新增吉林、黑龙江、安徽三省和中管 15 户大企业援藏规划已完成，对援项目协商落实 172 个，落实项目资金达 4.75 亿元。截止 2003 年 10 月 20 日，全部完成设计和招投标，80% 以上项目已开工建设。各部委与西藏各厅局协商项目 121 个，项目总投资 5.4 亿元，已完成三分之二以上投资。第三批对口支援西藏的 15 个省市与各地市协商项目 735 个，总投资达 9.254 亿元，已完成三分之二以上投资，70 个项目和所有协商项目总投资已达 30.0256 亿元，项目总数已达 1078 个。

三是消费逐步趋旺，消费对经济增长的拉动作用有所增强。由于受非典的影响，第三产业增幅有所回落，但西藏消费仍保持了较好势头。按支出法测算，消费对 GDP 的贡献率仍然达到 40% 左右，在经济增长中发挥了重要作用。2003 年，全社会消费品零售总额达 58.3 亿元，比上年增长 9.2%。交通通讯消费增长迅猛,人均消费水平比上年增长65%;家庭设备及用品的消费已成为新的热点。农牧区消费也出现了可喜迹象,用于购买生产性机械的消费增长了47.4%,用于农房改造和交通通讯的支出增长18.5%,用于文化娱乐的消费继续保持稳定增长。

四是产业结构进一步优化,自我发展能力有所增强。2003年,西藏国内生产总值达到184.59亿元,按可比价格计算,比去年增长12.1%。其中:第一产业产值40.97亿元,增长3.0%;第二产业产值48.11亿元,增长29.4%;第三产业产值95.51亿元,增长8.9%。第二产业产值首次超过第一产业,产业结构发生了重大变化,由原来的"三一二"变为"三二一"。第二产业快速增长,主要是建筑业的迅猛发展,建筑业的增加值已占到第二产业的70%以上。同时能源、建材、食品饮料、藏药、高原生物资源开发等也迅速发展,已经成为新的经济增长点。旅游业也取得了较好成绩,接待海内外游客92.85万人次,比上年增长7%,旅游收入突破10亿元大关,达到10.37亿元,增长5%。

五是经济体制改革不断深化,经济运行的质量和效益明显提高。以产权制度为核心的国有企业改革稳步推进,国有企业的活力明显增强。全区完成工业总产值23.96亿元,比上年增长9.6%,完成工业增加值11.04亿元,增长9.5%。主要工业产品产量完成情况是:发电量10.2亿千瓦时,增长27.6%;水泥88.9万吨,增长50.4%;中成藏药888.6吨,增长0.4%;啤酒3.3万吨,增长13.2%;铬铁矿15.6万吨,增长25.4%。特色产业发展势头良好,旅游业接待海内外游客92.85万人次,比上年增长7%,旅游收入达到10.37亿元,增长5%;藏医药业工业总产值3.51亿元,增长17.3%;农畜产品加工及民族手工业产值1.06亿元,下降26%;绿色食(饮)品业产值2.4亿元,矿产业产值2.6亿元,建材业产值6.94亿元,增长46%。全年完成税收11.3亿元,同比增长14%,略快于全区12.1%的GDP增长幅度,经济与税收协调增长、良性互动的局面初步形成。

六是对外开放进一步扩大,经济发展的活力进一步增强。随着西藏对外开放力度的不断加大,市场配置资源的基础性作用进一步发挥,非公有制经济继续保持快速发展的良好势头,到2004年底,全区私营企业发展到2218家,雇工人数3.8万人,分别比2003年增长21.7%和31.0%;个体工商户5.7户,从业人员9.8万人,分别比2003年增长9.6%和14.0%。2003年个体私营经济上缴税收18626万元,占全区税收总额的16%。招商引资势头看好,据不完全统计,已签定招商引资合作项目33个,协议资金额达20多亿元,实际到位资金4多亿元。2004年全区边贸进出口总额9066万美元,比上年同期增长16.9%。对外经济技术交流与合作也得到了进一步的加强。

七是就业工作力度加大,社会保障体系继续完善。在财力十分紧张的情况下,安排了3000万元专项资金,用于促进就业和再就业。出台了关于职业培训补贴、职业介绍补贴、小额贷款、减免税费等12个方面的配套政策。全区有16371人实现了就业再就业,其中通过劳动力市场实现就业的12600人,占全区新增就业总人数的77%。城镇登记失业率已由去年的5%下降到4.3%。在国家的大力支持下,西藏的社会保障体系进一步完善:改革了基本养老保险金的计发办法,保证了企业离退休人员基本养老金的按时足额发放。提高了城市居民最低生活保障标准,基本做到了应保尽保。

八是经济社会协调发展,推动各项社会事业全面进步。按照统筹兼顾、协调发展的要求,加大了对社会事业的政策、资金倾斜,全面实施"科教兴藏"战略。针对西藏实际情况,科技战线提出了"一个目标、三个重点、四个突破、四个保障"的"1344"科技工作思路,即:以全面建设小康社会提供科技支撑为目的;以加速农牧业科技进步、培育新型科技产业和加强生态环境保护研究为重点;以高原生物、藏医藏药、新能源、矿产资源的研发利用为突破口;以加强人才队伍建设,深化科技体制改革,加强基础条件建设,加强科普工作为保障,全面推进科技工作。同时,加强了疾病预防控制、突发公共卫生事件医疗救治、重大疫情信息网络和卫生执法监督"四个体系"的建设。"贫困地区义务教育工程"也稳步推进,"两基"攻坚计划加快,2004年又有8个县实现"普六",14个县实现"普九",9个县完成"扫盲",适龄儿童入学率达到94.7%。目前全区通过"普九"验收的县已达31个,"普六"的县63个,完成"扫盲"的县49个。"扶贫助学工程"继续推进,以农牧区特困学生为主,受助的大中专学生已有450多名。"西新工程"进展顺利,广播电视人口覆盖率分别达到82.7%和81.3%。全区新建县级精神文明和文化活动中心18个,新建乡村文化站(室)194个。

九是环境与经济社会协调发展,生态资源保护极大加强。西藏在发展经济的同时,十分重视保护生态环境,坚持"经济建设、城乡建设、环境建设同步规划、同步实施、同步发展"的方针和可持续发展战略,认真贯彻环境保护这项基本国策及环境保护的法律法规,生态资源环境大大改善。西藏相继建立了18个不同类型的自然保护区,其中国家级自然保护区4个,自治区级自然保护区4个,总面积达40.08万平方公里,占全区国土总面积的33.4%,占全国自然保护区总面积的30.8%。为严厉打击乱捕野生动物和破坏森林资源的违法活动,自治区颁布了一系列环境与资源保护的地方性法律法规,使生态环境保护进入了法制化的管理轨道。

十是人民物质文化水平显著提高。随着改革开放不断深化,全区各族人民的物质文化生活水平日益提高,2003年西藏农牧民人均纯收入1690元,城镇居民人均可支配收入8058元,分别比2002年增长11.1%和3.8%。居民消费结构显著改善,住房、教育、文化消费快速增长,全区居民的平均恩格尔系数大大下降,已低于50%。农牧区贫困人口由48万下降到4.2万人,已基本摆脱贫困,解决了温饱问题。

近年来,西藏经济社会发展取得可喜成绩,是党中央、国务院正确领导和亲切关怀的结果,是全国人民特别是对口援藏省市、企业大力支援的结果,是全区广大干部群众振奋精神、锐意进取、艰苦奋斗、共同努力的结果。西藏经济的持续快速发展,进一步增强了西藏各族人民实现跨越式发展和全面建设小康社会的信心和决心。

(2)西藏小康进程总体水平分析

长期以来,先天不足的自然条件和历史原因,严重制约着西藏社会经济的发展,以致于西藏经济社会发展水平一直处于全国最落后的状态。自改革开放以来特别是中央第三次西藏工作座谈会以来,西藏经济实力明显增强,人们生活水平大大提高,社会各项事业全面进步。到2000年底,西藏如期完成"八七"扶贫攻坚计划,并在奔小康的道路上迈出了坚实的步伐。但是,根据1991年国家统计局、国家计委等12个部门按照党中央、国务院提出的小康生活的内涵制定的《全国人民小康生活水平的基本标准》(以下简称全国标准),西藏还有很大差距。

全国标准有五项16个基本监测指标和小康临界值:A、经济水平:a. 人均国内生产总值2500元。B、物质生活:b. 城镇人均可支配收入2400元;c. 农民人均纯收入1200元;d. 城镇住房人均使用面积12平方米;e. 农村钢木结构住房人均使用面积15平方米;f. 人均蛋白质日摄入量75克;g. 城市每人拥有铺路面积8平方米;h. 农村通公路行政村比重85%;i. 恩格尔系数50%。C、人口素质:j. 成人识字率85%;k. 人均预期寿命70岁;l. 婴儿死亡率31‰。D、精神生活:m. 教育娱乐支出比重11%;n. 电视机普及率100%。E、生活环境:o. 森林覆盖率15%;p. 农村初级卫生保健基本合格县比重100%。

根据全国标准测算,到2002年西藏小康社会实现程度达到

60.7%。从全国标准规定的五个方面来看：A. 经济水平实现程度为100%；B. 物质生活实现程度为78.3%；C. 人口素质实现程度为28.6%；D. 精神生活实现程度为32.0%；E. 生活环境实现程度为13.6%。从分项16个监测指标来看，人均国内生产总值、城镇人均可支配收入、城镇住房人均使用面积、农村钢木结构住房人均使用面积（西藏未考虑钢木结构住房，仅用人均居住面积代替）、人均蛋白质日摄入量、恩格尔系数、婴儿死亡率等7个指标实现程度达到100%，实现了小康监测的目标要求。农村通公路行政村比重实现程度为58.0%，农牧民人均纯收入实现程度为41.0%，电视机普及率实现程度为34%，教育娱乐支出比重实现程度为30.6%，农村初级卫生保健基本合格县比重实现程度为27.4%，城市每人拥有铺路面积实现程度为19.4%；有三个指标数值量比1980年全国温饱值水平还低，即成人识字率、人均预期寿命、森林覆盖率，三个指标的实现程度为零。

从总体上看，西藏的经济社会发展正在向小康社会水平实现的临界值稳步迈进，其主要表现在：

A. 经济水平。改革开放以来，特别是中央第三次西藏工作座谈会以来，西藏经济快速增长，综合实力迅速增强。1993年国内生产总值比1980年翻一番，到1999年提前1年实现了比1980年翻两番的宏伟目标。2004年全区国内生产总值达到211.54亿元，首次突破200亿元大关。按可比价格计算，比1993年（37.28亿元）增长了5.67倍，比2003年增长了12.2%。地方财政收入也突破了10亿元大关，达到11.99亿元，比上年增长了19.5%。2004年人均国内生产总值达到8000多元，按可比价格计算，比1993年（1434亿元）增长5.8倍，接近人均国内生产总值1000美元的水平，是五大部分唯一实现小康程度100%的部分。

B. 物质生活。物质生活是小康生活的重要组成部分，国民经济的快速发展，为人民物质生活的改善提供了保证，广大人民群众普遍分享到了经济发展的成果。物质生活包含收入水平、居住条件、营养状况、交通发展等四个方面的内容。收入是家庭生活水平高低的综合反映,二十多年来城乡居民收入迅速增长。1980年城镇居民人均可支配收入仅有683元,1993年达到2348元,2002年增加到7762元,2004年达到8200元,比小康标准值多出5800元。2004年农牧民人均纯收入达到1861元,也超过了小康标准值1200元的标准。城乡居民收入的提高,为生活质量的整体改善提供了重要前提条件。收入是实现小康的关键,从工资、劳动收入到银行储蓄存款余额等相关指标,都能看到西藏城乡居民收入在过去几年里迅速提高的轨迹。

消费水平不断提高,生活质量明显改善。2002年农村居民人均生活消费支出达到1147元,比1985年和1993年分别增长3.3倍和80.9%;城市居民消费支出为6952元,比1985年和1993年分别增长6.6倍和2.0倍。消费领域逐步拓宽、消费结构逐渐改善。随着消费水平的不断提高,发展资料和享受资料逐渐增加。80年代后期以来,家用电器、住房装饰、通信产品相继成为消费重点,消费内涵发生了结构性变化。从反映居民生活质量的恩格尔系数来看,城乡居民的恩格尔系数由1993年的60.2%降到2002年的42.3%,比小康标准值低7.5个百分点。食品消费从数量的增加转向质量的全面提高,膳食结构逐步优化,营养水平日趋合理。城乡居民人均蛋白质摄入量每天达到78.5克,比小康标准值75克多3.5克。在外用餐消费,成为越来越多的城镇居民的选择。

居住条件有了根本改观,城市居民人均使用住房面积从1987年前的9.09平方米增加到2002年的18.88平方米,比小康标准值多出6.88平方米。农民人居住房面积由1985年的8.31平方米增加到2002年的20.56平方米,比小康标准值多5.56平方米(指标界定上未考虑钢木结构住房,仅用人均居住面积代替)。同时农村居民房屋结构由原来的土木结构,逐步转向石木、砖木,城镇居民住房配套设施日趋完善。

交通状况发生了质的变化,按照"切实加强以交通为重点的基础设施建设,增强发展后劲"的要求,交通建设力度得到加大,西藏交通综合运输能力大幅度地得到提高,全区交通状况得到了根本改变。到2002年全区公路通车里程达3.55万公里,比1980年和1993年分别增长65.2%和61.9%。一个以拉萨为中心,5条国道为骨架,辐射全区的公路网络初步形成。城市道路建设有了快速发展,2002年平均每人拥有道路铺设面积达到3.81平方米,比2000年增长95.4%。不过这也只是刚刚越过温饱值,小康实现程度为19.4%。农村交通状况也有较大改善,2002年全区有70.2%的行政村通了公路,西藏小康标准值的实现程度为58.0%。

C. 人口素质。人口素质的提高,既是生活质量提高的结果,也是未来经济社会发展的基础。改革开放以来,西藏采取多种措施努力提高人口素质,取得了很大的成绩,但距离小康标准还有一定差距。2002年,全区拥有各级各类学校1030所,在校学生42.9万人,其中高等学校在校生达8494人,中等专业学校在校生6437人,中学在校生达9.05万人,小学在校生达31.96万人,小学学龄儿童入学率达到88.3%,基本形成了幼儿教育、普通初高中教育、高等教育、成人教育、职业教育和特殊教育为一体的完整的现代教育体系。从小康标准设定的三项指标"成人识字率"、"人均预期寿命"、"婴儿死亡率"来看,2002年婴儿死亡率为29.3‰。比小康标准值低1.7个千分点,其它两项指标与小康水平相比都有较大的差距,虽然成人识字率由1990年的30.7%提高到2002年的67.5%,但仍比全国小康标准值低17.5个百分点,城乡居民人均预期寿命由1990年的58.4岁提高到2002年的65.31岁,但仍比全国小康标准值低4.69岁。

D. 精神生活。精神生活是小康生活不可或缺的构成要素,是小康生活的另一重要体现,它反映的是人们生活的精神面貌、社会公德以及身心健康等方面的重要内容。随着生活水平的提高,精神文化消费越来越受到居民的重视。电视机、收录机、影碟机、组合音响、家庭电脑等一大批新兴文娱用、家用电器进入居民家庭。据抽样调查资料显示:2002年城市居民每百户电视机拥有量达到122台,农村居民每百户电视机拥有量达到23台。电视普及率为41.2%,小康标准值的实现程度为34.0%。其中城市达到小康标准值,而农村离小康标准值差距甚大。虽然计算机和网络技术的发展,给人们带来全新的生活方式,固定电话的普及,移动电话的兴起,使人与人之间的联系变得从未有过的方便与快捷,文化馆、影剧院等社会文化设施不断增加,不同的人群都能找到适合自己的休闲娱乐方式,报刊、杂志和书籍品种的增加和内容的多样,丰富了居民的文化生活。但是,在城乡居民消费支出中的比重仍然过低。2002年,城乡居民教育、文化、娱乐支出占消费支出的比重仅为5.4%,离11%的全国小康标准值还差5.6个百分点,实现程度仅为30.0%。

E. 生活环境。从小康标准设定的反映生活环境的森林覆盖率和农村初级卫生保健基本合格县的比重两项指标来看,西藏随着退耕还林还草工作的全面铺开,植树造林和天然林保护力度的加大,全区森林覆盖率逐年增加,城乡生活环境和生态环境都有较大改观。到2002年,全区森林覆盖率已达到9.85%(林业局提供),但指标数值尚未达到1980年全国温饱值水平。随着西藏经济的快速发展,医疗卫生事业建设方面取得了长足进步,城乡居民的身体健康得到切实保证。2002年农村初级卫生保健基本合格县的比重为27.4%,但与全国小康标准值相比还有较大差距。

综上所述,完全按照全国小康标准测算,到2002年,西藏小康实现程度为60.7%。但从西藏实际来看,全国标准中有3个指标比西藏2002年实际值还高。如成人识字率1980年温饱值为68%,小康临界值为85%,从1980年温饱值到小康标准值需提高17个百分点。而西藏2002年成人识字率仅为67.5%,这三个指标的提高幅度虽然很大,但仍未达到1980年全国温饱值水平。因此,对总体反映西藏小康实现程度受到了一定的影响。

3. 西藏全面建设小康社会的难点和战略选择

西藏民族地区,由于历史和地理等方面的原因,农牧区贫困面相对于全国其他省区要大,这就延缓了西藏全面建设小康社会和实现小康生活的进程。就目前来讲,西藏全面建设小康社会的重点与难点依旧在农牧区。尽管自治区党委、政府在全面建设小康社会和扶贫攻坚工作中做了大量卓有成效的工作,取得了巨大的成绩。但仍有一部分农牧民贫困人口仍然生活在温饱线以下,而且有相当大一部分农牧民也刚从温饱线上走过来,自我发展能力不强。在这样的条件限制下,在西藏的少部分农牧区,解决贫困人口的温饱仍然是今后一段时期内农村工作的主题。加之,城镇人口中仍有部分生活相对比较困难的人群,这样就使西藏在今后的小康建设中面临着较大的困难。到2003年底,全区城乡居民生活无论是从物质生活到精神生活,还是从数量的增加到质量的提高,都发生了相当大的变化,老百姓也实实在在得到了实惠,生活质量有了质的飞跃。但是,由于受历史、地理等多方面影响,西藏距实现全国小康标准还有相当多的困难和比较大的差距。必须研究解决这些困难的途径和寻找缩小这些差距的措施,通过这些途径和措施,加快推进西藏全面建设小康社会的步骤。

(1) 西藏全面建设小康社会的重大的难点

从全国来看,全面建设小康社会的难点在西部、在农村、在少数民族地区。而西藏不仅地处中国的西部,属于少数民族地区,而且80%以上的人口生活在自然地理环境极差的农牧区。由于历史和地理等方面的原因,西藏农牧区贫困面相对于全国其他省

(区)、市要宽,脱贫难度要大,要实现全面小康标准还有相当长的路要走。西藏生产力整体水平不高,城乡差距较大,小康社会各项指标实现程度不均衡,使西藏全面建设小康社会还面临着一些重大的难点。

A. 西藏全面建设小康社会的整体水平不高

从实现小康目标的时间要求来看,由于西藏的自然历史地理社会等多种因素的制约,导致了西藏全面建设小康社会的整体水平不高,到2003年小康实现程度仅为70.7%左右,离基本实现小康尚有29.3%的路程,这表明西藏全面建设小康社会的整体水平实现程度仍然比较低。第一产业的产业化水平落后,第二产业比重较低,第三产业不发达,全面影响了小康社会建设的进度。

B. 基础设施落后,地理条件差,发展起点低

广大的农牧区地处偏远,群众居住分散,城镇化水平低,远离中心城市和发达地带,加之水利、交通和通信设施落后,造成来往不便,相对闭塞。近年来,全区农村通电话户、通汽车村数,只能达到约20~60%左右。耕地有效灌溉面积约占65%、保灌面积约50%;用电人口150万,通电率约56%。2003年全区不通公路的乡约占17.93%,不通公路的村约占34.82%。全区水利设施总量少,质量差,喷灌滴灌现代化的农业灌溉设施很少,农牧业生产往往"靠天吃饭"。电力设施不足,不仅影响加工业的发展,还影响电视、广播等宣传工具的使用和家用电器设备的普及,直接影响农村人口素质的提高和两个文明建设。

C. 生产力发展水平低,科学技术落后

这是西藏全面建设小康社会和农牧民增收缓慢的主要症结所在。由于西藏地广人稀,居住分散,长期处于封闭、保守、僵化和落后状态,在广大农牧区,仍然广泛地存在着封建迷信思想和陈规陋俗的束缚。目前,不少干部群众科技意识仍然比较淡薄,科学技术是第一生产力的思想和科教兴藏战略意识不浓,具体措施落不到

位。农牧区由于缺少科技人才,科技投入少,劳动力素质低下,严重制约着农牧区的发展。在全区人口中,文盲人口占32.5%(全国为7.72%),大部分人只能从事简单的体力劳动。这种状况,也严重影响着城镇化建设水平和速度。

D. 农牧区社会事业发展缓慢

西藏农牧区社会事业发展落后,主要表现在基础教育薄弱,文化事业落后。西藏农牧区虽然实现了乡乡有小学、县县有中学,适龄儿童入学率达到90%以上,但是整个基础教育还十分薄弱,教育质量还比较低,还不能完全适应西藏经济社会发展的客观需要。西藏的文化事业由于受自然、历史、社会、经济等诸多因素的制约,特别是受能源建设严重滞后的限制,广大农牧区现有文化公共设施普遍陈旧、落后、利用率低,农牧民文化生活极其贫乏。

西藏农牧区卫生事业与社会发展不协调。广大农牧区卫生环境差,农牧民看病难的问题仍然非常突出。由于受经费和医疗卫生人员编制不足的影响,医疗设备简陋,绝大多数乡一级基层医疗卫生单位仅配备一名医生,且无医疗用房,经过短期培训的赤脚医生是现实乡村医疗卫生人员的主体。西藏农牧区社会事业发展落后,人口素质不高,已成为制约西藏经济发展和区域竞争能力的一个最突出的制约因素。

E. 企业改革举步维艰

西藏的现代化企业,一般是历史包袱沉重,技术设备落后,规模小,冗员多,资本严重不足,工业生产企业的产品以初级产品为主,市场竞争力弱,企业经营机制缺乏活力,亏损严重;二是企业退出市场通道不畅,思想不够解放,创新意识不强,缺乏敢闯、敢干精神和超前、创新意识;三是市场发育不良,企业贷款难,缺少周转资金;四是受传统计划经济体制影响,"等、靠、要"思想依然存在;五是国企产权不清,管理体制和经营机制不适应市场经济发展的要求。

(2)西藏全面建设小康社会的战略选择

在西藏全面建设小康社会的过程中,要强化政府的间接调控职能和直接服务功能,统筹规划、掌握政策、强化引导、协调服务,努力探索和创造促进区域经济现代化发展和市场化改革的新思路、新办法和新措施。因此,就必须加强制度建设,推进体制创新,为西藏全面建设小康社会和整体经济的发展提供良好的社会环境。在西藏全面推进小康社会建设中,必须采取以下发展战略:

A. 坚持政府主导型市场经济发展战略

所谓政府主导型市场经济,就是指政府在经济发展过程中充当组织者和推动者,通过"重点优先、倾斜发展"的政府主导干预,改变经济结构转换的自发过程,促进各种资源的合理组织,选择结构高级化的最短途径,实现经济的跨越式发展。西藏50年发展的历史经验证明,西藏的经济发展就是在政府主导型的体制下走过来的,改革开放20多年的发展也充分说明,离开中央的特殊关心和全国的大力支援,西藏的发展将是一事无成。由于西藏特殊的地理环境和历史原因,生产力发展水平极其落后,西藏在自身发展的过程中,在财政收入、投资、技术、消费品等方面存在巨大缺口。为弥补这种缺口,中央给予西藏大量财政补贴。不仅如此,还号召内地省市对口援助西藏,使西藏各级政府的经常性费用和投资支出主要来源于中央政府财政补贴。可以这样讲,西藏要想实现跨越式发展,全面推进小康社会建设,必须坚持政府主导型市场经济发展战略。利用政府的主导作用,加强宏观调控,把有限的资源和经费用在刀刃上,把市场经济的负面影响限制在最小的范围。

B. 坚持改革开放的主体战略

改革开放是推进经济跨越式发展和全面建设小康社会的强大动力,是解决发展这个历史主题的根本途径。所谓的改革就是改变和革新那些束缚或不适应生产力发展和经济进步的旧体制旧制度,所以改革是一场新的革命,是一次革命性的变革,是社会主义制度的自我完善和发展,是社会主义社会发展的直接动力。在改革过程中必须坚持"三个有利于"标准,要尊重群众的首创精神,要把干部群众的积极性、主动性、创造性引导好、保护好、发挥好。要用改革创新的精神,进一步深化农牧区管理体制改革和工业体制改革,进一步完善和健全服务体系,建立健全社会主义市场经济体制,进一步提高西藏经济自我发展能力。

开放就是对内对外开放,就是充分利用国内外两个市场、两种资源,充分吸收人类创造的文明成果为我所用。要把发展开放型经济作为经济战略性调整的主攻方向,加大资金、技术、人才、管理等生产要素的引进力度,培育和发展市场潜力大、特色经济明显的支柱产业和拳头产品,提升产业层次和区域特色经济发展水平,扩大经济的对外开放程度。要抓住中印关系改善的历史机遇,加强边境口岸和边贸市场建设,努力搞活对外贸易。同时,要努力改善投资环境,以优惠的政策和良好的服务,吸引国内外客商前来投资设厂。另外,在援藏工作中,要加大向第二、三产业投资援助的力度,注重提高自我造血功能。

C. 坚持强化后发优势战略

西藏有巨大的潜在后发优势,集中表现在资源、人口和社会制度上。人口少、人均占有资源量大,社会主义制度等,都是西藏后发优势的潜在因素,我们必须把这种潜在的后发优势上升到战略高度来认识。充分利用社会主义制度的优越性,在"中央关心、全国支援"的大好形势下,尽快把资源优势迅速转化为经济优势,增强西藏经济发展的后劲。后发优势战略,不仅仅涉及资源的开放和利用,它涉及社会发展的各个方面和领域,是一个全方位社会经济发展的战略性问题,必须引起我们的高度重视。在制定社会经济发展规划和作出重大战略决策的时候,必须把西藏后发优势的巨大潜在因素考虑进去,这是西藏实现跨越式发展和全面实现小康社会的重要条件。

D. 努力发展小城镇战略

努力发展小城镇,是加快农牧业富余劳动力的转移,提高农牧业劳动生产率和综合经济效益的重要途径。它可以促进乡镇企业的适当集中和结构调整,带动农牧区第三产业特别是服务业的迅速发展,为农牧业富余劳动力的转移和农牧民的增收提供条件和途径。这对解决现阶段农牧区一系列深层次矛盾,优化农牧业和农牧区经济结构,增加农牧民收入,都具有十分重要的作用。小城镇建设,起着城市向农村辐射的桥梁作用,是发展乡镇企业和促进第二、三产业发展的基础,也是促进城镇化水平的重要途径和提高农牧民生活质量的重要手段。小城镇建设的内涵,具有小规模、小制式、低密度、多功能、综合性和过渡性特点,是全面实现小康社会和推进社会主义现代化建设的根本出路。

E. 全面实施"科教兴藏"战略

实施科教兴国战略,是党中央全面落实科学技术是第一生产力思想的战略决策,是实现社会主义现代化宏伟目标的必然选择,也是中华民族振兴的必由之路。科教兴国,就是指坚持以教育为本,把科技和教育摆在经济、社会发展的重要位置,增强国家的科技实力及向现实生产力转化的能力,提高全民族的科学文化素质,把经济建设转移到依靠科技进步和提高劳动者素质的轨道上来,加速实现国家的繁荣富强。在西藏这样经济文化相对落后的民族地区,要想实现社会经济跨越式发展,就必须全面实施"科教兴藏"战略,"科教兴藏"战略是西藏摆脱落后追赶先进的必由之路,是全面推进社会主义现代化建设的重要手段,也是全面建设小康社会的重要途径。自治区党委书记杨传堂在视察科教工作时指出:"科教兴藏",必须"先兴科教"。要把科技、教育放在突出的位置,精心规划,合理安排,以提高质量和效益为中心,整合资源,突出重点。要进一步提高教育、科技的创新能力,以教育的发展支撑科技的进步,以科技的进步支撑产业的更新改造,以提高产业的科技含量来促进跨越式发展,形成良性的发展态势。

目前,我区的科技队伍面临一个突出问题,就是人才总量不足,质量不高,远远不能适应西藏经济社会发展的客观需要。因此,要把教育置于国民经济和社会发展全局性、先导性和基础性的关键位置,实现适度超前发展,努力构建和完善现代化教育体系,形成体系完整、定位准确、布局合理、结构优化、发展均衡的现代国民教育体系和终身教育体系,不断提高教育质量和办学水平。要充分发挥科研机构和高等院校参与关系西藏经济社会发展重大项目攻关研究的积极性,以科技创新,促进经济发展,力争在农牧产品深加工、农畜品种改良、特色产业发展和新能源开发等方面取得重大突破。

F. 推行可持续发展战略

加强生态环境保护和建设,增强可持续发展能力,实现人与自然的协调发展,是新时期科学发展观的重要内容。正确、妥善地处理经济发展与环境保护的关系,是西藏实现跨越式发展过程中必须始终关注的重大问题。当前,西藏面临着发展经济和保护环境的双重挑战,搞好生态环境保护与建设,对于改善西藏生态环境乃至全国的生态环境都具有十分重要的意义。西藏生态环境非常脆弱,极易被破坏而很难恢复。在加快经济发展的过程中,必须十分注意保护生态环境,必须正确处理当前利益与长远利益的关系,坚持走可持续发展的路子。应把环境保护与经济结构战略性调整结合起来,把经济快速增长建立在生态良性循环的基础之上,正确处理人口、资源、环境与经济发展的关系,努力实现可持续发展,实现经济效益、社会效益和环境效益的和谐统一。在经济发展过程中,要积极发展循环经济,努力建设节约型社会。所谓循环经济,就是以资源高效利用和循环利用为核心,以"减量化、再利用、资源化"为原则,以"低消耗、低排放、高效率"为基本特征,符合可持续发展理念的经济增长模式。所谓节约型社会,就是指在生产、流通、消费诸环节,通过深化改革、调整结构、技术进步、加强管理等手段,动员和激励全社会节约和高效利用各种资源,以尽可能少的资源消耗满足人们不断增长的物质文化需求。因此,发展循环经济和建设节约型社会,是缓解资源约束矛盾的根本出路,是减少环境污染的有效途径,是提高经济增长质量和效益的重要措施,也是以人为本,实现经济社会持续、协调发展的必然要求。

后 记

　　本书得到国家社会科学基金的资助,由课题负责人西藏大学中国藏学研究所所长许广智教授任主编,负责总体规划,并通编和修改了全部书稿。各章节初稿撰写情况如下:第一章:鲜于浩教授、田永秀副教授;第二章:雷斌讲师(硕士生);第三章:第1、2、3、4节何巍副教授;第四章:舒敏勤副教授;前言、绪论、第三章第5节、第五章:许广智教授。

　　在本书撰写的过程中,得到了西藏社科规划办领导和同志们的大力支持和帮助,得到了西藏大学房灵敏校长和张建文副校长的全力相助和高度重视,也得到了西藏人民出版社李海平副总编和汉编室副主任杨芳萍及晋美旺扎等同志的亲切关怀以及其他编辑同志的辛勤劳动,才得以问世,在此一并致谢!

许广智
2007 年 9 月 12 日